KB058714

화폐전쟁 1

| 달러의 종말 |

CURRENCY WARS by Song Hongbin

쑹훙빙 지음 | 차혜정 옮김 | 박한진 감수

CURRENCY WARS

화폐전쟁
1

| 달러의 종말 |

RHK
알에이치코리아

《화폐전쟁》은 중국에서 처음 나왔을 때부터 첨예한 찬반 논쟁이 끊이지 않았다. 중국 포털 사이트에선 출간 후 1년 넘게 뜨거운 논쟁이 이어졌다. 필자 역시 당시 상하이에서 근무하면서 중국인 동료 직원들과 토론을 벌인 적이 있다. 중국에 출장 가는 우리 기업인들이 그곳에서 만나는 기업인이나 지식인 들에게 한류 얘기를 꺼내며 대화를 시작하는 경우가 많은데, 그럴 것이 아니라 이 책에 대한 의견을 나누어보라고 권하고 싶다. 중국 파트너들과 금방 가까워질 수 있을 것이다.

이 책이 중국에서 초미의 관심사로 떠오른 것은 깜짝 놀랄 만한 주장들로 가득하기 때문이다. 세계 최고의 부자는 빌 게이츠가 아니라 유대인 로스차일드 일가이며 그들의 재산은 빌 게이츠의 1,000배 이상 된다는 것. 앤드루 잭슨부터 에이브러햄 링컨, 존 F. 케네디 등의 역대 미국 대통령들은 화폐발행권을 둘러싼 국제금융재벌의 음모 때문에 살해당했다는 것. 두 차례에 걸친 세계대전과 1929년 대공황,

일본의 잃어버린 10년, 아시아 금융위기, 심지어 반년 새 반 토막이 난 상하이 증시까지…. 이 모든 것이 로스차일드가로 대표되는 금융 재벌의 득세와 관련이 있다는 것이 《화폐전쟁》의 핵심 내용이다.

본격적인 금융개방을 앞둔 중국에 서방의 핫머니가 끊임없이 밀려들었다는 의혹도 이 책에 대한 관심을 한껏 올려놓았다. 작자의 주장에 따르면 국제 금융재벌들은 우선 통화팽창을 일으키고 이어서 통화긴축 상황을 만들어 재산을 빼앗았다. 그는 이를 가리켜 '양털 깎기'라고 표현했는데 통화팽창이 한창 진행되던 중국의 상황을 놓고 보자면 양털 깎기의 직전 시점이 아니냐는 우려가 생길 법도 했을 것이다.

《화폐전쟁》은 중국에서 못지않게 한국에서도 진실이냐 거짓이냐를 두고 적지 않은 논란을 불러왔다. 감수자로서 희망이 있다면, 한국의 독자들이 진실 혹은 거짓의 편 가르기를 하기보다 성숙한 시각과 자세를 가지고 건설적인 토론을 펼쳤으면 하는 것이다. 이를 위해 몇 가지 제안을 드린다. 가장 중요한 것은 《화폐전쟁》에 대해 진실게임 식의 접근을 하는 것은 결코 바람직하지 않다는 것이다. '팩션(faction)'으로 받아들였으면 한다. 팩션은 사실(fact)에 허구(fiction)를 더한 개념으로 역사적 사실과 실존 인물의 이야기에 작가의 상상력을 보태 새로운 이야기를 풀어나가는 각색실화이다. 팩션의 원조는 《삼국지》다. 그 자체에는 허구적 요소가 수없이 많지만 시대를 관통해 수많은 작가들의 상상력에 힘입어 새롭게 태어난 것이 바로 《삼국지》라 할 수 있다. 역사를 그대로 기록한 사기(史記)가 아닌 팩션이 되어 오히려 가치를 더욱 발한 것이다.

다음으로는 이 책의 기본 바탕인 음모론에 관한 인식을 새롭게 할 필요가 있다. 음모론은 큰 반향을 불러일으킨 사건의 원인을 명확하게 설명하지 못할 때, 배후에 거대한 파워조직이나 비밀스러운 단체가 있다고 해석하는 논리다. 세계에서 가장 오래된 것으로 알려진 비밀결사 종교단체인 프리메이슨, 9·11 테러의 자작극 가능성, 다이애나 왕세자비의 암살설 등이 세계적인 유명세를 타고 있는 음모론들이다. 이에 대해 진위 여부를 규명하려다 보면 끝없는 미궁으로 빠져들 뿐이다. 하지만 음모론을 하나의 '가능성'에 무게를 두고 대한다면 우리는 세계를 조망하는 보다 폭넓은 시각을 갖게 될 것이다.

세계화의 진전과 중국의 부상으로 앞으로 수없이 많은 가능성과 변수가 생겨날 것이다. 일반적인 미래예측은 그 자체가 무의미할 수도 있다. 이럴 때일수록 미래에 발생할 수 있는 환경변화와 경쟁상대의 전략을 상황별로 예측하고 그에 따른 대응책을 사전에 마련하는 시나리오경영이 필요하다.

《화폐전쟁》은 후반으로 가면서 미국발 서브프라임 모기지에 무게를 두고 있다. 이와 관련해 탈동조화(디커플링)와 재동조화(리커플링)에 대한 이야기를 지적했으면 한다. 서브프라임 부실이 터져 나온 이후 미국은 기업실적 악화와 경기 침체가 나타났음에도 신흥시장은 이의 영향을 받지 않는 탈동조화가 나타났던 적이 있다.

탈동조화 주장이 유행한 것은 서브프라임 모기지 부실의 여파가 초기에는 세계 금융시장에 미치는 영향이 아직 크지 않았기 때문이었다. 하지만 곧이어 금융위기가 미국의 범위를 뛰어 넘어 전 세계로 확산되면서 지난해 12월 이후 탈동조화의 주장은 설득력을 잃고 재동조화 주장이 떠올랐다. 이 같은 움직임은 우리에게 무엇을 시사하는가? 탈동조화로 가기 위한 적극적인 전략이 필요하다는 것이다. 그것이 바로 세계화 시대에 한국경제가 세계경제와 활발하게 교류를 하면서도 자생력을 키워 살아남는 길이기 때문이다.

마지막으로 글로벌 시대에서 살아남기란 결코 간단한 문제가 아니지만 너무 주눅들 필요는 없다는 생각도 해본다. '샌드위치론'이 한국을 뒤흔든 게 벌써 10년 전이다. 일본은 앞서가고 중국은 뒤쫓아 오는데 우리는 무엇을 하고 있느냐는 자성론이 바로 샌드위치론의 내용이었다. 당시 나는 상하이에 있었는데 우리는 한국을 위기 상황으로 인식하고 있었지만 중국 기업계에선 잘나가는 한국이 닥쳐올 위기에 대비하고 있다며 한국 기업들을 매우 높게 평가하고 있었던 기억이 난다.

《화폐전쟁》에서도 이와 비슷한 평가가 나온다. 아시아 외환위기 당시 한국에 대한 국제 금융재벌들의 무차별 공격이 이어졌지만 한국은 이를 이겨냈다는 것이다. 작자는 강한 민족정신, 금 모으기 운동, 정부의 주도적 역할 등을 일일이 언급한다.《화폐전쟁》의 내용을 통틀어 국제 금융재벌의 공격을 견뎌낸 것은 한국이 유일하지 않을까 싶다.

박한진

이제 막 닻을 올린 중국 경제의 항공모함은 순조롭게 항해할 수 있을까?

2006년, 미국 재무장관 헨리 폴슨은 미국 CNBC와의 인터뷰에서 이렇게 밝혔다. "경제 대국인 그들은 세계 경제의 지도자다. 다른 나라는 그들에게 더 많은 시간을 주지 않을 것이다." 여기서 '그들'이란 의심할 여지 없이 중국이다.

확실히 오늘날의 중국은 놀랄 만한 발전 속도를 보이며 세계 경제에서 중요한 부분을 차지하고 있다. 일련의 경제 데이터와 현상으로 볼 때 거대한 중국 경제의 항공모함은 이미 항해를 시작했다.

지난 2004년 정치국에서 몇 명의 학자를 베이징으로 초대해 대국의 부상하는 역사에 대해 강연한 것이 중국의 예측 가능한 발전을 위한 준비였다면, '부상하기'에서 '발전하기'로 표현법이 변화한 점에서 중국은 이미 자신감을 회복했음을 엿볼 수 있다. 중국 경제의 발전

속도는 심지어 중앙방송(CCTV)이 방영한 다큐멘터리 〈대국굴기(大國崛起, 대국의 부상)〉라는 프로그램에 소개한 속도를 능가한다.

전 세계인들은 "21세기는 중국인의 시대가 될 것이다"라거나 "2040년을 전후해 중국의 경제력이 미국을 따라잡을 것이다" 등의 언급에 온통 관심을 보이고 있다. 이런 말을 들으면 중국이 세계 제1의 경제 강국이 된다는 것이 마치 정해진 사실처럼 들린다.

항해를 시작한 중국 경제 항공모함이 과연 순조로운 항해를 계속할 수 있을까? 앞으로 50년 동안 중국 경제는 여전히 현재의 '항속(航速)'을 유지하며 계속 전진할 수 있을까? 항해 방향과 항로에 영향을 미치는 예측 불가 요소로는 무엇이 있을까?

실제로 중국이라는 거대 항공모함이 향후 수십 년간 지나야 할 가장 험한 항해 길은 '타이완 해협'이다. 이곳을 과연 무사히 통과할 수 있는지, 동아시아 해역의 제해권(制海權)을 얻을 수 있는지가 관건이다. 그러나 필자는 중국이 21세기 중엽에 세계경제의 진정한 강국이 되는 데 가장 중요한 걸림돌은 화약 연기 없는 전쟁이라고 본다. 즉 잠재적 '금융 대전'의 위협이다. 이러한 위험의 정도는 중국이 2001년 WTO에 가입한 지 5년 만에 금융이 대외적으로 전면 개방되면서 더욱 심각해질 것이다.

전면적인 대외 개방을 앞둔 중국 금융업은 과연 실전 경험을 포함한 항전 능력을 충분히 갖추고, 금융 파생 도구를 비롯한 금융 수단으로부터 오는 '원거리 조준 공격'을 막아낼 수 있을까?

해전을 예로 들면, 10년 전 중국 잠수함은 미국의 니미츠(Nimitz) 항공모함을 쫓아버렸으며 2006년 10월 말에는 중국 '송급(宋級)' 잠수함이 키티호크(Kitty Hawk)호 군단에 8킬로미터 반경까지 접근했다. 중국의 군사력은 미국과 항전할 정도가 안 되는 현실에서 잠수함 전술로 미국 항공모함을 제압하는 특수한 전술을 쓴 것이다. 마찬가지로 중국이 비약적으로 발전하는 오늘날, 중국의 부상으로 손해를 보는 국가가 금융 전쟁이라는 '핵잠수함'을 동원해 항해를 시작한 중국 경제 항공모함을 공격함으로써 항로를 변경시키지 않으리라는 보장은 없다. 중국이 21세기 중반에 세계 강국이 되느냐의 여부는 지금으로서는 상식적인 예측에 불과하며, 심각한 돌발 사건으로 말미암은 금융전 같은 파괴와 방해에 대한 평가는 포함되지 않았다.

금융의 대외 개방은 조금 심하게 말하면 미국의 모든 항공모함 편대가 중국 근해로 출동하는 것보다 더 큰 위험일 수도 있다. 군사적 공격은 건축 설비를 파괴하고 인명을 앗아간다. 그런데 땅이 넓은 중국의 경우 전통적 전쟁으로는 경제의 맥을 철저히 파괴할 수 없다. 금융 전쟁은 은폐성이 강하고 참고할 만한 사례가 없으며 실전 연습을 할 수 없다는 잔혹성에 비춰볼 때 중국 국가 방위에 대한 거대한 도전이다. 일단 금융 전쟁으로 나라 전체의 경제 질서가 국내 정세의 불안을 초래하여 '외환'에 따른 '내란'이 일어날 것이다.

역사와 현실은 똑같이 냉혹하다. 소련의 해체는 루블화의 평가절하를 가져왔으며, 아시아 금융위기로 '네 마리 작은 용'은 승천을 멈춰야 했다. 일본 경제는 마치 혼이 나가는 약이라도 먹은 듯 맥을 못 추었다. 이와 같은 일들이 그저 우연히 발생했다고 생각하는가? 우연한 일이 아니라면, 막후에서 힘을 발휘하는 존재는 무엇인가? 과연 어느 나라가 다음 공격 목표가 될 것인가? 최근 몇 달 동안 구 소련의 스파이와 에너지의 큰손, 유럽 은행가가 연이어 공격을 당했다. 이는 구 소련의 와해와 관계 있는 것이 아닐까? 소련 해체를 결정한 중요 요소는 정치 개혁일까? 아니면 금융의 타격일까?

이런 문제는 중국 금융 체제의 방어 능력과 중국의 경제 발전 전망에 대해 걱정하지 않을 수 없게 한다. 위안화의 환율 문제와 1조 7,000억 달러에 달하는 외화 보유액은 잠시 접어두더라도, 국가 측면에서 정상 금융 질서의 시선 밖에 있는 국가 간 정치 핫머니 게임에서 중국은 과연 어떤 상태에 놓여 있는지가 관심의 핵심이다. 중화문명의 선량함과 은인자중함, 중국이 반복해서 강조하는 '평화 발전'의 이념은 전복성과 공격성을 띤 '신 로마제국'의 금융 공격을 방어할 수 있을까? 현실적으로 중국은 현재 이 방면의 전문 인재를 확보하고 이론 및 실천 면에서 잠재적인 금융 공격을 효과적으로 막아낼 수 있을까? 은밀한 금융의 '핵 협박'이나 '핵 공격'을 받는다면, 세계 금융 영역에 분포한 중국 출신 인재 중 첸쉐썬(錢學森, 중국 미사일의 아버지)이나 덩자셴(鄧稼先, 중국 핵 개발의 아버지) 같은 국가의 기둥들이 출현할 것인가?

헨리 폴슨은 중국에서 '전략적 경제 대화'를 진행할 것이며, 벤 버냉키도 중국행을 결심했다. 미국 재무장관과 연방준비제도이사회 의장이 함께 베이징을 방문한다는 예사롭지 않은 행동의 배후에 담긴 뜻은 무엇일까? 위안화 환율 외에도 나라들 사이에는 외부에 알려지지 않은 어떤 '힘겨루기'가 있는 것이 아닐까? 헨리 폴슨은 CNBC와의 인터뷰에서 이틀간의 대화는 중국 경제의 비약적 발전이 가져온 장기적 도전에 관한 집중적인 토론으로 이루어질 것이라고 강조했다.

이른바 '장기적 도전'에는 앞으로 일어날지도 모르는 '금융 대전'

을 포함하는 것이 아닐까?

이 책에서는 18세기 이래 세계에서 일어난 굵직한 금융 사건의 배후에 도사린 검은 손의 정체를 밝혀내고, 이들의 전략 목적과 상투적인 수법을 알아본다. 또한 이를 비교 관찰해 종합해 봄으로써 금융대전의 공격 방향과 반격 방법을 알아보는 것이 목적이다.

전쟁은 이미 시작되었다. 비록 화약 연기를 볼 수는 없지만!

차례

제1장   로스차일드 가문: 대도무형의 세계적 부호

제2장   국제 은행재벌과 미국 대통령의 백년전쟁

제3장 미연방준비은행

제4장 제1차 세계대전과 경제대공황

제5장 염가화폐의 '뉴딜정책'

제6장 세계를 통치하는 엘리트 그룹

제7장 성실한 화폐의 최후 항쟁

제8장 선전포고 없는 화폐전쟁

제9장 달러의 급소와 금의 일양지 무공

제10장 긴 안목을 가진 자

로스차일드 가문: 대도무형의 세계적 부호

내가 한 국가의 화폐 발행을 관장할 수 있다면 누가 법을 정하든 상관없다[1]

_ 메이어 암셸 로스차일드

매스컴에서는 500억 달러 재산가인 빌 게이츠가 세계 제일의 부자라고 연일 떠들썩하게 소개한다. 여러분이 이 말을 사실이라고 믿는다면 보기 좋게 속은 셈이다. 귀에 못이 박히도록 들어온 이른바 세계의 부호 랭킹에서는 '대도무형大道無形'의 초슈퍼급 부호의 그림자를 찾아볼 수 없기 때문이다. 이들은 서방의 주요 매스컴을 단단히 통제하고 있다.

'대도무형', 진정한 은자는 산속으로 숨지 않고 사람들 곁에 있듯, 로스차일드 가문도 예나 지금이나 변함없이 은행업에 종사하고 있다. 그러나 길 가는 사람 아무나 붙잡고 물어봐도 100명 중 99명은 미국 씨티은행은 알아도 로스차일드은행은 모른다고 말한다.

로스차일드Rothschild는 과연 누구인가? 금융업에 종사하면서 로스차일드라는 이름을 들어본 적이 없다면, 마치 군인이 나폴레옹을 모르고 물리학을 연구하는 학자가 아인슈타인을 모르는 격이다. 우리에게 로스차일드라는 이름은 낯설기만 하다. 그가 전 세계인의 과거와 현재, 그리고 미래에 미치는 영향력은 상상을 초월할 정도인데도 말이다. 그럼에도 불구하고 지명도가 이토록 낮으니, 그의 뛰어난 은신 능력에 감탄을 금치 못하겠다.

로스차일드가※의 재산은 과연 얼마나 될까? 이것은 세계적인 수수께끼다. 어림잡아 50조 달러에 이른다고 한다.2

로스차일드가는 과연 어떻게 그 많은 돈을 벌었을까? 이 문제가 바로 제1장에서 여러분과 함께 다룰 이야기다.

가족의 엄격한 통제, 은밀한 물밑 작업, 기계처럼 정확한 협조, 빠른 시장 정보 수집 능력, 냉철한 이성, 금권에 대한 끝없는 욕망, 그리고 이 모든 것에 기반을 둔 금전과 재산에 대한 깊은 통찰과 천재적인 예지 능력 등이 로스차일드가가 200년 동안 전 세계의 금융 및 정치와 전쟁의 냉혹한 소용돌이 속에서 활약하며 인류 역사상 가장 방대한 금융 제국을 세울 수 있는 원동력이 되었다.

워털루 전투와 로스차일드가

네이선 로스차일드(Nathan Rothschild)는 로스차일드의 셋째 아들로, 다섯 형제 가운데 식견과 담력이 가장 뛰어났다. 1798년, 그는 아버지로부터 프랑크푸르트에서 영국으로 건너가 로스차일드가의 은행 업무를 개척하라는 명을 받는다. 네이선은 학식이 깊고 성격이 과감한 은행가였는데, 그의 내면세계를 제대로 이해하는 사람은 아무도 없었다. 금융에 천부적 소질을 갖춘 네이선은 1815년 신출귀몰한 수단으로 런던에서 손꼽히는 은행의 거두로 성장한다.

　네이선의 큰형 암셀 로스차일드는 프랑크푸르트에 로스차일드은행 본점을 창립했다. 로스차일드의 둘째 아들 살로몬은 오스트리아 빈에 지점을 세웠고, 넷째 아들 카를은 이탈리아 나폴리에, 다섯째 아들 제임스는 프랑스 파리에 지점을 세웠다. 이렇게 해서 로스차일드 가문이 세운 은행은 세계 최초의 국제은행 그룹이 되었다. 다섯 형제는 1815년 유럽에서 벌어지는 상황을 예의 주시하고 있었다.

이때 유럽에서는 대륙의 운명을 결정할 워털루 전투가 벌어지고 있었다. 만약 나폴레옹이 최후의 승리를 거머쥔다면 프랑스는 의심할 바 없이 유럽의 주인이 되고, 웰링턴 장군이 프랑스군을 무찌르면 영국이 유럽의 형세를 주도할 것이었다. 전쟁이 시작되기 훨씬 전부터 로스차일드가는 멀리 내다보는 눈으로 필요한 전략 정보를 수집할 정보망을 구축해 놓았다. 이 방대한 비밀 정보망은 산업 스파이들로 구성되었다. 유럽 각 나라의 수도와 주요 도시뿐 아니라 중요한 교역과 상업 요지에 파견된 그들은 갖가지 상업과 정치 정보를 수집해 런던, 파리, 프랑크푸르트, 빈, 나폴리를 오가며 전달했다. 이 정보망은 효율과 속도 및 정확성에서 웬만한 정부의 정보 조직보다 훨씬 뛰어났고, 다른 상업적 경쟁자들은 말할 것도 없었다. 그리하여 로스차일드은행은 거의 모든 국제 경쟁에서 뚜렷한 우위를 선점하게 되었다.[3]

> 로스차일드 가문의 마차와 배가 유럽 각지와 해협을 누볐으며, 거리마다 로스차일드은행의 스파이들이 배치되었다. 로스차일드가는 어마어마한 현금과 채권, 정보를 주무르는 금융가의 큰손으로 군림했다. 그들이 독점한 최신 정보는 순식간에 증권시장과 상품시장으로 전파되었다. 당시 사람들의 최대 관심사는 단연 워털루 전투의 결과였다.[4]

1815년 6월 18일, 벨기에 브뤼셀 근교에서 전개된 워털루 전투는 웰링턴 장군이 이끄는 영국군과 나폴레옹의 프랑스군이 국가의 운명을 걸고 벌이는 한판 승부였다. 또한 수많은 투자자가 거액을 놓고 벌이는 도박의 대상이기도 했다. 이 도박에서 이기면 천문학적인 돈을 움켜쥐지만, 지는 날에는 하루아침에 빈털터리가 될 수도 있었다. 사람들은 이 전쟁의 결과를 궁금해했다. 런던 증권거래소에는 팽팽한 긴장감이 돌았다. 모두가 초조하게 워털루 전투의 결과를 기다리는 중이었다. 영국이 패할 경우 영국의 국채(consols) 가격은 나락으로 떨어지고, 승리한다면 하늘 높은 줄 모르고 치솟을 터였다.

전쟁이 한창일 무렵 로스차일드의 스파이들은 양측 군대 내부에서 최대한 정확한 정보를 수집하느라 민첩하게 움직였다. 이들 중에는 최신의 전황을 가까운 로스차일드 중계 지점으로 전달하는 사람도 있었다. 저녁이 되어 나폴레옹의 패색이 짙어지자, 로스차일드 측의 정보 전달원은 즉시 브뤼셀로 말을 달려 오스탕드항에서 배로 갈아탔다. 그가 특별 통행증이 있는 로스차일드가의 쾌속선에 뛰어올랐을 때는 이미 깊은 밤이었다. 이때 영국해협은 풍랑이 무척 거셌다. 2,000프랑의 비용을 치르고서야 위험을 무릅쓰고 해협을 건네주겠다는 선원을 찾을 수 있었다.[5] 정보 전달원이 6월 19일 새벽 영국 포크스턴의 해변에 도착했을 때, 네이선 로스차일드는 직접 부두까지 나와 맞아주었다. 네이선은 급히 편지 봉투를 뜯고 제목만 대충 훑어보고 나서 즉시 런던의 주식거래소로 달려갔다.

네이선이 빠른 걸음으로 주식거래소로 들어서자 초조하게 전쟁의 결과를 기다리던 사람들은 하나같이 숨을 죽였다. 모든 사람의 눈은 네이선의 무심한 듯 전혀 표정을 읽을 수 없는 얼굴을 주시했다. 네이선은 갑자기 걸음을 늦춰 '로스차일드의 기둥'이라고 불리는 자신

워털루 전투: 웰링턴 장군의 영국군과 나폴레옹의 프랑스군의 한판 승부. 수많은 투자자가 거액을 놓고 벌이는 도박의 대상이기도 했다.

의 자리로 향했다. 그의 얼굴은 마치 석고상처럼 감정의 변화가 없었다. 조금 전까지 거래소를 가득 메우던 소란스러움은 이미 온데간데 없었다. 모두가 네이선의 눈초리에서 뭔가 읽어내려고 안간힘을 쓰고 있었다. 이윽고 네이선이 주변에 있던 로스차일드 가문의 거래원들에게 의미심장한 눈빛을 보냈다. 그러자 거래원들은 묵묵히 거래 창구로 가서 조용히 영국의 국채를 팔아 치우기 시작했다. 홀 안은 술렁거렸다. 귓속말로 대화를 주고받는 사람이 있는가 하면, 어쩔 줄 몰라 그 자리에 꼼짝없이 서 있는 사람도 있었다. 수십만 달러의 영국 국채가 맹렬한 기세로 시장에 쏟아져 나왔다. 국채 가격은 눈 깜짝할 새 바닥으로 뚝 떨어졌고, 이에 자극을 받은 사람들은 너 나 할 것 없이 국채를 팔아댔다.

그때까지도 네이선은 여전히 무표정한 얼굴로 자기 자리에 기대 있었다. 이때 누군가 외쳤다. "로스차일드가 알아냈다! 웰링턴이 전쟁에서 패했다!" 이 소리에 마치 감전이라도 된 듯 놀란 사람들은 앞다투어 투매에 나섰다. 투매 열기는 순식간에 사람들을 패닉 상태로 몰아넣었다. 모두가 따라하지 않으면 안 될 것 같은 강박관념에 사로잡혔다. 값도 안 나가는 영국 국채를 당장 팔아야 조금이라도 손해를 덜 볼 것 같았다. 몇 시간에 걸친 투매 광풍이 휩쓸고 지나간 후 영국 국채는 액면가의 5%도 안 되는 휴지 조각으로 변해 있었다.[6]

네이선은 이 모든 과정을 시종일관 태연하게 지켜보고 있었다. 이윽고 그의 눈빛이 한 번 번뜩였다. 오랫동안 훈련받지 않으면 알아차릴 수 없을 만큼 미세한 움직임이었지만, 아까와는 완전히 다른 신호였다. 거래원들이 이번에는 영국 국채를 닥치는 대로 사들이기 시작하는 것이 아닌가!

6월 21일 밤 11시, 웰링턴 장군의 특사 헨리 퍼시(Henry Percy)가 런던에 당도했다. 그리고 나폴레옹 대군이 여덟 시간의 고전 끝에 무려 3분의 1의 병력을 잃고 무참히 패배했다는 소식을 알렸다. 프랑스는 이제 끝장난 것이다!

이 소식이 런던에 도착한 시간은 네이선의 정보보다 무려 하루나 늦은 후였다. 그 하루 동안 네이선은 20배나 되는 차익을 챙겼다. 나폴레옹과 웰링턴이 전쟁으로 얻은 재산을 합친 금액보다 훨씬 많았다.[7]

워털루 전투로 네이선은 영국 정부 최고의 채권자에 등극했으며, 그때부터 공채 발행을 주도하고 잉글랜드은행(Bank of England)의 실권을 장악했다. 영국 국채는 정부가 세금을 징수할 수 있는 근거다. 이제 영국인들은 그동안 정부에 내던 세금을 로스차일드은행에 내야 했다. 이 같은 징수 행태는 정상이 아니었다. 영국 정부는 국채를 발행해서 재정 지출에 필요한 자금을 충당한다. 다시 말해 영국 정부는 화폐 발행 권한이 없기 때문에 반드시 민간은행에서 돈을 빌려 쓰는 수밖에 없었다. 게다가 8%의 이자를 내야 했다. 원금과 이자는 모두 금화로 계산했다. 네이선이 영국 국채 대부분을 손에 넣었다는 것은 국채 가격이나 영국 전체의 통화 공급량을 마음대로 주무를 수 있다는 의미다. 이제 영국의 경제는 로스차일드 가문의 손아귀에 들어와 있었다. 야심가 네이선이 오만한 대영제국을 보기 좋게 정복한 것이다.

나는 해가 지지 않는 잉글랜드제국을 통치하는 왕이 누군지 상관하지 않는다. 대영제국의 통화 공급을 통제하는 사람이 곧 대영제국의 통치자다. 그 사람은 다름 아닌 나다! [8]

로스차일드 가문이 등장한 시대 배경

수표나 신용화폐가 어떻게 돌아가는지 아는 극소수의 사람은 그 시스템이 형성하는 이윤에 큰 관심을 두거나, 그 시혜자인 정치가와 결탁해 자기편으로 만들어버린다. 그러나 대부분은 이 시스템으로 파생되는 자본이 가져오는 거대한 이익에 대해 알 도리가 없다. 그들은 압박을 받으면서도 전혀 불만을 품지 않는다. 심지어 이 시스템이 자신의 이익을 해치지 않을까 의심하지도 않는다. [9] _ 로스차일드 형제, 1863년

로스차일드는 유럽에서 산업혁명이 불길처럼 퍼지고 금융업이 전에 없이 번성하던 시대에 성장했다. 과거와는 전혀 다른 금융의 실체와 개념이 네덜란드와 영국에서 유럽 전역으로 퍼져갔다. 새로운 금전의 실체와 개념은 1694년 잉글랜드은행이 설립되면서 모험 정신이 충만한 은행가들에 의해 형성되기 시작했다.

17세기 전반에 걸쳐 금전의 개념과 형식에는 커다란 변화가 발생했다. 1694~1776년에 경제학자 애덤 스미스의 《국부론》이 선보인 것을 계기로 은행이 발행하는 지폐가 유통 중인 금속화폐의 총액을 사상 처음으로 넘어섰다.[10] 산업혁명은 철도, 광산, 조선, 기계, 방직, 방위산업, 에너지 등 신흥 업종에 거대한 융자 수요를 창출했다. 그 규모는 금이나 귀금속을 전문으로 다루던 장인들로부터 시작된 골드스미스 은행가(Goldsmith Banker)의 해묵은 저효율과 극히 제한된 융자 능력으로는 감당할 수 없을 정도였다. 로스차일드 가문을 비롯한 신흥 은행가들은 이렇게 중요한 기회를 포착해 자신들에게 가장 유리한 방식으로 현대 금융업의 역사적 흐름을 주도했다. 사람들의 운명은 어쩔 수 없이, 또는 전혀 알지 못하는 사이에 이런 제도에 의해 결정되었다.

1625년 이후 두 차례에 걸친 내전과 정국의 혼란으로 영국의 국고는 바닥이 난 상태였다. 1689년 제임스 2세의 딸 메리와 결혼한 윌리엄 1세가 왕위에 올랐을 때는 가장 심각했다. 설상가상으로 프랑스의 루이 14세와 전쟁까지 치르느라 윌리엄 1세가 이끄는 영국 정부는 기진맥진해 있었다. 이때 윌리엄 패터슨(William Paterson)을 비롯한 은행가들은 네덜란드에서 배워온 새로운 개념을 소개했다. 즉 민영 중앙은행인 잉글랜드은행을 설립해 국왕의 방대한 지출을 위한 융자를

영국 왕 윌리엄 1세(위)와 황후 메리

시행하자는 것이었다.

이 민영은행이 정부에 제공한 120만 파운드의 현금은 정부의 '영구적 채무(perpetual loan)'가 되었다. 금리는 연 8%에 4,000파운드의 관리비를 책정했다. 이렇게 하면 정부는 매년 10만 파운드만 내고 그 자리에서 120만 파운드의 현금을 쓸 수 있었으며, 원금을 영원히 갚지 않아도 되었다. 정부는 물론 더 많은 '특혜'를 제공해서 잉글랜드은행이 국가가 승인한 은행권을 독자적으로 발행할 수 있게 했다.[11]

그동안 골드스미스 은행가에게 가장 유리한 부분은 은행권 발행에 있었다. 은행권은 골드스미스은행에 금화를 보관했다는 영수증이었다. 많은 양의 금화를 휴대하기가 매우 불편했으므로 당시 사람들은 금화 보관증으로 거래를 하고, 골드스미스은행에서 이 보관증을 금화로 바꿨다. 시간이 지나면서 사람들은 굳이 은행에 가서 금화로 바꾸는 대신 보관증을 화폐로 삼아 사용하기 시작했다. 머리 회전이 빠른 골드스미스 은행가들은 매일 금화를 찾아가는 사람들이 거의 없다는 사실을 눈여겨보다가, 실제의 금보다 많은 보관증을 발행해 은밀히 대출을 해주고 이자를 챙겼다. 대출받은 사람이 원금과 이자를 갚고 나면 차용증을 회수해 폐기해 버림으로써 아무 일 없는 양 시치미를 뗐다. 그러나 이자는 그들의 호주머니에 이미 들어온 후였다. 골드스미

스은행의 금 보관증은 유통 범위
가 점차 넓어지고 받아주는 곳이
많아지면서 이윤도 점점 커졌다.
잉글랜드은행이 발행한 은행권
의 유통 범위는 다른 은행과 비
교할 수 없을 정도였다. 국가가
인정한 이 은행권이 곧 국가의
화폐였다.

잉글랜드은행의 왕실 특별허가증으로 최초의 현대적 은행이 탄생하게 되었다.

잉글랜드은행은 현금 주식을 공모하기 시작했다. 2,000파운드 이
상을 구매한 사람은 잉글랜드은행의 이사 자격을 부여받았다. 공모
를 통해 1,330명이 잉글랜드은행의 주주가 되었고, 14명은 은행 이
사가 되었다. 여기에는 윌리엄 패터슨도 끼어 있었다.[12]

1694년에 윌리엄 1세는 잉글랜드은행에 왕실 특별허가증(Royal
Charter)을 내주었고, 최초의 현대적 은행은 이렇게 탄생했다.

잉글랜드은행의 핵심은 국왕과 왕실 가족의 개인 채무를 국가의
영구적 채무로 변환하는 것이었다. 전 국민의 세금을 담보로 잉글랜
드은행이 채무에 기반을 둔 국가화폐를 발행했다. 이렇게 해서 국왕
은 전쟁에 필요한 돈을 확보했으며, 정부도 뜻대로 정책을 펼 수 있
게 되었다. 한편 은행가들은 그동안 꿈꿔오던 거액의 대출을 해주고
짭짤한 이자 수입을 챙기게 되었으니, 누이 좋고 매부 좋은 셈이었
다. 다만 국민의 세금을 담보로 했다는 점이 옥에 티였다. 이렇게 강
력한 새로운 금융 수단이 생기면서 영국 정부의 적자는 수직으로 상
승했다. 1670~1685년에 영국 정부의 재정 수입은 2,480만 파운드

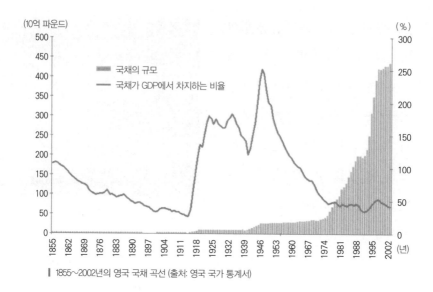

(10억 파운드)   (%)

■■■ 국채의 규모
── 국채가 GDP에서 차지하는 비율

| 1855~2002년의 영국 국채 곡선 (출처: 영국 국가 통계서)

였고, 1685~1700년의 정부 수입은 두 배 넘게 증가한 5,570만 파운드였다. 그런데 같은 기간 영국 정부가 잉글랜드은행에서 대출한 액수는 17배나 급증해 80만 파운드에서 1,380만 파운드가 되었다.[13]

아이러니하게도 이 제도는 국가화폐의 발행과 영구적 국채를 묶어놓는 구조였다. 그래서 화폐를 신규 발행하면 국채가 늘어나게 되어 있었다. 국채를 상환하면 국가의 화폐를 폐기하는 셈이 되므로 시중에 유통할 화폐가 없게 된다. 따라서 정부는 영원히 채무를 상환할 수 없다. 이자를 갚고 경제도 발전시켜야 하므로 화폐 수요는 필연적으로 늘어날 테고, 그 돈은 다시 은행에서 빌려와야 했기 때문에 국채는 계속해서 불어날 수밖에 없다. 이 채무에 대한 이자 수입은 고스란히 은행가의 지갑으로 들어갔으며, 이자는 국민의 세금으로 부담해야 했다.

과연 영국 정부는 그때부터 다시는 채무를 갚지 않았다. 2005년 말, 영국 정부의 채무는 1694년의 120만 파운드에서 5,259억 파운드로 늘어나 영국 GDP의 42.8%를 차지하고 있다.[14]

그러고 보니 이토록 거액의 돈을 위해서라면, 국왕이나 대통령이라도 민영화한 국립은행의 길을 막는 사람은 제거할 수도 있겠다는 생각이 든다.

로스차일드의 첫 번째 뭉칫돈

메이어 암셸 바우어(Mayer Amschel Bauer)는 1744년 2월 23일 독일 프랑크푸르트의 유대인 지역에서 태어났다. 그의 아버지 암셸 모세 바우어(Amschel Moses Bauer)는 유럽 일대를 떠도는 골동품상이자 대금업자였다. 메이어가 태어나자 모세는 프랑크푸르트에 정착하기로 결심한다. 어릴 때부터 총명한 메이어를 위해 그의 아버지는 교육에 심혈을 기울였다. 돈과 대출에 관한 상업적 지식도 체계적으로 가르쳤다. 몇 년 후 아버지가 죽자 메이어는 겨우 열세 살의 나이로 친척들의 격려를 받으며 하노버로 가서 오펜하이머 가문의 은행 수습생으로 일했다.[15]

메이어는 뛰어난 감각과 부지런함으로 은행의 온갖 전문 기능을 빠르게 습득했다. 7년이라는 세월 동안 그는 마치 해면이 물을 빨아들이듯 영국에서 전해진 각종 금융업의 기상천외한 부분까지 모두 소화했다. 탁월한 업무 능력을 인정받은 메이어는 얼마 지나지 않아 정식 직원이 되었

> **오펜하이머 (Oppenheimer) 가문**
> 세계 최고의 다이아몬드 업체 드비어스를 설립해 100년 동안 세계 다이아몬드 시장의 90%를 장악하고 있는 가문.

| 메이어 암셀 로스차일드

다. 은행에서 일하는 동안 그는 배경이 탄탄한 고객들과 친분 관계를 쌓았다. 그중에는 훗날 그의 운명을 바꿔줄 에스토르프 장군도 포함되어 있었다. 이곳에서 메이어는 정부와 국왕을 상대로 대출해 주는 것이 개인을 상대로 한 대출보다 훨씬 수익도 크고 안전하다는 사실을 깨달았다. 대출 금액이 많기도 하지만 무엇보다 정부의 세금 수입을 담보로 잡을 수 있다는 점이 큰 매력이었다. 영국에서 들어온 낯선 금융 이념은 메이어에게 완전히 새로운 충격이었다.

몇 년 후, 젊은 메이어는 프랑크푸르트로 돌아가 아버지의 대부업을 계승한다. 그는 자신의 성씨를 로스차일드(Rothschild: 독일어로 'rot'는 '붉은색', 'schild'는 '방패'를 의미함)로 바꾸었다. 그는 에스토르프 장군도 프랑크푸르트로 돌아왔으며 윌리엄 왕자를 보필한다는 소식을 듣고 이 관계를 잘 이용해야겠다고 생각했다. 메이어를 다시 만난 에스토르프 장군은 몹시 기뻐했다. 장군 본인도 화폐 수집가였다. 메이어는 집안 대대로 골동품상을 해왔으므로 이 분야라면 훤했다. 고대의 화폐를 화제로 이야기할라치면 장군은 얼굴이 상기되어 듣곤 했다. 더 신나는 일은 메이어가 희귀한 금화를 장군에게 아주 싼 가격으로 팔았다는 것이다. 이렇게 해서 두 사람은 급속도로 가까워졌으며, 에스토르프 장군은 메이어를 진정한 친구로 생각했다. 메이어는 왕실 사람들과도 얼굴을 익히면서 관계를 쌓아갔다. 그러던 어느 날, 그는 에스토르프 장군의 소개로 윌리엄 왕자를 알현했다. 왕자도 금화 수집가였기 때문에 메이어는 에스토르프 장군에게 하던 식으로 왕자의 환심을 살 수 있었다.

메이어가 희귀한 금화를 싼 가격으로 계속 공급해 주자, 윌리엄 왕자는 고마운 마음에 자기가 도울 일이 있으면 언제든 말하라고 했다. 이때다 싶은 메이어가 왕실의 정식 대리인이 되게 해달라고 청했고, 마침내 그의 뜻은 이루어졌다. 1769년 9월 21일, 메이어는 자신의 명패에 왕실의 엠블럼을 새기고 그 곁에 'M. A. 로스차일드, 윌리엄 왕자 전하의 지정 대리인'이라고 써 넣었다.[16] 그때부터 메이어의 신용은 더 좋아지고, 사업은 날이 갈수록 번창했다.

역사적으로 윌리엄 왕자는 부를 축적한 것으로 유명한 인물이다. 18세기 유럽에서는 '평화 수호'라는 명목으로 다른 나라에 군대를 빌려주는 '용병'이 성행했다. 윌리엄 왕자는 유럽의 왕실들과 긴밀한 관계를 유지했으며, 특히 영국 왕실과 곧잘 사업을 벌였다. 빚이 많은 영국 정부는 외국에서 돈을 벌어들이려고 늘 용병을 파견했다. 그런데 영국 병력만으로는 부족했기 때문에 윌리엄 왕자와 의기투합한 것이다. 훗날 미국에서 독립전쟁이 일어났을 때도 워싱턴 측이 상대해야 할 독일 병사 수가 영국 병사보다 많을 정도였다. 윌리엄 왕자는 이 사업을 통해 유럽 왕실 사상 최고로 많은 2억 달러를 벌어들였다. 윌리엄 왕자를 가리켜 '유럽에서 가장 냉혹한 대부업자'라고 부르는 것도 무리는 아니다.[17]

윌리엄 왕자의 측근이 된 메이어는 모든 일을 완벽하게 처리해 두터운 신임을 얻었다. 얼마 후 프랑스혁명(1789~1799년)이 일어났는데, 그 영향은 점차 주변 군주제 국가에까지 미쳤다. 이에 윌리엄 왕자는 초조해지기 시작했다. 그는 혁명이 독일에도 영향을 미쳐 폭도에게 재산을 약탈당하지 않을까 걱정스러웠다. 그러나 왕자의 우려와는 다르게 메이어는 프랑스혁명을 반겼다. 사회가 불안해질수록 그의 금화 유통량이 크게 늘었기 때문이다. 혁명의 창끝이 신성로마제국을 겨누자, 독일과 영국의 무역 중단으로 수입품 가격이 폭등했다. 그러자 메이어는 영국에서 물건을 들여다 독일에 판매함으로써 거액의 차익을 챙겼다.

메이어는 유대 사회에서 활발하게 활동하는 지도층 인물이었다. 매주 토요일 밤, 교회의 예배가 끝난 후 메이어는 유대인 학자들을 그의 집에 초대해 밤늦도록 포도주를 마시며 환담을 나누었다.[18]

메이어는 "함께 기도하는 가족은 단결이 잘된다"라는 말을 남겼다. 로스차일드 가문으로 하여금 그토록 정복욕과 권력욕에 집착하게 만든 힘은 과연 무엇일까?

1800년에 이르러 로스차일드 가문은 프랑크푸르트에서 제일가는 유대인 갑부가 되어 있었다. 메이어는 그해에 신성로마제국 황제가 수여하는 '제국 왕실 대리인' 칭호를 부여받기도 했다. 이 칭호 덕분에 그는 제국의 각 지역을 자유롭게 통행할 수 있었으며, 유대인들에게 부과되는 각종 세금을 면제받았다. 그의 회사 직원들은 무기를 소지할 수도 있었다.

1803년에는 메이어와 윌리엄 왕자의 관계를 더 돈독게 하는 계기가 있었다. 그 내용인즉 윌리엄 왕자의 사촌형 중 덴마크 국왕이 있었는데, 그가 윌리엄 왕자에게 돈을 빌리고자 했다. 윌리엄 왕자는 자신의 재산이 노출될까 봐 빌려주기를 꺼렸다. 메이어가 이 사실을 알고 왕자에게 해결 방안을 제시했다. 즉 왕자가 돈을 내놓되 메이어가 나서서 로스차일드의 명의로 덴마크 국왕에게 대출을 해주고, 이자는 메이어가 공제하는 방식이었다. 왕자는 그럴듯한 아이디어라며 좋아했다. 그렇게 하면 자신의 부를 드러내지 않고도 돈을 빌려줄 수 있는 데다 원금을 떼일 걱정도 없었다. 메이어로서는 꿈에도 그리던 일이었다. 국왕을 상대로 한 대출은 안정적 수익뿐 아니라 명성을 쌓을 수 있는 절호의 기회였기 때문이다. 대출은 큰 성공을 거두었고, 곧이어 덴마크 왕실에서 신청한 여섯 건의 대출이 메이어를 통해 성사되었다. 로스차일드라는 이름은 삽시간에 유명해졌다. 특히 왕실과 밀접한 관계를 맺고 있다는 사실이 널리 알려지기 시작했다.

나폴레옹은 정치에 몸담은 후로 윌리엄 왕자를 자기편으로 끌어들이려고 시도한 적이 있는데, 윌리엄 왕자는 분명하지 않은 형세에서 섣불리 태도를 정하지 못했다. 그러자 나폴레옹은 윌리엄 왕자의 가족인 헤스와 캐더를 유럽 통치자 명단에서 빼버리고, 프랑스군을 보내 국경을 위협했다. 이에 윌리엄 왕자는 황급히 덴마크로 망명했다. 떠나기 전에 그는 300만 달러에 달하는 현금을 메이어에게 보관시켰다.[19] 이 돈이 바로 메이어에게 막대한 권력과 재산을 가져다주고 금융제국을 세우게 한 첫 번째 뭉칫돈이다.

메이어는 잉글랜드은행보다 더 큰 은행을 설립하겠다는 야심을 품고 있었다. 윌리엄 왕자에게 거액을 받자마자 그는 행동을 개시했다. 그의 다섯 아들은 마치 다섯 발의 화살처럼 유럽의 심장이나 다름없는 중요한 다섯 개 지역에 파견되었다. 큰아들 암셀은 프랑크푸르트 본점을 지키고, 둘째 살로몬은 빈으로 보내 새로운 시장을 개척하도

로스차일드 5형제를 상징하는 다섯 개의 화살

록 했다. 셋째 아들 네이선은 영국으로 보내 대국을 주도하도록 했으며, 넷째 카를은 나폴리로 보내 근거지를 세우게 했다. 형제들은 늘 긴밀한 연락을 주고 받았으며, 이들 사이의 연락을 담당한 다섯째 제임스는 파리의 업무를 관장했다. 역사적으로 전무후무한 금융제국은 이렇게 막을 열었다.

네이선, 시티오브런던을 장악하다

로스차일드 가문은 세계 금융시장을 주도하면서 다른 분야도 거의 장악했다. 그들은 이탈리아 남부 지역 전체의 재정 수입을 담보로 한 재산을 보유하고 있었으며, 유럽 모든 국가의 국왕과 정부 각료가 이들의 영향력 안에 있었다.[20] _ 벤저민 디즈레일리, 영국 수상, 1844년

시티오브런던(City of London) 그레이터 런던 지역 중심에 있는 약 2.6제곱킬로미터 면적의 지역이다. 18세기 이래 줄곧 영국 및 세계의 금융 중심으로 군림하고 있는 이곳은 독립적인 사법 시스템을 갖추고 있어 바티칸공화국과 유사한 '국가 속의 국가'라 할 수 있다. 비좁은 이 지역에는 잉글랜드은행 본점을 포함한 세계의 주요 금융기관들이 운집해 있으며, 현재 영국 GDP의 6분의 1을 창출한다. 이러한 시

티오브런던을 주도하는 사람은 영국을 주도
하는 셈이다.

▎네이선 로스차일드

네이선이 영국에 도착할 무렵에는 영국과
프랑스가 대치하면서 양국의 무역이 단절된
상태였으므로 영국 상품이 유럽에서 비싸게
팔렸다. 네이선은 프랑스에 있는 동생 제임스
와 손을 잡고 화물을 영국에서 프랑스로 되
팔아 많은 돈을 벌어들였다. 그 후 네이선은
영국 재무부 관리 존 해리스로부터 영국군이
스페인에서 곤경에 처한 사실을 알게 되었다. 당시 웰링턴 장군이 이
끄는 영국군은 프랑스로 진격할 준비를 끝낸 상태였으나, 유일한 문
제는 군비 부족이었다. 물론 영국 정부의 담보가 있었지만 스페인과
포르투갈 은행은 웰링턴이 내미는 은행권을 받아주지 않았다. 그래서
장군의 군대에는 금이 절실하게 필요했다.[21]

상황을 지켜보던 네이선은 큰돈을 벌 절호의 기회라고 생각했다.
그는 사방으로 금을 알아보았다. 때마침
동인도회사가 인도에서 실어온 금을 팔려
고 했다. 영국 정부도 이를 구매하려 했으
나, 금 가격이 너무 비싸 내리기를 기다리
는 중이었다. 상황을 파악한 네이선은 윌
리엄 왕자의 현금 300만 달러와 영국과의
밀수로 벌어들인 거액을 들여 동인도회사
에서 80만 파운드의 금을 사들였다.[22] 그

▎세계 금융의 중심, 시티오브런던

러자 금 가격이 순식간에 치솟았다. 금 가격은 내릴 기미도 안 보이는데 군대에서는 화급을 다투는지라 영국 정부는 울며 겨자 먹기로 네이선에게 비싼 가격에 황금을 사들일 수밖에 없었다. 이 거래로 네이선의 금고는 더욱 두둑해졌다.

네이선은 이에 만족하지 않고 다음 행동에 나섰다. 자신이 판 황금을 웰링턴 장군의 군대로 직접 호송하겠다는 제안을 한 것이다. 당시 프랑스는 삼엄한 경계로 영국을 봉쇄하고 있었기 때문에 호송 길에는 큰 위험이 따랐다. 영국 정부는 비싼 값을 치르고라도 황금을 옮기기를 원했다. 네이선은 겨우 열아홉 살 난 동생 제임스를 시켜 황금을 프랑스로 운반하겠다는 사실을 프랑스 정부에 통지했다. 영국 정부가 알면 난리가 날 일이었다. 자칫해서 프랑스로 금이 흘러들어가면 영국의 재정은 큰 타격을 입기 때문이었다. 프랑스는 구미가 당기는 제안을 거절할 이유가 없었다. 정부가 경찰을 보내 호송대 보호까지 자청할 정도였다. 내로라하는 프랑스 관리들도 뇌물을 받고 모르는 척 눈감아주었다.

네이선 일행이 운반하는 황금은 영국과 프랑스 두 나라 정부의 지원을 받아 보무도 당당하게 프랑스의 은행에 도착했다. 그는 프랑스 정부의 환영 만찬에 참석하는 한편으로 황금을 웰링턴 장군이 쓸 수 있도록 은밀히 보내 금화로 환전했다. 그리고 쥐도 새도 모르게 로스차일드의 운반 통로를 통해 스페인의 영국군 수중에 전달했다. 그 수법이 얼마나 치밀했던지 할리우드 영화 뺨칠 정도였다.

프로이센에 주재하는 한 영국 외교관은 이렇게 말했다. "런던 금융사무에 대한 로스차일드의 입김은 놀랄 만큼 세다. 그들은 시티오브런던의 외환 거래 가격을 완전히 쥐고 흔든다. 은행가인 그들의 권력은 상상 이상이어서 네이선이 화가 나면 잉글랜드은행도 벌벌 떨 정도다."

어느 날 네이선이 형 암셸이 경영하는 프랑크푸르트의 로스차일드은행에서 발행한 수표를 잉글랜드은행에 제시하고 현금으로 바꿔달라고 요구했는데, 잉글랜드은행은 자기 은행 수표만 환전된다는 이유로 거절했다. 이를 괘씸히 여긴 네이선은 이튿날 아침 일찍 아홉 명의 은행 직원을 대동하고 잉글랜드은행으로 갔다. 그리고 이 은행이 발행한 수표를 제시하고 현금을 요구했다. 그 결과, 단 하루 만에 잉글랜드은행의 금 보유액이 반으로 줄어버렸다. 네이선은 여기서 그치지 않고 이튿날 더 많은 수표를 가지고 갔다. 걱정이 된 잉글랜드은행의 고위급 책임자가 떨리는 목소리로 물었다. "앞으로 며칠이나 더 수표를 교환하러 오실 겁니까?" 네이선이 차갑게 대답했다. "잉글랜드은행이 내 수표를 거절했는데, 내가 당신네들 수표를 가지고 있을 필요가 있소?" 그의 말에 놀란 잉글랜드은행은 즉시 긴급회의를 소집했다. 공손한 태도로 네이선의 앞에 선 고위급 책임자는 앞으로 로스차일드은행의 모든 수표를 현금으로 바꿔주는 것은 물론이고 그 일을 영광스럽게 생각하겠다고 알렸다.

네이선은 워털루 전투를 통해 시티오브런던의 주도권을 장악함으로써 영국의 경제 명맥을 한 손에 쥐게 되었다. 이때부터 화폐 발행과 황금 가격을 포함한 중요한 결정권은 로스차일드 가문의 수중으로 들어갔다.

제임스, 프랑스를 정복하다

한 나라의 정부가 은행가의 돈에 의존하면, 정국도 정부 지도자가 아닌 은행가가 장악하기 마련이다. 돈주머니를 쥔 쪽이 아무래도 돈을 쓰는 쪽보다는 유리하기 때문이다. 돈에는 조국이 없다. 금융재벌은 무엇이 애국이고 고상함인지 따지지 않는다. 그들의 목적은 오로지 이익을 얻는 것이다. [23] _ 나폴레옹, 1815년

로스차일드가의 다섯째 아들 제임스는 나폴레옹 집권 시기에 주로 런던과 파리를 오가며 가족 운송 네트워크를 세워 영국의 상품을 파리로 밀반입했다. 웰링턴을 도와 금을 운반하고 영국 국채를 수매한 후로 제임스는 프랑스에서 그 명성이 높아졌다. 그 후 로스차일드 파리은행을 설립하고 스페인의 혁명 자금을 암암리에 공급했다.

1817년 워털루 전투에서 패한 프랑스는 나폴레옹전쟁에서 점령한 많은 영토를 잃고 정치적으로도 곤경에 처했다. 국민 경제 또한 갈수록 피폐해졌다. 사방에 빚이 깔려 있던 루이 18세의 정부는 재정적인 안정을 간절히 원했다. 이때 프랑스 은행 한 곳과 영국의 베어링스은행(Barings Bank)에서 프랑스 정부에 대규모의 융자를 지원했다. 로스차일드은행이 융자 프로젝트에서 외면을 당한 것이다. 제임스는 그 일로 마음이 편치 않았다.

1818년이 되자 전년도에 발행한 프랑스 정부 채권은 파리와 유럽의 도시에서 가격이 올랐다. 큰 이득을 본 프랑스 정부는 융자를 받은 그들 두 은행에서 다시 융자를 받으려고 했다. 로스차일드 형제도

그 틈에서 융자 건을 유치하기 위해 안간힘을 썼으나 별 효과가 없었다. 사실은 오만한 프랑스 귀족들이 고귀한 혈통을 내세워 시골 출신의 벼락부자에 불과한 로스차일드 가문과의 거래를 꺼렸던 것이다. 제임스는 파리에서 큰돈을 벌고 호화로운 집과 옷으로 치장했지만, 사회적 지위는 높지 않았다. 모든 사정을 짐작한 제임스는 프랑스 귀족들의 오만함에 치를 떨었다.

제임스 로스차일드

제임스는 곧바로 형제들과 함께 프랑스 귀족들의 코를 납작하게 해줄 계획을 세웠다. 프랑스 귀족들은 오만하기만 했지 머리가 아둔했다. 로스차일드 가문을 업신여기던 귀족들은 그들의 금융 실력이 나폴레옹의 군사적 업적과 비교해도 손색이 없다는 사실을 알지 못했다.

1818년 11월 5일, 그동안 줄곧 안정적으로 오르던 프랑스 국채 가격이 갑자기 곤두박질치기 시작했다. 정부의 다른 채권도 그 영향을 받아 하락세를 보였다. 전에 없던 이상 징후에 투자자들은 의견이 분분했다. 이 현상은 호전될 기미가 보이기는커녕 시간이 갈수록 오히려 더 심해졌다.[24] 거래소 안에 떠돌던 소문들은 유언비어로 변해 사방으로 퍼져갔다. 나폴레옹이 다시 집권할 것이라고 말하는 사람이 있는가 하면, 정부의 세수 부족으로 이자 상환이 어렵다고 점치거나 새로운 전쟁이 터지지 않을까 걱정하는 사람도 있었다.

루이 18세의 왕실에도 긴장감이 감돌았다. 채권이 이런 기세로 급락하면 정부의 지출은 장차 어떻게 감당한단 말인가! 거만한 귀족들의 얼굴에도 수심이 그득했다. 모두가 이 나라의 장래를 걱정하느라 여념이 없는데, 오직 두 사람만이 차가운 눈빛으로 이 장면을 지켜보고 있었다. 그들은 다름 아닌 제임스와 그의 형 카를이었다.

영국에서의 악몽을 되새긴 사람들은 로스차일드 가문이 채권시장을 조작하지 않았나 의혹을 갖기 시작했고, 의혹은 곧 사실로 드러났다. 1818년 10월부터 로스차일드 가문은 탄탄한 재력을 기반으로 유럽의 각 도시에서 프랑스 국채를 은밀히 사들이기 시작했다. 프랑스 국채는 조금씩 가격이 올랐다. 그 후 11월 5일부터 그들은 유럽 각지에서 프랑스 국채를 대량 투매하여 시장을 공황에 빠뜨렸다.

자기가 보유한 채권 가격이 끝 모를 바닥으로 추락하는 모습을 지켜보는 루이 18세는 자신의 왕관도 그렇게 추락하는 느낌이었다. 이때 황실에 있는 로스차일드 가문의 대리인이 국왕에게 진언했다. "천하의 거부 로스차일드은행에게 이 국면을 타개해 보라고 하심이 어떠할까요?" 어찌할 바를 모르던 루이 18세는 왕실의 자존심을 따질 때가 아니었으므로 당장 제임스 형제를 접견했다. 이날 엘리제궁의 분위기는 여느 때와 사뭇 달랐다. 오랫동안 찬밥 신세를 면치 못하던 제임스 형제는 어느새 존경해 마지않는 표정으로 미소를 머금은 귀족들에 둘러싸여 있었다.

과연 제임스 형제가 손을 쓰자마자 채권의 붕괴 국면이 진정되었다. 그들은 프랑스 전국의 주목을 한몸에 받았다. 프랑스군이 전쟁에 패한 이후 그들은 경제위기에서 프랑스를 구해준 영웅이 된 것이다. 온 국민의 찬양과 환호에 제임스 형제는 마음껏 취했다. 형제가 입은 옷도 가장 인기 있는 디자인으로 유행할 정도였다. 사람들은 앞다투어 로스차일드은행으로 대출을 받으러 갔다.

　이때부터 로스차일드 가문은 프랑스의 금융가를 한 손에 쥐고 흔들게 된다.

　　제임스 로스차일드의 재산은 6억 프랑에 육박했다. 프랑스에서 개인 재산이 그보다 많은 사람은 8억 프랑을 보유한 국왕 한 사람뿐이었다. 프랑스에 있는 다른 은행가들의 재산을 모두 합쳐도 제임스보다 1억 5,000만 프랑이나 적었다. 이런 재산은 자연 그에게 막강한 권력을 부여했으며, 심지어 언제라도 정부 내각을 쓰러뜨릴 정도였다. 그 유명한 티에르(Thiers) 정부도 그들 손에 실각했다.[25]

살로몬, 오스트리아의 제위를 노리다

　　로스차일드 가문의 눈에는 전쟁도 평화도 없으며 구호와 선언도, 희생과 영예도 없다. 그들은 사람들의 눈을 미혹하는 것들을 철저히 무시했다. 그들의 눈에는 오로지 딛고 일어설 디딤돌만 있을 뿐이다. 윌리엄 왕자가 그중 하나요, 또 하나의 디딤돌은 메테르니히(Metternich)다.[26] _ 프레더릭 머튼(Frederic Morton)

　살로몬은 로스차일드 가문의 둘째 아들로서, 유럽의 대도시를 돌며 각 은행을 조율하는 업무를 담당했다. 그는 형제 중 외교 능력이 가장 뛰어났다. 말을 할 때도 단어를 가려 쓸 줄 알았으며, 대단히 예

| 살로몬 로스차일드

의 바른 태도를 갖추었다. 살로몬과 가깝게 지내던 한 은행가는 그를 이렇게 평가한다. "그와 만나서 불쾌해하는 사람은 한 번도 본 적 없다." 그래서 형제들은 그에게 유럽의 심장인 빈의 은행 업무를 맡겼다.

빈은 유럽 정치의 중심이다. 거의 모든 유럽 왕실이 오스트리아의 합스부르크 왕조와 복잡한 혈연관계로 맺어져 있었다. 합스부르크 왕조는 신성로마제국의 왕실을 위해 오늘날의 오스트리아, 독일, 이탈리아 북부, 스위스, 벨기에, 네덜란드, 룩셈부르크, 체코, 슬로바키아와 프랑스 동부 지역을 400여 년이나 통치한 유럽 정통의 왕실 혈통이었다.

나폴레옹이 비록 신성로마제국을 무너뜨렸다고는 하지만, 그의 계승자인 오스트리아는 여전히 중부 유럽의 거두로 군림하면서 다른 왕실들을 오만하게 대하고 있었다. 게다가 정통 천주교 교리까지 더해 영국과 프랑스 등 신흥 기독교가 성행하는 국가에 비해 많은 부분에서 경직되어 있었다. 이런 귀족 가문과 트고 지낸다는 것은 윌리엄 왕자와 맺은 교제와는 비교도 안 되는 신분 상승을 의미했다. 로스차일드 가문은 과거 합스부르크 왕조와 거래를 트려고 몇 번이나 시도했으나 번번이 거절당한 경험이 있었다.

나폴레옹전쟁이 끝난 후 살로몬이 다시 빈의 문을 두드렸을 때는 판도가 완전히 바뀌어 있었다. 로스차일드 가문은 이제 유럽에서 알아주는 집안이었다. 영국과 프랑스를 차례로 굴복시킨 전력을 등에 업고 기세가 등등했다. 그러나 살로몬은 합스부르크 왕조와 직접 거래를 틀 엄두가 나지 않았다. 그래서 찾아낸 '디딤돌'이 바로 19세기 유럽 정계를 풍미한 오스트리아의 외무장관 메테르니히였다.

나폴레옹이 전쟁에서 패한 후 메테르니히가 주도하는 빈 체계는 19세기 유럽에서 가장 긴 평화를 구가했다. 메테르니히는 오스트리아가 점점 쇠락하고 강적으로 둘러싸인 불리한 상황에서도 교묘한 줄타기로 평형을 유지했다. 그는 합스부르크 가문이 유럽에 잔존하는 황실의 정통이라는 점을 강하게 호소하며 이웃 나라 프로이센과 러시아를 끌어들여 신성동맹을 맺음으로써 프랑스의 재기를 막고 러시아의 확장을 견제했다. 뿐만 아니라 국내에서 꿈틀거리는 민족주의와 자유주의의 물결을 억제해 오스트리아 국내의 다민족 분열 세력이 힘을 쓰지 못하게 했다.

1818년에 열린 아헨열국회의(Congress of Aix-la-chapelle)는 나폴레옹이 전쟁에 패한 후 유럽의 장래를 의논하는 가장 중요한 자리였다. 영국, 러시아, 오스트리아, 프로이센, 프랑스 등에서 온 대표들이 프랑스의 전쟁 보상과 동맹국의 철수 문제를 결정했다. 살로몬과 그의 동생 카를도 이 회의에 참석했고, 살로몬은 메테르니히의 오른팔 겐츠(Gentz)의 추천으로 메테르니히를 만났다. 그 후 두 사람은 모든 것을 터놓고 지내는 사이가 되었다. 그렇게 된 데는 무엇보다 상대를 기분 좋게 하는 살로몬 특유의 부드러운 화법과 적절한 칭찬이 크게 기여했다. 메테르니히 역시 로스차일드 가문의 탄탄한 재력을 높이 평가했기 때문에 두 사람은 쉽게 의기투합했다. 살로몬은 물론 겐츠와도 더욱 긴밀한 관계를 유지했다.

메테르니히와 겐츠의 적극적인 추천에다 로스차일드와 윌리엄 왕자의 관계, 그리고 덴마크 왕실과의 긴밀한 비즈니스 관계에 힘입어 살로몬은 드디어 합스부르크의 높은 문턱을 넘었다. 왕실은 고정적으로 살로몬의 은행에서 융자를 받았으며, 살로몬은 빠르게 그들과 한울타리 사람으로 인정받게 되었다. 1822년 합스부르크 왕조는 네이선을 제외한 로스차일드가의 4형제에게 남작의 칭호를 수여했다.

살로몬의 대규모 자금 지원을 등에 업은 메테르니히는 오스트리아의 영향력을 확장하기 시작했다. 그가 여러 분쟁 지역에 '평화 수호'라는 명목으로 군대를 파견함으로써 안 그래도 국력이 날로 쇠약해지는 오스트리아는 더 깊은 채무의 늪에 빠졌고, 살로몬의 금고에 대한 의존도는 더욱 높아졌다. 1814~1848년의 유럽은 '메테르니히의 시대'로 불러도 과언이 아니다. 그러나 그 메테르니히를 움직이는 막후에는 로스차일드은행이 있었다.

1822년에 메테르니히와 겐츠, 그리고 살로몬, 제임스, 카를의 3형제는 베로나회의(Verona Congress)에 참석했다. 회의가 끝난 후 로스차일드은행은 수익성이 높은 중유럽 철도 프로젝트의 자금 융자 은행으로 지정되었고, 이로써 오스트리아 사람들은 로스차일드의 영향력을 새삼 실감했다. "오스트리아에는 페르디난트 황제와 살로몬 국왕이 있다"라는 우스갯소리가 나돌 정도였다. 1843년에 살로몬은 비트코비체 연합 광업회사와 오스트리아·헝가리 제련회사를 인수했다. 이들 두 회사는 당시 세계 10대 중공업기업으로 손꼽히는 큰 기업이었다.

1848년, 살로몬은 오스트리아의 금융과 경제를 주무르는 거물로 성장했다.

로스차일드 휘하의 독일과 이탈리아

나폴레옹이 철수한 후부터 독일은 그동안 흩어져 있던 300여 개의 작은 봉건국가를 합병해 30여 개의 큰 봉건국가로 구성된 도이칠란트연방으로 거듭났다. 프랑크푸르트에 남아 있던 로스차일드가의 큰 아들 암셀은 도이치연방의 초대 재무장관으로 임명되었고, 1822년 오스트리아 황제로부터 남작에 봉해졌다. 프랑크푸르트의 로스차일

드은행은 독일 금융의 중심이 되었다. 유감스럽게도 슬하에 자식이 없던 암셀은 후계자를 키우는 데 심혈을 기울였다. 그중 암셀의 전폭적 신임을 받는 한 젊은이가 있었는데, 그가 바로 훗날 현대사에 빛나는 발자취를 남긴 독일의 철혈 수상 비스마르크다.

| 암셀 로스차일드

암셀과 비스마르크는 진짜 부자지간처럼 가까웠다. 암셀이 세상을 떠난 후에도 비스마르크는 로스차일드 가문과 여전히 긴밀한 관계를 유지했다. 비스마르크 배후의 은행가 새뮤얼 블라이흐뢰더도 로스차일드가의 대리인이다.[27]

한편 넷째 카를은 로스차일드의 다섯 형제 중 가장 평범한 인물이다. 그는 가족 간의 연락을 도맡아 유럽 각지를 오가면서 소식을 전하고 다른 형제들을 도왔다. 1818년 다섯째 제

| 카를 로스차일드

임스가 국채를 둘러싼 경쟁에서 큰 승리를 거두는 데 일조한 후로, 카를은 가문을 대표하고 있던 셋째 형 네이선으로부터 이탈리아 나폴리로 가서 은행을 세우라는 명을 받는다. 이탈리아에서 그는 형제들의 예상을 뛰어넘는 훌륭한 능력을 보여주었다. 메테르니히에게 이탈리아의 혁명을 진압할 군대를 보낼 자금을 대주는가 하면, 탁월한 정치 수완으로 이탈리아 정부에 손을 써서 점령군의 경비를 담당하기도 했다. 또한 친구 메디치가 나폴리 재정장관 자리를 되찾도록 돕기도 했다. 이탈리아 왕실의 재정적 기둥이 되어가던 카를의 영향력은 이탈리아반도 전역에 미쳤다. 그는 바티칸 교황과 상업적으로 왕래하기도 했는데, 교황 그레고리우스 16세는 카를을 만났을 당시 발을 내미는 관례를 깨고 이례적으로 손을 내밀어 입을 맞추도록 했다.

로스차일드 금융제국

> 너희 형제들이 단결하기만 하면 세상의 어떤 은행도 너희와 경쟁이 안
> 되며, 너희를 해치거나 너희로부터 이익을 취할 수도 없을 것이다. 너
> 희가 함께 있으면 세상의 어떤 은행보다 큰 위력을 거머쥐게 될 것이
> 다. [28] _ 데이비슨이 네이선에게 보낸 편지에서, 1814년 6월 24일

M. A. 로스차일드는 1812년 세상을 떠나기 전 다음과 같이 엄격한 유언을 남겼다.

(1) 가문 은행의 모든 요직은 반드시 가문 내부에서 맡아야 하며, 외부인을 써서는 안 된다. 가족 가운데 남자만이 상업 활동에 참여할 수 있다.

(2) 사촌끼리 결혼함으로써 재산이 외부로 유출되는 것을 막는다(이 규정은 초기에는 엄격히 지켜졌으나, 나중에 완화되어 다른 유대인 은행가 집안과의 통혼까지로 범위가 확대됨).

(3) 재산 상황을 절대로 외부에 공개해서는 안 된다.

(4) 재산 상속 시 변호사의 개입을 절대 금지한다.

(5) 집안의 모든 장자는 각 집안의 우두머리이며, 가족이 만장일치로 동의할 경우에만 차남을 후계자로 할 수 있다.

이 유서의 내용을 위반하는 자는 재산 상속권 일체를 박탈당한다.[29]

중국에는 "형제가 마음을 합치면 그 날카로움이 쇠를 자른다"라는 속담이 있다. 로스차일드 가문은 가족 내부의 통혼을 통해 재산이 외부로 유출되는 것을 엄격히 금지했다. 100여 년 세월 동안 가족 내부의 통혼이 18건이었으며, 그중 16건은 사촌 남매간의 결혼이었다.

1850년을 전후해서 로스차일드 가문은 총 60억 달러의 재산을 축적했으리라 짐작된다. 수익률을 6%로 계산하면, 150여 년이 지난 오늘날 이들 가족의 자산은 최소한 50조 달러 이상으로 추정된다.

가족의 엄격한 통제, 은밀한 물밑 작업, 기계처럼 정확한 협조, 빠른 시장 정보 수집 능력, 냉철한 이성, 금권에 대한 끝없는 욕망, 그리고 이 모든 것에 기반을 둔 금전과 재산에 대한 깊은 통찰과 천재적인 예지 능력 등이 로스차일드가가 200년 동안 전 세계의 금융 및 정치와 전쟁의 냉혹한 소용돌이 속에서 활약하며 인류 역사상 가장 방대한 금융제국을 세울 수 있는 원동력이 되었다.

20세기 초까지 로스차일드 가문이 통제한 재산은 당시 세계 총 재산의 절반 정도로 추정된다.[30]

로스차일드은행은 유럽의 주요 도시에 분포하고 있다. 그들은 치밀한 정보 수집 및 전달 시스템을 가지고 있는데, 심지어 유럽 국가의 왕실과 귀족들도 때로 그들의 정보망을 이용할 정도였다. 로스차일드 가문은 국제 금융 청산 시스템을 처음으로 설립해 전 세계 황금 시장을 통제하는 데 이용했다. 그들은 가족 은행 체계 중 처음으로 실물 황금을 운반할 필요가 없는 계정 청산 시스템을 도입했다.

이 세상에서 로스차일드 가문만큼 황금의 진정한 의미를 아는 사람들도 없을 것이다. 로스차일드 가문이 런던 황금 정가 시스템에서 물러나겠다고 선포한 2004년, 그들은 장차 세계적으로 전례 없는 금융위기의 중심에서 슬며시 벗어나면서 자신들과 황금 가격의 관계를 떼어놓고 있었다. 빚더미에 앉은 달러 경제와 사방에 위기가 도사린 세계의 법정화폐 체계나 외환보유 체계는 한바탕 청산의 폭풍에 직면할 가능성이 크다. 얼마 안 되는 황금을 보유한 아시아 국가들이 몇 년 동안 축적한 재산은 미래의 승리자에게 '재분배'될 것이다. 헤지펀드는 재공격을 감행할 것이다. 다만, 이번 대상은 파운드화나 아시아 통화가 아니라 세계경제의 기둥인 달러가 될 것이다.

은행가의 입장에서 볼 때 전쟁은 큰 호재다. 평화 시기에는 감가상각이 느리게 진행되던 각종 고가의 시설과 물품이 전쟁 때는 순식간에 잿더미로 변하기 마련이다. 전쟁의 당사자들은 어떤 대가를 치르고라도 싸움에서 이기려고 하기 때문에, 전쟁이 끝난 후에는 이긴 쪽 정부든 진 쪽 정부든 은행 채무라는 함정에 빠져들고 만다. 잉글랜드 은행의 설립 때부터 나폴레옹전쟁이 끝난 121년 동안(1694~1815년) 영국은 56년을 전쟁 가운데 보냈으며, 나머지 시간의 절반은 전쟁 준비에 할애했다.

전쟁을 책동하고 그 자금을 대는 것은 은행가의 이익에 들어맞는다. 로스차일드 가문도 예외는 아니었다. 프랑스혁명부터 제2차 세계대전에 이르는 거의 모든 근대 전쟁의 배후에는 그들의 그림자가 어른거린다. 로스차일드 가문은 현재 주요 서방 선진국의 최대 채권자다. M. A. 로스차일드의 부인 구틀 슈내퍼는 세상을 뜨기 전에 이렇게 말했다. "내 아들들이 전쟁을 바라지 않는다면, 전쟁에 열을 올리는 사람들도 없어질 것이다."

19세기 중반에 이르러 영국, 프랑스, 독일, 오스트리아, 이탈리아 등 유럽의 주요 공업국가의 화폐 발행 권리가 로스차일드 가문의 수중에 떨어짐으로써 신성한 군주의 권리가 '신성한 금권'으로 대체되었다. 이때 대서양 저쪽에서 번영을 구가하는 아메리카 대륙이 그들의 시야에 들어왔다.

제2장

국제 은행재벌과
미국 대통령의 백년전쟁

내게는 중요한 적이 둘 있다. 하나는 내 앞의 남부군이며, 나머지 하나
는 뒤에 도사린 금융기관이다. 둘 중 후자가 더 큰 위협이다. 장차 나를
떨게 할 위기가 가까이 왔음을 느낀다. 내 나라의 안위가 걱정이다. 금
전의 힘은 사람들을 계속 통치하고 그들을 해치면서, 모든 재산이 소수
의 사람 손에 들어가고 우리 공화국이 붕괴하기까지 지속될 것이다. 나
는 나라의 안위를 걱정하는 마음이 그 어느 때보다 크다. 심지어 전쟁
때보다 더 초조하다.[1]

_ 링컨, 미국 16대 대통령

중국의 역사는 정치권력 투쟁을 둘러싸고 전개되었으며, 제왕의 마음을 읽지 못하면 중국 역사의 진수를 통찰할 수 없다. 반면 서양의 근대사는 금전을 둘러싼 각축전으로 진화되었으며, 금전의 계략을 제대로 이해하지 못하면 서방 역사의 흐름을 파악할 수 없다.

미국의 성장 과정은 국제 세력의 개입과 음모로 점철되었다. 특히 국제 금융 세력은 미국에 대해 가공할 만한 침투력과 영향력을 발휘했으나, 이 사실을 아는 사람은 많지 않다.

민주주의의 설계와 수립은 봉건 독재 세력의 위협을 막아내고 괄목할 성과를 이루었다. 그러나 민주제도 자체는 금권이라는 치명적인 신형 바이러스에 대항할 면역력을 갖추지 못했다.

신흥 민주제도는 '국제은행가들이 통화 발행권 통제로 국가 전체를 통제'한다는 전략적 공격 방향의 판단과 방어에 큰 구멍이 났음을 보여주었다. 금권 슈퍼 특수 이익집단과 미국 민선 정부는 남북전쟁 전후의 100년 동안 미국 민영 중앙은행 시스템이라는 금융의 고지를 선점하고자 투쟁을 반복했다. 이 과정에서 일곱 명의 미국 대통령이 피살되었고, 다수의 의원이 사망했다. 미국 역사학자들은 미국 대통령의 사망률이 제2차 세계대전 기간 노르망디 상륙작전에 투입된 일선 부대의 평균 사망률보다 높다고 지적했다.

중국의 금융이 전면 개방되면서 국제은행가들은 중국의 금융계로 대거 진출할 것이다. 과거 미국에서 벌어진 일이 과연 오늘날 중국에서 재현될 것인가?

링컨 대통령의 피살

1865년 4월 14일 금요일 밤, 갖은 어려움과 위기를 딛고 4년 동안 잔혹한 내전을 견디던 링컨 대통령은 닷새 전 남부의 로버트 에드워드 리 장군이 마침내 북부의 그랜트 장군에게 투항했다는 승리의 소식을 접했다. 기쁨에 들뜬 링컨은 그동안 팽팽하던 신경 줄을 늦추고 워싱턴의 포드 극장에서 공연을 감상하는 중이었다. 10시 15분, 암살범이 경호원이 없는 대통령 전용석에 잠입했다. 그는 링컨과 60센티미터도 떨어지지 않은 뒤쪽에서 대구경 권총으로 대통령의 뒷머리를 쏘았다. 후두가 관통당한 링컨은 이튿날 새벽 사망했다.

링컨을 저격한 범인은 존 윌크스 부스라는 유명한 배우였다. 그는 4월 26일 도주하던 중 총을 맞아 사망했다고 한다. 저격범의 마차 안에서는 깨알 같은 글씨로 쓴 편지와 유다 베냐민의 개인 물품들이 발견되었다. 당시 남부 정부의 국방장관이던 유다는 훗날 국무장관을

| 링컨 암살: 1865년. 공연 감상 중이던 링컨 대통령이 암살당했다. 링컨 암살의 음모론은 현대까지 계속되고 있다.

지낸 남부 금융의 실권자였다. 유럽의 대형 은행가들과 친분이 있던 그는 나중에 영국으로 도피했다. 사람들은 링컨 대통령 암살 사건에 큰 음모가 개입되었다고 여겼다. 그 음모에 가담한 인물로는 링컨의 내각 요원, 뉴욕과 필라델피아의 은행가, 남부의 고위 관리, 뉴욕의 신문·출판기업과 북부의 급진파들이 거론된다.

당시 암살범 존 윌크스 부스는 피살되지 않고 풀려났으며, 나중에 매장된 시체는 그의 공범이라는 소문이 퍼졌다. 막강한 권력을 쥐고 있던 국방장관 에드윈 스탠턴이 진실을 은폐했다는 것이다. 이런 이야기는 언뜻 봐도 황당한 음모론처럼 들린다. 그런데 전쟁장관이 다룬 대량의 비밀문서의 암호를 1930년대 중반에 해독한 후 역사학자들은 놀랍게도 당시 소문들이 사실임을 확인했다.

이 놀라운 역사 자료들을 처음으로 깊이 연구한 사람은 역사학자

오토 아이젠쉬믈이었다. 그의 저서 《링컨은 왜 암살당했을까?》는 당시 사학계에 큰 반향을 불러일으켰다. 그 후 시어도어 로스코가 더 광범위한 연구 결과를 출판했다. 그는 이렇게 주장했다.

> 19세기의 링컨 사건과 관련한 대규모의 역사 연구는 대부분 포드 극장의 비극에 대한 묘사에 치우치며 마치 대형 오페라를 보여주는 것 같다. 대개는 이런 식이다. "이 사건을 암살 사건으로 본 사람은 소수에 불과했다. 링컨은 무모한 범죄자의 손에 희생되었다. 그 범죄는 법적 처벌을 받았으며, 음모론은 사라졌다. 미덕이 최후의 승리를 쟁취했으며 링컨은 이제 '과거에 속하게' 되었다."
>
> 그러나 암살 사건의 의문이 풀렸다고 해도 사람들은 이를 받아들이지 않는다. 링컨 암살에 관련된 범인들은 아직도 법망에서 벗어난 상태다.[2]

암살범의 손녀 이졸라 포레스터는 회고록 《이 미친 행동(This One Mad Act)》을 통해, 자신이 '금원의 기사단(Knights of the Golden Circle)'이라는 기밀 기록을 정부가 은밀히 보관하고 있는 문서 창고에서 발견했으며 국방장관 에드윈 스탠턴이 기밀 자료로 분류했다고 주장한다. 링컨이 피살된 후 이 문서에는 아무도 접근할 수 없었다. 그러나 이졸라는 암살범 부스와 혈연관계인 데다 프로 작가라는 신분을 이용해 마침내 이 문서를 처음으로 열람할 수 있었다. 이졸라는 회고록에서 이렇게 기술했다.

> 이 수상한 낡은 문서철은 '음모의 심판' 관련 서류를 보관하는 방 한구

석에 있는 캐비닛에 들어 있었다. 내가 5년 전 우연히 이 방의 바닥에 꿇어앉아 자료를 뒤적이면서 캐비닛의 한쪽을 보지 못했다면, 기밀 문서를 영원히 발견하지 못했을 것이다.

이곳의 문서와 내 할아버지는 관계가 있다. 나는 할아버지가 기밀 조직의 일원이라는 사실을 안다. 그 조직은 조지 비클리가 만든 '금원의 기사단'이다. 나는 할아버지가 그와 찍은 사진을 한 장 가지고 있는데, 두 사람은 모두 제복 차림이다. 나는 이 사진을 할머니의 성경 책 사이에서 발견했다. 할머니는 자신의 남편이 '다른 사람의 도구'라고 말한 적이 있다. [3]

금원의 기사단과 뉴욕의 금융 세력은 과연 어떤 관계였을까? 링컨 정부 내부에서 몇 사람이나 링컨 암살의 음모에 개입했을까? 링컨 암살에 대한 연구는 어떻게 오랫동안 체계적으로 정확한 방향을 비껴가게 되었을까? 링컨의 암살과 100년 후에 일어난 케네디 암살은 비슷한 점이 많다. 케네디 암살 역시 대규모의 조직적 협력, 완벽한 증거 인멸, 체계적인 조사 방해 등으로 사건의 진상이 짙은 베일에 가려 있다.

링컨 암살의 진정한 동기와 음모를 파헤치려면, 미국의 수립 이후 민선 정부와 금권이 화폐 발행권 통제라는 국가 전략적 고지를 선점하고자 힘겨루기를 하던 역사의 배후를 잘 들여다보아야 한다.

화폐 발행권과 미국의 독립전쟁

미국 독립전쟁의 기원을 분석한 역사 교과서는 대부분 개괄적 원칙과 의미를 전면적이고 추상적으로 서술하는 방식을 취하고 있다. 여기서는 좀 다른 시각으로 접근해서 이 혁명의 금융 배경과 그로 말미암아 일어난 핵심적 역할을 다뤄보기로 하자.

최초로 미 대륙에 정착해 생활한 사람들은 대부분 몹시 가난한 빈민이었다. 몸에 지니고 온 몇 개의 보따리를 빼면 재산이라고 할 만한 것이 없었다. 당시는 북아메리카 대륙에서 대형 금광과 은광이 발견되기 전이었으므로, 시중에 유통되는 화폐가 극히 부족한 실정이었다. 게다가 모국인 영국과의 심각한 무역적자로 대량의 금은화폐가 영국으로 유입됨에 따라 통화의 부족 현상은 더욱 심화되었다.[4]

북아메리카의 이민자들이 고된 노동으로 창출한 대량의 상품과 서비스는 통화의 부족으로 충분하고 효과적인 교환이 어려웠으므로, 경제 발전을 심각하게 제약하고 있었다. 이런 난국을 해결하고자 각종 대체 화폐를 사용해 상품 거래를 해야 했는데, 주로 거래되는 대체 화폐는 동물의 모피나 조개껍데기, 연초, 쌀, 보리, 옥수수 등이었다. 1715년의 노스캐롤라이나주만 해도 17종류나 되는 물품이 법정화폐로 유통되었다. 정부와 민간에서는 이런 물건으로 세금을 받았으며, 공채 및 사채의 상환이나 상품과 서비스 매매도 이런 물건들로 이루어졌다. 당시 모든 대체 화폐는 파운드와 실링을 회계 결산 기준으로 삼았다. 그러나 실제 운영 과정에서 이 물품들은 색깔과 규격, 받아들이는 정도와 보존성의 차이가 커서 표준으로 계측하기가 어려웠다. 따라서 비록 어느 정도 화폐 부족이라는 발등의 불을 꺼주기는 했지만, 상품 경제 발전은 여전히 발목을 잡힌 상태였다.[5]

금속화폐의 장기적 부족 현상과 대체 실물화폐 이용의 불편이 계속되자 현지 정부는 전통적 사고방식에서 탈피해 참신한 발상을 내놓았다. 즉 정부가 지폐를 발행해 통일된 표준 법정화폐로 삼는다는 아이디어였다. 이 지폐는 유럽에서 유통되는 은행권과 달리 어떤 은행에서도 담보로 실물을 잡지 않는 완전한 정부 신용화폐였다. 한 사회의 일원이라면 누구나 정부에 세금을 내야 한다. 정부가 지폐로 세금을 받아주기만 하면, 그 지폐는 시장에서 유통될 수 있는 기본 요소를 갖추게 되는 것이다.

새 화폐는 과연 사회경제의 빠른 발전을 크게 촉진했으며, 상품 무역은 점점 번성해 갔다.

이와 동시에 영국의 애덤 스미스도 북아메리카 식민지 정부가 시도하는 새로운 화폐를 주시했다. 그는 이 지폐가 상업에 큰 자극을 미칠 것이라는 사실을 잘 알고 있었다. "특히 금속화폐가 부족한 북아메리카 지역에서 신용에 기반을 둔 거래를 할 경우 상인들이 매월 또는 매년 정기적으로 서로의 신용 상태를 결산할 수 있으므로 거래에 따르는 불편을 줄일 수 있었다. 관리하기도 쉬운 지폐 시스템은 아무 불편도 가져오지 않을 뿐 아니라 어떤 상황에서는 더 많은 장점을 발휘할 수 있었다."[6]

그러나 담보가 없는 화폐는 은행가들의 천적이었다. 담보로 잡을 채무가 없으면, 정부는 당시 최고의 희소가치를 발휘하던 금속화폐를 은행에서 대출할 필요가 없어진다. 그렇게 되면 은행가의 가장 위력적인 수단은 힘을 잃어버린다.

벤저민 프랭클린이 1763년 영국을 방문했을 때, 잉글랜드은행의 책임자는 그에게 신대륙 식민지가 어떻게 그토록 발달할 수 있었는지 물었다. 그는 그 원인을 이렇게 대답했다. "그거야 간단하죠. 식민지에서 우리는 '식민권'이라는 화폐를 스스로 발행했

습니다. 상업과 공업의 필요에 따라 동등한 비율의 화폐를 발행하죠. 그러면 상품이 생산자에서 소비자의 손까지 쉽게 이동됩니다. 이런 방식으로 우리 자신의 지폐를 만들고 구매력까지 보장하니까, 우리 정부는 누구에게도 이자를 지급할 필요가 없어졌답니다."[7]

새로운 지폐의 출현으로 미 식민지는 필연적으로 잉글랜드은행의 통제에서 벗어나게 되어 있었다.

이에 화가 난 영국의 은행가들은 즉시 행동에 나섰다. 그들의 입김에 크게 영향을 받는 영국 의회는 1764년 '통화조례(Currency Act)'를 통과시켜 미 식민지 각지에서 자신들의 지폐를 발행하는 행위를 엄격히 금지했다. 뿐만 아니라 영국 정부에 납부하는 세금을 반드시 황금과 백은으로 지불할 것을 강요했다.

프랭클린은 이 법안이 식민지 각지에 미치는 심각한 경제적 타격을 고통스럽게 묘사했다. "겨우 1년 만에 식민지의 상황은 완전히 역전되었다. 번영의 시대는 가고, 경제는 심각한 불황의 늪에 빠졌다. 거리마다 실업자가 우글거렸다."[8]

"만약 잉글랜드은행이 식민지의 화폐 발행권을 박탈하지 않았다면, 식민지 시민은 기꺼이 차와 기타 상품으로 남는 소량의 세금을

냈을 것이다. 이 법안으로 실업과 불만이 초래되었다. 자신의 화폐를 발행하는 것이 불가능해진 식민지는 국왕 조지 3세와 국제은행가들의 통제에서 영원히 벗어날 수 없게 되었다. 이는 미국에서 독립전쟁이 발발하게 된 가장 중요한 원인이다."[9]

| 미국 3대 대통령 토머스 제퍼슨

미국의 개국 옹호론자들 사이에서는 잉글랜드은행이 영국 정치를 통제하고 국민을 부당하게 대한다는 인식이 상당히 높았다. 33세라는 젊은 나이에 유명한 미국 '독립선언문'을 작성한 미국 3대 대통령 토머스 제퍼슨은 다음과 같이 길이 남을 명언을 남겼다.

만약 미국인이 끝까지 민간은행으로 하여금 국가의 화폐 발행을 통제하도록 둔다면, 이들 은행은 먼저 통화 팽창을 이용하고 이어서 통화 긴축 정책으로 국민의 재산을 박탈할 것이다. 이런 행위는 어느 날 아침 그들의 손자들이 자기의 터전과 선조가 개척한 땅을 잃어버렸다는 사실을 깨달을 때까지 계속될 것이다. [10]

200여 년이 지난 오늘날에도 1791년 제퍼슨이 한 말을 되새겨보면, 믿기 힘들 만큼 정확한 그의 예견에 놀라지 않을 수 없다. 오늘날 미국 민영은행은 국가화폐 유통량의 97%를 발행하고 있으며, 미국 국민은 은행에 44조 달러라는 천문학적 금액의 채무를 진 상태다. 그들은 정말 어느 날 갑자기 자기의 터전과 재산을 잃었다는 사실을 각성할지도 모른다. 마치 1929년에 그러했듯이 말이다.

　미합중국의 위대한 선구자들은 혜안을 갖고 역사와 미래를 관찰했다. 그들은 미국 헌법 제1장 제8절 서두에 이렇게 써내려갔다. "의회는 화폐의 제조와 가치 설정의 권리를 갖는다."[11]

국제 금융재벌의 첫 번째 전쟁
: 미국 최초의 중앙은행(1791~1811년)

> 우리는 적의 군대보다 금융기관이 우리의 자유에 가하는 위협이 더 심각하다는 사실을 확신한다. 그들은 이미 금전 귀족 계급을 창조했으며, 정부를 무시하고 있다. 화폐 발행권을 은행의 손에서 되찾아야 한다. 그것은 당연히 주인인 국민에게 속해야 한다.[12]
>
> _ 토머스 제퍼슨, 미국 3대 대통령, 1802년

　알렉산더 해밀턴(Alexander Hamilton)은 로스차일드 가문과 밀접한 관계를 가진 중량급 인물이다. 영국령 서인도제도에서 태어난 그는 나이와 본명, 출생지를 숨기고 미국으로 건너가 뉴욕 명문가의 딸과 결혼했다. 대영박물관에 소장된 영수증은 해밀턴이 로스차일드가의 자금 지원을 받았다는 사실을 증명한다.[13]

　1789년 해밀턴은 워싱턴 대통령에 의해 미국 초대 재무장관으로 임명되었다. 그는 미국 중앙은행 제도의 주요 추진자로 활약했다. 독립전쟁 후 심각한 경제난과 채무의 위기에 직면하자, 1790년 그는 잉

글랜드은행과 유사한 민영 중앙은행을 세워서 화폐 발행 직무를 철저히 이행할 것을 의회에 강력히 제안했다. 그의 논지는 다음과 같다.

중앙은행은 개인이 소유하며, 본부는 필라델피아에 두고, 각 지역에 지점을 설립한다. 정부의 화폐와 세금 징수는 반드시 이 은행 시스템으로 관리해야 한다. 이 은행은 국가화폐를 발행해 경제 발전의 요구를 충족시키며,

| 알렉산더 해밀턴

미국 정부에 대출을 해주고 이자를 받는다. 이 은행의 총 자본은 1,000만 달러이며, 개인이 80%의 주식을 보유하고 나머지 20%는 미국 정부가 보유한다. 25명으로 구성된 이사회 중 20명은 주주 중에서 추천하며, 5명은 정부가 임명한다.

해밀턴은 엘리트 계층의 이익을 대변하는 인물이었다. 그는 이렇게 주장했다. "모든 사회는 극소수와 대다수로 무리를 나눈다. 전자는 출신이 좋고 부유한 계층이며, 후자는 프롤레타리아 계층이다. 대중은 휩쓸리고 쉽게 변화한다. 그들은 정확한 판단과 결정을 내리지 못한다."

반면 제퍼슨은 대중의 이익을 대변하는 인물이었다. 해밀턴의 관점에 대한 제퍼슨의 반응은 이러했다. "우리가 믿는 진리는 이것이다. 사람은 태어나면서부터 평등하며, 만물의 창조주는 우리에게 박탈될 수 없는 권리를 부여했다. 그중에는 생존권 및 자유권과 행복을 추구할 권리가 포함된다."

두 사람은 민영 중앙은행 제도를 둘러싸고 한 치도 물러서지 않았다.

해밀턴은 이렇게 주장했다. "부유한 사람의 개인적 이익과 재산 신용을 모으지 않는 사회는 성공하지 못할 것이다."[14] "국가의 채무는 지나치게 많지만 않으면 국가의 복지라고 할 수 있다."[15]

이에 대해 제퍼슨은 이렇게 반박했다. "일개 민간 중앙은행이 국민의 공공 화폐를 발행한다면, 이는 적의 군대보다 국민의 자유를 더 심각하게 위협하는 것이다."[16] "우리는 통치자가 국민에게 영구적으로 채무를 떠넘기는 것을 절대로 용인할 수 없다."[17]

해밀턴의 방안이 의회 토론에 상정되자마자 격렬한 논쟁이 벌어졌다. 결국 상원은 약소한 차이로 이 제안을 통과시켰으며, 하원에서도 39 대 20으로 통과되었다. 이때 심각한 채무의 위기에 짓눌려 있던 워싱턴 대통령은 더 큰 시름에 잠겼다. 그는 당시 국무장관 제퍼슨과 제임스 매디슨(James Madison)을 불러 의견을 물었다. 그들은 이 제안이 헌법을 명백히 위반한다고 주장했다. 헌법에는 화폐 발행을 의회에 위임할 수 있다고 되어 있으나, 의회가 화폐 발행권을 어떠한 민영은행에 위임할 수 있다는 조항은 없었다. 이에 크게 고무된 워싱턴은 법안에 대한 부결권을 행사하기로 결정했다.

이 소식을 들은 해밀턴이 즉시 워싱턴을 찾아가 로비를 시작했다. 재무장관 해밀턴의 말은 더욱 설득력이 있었다. 만약 중앙은행을 설립해 외국 자금을 주식으로 유입하지 않을 경우, 정부는 얼마 지탱하지 못하고 무너진다는 주장이었다. 결국 발등에 떨어진 위기 해결이 장기적 앞날에 대한 걱정보다 우선되었다. 워싱턴 대통령은 1791년

2월 25일 마침내 미국의 첫 번째 중앙은행을 설립하는 데 서명했다. 유효 기간은 20년이었다.[18]

국제 금융재벌들은 드디어 중요한 첫 승리를 거두었다. 1811년 외국 자본은 1,000만 주 가운데 700만 주를 차지했다. 잉글랜드은행과 네이선 로스차일드는 미국 중앙은행(The First Bank of the United States)의 주요 주주가 되었다.[19]

해밀턴은 마침내 거부가 되었다. 중앙은행은 뉴욕 맨해튼은행과 함께 월스트리트에서 제일가는 은행이 되었다. 맨해튼은행은 1955년 록펠러의 체이스은행과 합병해서 체이스맨해튼은행이 되었다.

돈에 목마른 정부와 정부의 채무를 갈망하는 민영 중앙은행이 손발을 맞추게 된 것이다. 중앙은행이 설립된 1791년부터 1796년까지 불과 5년 동안 미국 정부의 채무는 무려 820만 달러로 증가했다.

제퍼슨은 1798년 격노해서 말했다. "헌법을 수정해서라도 연방정부가 돈을 빌릴 수 있는 권리를 빼앗고 싶다."[20]

제퍼슨은 미국의 3대 대통령에 취임한 후 재선되어 연임하는 동안 (1801~1809년) 중앙은행을 폐지하기 위해 백방으로 애를 썼다. 1811년에 은행의 유효 기간이 만료되자 쌍방의 각축전은 극에 달했다. 하원은 단 한 표 차인 65 대 64로 은행의 화폐 발행권 연장안을 부결했다. 한편 상원은 17 대 17로 같은 표가 나왔다. 이때 부통령 조지 클린턴이 경색 국면을 타개할 부결표를 던짐으로써 미국 최초의 중앙은행은 1811년 3월 3일자로 문을 닫았다.[21]

런던에서 조용히 사태를 관망하던 네이선 로스차일드는 그 소식에 격노했다. 그는 이렇게 위협적인 말을 했다. "은행의 발행권을 연장하지 않으면 미국은 심각한 전쟁을 치러야 할 것이다." 그래도 미국 정부 쪽에서 아무 반응이 없자, 네이선은 다시 말했다. "방자한 미국인을 확실히 손봐서 식민지 시대로 돌아가게 할 것이다."

그 결과 몇 달이 지나지 않아 영국과 미국 사이에 전쟁이 발발했다. 이 전쟁은 1812년부터 3년이나 지속되었다. 로스차일드의 목적은 확실했다. 미국 정부를 빚더미에 앉혀 결국 무릎 꿇고 투항하게 함으로써 자신들이 장악한 중앙은행을 계속 운영하는 것이었다. 과연 미국 정부의 채무는 4,500만 달러에서 1억 2,700만 달러로 증가했으며, 마침내 미국 정부는 1815년 굴복하고 말았다. 미국의 4대 대통령이 된 제임스 매디슨은 1815년 12월 5일 두 번째 중앙은행 설립을 승인했고, 1816년 두 번째 은행(The Bank of the United States)이 탄생했다.

국제은행가들의 권토중래
: 미국의 두 번째 중앙은행(1816~1832년)

> 금융기관이 국민 의식을 지배하는 것을 막아야 한다. 그렇지 않으면 이런 지배가 장차 우리 국가를 공격할 것이다. [22]
>
> _ 제퍼슨이 제임스 먼로(James Monroe, 미국 5대 대통령)에게 쓴 편지 중에서, 1815년

미국의 두 번째 은행은 20년이라는 영업 기간을 확보했다. 이때 총 주식은 3,500만 달러로 상승했으며, 80%는 여전히 개인이 소유하고 나머지 20%가 정부 소유였다. [23] 첫 번째 은행과 마찬가지로 로

스차일드가 이 은행의 권력을 움켜쥐었다.

1828년 대통령 선거에 나선 앤드루 잭슨(Andrew Jackson)은 은행가들을 만나 힘주어 말했다. "여러분은 독사와 같소. 나는 신의 이름으로 여러분을 뿌리 뽑을 것이오. 국민이 우리의 화폐와 은행 시스템이 얼마나 불공정한지 안다면 내일 아침 당장 혁명이 일어날 것이오."

그리고 대통령에 당선된 앤드루 잭슨은 두 번째 은행을 폐지하기로 결심하고 이렇게 말했다. "헌법이 의회에 화폐 발행 권한을 준 것은 의회가 직접 그 권한을 행사하라는 뜻이지, 어떠한 개인이나 기업에 그 권한을 위임하라는 뜻은 아니다." 잭슨 대통령은 1만 1,000여 명의 연방정부 직원 가운데 은행과 관련된 일을 하는 2,000여 명을 해고했다.

1832년 잭슨 대통령이 연임 경선에 나섰다. 그가 연임되면 두 번째 중앙은행의 유효 기한은 그의 다음 임기 내인 1836년까지로 한정될 것이다. 사람들은 두 번째 은행에 대한 대통령의 생각을 알고 있었다. 은행은 꾸물거리다가 일을 망칠까봐 대선을 치르느라 정신없는 틈을 노려 사전에 20년의 경영 특허권을 연장하려고 했다. 동시에 은행가들은 300만 달러의 거액을 잭슨의 경쟁자인 헨리 클레이(Henry Clay)의 선거 진영에 아낌없이 쏟아 부었다. 잭슨이 내건 구호는 "잭슨을 원하고 은행을 원치 않는다"였다. 결국에는 잭슨이 압도적 우세로 승리했다.

한편 은행 경영권을 연장하려는 제안은 상원에서 28 대 20으로 통과되었고, 하원에서도 167 대 85로 가볍게 통과되었다.[24] 두 번째 은행의 니콜라스 비들(Nicholas Biddle) 행장은 유럽 최대 금융제국 로스차일드의 후광을 업고 대통령 따위는 안중에도 두지 않았다. 잭슨이 결의안을 부결할 것인지를 두고 한창 의견이 분분할 때 비들은 거만하게 말했다. "잭슨이 결의안을 부결하면 나는 그를 부결할 것이다."

잭슨 대통령은 물론 두 번째 은행의 연장 결의안을 조금도 지체하지 않고 부결했다. 그는 재무장관에게 모든 정부의 저축을 두 번째 은행의 계좌에서 인출해 각 주의 은행으로 송금하라고 지시했다. 1835년 1월 8일, 잭슨 대통령은 마지막 국채를 상환했다. 이로써 미국 정부는 역사상 유일하게 국채를 완전히 제로로 만들었다. 게다가 3,500만 달러의 잉여금이 남았다. 역사학자들은 이 위대한 역사를 이렇게 평가한다. "대통령의 가장 찬란한 영예이며, 그가 이 나라를 위해 한 가장 중요한 공헌이다." 〈보스턴 포스트〉는 이날의 성과를 예수가 고리대금업자를 성전에서 쫓아낸 일과 같은 비중으로 취급하기도 했다.

"은행이 우리를 죽이려 한다면, 내가 은행을 죽일 것이다."

1835년 1월 30일, 미국의 7대 대통령 앤드루 잭슨이 한 의원의 장례식에 참석했다. 영국 출신의 실업자인 페인트공 리처드 로런스가 몰래 잭슨 대통령의 뒤를 따라갔다. 그의 호주머니에는 총알이 장전된 두 개의 권총이 들어 있었다.

대통령이 장례식장에 들어갈 때만 해도 로런스는 대통령과 멀리 떨어져 있었다. 그는 더 좋은 기회가 다가오기만을 참을성 있게 기다렸다. 로런스는 기둥 뒤에 숨어서 장례식을 마치고 대통령이 지나가는 길목을 지켰다. 마침내 대통령이 그곳을 지날 때 방아쇠를 당겼으나 불발이었다. 순간 주변 사람들은 놀라서 우왕좌왕했으나 67세의 잭슨 대통령은 전혀 당황한 기색 없이 저격범을 향해 본능적으로 지팡이를 들어 방어했다. 이때 저격범은 이미 두 번째 권총을 꺼내 발사했다. 그러나 여전히 불발탄이었다. 이렇게 잭슨 대통령은 운 좋게도 참변을 면했다. 하마터면 미국 역사상 최초의 암살당한 대통령이 될 뻔한 순간이었다. 권총 두 발 모두 불발탄일 확률은 12만 5,000분의 1에 지나지 않는다고 한다.

32세의 저격범은 스스로를 영국 국왕의 합법적 계승자라고 밝혔으며, 미국 대통령이 자기 아버지를 죽이고 보상금 지급을 거절했다고 토로했다. 법원은 5분 동안의 심리 후에 그를 정신병자로 단정하고 더 이상 법적 책임을 묻지 않았다.

이때부터 정신병은 각종 저격범이 즐겨 사용하는 핑계가 되었다.

잭슨 대통령은 1835년 1월 8일에 마지막 국채를 상환했는데, 1월 30일에 암살 사건이 터졌다. 저격범 리처드 로런스에 대해 에드워드 그리핀(Edward Griffin)은 저서에서 이렇게 기술했다. "그 저격범은 정말 미쳤거나, 아니면 그렇게 가장해서 엄격한 처벌을 피하려고 했거나 둘 중 하나다. 나중에 그는 주변 사람들에게 자신이 유럽의 권력자와

▎앤드루 잭슨 대통령의 피습 사건, 저격범의 불발탄으로 미수에 그쳤다.

관계가 있다고 떠벌렸다. 혹시라도 붙잡히면 신변을 보장해 주겠다는 약속을 받았다는 것이다."[25]

1845년 6월 8일, 잭슨 대통령이 별세했다. 그의 묘비명에는 "나는 은행을 죽였노라"라고 씌어 있다.

미국 중앙은행이 또다시 폐지되자, 영국 측은 보복을 감행해 미국에 대한 각종 대출을 즉시 중지했다. 특히 가장 심각한 것은 황금화폐 공급량의 축소였다. 당시 영국 금융 체계는 로스차일드가 주도하면서 최대 규모의 황금화폐 유통량을 보유하고 있었다. 이들이 대출과 미국 중앙은행의 운영을 통해 미국의 화폐 수급을 완전히 좌지우지했던 것이다.

미국 두 번째 중앙은행의 연기 신청이 대통령에 의해 부결되자, 비들 행장은 즉각 반응을 보였다. 즉 중앙은행은 당장 모든 대출을 회수하고 신규 대출을 중지하겠다고 선언한 것이다. 로스차일드 가문 휘하의 유럽 중앙은행도 동시에 미국 통화의 고삐를 죄어왔다. 미국은 인위적으로 조성된 화폐 유통 부족의 국면에 빠져들면서 1837년의 경제공황에 빠졌다. 경제공황은 무려 5년이나 지속됐으며, 그 파괴력은 놀라울 만했다. 1929년에 일어난 경제대공황과 맞먹을 정도의 타격이었다.

1837년의 공황과 이어지는 1857년의 공황, 1907년의 공황은 로스차일드의 명언을 다시 확인해 주는 사건이다. "내가 한 국가의 화폐 발행을 관장할 수 있다면 누가 법을 정하든 상관없다."

새로운 전쟁: 독립 재무 시스템

1837년, 잭슨 대통령이 전폭적으로 지지하는 후임자 마틴 밴 뷰런이 백악관에 입성했다. 밴 뷰런 대통령의 가장 큰 고민은 국제은행가들이 불러온 화폐 공급 긴축에 따른 위기 국면을 어떻게 타개할 수 있을까 하는 것이었다. 그는 독립 재무 시스템이라는 정면 승부를 택했는데, 재무부가 관장하는 화폐를 개인 은행 시스템에서 전부 인출해 재무부 자신의 시스템에 보관하는 제도였다. 사학자들은 이를 가리켜 '재정과 은행의 이혼'이라고 표현했다.

독립 재무 시스템의 시작은 잭슨 대통령이 미국의 두 번째 중앙은행 경영권 연기를 부결하면서 정부의 화폐를 은행에서 모두 인출해 각 주의 은행으로 전환하라고 명령한 때로 거슬러 올라간다. 하지만 그 누가 알았으랴, 로스차일드의 마각을 피하겠다고 택한 주 은행들도 결코 안전한 피신처가 아니었던 것을. 주 은행들은 정부의 저축금으로 받은 돈을 대규모의 신용대출로 투기함으로써 1837년 경제공황의 빌미를 제공했다. 밴 뷰런 대통령은 정부 재정의 돈이 금융 시스템과 별개여야 한다고 주장했다. 이는 정부의 자금을 보호할 목적 외에도 은행이 국민의 세금을 대량의 투기 수단으로 이용해 경제의 불공정을 초래하는 사태를 막기 위해서였다.

또한 독립 재무 시스템으로 들어오는 돈은 반드시 금은화폐라는 특징이 있다. 이렇게 하면 정부가 금은화폐의 공급량을 적절히 조절함으로써 미국의 화폐 발행을 통제하는 유럽 은행가들에게 대처할 수 있다. 이 아이디어는 장기적으로 볼 때 분명 묘안이었으나, 단기적으로는 은행들의 신용위기를 몰고 올 우려가 있었다. 게다가 미국 중앙은행이 부추기면 위기는 돌이킬 수 없는 국면으로 치닫게 된다.

이 과정에서 등장한 헨리 클레이는 매우 중요한 인물이다. 그는 해밀턴이 제창한 민영 중앙은행의 옹호론자였으며, 은행가들의 기대를 한몸에 받고 있었다. 뛰어난 화술과 빈틈없는 논리로 무장한 클레이는 매우 선동적이었다. 클레이의 곁에는 금융업을 옹호하고 은행가들의 지지를 받는 의원들이 많이 모여 있었으므로 그의 주도하에 휘그당이 결성되었다. 휘그당은 잭슨의 은행 정책을 결사적으로 반대했으며, 민영 중앙은행 제도를 부활하려고 총력을 기울였다.

휘그당 (Whig Party)
1834~1860년 존재했던 미국의 정당. 앤드루 잭슨의 정책에 반대해 조직되었다. 왕정에 반대하는 영국 휘그당과 정치적으로 유사하다.

| 미국 9대 대통령 윌리엄 헨리 해리슨

| 헨리 클레이

휘그당은 1840년 대선에서 전쟁 영웅인 윌리엄 헨리 해리슨(William Henry Harrison)을 대표주자로 내세웠고, 경제위기로 민심이 돌아섰던 당시 분위기에 힘입어 해리슨은 순조롭게 미국의 9대 대통령에 당선되었다.

클레이는 휘그당의 리더를 자처하며 해리슨의 정치 구상에도 자주 개입했으며, 해리슨이 대통령에 당선된 후 두 사람의 갈등은 첨예한 대립으로 비화했다. 클레이는 자신의 집에서 취임을 앞둔 대통령을 '접견'하기도 했다. 해리슨은 대의를 위해 화를 꾹 참고 클레이의 집으로 갔지만, 두 사람은 국립은행과 사립 재정 제도를 비롯한 몇 가지 문제에 대한 견해차를 좁히지 못하고 얼굴을 붉히며 헤어졌다. 자신의 막강한 권력을 믿은 클레이는 해리슨의 동의도 없이 이미 대통령 취임 연설까지 대필해서 준비해 놓았다. 그러나 해리슨은 이를 마다하고 8,000여 자에 달하는 취임 연설 원고를 직접 작성했다. 그의 정치 구상은 클레이가 주장하는 민영 중앙은행의 부활 및 독립 재무 시스템 폐지와는 크게 달랐으므로 은행가들의 이익을 침해하는 부분이 많았다.[26]

대통령 취임식이 있던 1841년 3월 4일은 날씨가 몹시 추웠다. 그날 찬바람을 맞으며 취임 연설을 발표한 해리슨은 감기에 걸렸는데,

산전수전 다 겪은 그에게 감기쯤이야 대수롭지 않은 병이었다. 그러나 누가 알았으랴? 그는 감기 증상이 점점 심해지는가 싶더니 미처 손쓸 틈도 없이 4월 4일에 세상을 등지고 말았다. 이제 막 대통령에 취임해 웅대한 청사진을 준비하던 그가 그깟 감기로 갑자기 세상을 떠난 것이다. 한 달 전만 해도 팔팔하게 뛰어다니던 대통령이 돌연 사망한 일은 아무리 생각해도 의심스럽다. 역사학자들은 해리슨이 비상이라는 독에 당했다고 주장한다. 독약을 쓴 시기는 3월 30일이었고, 엿새 후 사망했다는 것이다.

민영 중앙은행과 독립 재무 시스템을 둘러싼 갈등은 해리슨 대통령의 죽음으로 더욱 첨예해졌다. 클레이가 주도하는 휘그당은 1841년 두 차례에 걸쳐 중앙은행의 부활과 독립 재무 시스템의 폐지를 제기했다. 그러나 두 번 모두 해리슨 대통령의 후임자인 전 부통령 존 타일러(John Tyler)에 의해 부결되었다. 머리끝까지 화가 난 클레이는 타일러 대통령을 휘그당에서 제명했고, 이로써 타일러 대통령은 '다행히' 미국 역사상 유일하게 당에서 제명당한 '무소속' 대통령이 되었다.

1849년, 휘그당의 또 다른 대통령 후보인 재커리 테일러(Zachary Taylor)가 대통령에 당선되자 중앙은행 부활의 꿈은 거의 실현되는 듯했다. 잉글랜드은행 스타일의 민영 중앙은행 설립은 모든 은행가의 꿈이었다. 민영 중앙은행의 존재는 은행가가 국가와 국민의 운명을 최종적으로 결정함을 의미했다. 해리슨

| 미국 10대 대통령 존 타일러

| 미국 12대 대통령 재커리 테일러

대통령의 전철을 밟고 싶지 않던 테일러는 중앙은행 문제에서 상당히 모호한 태도를 유지하면서도 기꺼이 클레이의 꼭두각시 노릇을 했다. 역사학자 마이클 홀트(Michael Holt)는 테일러 대통령이 사석에서 한 말을 소개했다. "중앙은행 부활은 이미 물 건너갔습니다. 나의 임기 내에는 그 문제를 고려하지 않겠소."[27] 그 결과 '물 건너간 것'은 중앙은행이 아니라 테일러 대통령 자신이었다.

1850년 7월 4일, 테일러 대통령은 워싱턴 기념비 앞에서 거행하는 독립기념일 경축 행사에 참석했다. 몹시 무더운 날씨였고, 테일러 대통령은 냉장 우유를 마시고 버찌 몇 개를 먹었다. 그런데 갑자기 설사를 하기 시작했다. 7월 9일, 그토록 건장하던 대통령은 의문을 남긴 채 불귀의 객이 되었다.

대수롭지 않은 질병으로 군인 출신의 건장한 두 대통령이 생명을 잃은 의문의 사건은 자연히 사람들의 관심을 끌었다. 역사학자들은 이 사건을 둘러싸고 100년이 넘도록 논쟁을 벌이는 중이다. 1991년, 후손의 동의로 테일러 대통령의 시체를 발굴해 실시된 손톱과 머리카락 검사 결과 역시 비상 중독이었다. 그러나 당국은 곧이어 소량의 비상이 죽음에 이를 정도로 치명적이지 않다는 결론을 내리고 서둘러 조사를 종결해 버렸다. 대통령의 몸 안에 왜 비상이 들어 있는지는 아무도 모른 채 말이다.

국제은행가들이 다시 손을 쓰다
: 1857년 경제공황

두 번째 중앙은행이 1836년에 폐쇄되자, 국제 금융재벌들은 활발하게 손을 써서 미국에서 유통하는 금속화폐의 돈줄을 단단히 틀어쥐었다. 이 조치로 미국은 5년 동안 심각한 경제위기를 겪어야 했다. 1841년에 국제 은행재벌의 대리인이 두 차례나 민영 중앙은행 제도의 부활을 시도했으나, 그때마다 성공하지 못했다. 그 후 양측의 관계는 경색되었으며, 미국의 통화 긴축 상태는 1848년에 가서야 조금씩 완화되기 시작했다.

물론 상황이 호전된 이유는 국제 금융재벌들이 자선을 베풀어서가 아니다. 1848년 미국 캘리포니아에서 거대한 금광 '샌프란시스코'를 발견했기 때문이다.

1848년부터 미국의 금 공급량은 9년이나 지속적으로 증가했다. 캘리포니아주에서만 5억 달러의 금화를 생산했다. 1851년에는 오스트레일리아에서도 큰 금광이 발견됨으로써 세계적인 금 공급량은 1851년의 1억 4,400만 실링에서 1861년 3억 7,600만 실링으로 급증했다. 미국 국내의 금속화폐 유통량은 1840년 8,300만 달러에서 1860년 2억 5,300만 달러로 급속히 증가했다.[28]

미국과 오스트레일리아의 '골드러시'는 유럽 금융재벌들에 의한 금 공급량의 절대적 통제 구도를 단번에 뒤엎었다. 화폐 공급량에 발목이 잡혀 있던 미국 정부는 비로소 긴 한숨을 돌릴 수 있었다. 양질의 화폐가 대량 공급되자 시장의 자신감도 되살아났다. 은행은 다시 신용대출을 대폭 확대했으며, 미국의 중요한 공업, 광산, 교통, 기계 등 국가 자산에 가장 중요한 인프라도 호시절을 구가하던 이때 구축되었다.

금융 억제 수단의 약발이 먹히지 않자 국제 은행재벌들은 일찌감치 새로운 대책을 준비했다. 그것은 금융을 통제하고 정치적으로는 분열시키는 조치였다.

위기가 끝나기 전에 그들은 미국의 우량 자산을 저렴하게 흡수하는 데 착수했다. 1853년에 이르러 미국 경제가 승승장구하고 있을 때 외국 자본, 특히 영국 자본은 이미 미국 연방 국채의 46%, 각 주 채권의 58%, 미국 철도 채권의 26%를 잠식하고 있었다.[29] 이렇게 해서 미국 경제에 다시 올가미를 씌웠다. 일단 중앙은행 제도가 재출범하는 날이면 미국 경제도 유럽의 다른 나라처럼 은행재벌의 손에 좌지우지될 판이었다.

국제 금융재벌들은 다시 자신들의 특기를 발휘했다. 먼저 신용대출을 남발하고 거품을 조성하는 방법으로 국민과 기업들로 하여금 기를 쓰고 재산을 불리도록 유도했다. 그런 다음 갑자기 대출의 고삐를 죄어 많은 기업과 국민을 파산지경에 몰아넣으면 은행가들은 큰 이득을 얻을 수 있었다. 그 수확의 계절이 차츰 다가오고 있었다.

어느 날 갑자기 국제 금융재벌들과 그들의 미국 측 대리인은 신용대출을 회수했다. 이것이 1857년 경제공황의 시작이다. 그런데 은행재벌들의 예상과는 달리 이 효과는 오래가지 못했다. 미국의 국력이 20년 전과는 달리 훨씬 강해졌기 때문이다. 결국 1857년 경제공황은 미국에 큰 타격을 주지 못한 채 1년 만에 경제가 회복되면서 끝이 났다.

점차 미국의 실력이 강해지고 금융 통제가 어려워지자, 내전을 책동하고 미국을 분열시키는 것이 국제 금융재벌들에게는 시급한 과제로 떠올랐다.

미국 남북전쟁의 원인
: 유럽의 국제 금융 세력

미국의 성장 과정은 국제 세력의 개입과 음모로 점철되었다. 특히 국제 금융 세력은 미국에 대해 가공할 만한 침투력과 영향력을 발휘했으나, 이 사실을 아는 사람은 많지 않다. 미국 본토에서 발생한 전쟁 가운데 역사상 가장 큰 규모는 남북전쟁이었다. 4년에 걸친 피비린내 나는 전쟁으로 남북 양측의 참전자 수가 총 인구의 10%에 달하는 300만 명이나 되었다. 그중 60만 명이 전사하고, 부상자도 셀 수 없을 정도였다. 막대한 재산이 전쟁 통에 잿더미로 사라졌다. 남북전쟁은 엄청난 피해를 기록하며 사람들에게 씻을 수 없는 상처를 안겨주었으며, 전쟁의 상흔은 140여 년이 지난 오늘날까지도 완전히 아물지 않고 있다.

오늘날 남북전쟁의 원인을 둘러싼 논쟁의 중심은 단연 노예 제도 폐지 등의 도덕성에 관한 것이다. 시드니 알스트롬의 말도 이를 반영한다. "노예 제도가 없었다면 전쟁도 없었을 것이다. 노예 제도의 도덕적 붕괴가 없었다면 전쟁은 일어나지 않았을 것이다."[30]

사실 19세기 중엽까지만 해도 미국의 노예 제도에 관한 논쟁에서는 경제적 이익이 최우선이고 도덕성은 차후 문제였다. 당시 남부의 경제를 떠받치는 두 기둥은 목화산업과 노예 제도였다. 이 같은 상황에서 노예 제도를 폐지할 경우 농장주는 백인과 똑같이 높은 임금을 과거의 노예들에게 지급해야 한다. 그렇게 되면 산업 전체가 적자를 면치 못할 테고, 결국 사회경제 구조는 붕괴하고 말 것이다.

전쟁이 정치적 투쟁의 연속이라면, 정치적 이익이 충돌하는 이면에는 반드시 경제적 이익을 둘러싼 힘겨루기가 있다. 이러한 경제적 힘겨루기는 표면적으로 남부와 북부의 경제 이익의 차이로 나타났으나, 그 알맹이는 국제 금융 세력이 신생 미합중국을 대상으로 벌이는 '분열과 정복' 전략이었다.

당시 로스차일드 가문과 친분이 두터웠던 독일 수상 비스마르크의 말은 이 사실을 잘 나타내주고 있다. "미국을 남부와 북부 두 약세 연방으로 분열시키는 것은 유럽의 금융 세력이 남북전쟁이 발발하기 전부터 오랜 시간 치밀하게 준비해 온 시나리오였다는 사실은 의심의 여지가 없다."

실제로 런던, 파리, 프랑크푸르트를 주축으로 하는 금융재벌들이 미국 남북전쟁의 배후 세력이었다.

국제 금융재벌은 미국의 내전을 촉발하기 위해 오랜 시간에 걸쳐 용의주도한 전략을 세웠다. 미국 독립전쟁이 끝난 후 영국의 방직산업과 미국 남부의 지주 계급은 점점 밀접한 관계를 갖게 되었다. 유럽의 금융재벌은 이들 세력을 이용해 남북 충돌을 일으키기 위한 인맥을 은밀히 형성했다. 당시 남부 곳곳에는 영국 금융가의 대리인들로 넘쳤다. 이들은 현지의 정치 세력과 손잡고 연방에서 이탈할 계략을 짜고, 각종 뉴스를 뿌리는 등 언론 플레이에 고심했다. 이들은 노예 제도와 관련한 남북 양측의 경제적 이익을 교묘하게 이용해 당시 별 관심을 끌지 못하던 노예 제도를 화제의 쟁점으로 부각시켜 결국 남북의 첨예한 갈등으로 비화하는 도화선이 되도록 했다.

이렇게 모든 준비를 치밀하게 끝낸 국제 금융재벌은 이제나저제나 전쟁이 일어나기만 기다렸다. 전쟁만 일어나면 막대한 재산이 국제 금융재벌에 흘러들어 오게 되어 있었다. 전쟁을 책동하는 과정에서 이들이 상투적으로 쓰는 수법은 전쟁 당사자 양쪽을 동시에 공략해 각각 밀접한 관계를 유지하는 것이었다. 어느 쪽이 승리하든 상관없이 거액의 전쟁 경비를 지출하는 정부의 채권은 어김없이 금융재벌의 손으로 들어가게 되었다. 금융재벌에게 전쟁은 산해진미로 가득한 밥상이었다.

1859년 가을, 프랑스의 저명한 금융재벌 살로몬 로스차일드(제임스 로스차일드의 아들)가 여행자 신분으로 파리에서 미국으로 날아갔다. 그는 모든 계획의 총 지휘자였다. 미국의 남부와 북부를 종횡무진하며 현지의 정계와 금융계 요인들을 골고루 접촉하는 한편, 수집한 정보를 영국 런던에 있는 사촌형 너새니얼에게 보냈다. 살로몬은 현지의 인사와 가진 회담에서 남부를 전폭적으로 지지할 뜻을 공개적으로 밝혔으며, 남부가 독립하면 유럽 대국의 인정을 받을 수 있도록 적극적으로 돕겠다고 약속했다.[31]

북부에 포진한 국제 금융재벌의 대변인은 뉴욕에서 '5번가의 황제'라고 불리는 유대계 실업인 어거스트 벨몬트(August Belmont)였다. 그는 프랑크푸르트 로스차일드은행의 대리인이자, 이 집안의 친척이기도 했다. 벨몬트는 1829년 겨우 열다섯 살의 나이로 은행가로서의 첫발을 내디뎠다. 처음에는 프랑크푸르트의 로스차일드은행에서 일하며 일찌감치 뛰어난 능력을 보여주었다. 1832년에는 나폴리의 한 은행에 스카우트되어 국제 금융 업무 경험을 쌓았다. 벨몬트는 독일어, 영어, 불어, 이탈리아어에 능통했다. 또한 1837년 뉴욕으로 파견된 그는 대량의 국채를 매입하면서 뉴욕 금융가를 주름잡는 거물로 성장해 대통령의 금융 고문으로 임명되기도 했다. 벨몬트는 영국과 프랑크푸르트의 로스차일드은행을 대표해 금융에서 북부의 링컨을 지지할 의사를 표명했다.

영국은 북부에 군사적 압박을 높이고자 1861년 말에 8,000명 규모의 군대를 캐나다에 추가로 파병했다. 남군이 진격하면 북부와 맞닿은 경계 지역에 주둔하면서 링컨에 위협을 가하기 위해서였다. 1862년 영국·프랑스·스페인 연합군이 멕시코 항구에 상륙해 미국 남부와의 경계에 집결했다. 이들은 미국 남부에 즉각 진입해 북군과 교전할 태세를 갖추었다. 1863년 10월 3일, 프랑스군이 3만을 추가로 파병해 마침내 멕시코시티를 점령했다.

전쟁 초기에 남군은 가는 곳마다 승리를 거뒀다. 영국과 프랑스 등 유럽 열강과 강적들에게 겹겹이 포위되어 있던 링컨은 최대의 곤경에 처했다. 은행들은 링컨 정부의 국고가 바닥났음을 눈치챘다. 거액을 융자받지 않으면 전쟁을 계속할 수 없을 지경이었다. 1812년에 영국과의 전쟁 이후로 미국의 국고 수입은 연속 적자투성이였다. 링컨이 정권을 잡기 전 미국 정부 예산의 적자는 모두 채권 형식으로 은행에 팔렸다가 영국의 로스차일드은행과 베어링스은행에 되팔린 상태였다. 미국 정부는 고액의 이자를 감당해야 했다. 그동안 쌓인 채무가 눈덩이처럼 불어나 재정 상태는 말이 아니었다. 이때 금융재벌들이 링컨 대통령에게 포괄적 융자 방안을 제시했는데, 24~36%의 높은 금리를 조건으로 내걸었다. 터무니없는 높은 금리에 기가 막힌 링컨 대통령은 대뜸 출입문을 손으로 가리키며 그들에게 나가달라고 요구했다. 이들이 내건 조건은 미국 정부를 파산으로 몰아갈 수도 있는 가혹한 조치였다. 미국에는 이 천문학적인 빚을 감당할 능력이 없음을 링컨은 익히 알고 있었다.

링컨의 새로운 화폐 정책

돈이 없으면 전쟁을 할 수 없었다. 그러나 국제 금융재벌에게 돈을 빌린다는 것은 자기 목에 올가미를 씌우는 격이었다. 링컨은 해결 방안을 찾느라 고심했다. 이때 시카고에 있는 친구 딕 테일러(Dick Taylor)가 좋은 아이디어를 내놓았다.

"정부가 자체적으로 화폐를 발행하면 되지 않겠나. 의회에 법안을 통과시켜 재무부가 완벽한 법적 효력을 지니는 화폐를 발행해서 병사들의 월급을 주고 전쟁에서 이기는 거지." 링컨이 물었다. "미국 국민이 이런 새로운 화폐를 받아들일까?" "이 문제에는 다른 선택의 여지가 없네. 자네가 새 화폐에 완벽한 법적 효력을 부여하기만 하면 정부는 전적으로 지지할 걸세. 새 화폐는 진짜 돈과 똑같이 유통될

| 링컨 정부가 발행한 법정화폐, 링컨의 그린백

수 있네. 헌법에서 화폐 발행과 가치 책정의 권리를 의회에 부여했기 때문이지."

링컨은 크게 기뻐하며 테일러에게 즉시 이 일을 기획하도록 했다. 기상천외의 계획은 정부가 개인 은행에 고금리로 돈을 빌려야 하는 관례를 보기 좋게 깨뜨려버렸다. 새 화폐는 녹색의 도안을 사용해서 다른 은행권(bank note)과 구별되었기에 '그린백(greenback)'이라고 불렀다. 새 화폐 정책의 독창성은 금은 같은 금속화폐로 담보를 잡지 않으며 20년간 5%의 금리로 쓸 수 있다는 데 있었다.

정부는 이런 화폐의 발행을 통해 전쟁 초기의 심각한 돈 부족 현상을 해결하고 미국 북부의 각종 자원의 효과를 극대화함으로써 남북 전쟁을 승리로 이끌기 위한 기초를 쌓을 수 있었다. 또한 이토록 값싼 비용으로 발행된 화폐가 법에 의해 북부 은행의 기축 화폐가 됨에 따라 북부 은행의 신용대출이 대폭 확대되고 방위산업, 철도 건설, 농업 생산과 상업 무역 분야가 대규모로 금융 지원을 받게 되었다.

1848년 시작된 골드러시로 미국의 금융은 유럽 은행가의 손에 좌우되는 극단적으로 불리한 국면에서 점차 벗어나게 되었다. 바로 이런 양질의 화폐가 있다는 자신감을 기반으로 링컨의 새 화폐는 국민에게 널리 받아들여졌을 뿐 아니라, 남북전쟁의 승리를 위한 든든한 금융 기반을 다져주었다. 남북전쟁이 발발한 1861년에서 전쟁이 끝난 1865년까지 북부의 물가지수는 100에서 216으로 올라 안정세를 유지했다. 전쟁의 규모와 파괴의 심각성을 참작할 때, 또한 다른 비슷한 규모의 전쟁과 비교할 때 실로 금융의 기적이라고 말하지 않을 수 없다. 남부 역시 지폐 유통 방식을 채택했으나, 그 효과는 하늘과 땅 차이였다. 남부 지역의 같은 기간 물가지수는 100에서 무려 2,776까지 치솟았다.[32]

남북전쟁 기간 전체를 통틀어 링컨 정부는 4억 5,000만 달러의 새 지폐를 발행했다. 신종 화폐 제도가 이토록 잘 운용될 수 있었던 것은 링컨 대통령이 국채 없는 화폐(debt free money) 발행의 장기화와 법제화를 진지하게 고려했기 때문이다. 이 점은 국제 금융 거두들의 근본적 이익을 심하게 침해하는 것이었다. 만약 모든 정부가 은행에 돈을 빌릴 필요 없이 스스로 화폐를 발행해 사용한다면, 은행재벌이 화폐 발행을 독점하는 시대는 영원히 작별을 고할 것이다. 그럴 경우 은행이 호시절을 구가하는 것도 마지막이 아니겠는가?

과연 이 소식이 전해지자, 영국 은행가를 대변하는 〈런던 타임스〉에는 즉각 다음과 같은 성명이 발표되었다.

미국이 채택한 혐오스러운 새 재정 정책인 링컨의 그린백이 영구화되면, 정부는 비용을 지급하지 않고 스스로 화폐를 발행할 수 있다. 이제

미국은 모든 채무를 상환하고 다시는 채무를 지지 않을 것이다. 미국
은 필요한 모든 화폐를 공급받아 상업을 발전시킴으로써 세계에서 가
장 번영하는 나라가 되고, 세상의 인재와 모든 부가 북아메리카로 흘
러들 것이다. 이 나라를 반드시 무너뜨려야 한다. 그렇지 않으면 이 나
라가 세계의 모든 군주제 국가를 쓰러뜨릴 것이다.

영국 정부와 뉴욕은행협회(New York Associations of Banks)는 분노에 찬
어조로 보복을 다짐했다. 1861년 12월 28일, 그들은 링컨 정부에 금
속화폐 지급을 정지한다고 선포했다. 뉴욕의 일부 은행은 금 저축자
가 금을 찾아가지 못하게 저지했으며, 금으로 정부 채권을 매입한다
는 약속을 철회했다. 미국 각지의 은행들이 하나씩 호응해 오자, 이들
은 워싱턴으로 달려가 링컨 대통령에게 협상 방안을 제시했다. 즉 과
거의 제도를 그대로 고수해 높은 금리의 채권을 유럽 은행재벌에게
팔 것, 미국 정부의 황금을 개인 은행에 보관해 신용대출의 저축으로
삼아 은행가들이 큰 수익을 올릴 수 있게 할 것, 미국 정부는 공업 부
문과 국민에게 세금을 징수해 전쟁을 지원할 것 등이었다.

링컨 대통령은 은행가들이 제시한 말도 안 되는 요구를 일언지하
에 거절했다. 그의 이러한 정책은 국민에게 큰 환영을 받았다. 국채를
사려는 사람들이 몰려들었고, 법에 따라 이 국채는 현금으로 통용되
었다.

은행가들은 자신들의 계책이 통하지 않자 또 다른 계책을 내놓았
다. 그들은 링컨의 새 화폐를 발행하는 법안에서 의회가 국채 이자의
지급을 황금으로 할지 명백히 밝히지 않은 점을 들어 의원들에게 타

협안을 제시했다. 즉 링컨의 신 화폐로 국채를 매입하는 것을 인정하되 이자는 금화로 지급하자는 내용이었다. 이것은 완벽한 계획의 첫걸음이었다. 먼저 미국 국내의 새 화폐와 황금의 가격을 연동하는 것인데, 당시 세계의 기축 화폐로서 파운드 체제를 보유한 유럽의 금융재벌들은 미국보다 훨씬 많은 황금화폐를 보유했다. 이렇게 미국 은행가들과 의회의 타협으로 국제 금융 세력은 황금 수출입 총량을 통제함으로써 미국의 화폐 가치를 간접적으로 조절할 수 있게 되었다.

링컨의 러시아 동맹자

유럽의 국왕들은 1861년 남북전쟁 발발을 전후해 대규모의 군사를 미국에 파병함으로써 미국의 분열을 획책하고 있었다. 이때 링컨은 유럽 군주들의 숙적인 러시아를 떠올리고, 즉시 러시아 황제 알렉산더 2세에게 특사를 파견해 원조를 청했다. 알렉산더 2세는 링컨의 편지를 받아보고 바로 개봉하지 않은 채 손으로 만지작거리더니 이렇게 말했다. "이 편지를 열어서 내용을 보기 전에, 먼저 요구를 들어주겠소."[33]

러시아의 알렉산더 2세가 미국의 남북전쟁에 군사적으로 개입한 데는 몇 가지 이유가 있다. 첫 번째, 같은 처지의 미국이 당하면 자신들에게도 화가 미칠까봐 두려웠기 때문이다. 알렉산더 2세 시기에 유럽을 휩쓴 국제 금융 세력은 이미 크렘린궁까지 그 손을 뻗치고 있었다. 은행가들은 유럽의 '앞서가는' 금융 경험을 받아들여 민영 중앙은

▌러시아 황제 알렉산더 2세

행을 세우라고 러시아에 요구했지만, 그 배후의 음모를 이미 간파한 알렉산더 2세는 이 요구를 즉각 거절했다. 이런 상황에서 국제 금융 세력을 반대하는 링컨이 위험에 빠진 것을 보고 손을 내밀어 돕지 않는다면, 다음 차례는 자신이라는 것이 불을 보듯 훤했다. 두 번째, 남북전쟁이 발발하기 전인 1861년 3월 3일 농노해방법을 선포한 알렉산더 2세는 노예제 폐지에 대해 링컨과 같은 입장이었다. 또한 1856년에 막 끝난 크림전쟁에서 러시아는 영국과 프랑스에 패배해 설욕의 기회만 엿보고 있었기 때문이기도 하다.

리비스키 장군이 이끄는 러시아 함대는 1863년 9월 24일 선전포고도 없이 뉴욕항에 입항했다. 포포프 장군이 이끄는 러시아 태평양 함대는 10월 12일에 샌프란시스코에 도착했다. 러시아의 행동에 대해 키딩 웨일즈(Kidding Wales)는 이렇게 평했다. "그들은 남부가 유리하고 북부가 가장 저조한 시기에 도착했다. 이들의 출현으로 영국과 프랑스가 우왕좌왕하는 사이에 링컨은 국면 전환의 기회를 포착했다."

남북전쟁이 끝난 후 미국 정부는 720만 달러에 달하는 러시아 함대의 출동 경비를 지급하는 데 우여곡절을 겪었다. 헌법에는 대통령이 외국 정부의 전쟁 비용을 지급한다는 조항이 없었기 때문이다. 당시 앤드루 존슨 대통령과 러시아는 러시아 알래스카의 토지를 구입해 전쟁 비용을 지급한다고 협의했다. 이 일을 두고 사람들은 '슈어드의 바보짓(Seward's folly)'이라고 불렀다. 슈어드는 당시 미국 국무장관의 이름인데, 국민들은 720만 달러나 주고 아무짝에도 쓸모없는 불모지를 사들였다며 미국 정부를 강하게 비판했다.

링컨과 같은 이유로 알렉산더 2세도 1867년에 격발당했으나 살아남았다. 하지만 그 후 1881년 3월 1일에 알렉산더 2세는 마침내 자객의 손에 세상을 떠났다.

링컨 암살의 진범은 누구인가

독일의 철혈재상 비스마르크는 단도직입적으로 이렇게 말했다.

> 링컨은 의회에서 권한을 부여받고 국민에게 국채를 팔아 자금을 조달했다. 이렇게 해서 정부와 국가는 외국 금융재벌의 올가미에서 빠져나왔다. 국제 금융재벌들이 자신들의 손아귀에서 미국이 빠져나갔다는 사실을 알아차렸을 때 링컨의 죽음도 멀지 않았던 것이다.

흑인 노예를 해방하고 남부를 통일한 링컨은 남부 정부가 전쟁 중진 빚은 모두 무효로 한다고 선포했다. 전쟁 동안 남부에 줄곧 거액의 금융 지원을 해온 국제은행은 참담한 손실을 보았다. 국제 금융재벌들은 링컨에 보복하고, 나아가 링컨의 화폐 정책을 뒤집기 위해 링컨에 불만을 품은 세력들을 모아 치밀하게 암살을 준비했다. 열성분자 몇 명만 보내면 링컨 하나쯤 암살하는 일은 식은 죽 먹기였다.

링컨이 암살당한 후 국제 금융 세력의 조종을 받은 의회는 링컨의 새 화폐 정책을 폐지한다고 선언하고, 새 화폐 발행 상한액을 4억 달러 미만으로 동결했다.

1972년, 누군가 미국 재무부에 링컨이 발행한 4억 5,000만 달러의 새 화폐로 이자를 얼마나 절약할 수 있었는지 질문했다. 계산 결과 재무부 측의 답변은 이러했다. "링컨이 미국 자신의 화폐를 발행함으로써 미국 정부는 총 40억 달러의 이자를 절약했다."[34]

미국의 남북전쟁은 본질적으로 국제 금융 세력이 미국 정부와 미국 국가화폐 발행권 및 화폐 정책의 이익을 놓고 벌인 치열한 싸움이었다. 남북전쟁을 전후한 100년 동안 쌍방은 민영 중앙은행 시스템이라는 금융의 고지를 선점하기 위해 투쟁을 반복했다. 이 과정에서 일곱 명의 미국 대통령이 살해되었으며, 다수의 의원이 사망했다. 1913년 설립된 미국 연방저축은행은 이 투쟁이 결국 국제은행의 결정적 승리로 끝났음을 상징한다.

이를 두고 비스마르크는 이렇게 말했다.

링컨의 죽음은 기독교 세계의 중대한 손실이다. 미국은 그처럼 위대한 족적을 남길 인물을 찾을 수 없을 것이다. 은행가들은 부유한 사람들을 다시 장악할 것이다. 나는 외국 은행가들이 그들의 기묘하고도 잔혹한 수단으로 앗아간 미국의 풍요로움을 이용해 현대 문명을 체계적으로 망가뜨릴까봐 두렵다.

치명적 타협: 1863년 '국립은행법'

내 평생 '국립은행법' 탄생을 촉진하고자 한 일은 가장 심각한 재정적 착오였다. 이 법에 따른 화폐 공급의 독점은 이 나라의 모든 부문에 영향을 미칠 것이다. 이 법은 마땅히 폐지되어야 한다. 하지만 나라는 그전에 국민과 은행가의 두 편으로 분열될 것이다. 그런 상황은 이 나라 역사상 아직 출현하지 않았다.

_ 샐먼 체이스(Salmon Chase), 미국 재무장관(1861~1864년)

남북전쟁 발발 후 링컨은 로스차일드와 그의 미국 측 대리인이 제시한 24~36%라는 고금리의 융자를 거절하고 재무부에 '미국 정부권', 즉 그린백을 발행할 권한을 주었다. 1862년 2월에 통과한 '법정화폐 법안(Legal Tender Act)'으로 재무부는 1억 5,000만 달러의 그린백을 발행했으며, 1862년 7월과 1863년 3월에 다시 각각 1억 5,000만 달러를 발행해 남북전쟁 기간 동안 총 4억 5,000만 달러를 발행했다.

링컨의 달러 발행은 국제 금융계의 벌집을 쑤셔놓은 격이어서 은행재벌들은 격분했다. 그러나 일반 국민과 산업 부문에서는 달러 발행을 환영했다. 링컨의 새 화폐는 1994년까지 유통되었다.

1863년 전쟁이 중요한 시점에 이르자 링컨은 더 많은 돈을 필요로 했다. 세 번째의 화폐 발행 권한을 얻고자 그는 부득이 의회의 은행가 세력에게 고개를 숙였고, 타협 결과 1863년 '국가은행법'에 서명했다. 이 법안의 내용은 정부가 국립은행에 통일 표준의 은행권, 즉 발행 은행의 명칭이 다른 것만 제외하고 그린백과 똑같은 은행권을 발행할 권한을 준다는 것이다. 이들 은행은 실질적으로 미국의 국가 화폐를 발행하게 될 것이다. 중요한 점은 이들 은행이 미국 정부 채권을 은행권 발행의 준비금으로 삼아 미국의 화폐 발행과 정부 채무를 연동시킴으로써 정부가 영구적으로 채무를 상환할 수 없게 한 것이다.

미국의 유명한 경제학자 존 케네스 갤브레이스(John Kenneth Galbraith)는 이를 날카로운 어조로 지적한다. "남북전쟁이 끝난 후 오랜 시간 동안 연방정부의 재정은 매년 큰 흑자를 기록했다. 그러나 채무를 완전히 상환하거나 정부 채권을 회수할 수 없었다. 그러면 국가화폐를 담보로 할 채권이 없다는 것을 의미하기 때문이다. 채무를 상환한다는 것은 화폐 유통 질서를 무너뜨리는 것과 같았다."

국제 은행재벌들이 미국에도 잉글랜드은행 같은 방식을 복제하려는 음모는 마침내 성공했다. 이때부터 미국 정부가 영구적으로 상환해야 할 채무 이자의 증가는 미국인들의 목을 무겁게 짓눌렀으며, 그 압박은 점점 심해졌다. 2006년에 미 연방정부는 8조 6,000억 달러라는 천문학적인 채무를 기록했다. 4인 가족 한 가구당 11만 2,000달러의 빚을 진 셈이다. 게다가 이 국채는 1초당 2만 달러의 무서운 속도로 늘어나고 있다. 미 연방정부가 국채 이자로 지급하는 비용은 의료보험과 국방비 다음으로 많다.

1864년부터 은행재벌들은 자손 대대로 국채 이자라는 열매의 단맛을 톡톡히 보고 있다. 정부가 직접 화폐를 발행하는 것과 정부가 채권을 발행하고 은행이 화폐를 발행하는 것의 차이, 언뜻 보기에는 별것 아닌 차이 때문에 인류 역사상 최대의 불공정한 결과가 초래된 것이다. 어쩔 수 없이 은행가들에게 간접세를 내는 이유가 피땀 흘려 일해 번 재산과 화폐 때문이라니, 이런 아이러니도 없다.

링컨은 이 같은 영구적인 위험을 모르지 않았다. 그러나 발등에 떨어진 불을 끄기 위해 어쩔 수 없이 미봉책을 쓴 것이다.

링컨은 원래 1865년 연임에 성공한 후 이 법안을 폐지하려고 했으나, 대선에서 승리하고 나서 불과 41일 만에 암살당하고 말았다. 그 후 의회에서 은행가들의 세력은 더 기승을 떨치며 링컨의 달러화를 폐지하려고 했다. 1866년 4월 12일, '긴축법안'을 통과시킨 의회는 유통 중인 모든 달러화를 회수해 금화로 환전하며 국제은행가들이 절대적 우위를 점하는 금본위제를 부활하려고 시도 했다.

오랫동안 전쟁을 치르느라 사방이 폐허로 변한 나라에서 통화 긴축처럼 황당한 정책도 없을 것이다. 통화 유통량은 1866년 18억 달러(일인당 50.46달러)에서 1867년 13억 달러(일인당 44.00달러)로 줄어들었다가 1876년 6억 달러(일인당 14.60달러)로, 결국 1886년 4억 달러(일인당 6.67달러)까지 줄어들었다. 미국은 전쟁의 상처를 치유해야 했으며, 경제 회복이 무엇보다 시급했다. 게다가 이때는 인구가 급증하는 시기이기도 했다. 그런데 인위적으로 통화 공급을 줄여버린 것이다. 사람들은 번영과 쇠퇴가 경제 발전의 규칙이라고 생각한다. 그러나 사실은 국제 금융재벌들이 통화 공급량을 손에 쥐고 조였다 풀었다 하는 것이 문제의 근원이다.

1872년 겨울, 국제 금융재벌들은 어니스트 새드(Ernest Seyd)를 미국으로 파견했다. 그는 1873년 고위 관리들을 돈으로 매수해 '1873년의 악법'이라 불리는 '화폐주조법'이 통과되도록 힘썼으며, 이 법 전문의 초안을 직접 맡기도 했다. 미국은 이 법안에 따라 은화를 화폐 유통에서 배제하고 금화를 유일한 기축 화폐로 삼았다. 그렇지 않아도 심각하게 부족한 화폐 유통에 설상가상의 효과를 불러올 것이 뻔했다. 훗날 어니스트는 의기양양해서 말했다. "1872년 겨울에 나는 미국에 가서 은화를 폐지하는 화폐주조법을 통과시켰다. 내가 대변하는 것은 잉글랜드은행 이사들의 이익이다. 1873년이 되자 금화는 유일한 금속화폐가 되었다."

은화를 폐지해 국제 화폐 유통 분야에 영향을 미치도록 한 것은 국제 금융재벌들이 세계의 화폐 공급량에 대한 절대적 통제력을 확보하기 위해서였다. 은광은 점점 더 많이 발굴되는 데 비해 금광의 채굴량은 미미하기 짝이 없었다. 세계의 금광 채굴을 완전히 장악한 국제 금융재벌들은 당연히 통제하기 어려운 은화 때문에 세계 금융에서 차지한 자신들의 패권적 지위가 흔들리는 것을 원치 않았다. 따라서 은은 1871년부터 독일, 영국, 네덜란드, 오스트리아, 스칸디나비아반도에서 폐지되어 각국 화폐 유통량이 큰 폭으로 감소했다. 이로 말미암아 유럽에서는 20년이나 지속되는 심각한 경제 불황이 초래되었다.

미국에서는 '긴축법안'과 '화폐주조법'이 1873~1879년 경제 대불황을 직접 촉발했다. 3년 동안 미국의 실업률은 30%로 치솟았다. 미국인들은 링컨의 지폐와 은화를 연동하는 시대로 돌아가자고 강력히 요구했다. 그들은 자발적으로 백은위원회(US Silver Commission)와 그린백당(Greenback Party)을 조직해, 전국적으로 은화와 금화를 병행하는 제도의 회복과 국민의 환영을 받는 링컨 지폐의 재발행을 요구했다.

백은위원회는 보고서를 통해 다음과 같은 내용을 발표했다. "암흑의 중세기는 화폐 부족과 가격 하락이 그 원인이었다. 화폐 없이는 문명이 발생할 수 없으며, 화폐 공급이 줄어들면 문명이 소멸한다. 로마의 기독교 시대에 제국은 총 18억 달러에 상당하는 금속화폐를 유통했다. 15세기 말까지 유럽의 금속화폐 유통량은 2억 달러에 불과했다. 역사상 로마제국이 암흑의 중세기에 접어든 것보다 더 큰 재난은 없었다."

미국은행가협회의 태도는 이와 선명한 대조를 이루었다. 이 협회는 모든 회원에게 보내는 편지에서 다음과 같이 밝혔다.

> 우리는 여러분에게 유명한 신문과 언론을 적극 지지하기를 권합니다. 특히 농업과 종교 분야의 언론을 선동해 정부의 화폐 발행을 결사적으로 반대해야 합니다. 여러분은 정부의 화폐 발행에 반대를 표명하지 않은 후보자에 대한 후원을 즉각 중지해야 합니다. 은행의 화폐 발행을 폐지하거나 정부의 화폐 발행권을 부활하면 정부가 국민에게 화폐를 공급하게 됩니다. 그러면 우리 은행가들과 대출업자는 큰 손해를 볼 것입니다. 지금 당장 여러분 지역의 의원을 만나 우리의 이익을 보호하라고 요구하십시오. 그래야 우리가 입법을 통제할 수 있습니다.[35]

1881년, 경제 불황 가운데 취임한 미국의 20대 대통령 제임스 가필드(James Garfield)는 문제의 핵심을 확실하게 짚어 말했다.

어떤 나라나 화폐의 공급을 통제하는 쪽이 모든 공업과 상업을 주도하는 최종 주인이다. 모든 화폐 시스템이 극소수에 의해 이런저런 방법으로 쉽게 통제된다는 사실을 알면, 그것이 곧 통화 팽창이나 긴축의 근원임을 알 수 있다.

이 말을 하고 채 몇 주일 지나지 않은 1881년 7월 2일, 가필드 대통령은 또 한 사람의 '정신병 환자' 찰스 기토에게 피습을 당했다. 두 발의 총알을 맞은 가필드는 9월 19일 마침내 사망했다.

19세기 유럽의 국제 금융재벌들은 '신성한 금권으로 신성한 왕권을 대체'하는 데 성공했다. 이제 그들은 미국에서 '신성한 금권으로 신성한 민권을 점차 와해'하는 데 성공했다. 국제 금융재벌들이 미국 민선 정부와 100년에 걸쳐 벌인 치열한 힘겨루기는 이미 그들이 유리한 고지를 점령하는 것으로 끝났다. 미국의 역사학자들은 미국 대통령의 사망률이 노르망디 상륙 당시 미군 선봉부대의 평균 사망률보다 높다고 지적한다.

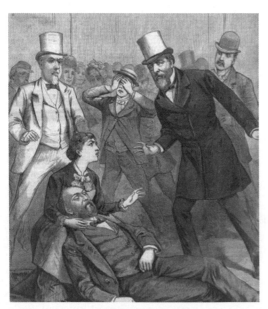
▎제임스 가필드의 피살, 저격범은 역시 정신병 환자였다.

은행가들은 1863년에 '국립은행법'을 흐뭇하게 손에 쥐고 미국에도 제2의 잉글랜드은행을 복제한다는 최종 목표의 달성을 눈앞에 두고 있었다. 미국 화폐 발행을 완전히 관장할 민영 중앙은행, 은행가들의 개인은행이 미합중국의 지평선 너머로 서서히 떠오르고 있었다.

제3장

미연방준비은행

한 위대한 공업 국가는 신용 시스템으로 단단히 통제된다. 이 신용 시스템은 고도로 집중되어 있다. 이 나라의 발전과 우리의 모든 경제 활동은 완전히 소수에 의해 좌우된다. 우리는 가장 악랄한 통치의 함정에 빠져들었다. 세계에서 가장 완벽하고 가장 철저한 통제를 받고 있는 것이다. 정부에게는 더 이상 자유로운 발언권이 없으며, 죄를 다스릴 사법권도 없다. 이제 다수 의견으로 선거하는 정부가 아니라 극소수의 지배권을 가진 자의 강압으로 움직이는 힘없는 정부다. 이 나라의 많은 상공업계 인사는 하나같이 모종의 대상을 두려워한다. 보이지 않는 이 권력이 얼마나 조직적이고 은밀하며, 얼마나 무소불위하고, 얼마나 상호 결탁이 잘되어 있으며, 얼마나 철저하고 완벽한지 사람들은 감히 이 권력을 공개적으로 비난하지 못한다.[1]

_ 우드로 윌슨(Woodrow Wilson), 미국 28대 대통령

오늘날까지도 미연방준비은행이 사실 민영 중앙은행이라는 사실을 아는 사람은 얼마 안 된다. 이른바 '연방준비은행Federal Reserve Bank, FRB'이란 '연방'도 없고, '준비금'도 없으며, '은행'이라고 할 수도 없다.

대부분은 당연히 미국 정부가 달러를 발행한다고 생각한다. 그러나 미국 정부에는 화폐 발행 권한이 아예 없다. 1963년에 케네디 대통령이 암살된 후로 미국 정부는 그나마 남아 있던 '은 달러'의 발행 권한마저 빼앗겨 버렸다. 미국 정부는 달러가 필요할 경우 국민이 납부할 미래의 세수(국채)를 민영은행인 연방준비은행에 담보로 잡히고 '연방준비은행권'을 발행하게 한다. 이것이 곧 '달러'다.

연방준비은행의 성격과 내력을 논하는 것은 미국 학계와 언론계에서 '금기'로 통한다. 언론은 매일같이 '동성애자의 혼인' 같은 시시콜콜한 보도에는 열을 올리면서, 누가 화폐를 발행하며 그것이 하루하루 살아가면서 돈을 벌고 대출이자를 내는 모든 사람의 직접적 이익에 어떻게 직결되는지 등의 중요한 문제는 소홀히 다루고 있다.

여기까지 읽고 놀랐다면, 중요한 문제를 그동안 모르고 있었다는 방증이다. 이 장에서는 미국의 주류 언론이 고의로 '여과'해서 보도하는 미연방준비은행 설립의 비밀을 파헤쳐본다. 이제 눈을 크게 뜨고 세계 역사에 큰 영향을 미친 중대한 사건의 결정적 순간을 들여다보자. 사건은 거의 시간 단위로 펼쳐진다.

1913년 12월 23일, 미국의 민선 정부는 마침내 금권에 의해 전복되었다.

베일에 싸인 지킬섬
: 미연방준비은행의 발원지

1910년 11월 22일 밤, 한 대의 기차가 뉴욕 근교로부터 남쪽을 향해 천천히 움직였다. 그중 한 칸은 완전히 밀폐되었고, 모든 창문은 커튼으로 가려져 있었다. 이 칸에 탄 사람들은 모두 미국의 중요한 은행가들이었으며, 그들 중 자신들이 어디로 향하는지 아는 사람은 아무도 없었다. 열차의 종점은 수백 킬로미터 밖에 있는 조지아주의 지킬섬이었다.

조지아주 지킬섬은 미국의 백만장자들이 겨울철 휴양지로 즐겨 찾는 곳이다. J. P. 모건을 비롯한 경제계 거물들이 지킬섬에 사냥 클럽을 세웠는데, 지구상 6분의 1의 부가 이 클럽 회원의 손에 집중되어 있다. 회원권은 양도가 안 되고 계승만 가능하다. 어느 날 클럽 측은 누군가 이 클럽을 2주간 사용할 텐데, 그 기간에는 어떤 회원도 출입

| 지킬섬의 건물

을 금지한다는 통지를 받았다. 클럽의 모든 직원은 대륙에서 선발해 오며, 이곳에 도착하는 손님에게는 이름만 부르는 것이 허용되고 성을 호칭할 수 없었다. 클럽 주변 80킬로미터 반경에 대한 기자들의 출입도 통제했다.

모든 준비가 진행되고 손님들이 속속 도착했다. 이 비밀회의의 참석자 중에는 다음 인물들이 포함되어 있었다.

| 넬슨 올드리치

- 넬슨 올드리치(Nelson Aldrich) ─ 상원의원, 국가 화폐위원회 의장, 넬슨 록펠러의 외조부
- A. 피아트 앤드루(A. Piatt Andrew) ─ 미국 재무부 차관보
- 프랭크 밴더리프(Frank Vanderlip) ─ 뉴욕 내셔널 시티은행장
- 헨리 P. 데이비슨(Henry P. Davison) ─ JP모건 사장
- 찰스 D. 노턴(Charles D. Norton) ─ 뉴욕 퍼스트내셔널은행장
- 벤저민 스트롱(Benjamin Strong) ─ J. P. 모건의 오른팔
- 파울 바르부르크(Paul Warburg) ─ 독일 유대계 이민자, 1901년 미국에 옴, 쿤롭(Kuhn Loeb and Company)의 사장, 로스차일드 가문의 영국과 프랑스 대리인, 미연방준비은행 총 설계사, 미연방준비은행의 초대 이사

| 프랭크 밴더리프(좌), 헨리 데이비슨(가운데), 찰스 노턴

이렇게 쟁쟁한 거물들이 그저 사냥이나 하겠다고 작은 외딴섬까지
행차했을 리는 없었다. 그들의 주요 임무는 중요한 문건인 '연방준비
은행법'의 초안을 작성하는 일이었다.

파울 바르부르크는 전문가답게 은행 업무의 세세한 부분까지 파악
하고 있었다. 다른 사람들이 각종 문제를 제기할 때마다 일일이 대답
해 줄 뿐 아니라, 자세한 역사적 내력까지 막힘없이 설명해 주었다. 모
두가 은행에 대한 그의 해박한 지식에 고개를 숙였다. 파울은 자연스
럽게 문건의 주요 기안
자이자 해설자가 되었다.

넬슨 올드리치는 참석
자 중 유일하게 금융의
비전문가였다. 그는 문건
내용이 정치적 요구에
정확히 들어맞아 의회에
서 받아들여지도록 하는

| 벤저민 스트롱(좌), 파울 바르부르크

책임을 맡았다. 다른 사람들은 각 은행 그룹의 이익을 대표했다. 이들은 파울이 제기한 방안을 두고 아흐레 동안 열띤 토론을 벌인 끝에 의견 일치를 보았다.

1907년의 은행위기 이후 미국인의 눈에 비친 은행가들의 이미지는 형편없었다. 은행가가 제정에 참여한 법안을 감히 드러내놓고 지지하는 의원이 없을 정도였다. 그래서 부득이 뉴욕에서 외딴섬까지 가서 문건의 초안을 작성하기로 한 것이다. 초안에서는 중앙은행이라는 명칭이 문제가 되었다. 제퍼슨 대통령 시절부터 중앙은행이라는 이름은 영국의 국제 금융재벌과 비밀리에 결탁한다는 이미지가 강했다. 이에 파울은 '연방준비시스템'이라는 이름으로 주의를 분산시켰다. 그러나 명칭에 상관없이 새로운 문건으로 탄생하는 은행은 중앙은행의 직능을 그대로 유지했다. 미연방준비시스템도 잉글랜드은행과 마찬가지로 개인이 보유한 주식으로 구성되었으며, 이를 통해 거액의 이익을 창출할 것이다. 앞선 두 중앙은행과 미연방준비시스템의 차이점이 있다면, 주식 가운데 원래 20%를 차지하던 정부 지분이 없어지고 '순수'한 민영 중앙은행으로 거듭났다는 점이다.

연방준비은행에 힘을 실어주고자 파울은 이를 관장하는 문제에서 교묘한 방안을 제시했다. "의회가 미연방준비은행을 통제하고, 정부는 이사회 대표 자격을 가진다. 그러나 이사회의 다수 구성원은 은행협회가 직접 또는 간접적으로 통제한다."

나중에 파울은 마지막 제안 부분을 "이사회 구성원은 미국 대통령이 임명한다"라고 정정했다. 그러나 이사회의 진정한 기능은 '연방자문위원회'가 관장하며, 연방자문위원회와 이사회는 정기적으로 회의를 열어 '토론'한다. 연방자문위원회의 구성원은 연방준비은행의 이사 12명이 결정하는데, 이 점은 의식적으로 대중에게 알리지 않았다.

파울이 직면한 또 하나의 난제는 뉴욕 은행가들이 연방준비은행을 주도한다는 사실을 어떻게 숨기느냐 하는 것이었다. 19세기 이래 미국 중서부의 중소 상인과 농장주들은 금융위기의 쓴맛을 톡톡히 본 터라 동부 출신 은행가들에 대한 원한이 사무쳐 있었다. 그러므로 이 지역의 의원들은 은행가들이 주도하는 중앙은행을 지지할 수 없었다. 파울은 이 문제를 해결하기 위해 12개의 연방준비은행 지점으로 전체 시스템을 구성한다는 기발한 해결 방안을 설계했다. 금융권 밖에 있는 사람들은 잘 모르겠지만, 미국 화폐와 신용대출이 뉴욕에 고도로 집중된 상태에서 각 지역에 미연방준비은행을 설립한다는 것은 중앙은행의 업무가 뉴욕에 집중되지 않을 것이라는 환상을 사람들에게 심어주는 데 불과하다. 파울의 선견지명은 미연방준비은행 본부를 빈번하게 지령을 주고받는 금융 수도 뉴욕이 아니라 멀리 떨어진 정치 수도 워싱턴에 두었다는 점에서도 드러난다. 그럼으로써 뉴욕 은행재벌에 대한 대중의 반감을 다소 줄일 수 있었기 때문이다.

파울의 또 다른 고민은 연방준비은행의 12개 산하 지역은행의 관리자를 선출하는 문제였다. 여기에 대해서는 넬슨 올드리치가 의회에서 쌓은 경험을 십분 발휘했다. 그는 중서부의 의원들이 뉴욕 은행가들에게 적의를 품고 있다는 점을 지적하고, 통제가 잘 안 되는 국면을 해소하기 위해 모든 지역은행의 이사는 의회에서 간여하지 않고 반드시 대통령이 임명해야 한다고 주장했다. 그러나 여기에는 법적으로 큰 모순이 있었다. 헌법 제1장 제8절에 의회가 화폐의 발행과 관리를 담당한다는 규정이 있었기 때문이다. 의회를 배제하면 미연방준비은행이 처음부터 헌법을 위반한다는 허점을 보이게 된다. 과연 이 문제는 나중에 의원들이 미연방준비은행을 공격하는 빌미를 제공했다.

이렇게 많은 준비 끝에 이 법안은 엄연히 미국 헌법의 분권과 상호견제를 시험한다는 명목으로 출현했다. 대통령이 임명하고 의회가 심의하며 독립 인사를 이사로 임명하고 은행가가 고문이 되는, 그야말로 환상적인 설계였다.

월가의 7인: 연방준비은행의 막후 추진자

월가의 7인은 현재 미국 대부분의 인프라산업과 자원을 관장하고 있다. 그중 J. P. 모건, 제임스 힐(James Hill), 조지 F. 베이커(Gorge F. Baker, 뉴욕 퍼스트내셔널은행장)는 모건 그룹에 속해 있다. 나머지 네 사람은 존 데이비슨 록펠러(John Davison Rockefeller), 윌리엄 록펠러(William Rockefeller), 제임스 스틸먼(James Stillman, 내셔널시티은행장), 야코프 시프(Jacob Schiff, 쿤롭사)로서 스탠더드오일 씨티은행 그룹(Standard Oil City Bank Group)에 속한다. 그들이 구성하는 자본의 핵심 축이 미국을 통제하고 있다.[2]

_ 존 무디(John Moody), 무디스인베스터스서비스(Moody's Investors Service) 창립자, 1911년

월가의 7인은 미연방준비은행을 설립한 진정한 막후 조정자들이다. 그들 상호간의 협력과 유럽 로스차일드 가문의 은밀한 도움으로

마침내 미국판 잉글랜드은행이 세워진 것이다.

새롭게 떠오르는 모건가

모건은행의 모태는 잘 알려지지 않은 영국의 조지 피바디 주식회사
(George Peabody and Company)다. 조지 피바디는 원래 미국 볼티모어에서
건제품을 취급하는 상인이었으나, 돈이 어느 정도 모이자 1835년 영
국 런던으로 진출했다. 금융업이 유망하다고 판단한 피바디는 그곳
에서 일부 상인들과 머천트뱅크 일을 하기 시작했다. 이 업종은 당시
유행하던 '고급 금융'이었다. 고객은 주로 정부나 대
기업과 부자들이었다. 그들은 국제 무역 대출을 제
공하고, 주식과 채권을 발행하며, 대형 상품을 취급
했다. 이것이 오늘날 투자은행의 전신이다.

머천트뱅크(merchant bank)
어음 인수 또는 증권 발행을
주요 업무로 하는 은행.

브라운브라더스앤드컴퍼니
(Brown Brothers & co.)
알렉산더 브라운이 설립한 미
국에서 가장 오래된 금융재벌
로서, 미국 자본주의 초기 발
달단계에서 큰 역할을 했다.

피바디는 볼티모어의 브라운브라더스앤드컴퍼
니의 영국 지사를 통해 영국 금융계에 쉽게 진출했
다. 얼마 후 그는 뜻밖에도 네이선 로스차일드 남작
의 집에 초대를 받았는데, 세계 은행가를 좌우하는
네이선과의 만남을 마치 교황이라도 만나는 양 영광스럽게 생각하며
황송해했다.

피바디를 만난 네이선은 단도직입적으로 로스차일드 가문의 비밀
홍보 대리인이 되어달라고 제안했다. 로스차일드 가문은 유럽에서
재산가로 이름을 떨치면서도 미움과 조롱을 받고 있었다. 런던의 귀
족 계급은 네이선을 업신여기면서 그의 초대를 번번이 거절했다. 비
록 로스차일드가 영국에서 세력을 떨친다고는 하나 귀족들로부터 외

면당한다는 느낌이 들 수밖에 없었다. 네이선이 피바디를 선택한 이유는 그의 겸허함과 인덕을 높이 샀기 때문이기도 하지만, 무엇보다 미국인인 피바디가 앞으로 쓸모가 많으리라는 계산에서였다.

물론 피바디는 네이선의 제의를 그 자리에서 받아들였다. 홍보에 필요한 모든 지출은 네이선이 부담했다. 피바디의 회사는 순식간에 런던에서 유명한 사교의 중심이 되었다. 특히 매년 7월 4일에 피바디가 주최하는 독립 기념 파티는 런던의 귀족들 사이에 이미 큰 행사로 자리 잡았다. 손님들은 그토록 호화롭고 웅장한 파티 비용을 몇 년 전만 해도 무명의 보통 상인이던 피바디가 부담할 수 있으리라고 상상도 못했다.

1854년까지만 해도 조지 피바디는 100만 파운드급 은행가에 불과했다. 그런데 고작 6년이라는 짧은 기간 동안 2,000만 파운드를 벌어들여 미국의 중량급 은행가로 탈바꿈한 것이다. 사실 피바디는 로스차일드 가문이 책동한 1857년의 경제위기 가운데 미국 철도 채권과 정부 채권에 대규모로 투자했다가 영국의 은행가들이 투매할 때 큰 손해를 입었다. 그런데 이상하게도 잉글랜드은행이 파산 직전에 있는 그에게 80만 파운드의 신용대출을 긴급 제공해 기적적으로 소생할 수 있었다. 그러더니 그동안 매우 신중한 태도로 일관하던 피바디가 모든 재산을 털어 당시 휴지 조각이나 다름없던 미국의 국채들을 사들였다. 1857년의 경제위기는 1837년 당시 10년을 끌던 불황과 달랐다. 미국 경제가 불과 1년 만에 불황의 늪을 빠져나온 것이다. 결과적으로 피바디 수중의 미국 채권들은 그를 슈퍼급 부호로 빠르게 변신시켜 주었다. 이는 네이선이 영국 채권을 사들이던 1815년의 상황과 유사하다. 정확한 내부 정보를 입수하지 않았다면 파산의 악몽에서 막 깨어난 피바디가 미국의 채권을 그토록 과감하게 사들이지 못했을 것이다.

슬하에 자식이 없던 피바디는 방대한 사업을 물려줄 후계자 문제로 늘 고심했다. 그러던 중 마침내 젊은 주니어스 모건(Junius Morgan)을 영입했다. 피바디가 일선에서 물러난 뒤로 주니어스 모건이 사업을 물려받았으며, 회사 이름도 주니어스 S. 모건사로 바꾸었다. 회사는 여전히 런던에서 경영했다. 나중에 주니어스의 아들 J. P. 모건이 회사를 물려받은 후 미국 지사의 이름을 JP모건이라고 지었다. 1869년, J. P. 모건과 드렉셀은 런던에서 로스차일드 가문과 만났다. 모건가는 조지 피바디와 로스차일드 가문의 관계를 그대로 물려받았을 뿐만 아니라 협력 관계를 더욱 강화했다. 1880년, JP모건은 철도공사의 구조조정을 위한 비즈니스 활동에 대량의 자금을 지원하기 시작했다.

| J. P. 모건

1891년 2월 5일, 로스차일드 가문과 영국의 다른 은행가들이 모여 비밀 조직인 '원탁회의그룹'을 설립했다. 미국에서도 이에 상응하는 조직을 만들었는데, 이때 앞장선 장본인이 모건가였다. 제1차 세계대전 이후에 미국의 원탁회의그룹은 '외교협회(Council on Foreign Relation, CFR)'로 이름을 바꿨고, 영국의 원탁회의는 '왕립국제문제연구소(Royal Institute of International Affairs, RIIA)'로 개명했다. 영·미 양국 정부의 주요 관

리들은 대부분 이 두 협회에서 배출되었다.

1899년, J. P. 모건과 드렉셀은 영국 런던으로 가서 국제 금융재벌들의 회의에 참석했다. 이 회의에서 모건은 로스차일드 가문의 미국 쪽 수석 대리인으로 선출되었다. 런던회의 결과 뉴욕의 모건, 필라델피아의 드렉셀, 런던의 모건 그렌펠, 파리의 모건아르제앤드컴퍼니, 독일과 미국의 바르부르크가 로스차일드 가문과 완전히 연계를 맺게 되었다.[3]

1901년, J. P. 모건이 5억 달러라는 높은 가격에 카네기의 철강회사를 인수함으로써 세계 최초로 시가 10억 달러가 넘는 초대형의 미국 철강회사(United States Steel Corporation)가 세워졌다. J. P. 모건은 당시 세계 최고의 갑부로 알려졌다. 그러나 임시전국경제위원회의 보고에 따르면, 그는 자기 회사 주식 가운데 9%의 지분만 보유했다고 한다. 명성이 자자한 모건도 알고 보면 무대에 나선 광대에 불과했던 것이다.

석유왕 록펠러

존 록펠러는 미국 역사에서 논쟁의 중심에 있으며, '가장 냉혹한 사람'이라는 타이틀이 따라붙는다. 그의 이름은 자연 대단한 명성을 자랑하는 석유회사 스탠더드오일과 떼어놓을 수 없다.

록펠러가 석유산업에 뛰어든 역사는 미국의 남북전쟁 시기(1861~1865년)로 거슬러 간다. 1870년에 아메리카 스탠더드오일 회사를 세울 때만 해도 사업은 그저 그런 수준이었으나, 클리블랜드 내셔널 시티은행의 대출을 받은 이후로 그는 사업에 대한 감각을 완전히 찾은 듯했다. 특히 악의적 경쟁이 판치는 곳에서는 보통 사람이 상상할 수 없는 능력을 보여주었다. 그가 몸담은 석유제련업종은 단기적으로 볼 때 수익이 높았지만, 워낙 경쟁이 치열하다 보니 업체끼리 제 살 깎아 먹기 식의 악성 경쟁이 성행했다. 록펠러가 여기서 살아남은 방법은 오직 하나, 인정사정없이 경쟁자를 짓밟아버리고 무슨 수를 써서라도 목적을 달성하는 것이었다.

┃ 존 록펠러

구체적인 방법은 우선 그의 조종을 받지만 대외적으로 알려지지 않은 한 회사를 통해 현금을 주고 낮은 가격에 경쟁사를 사들이는 것이다. 만약 제안을 거절하면 무자비한 가격전으로 보복을 하는데, 그 경쟁은 상대방이 굴복하거나 파산까지 가야 끝이 났다. 이렇게 해도 효과가 없을 경우 록펠러는 최후의 수단으로 폭력을 사용했다. 즉 경쟁업체의 직원들을 구타하거나 경쟁사 공장에 불을 지르는 등의 행위도 서슴지 않았다. 이런 식으로 하다 보니 경쟁사가 몇 안 남게 되었다. 이 같은 독점 행위는 동종업계의 분노를 불러왔지만, 뉴욕 은행가들은 그의 회사에 큰 흥미를 느꼈다. 독점을 선호하는 은행가들은 록펠러가 독점을 위해 저지르는 고도의 집행 능력을 높이 평가했던 것이다.

로스차일드 가문은 점점 강해지는 미국을 제압하려고 갖은 수단을 동원했지만, 그 시도는 번번이 실패로 돌아갔다. 차라리 유럽의 국왕 한 명을 제압하는 것이 민선 정부를 통제하는 일보다 훨씬 쉬웠다.

미국의 남북전쟁이 끝나자 로스차일드가는 미국을 통제할 계획을 다시 짜기 시작했다. 금융업에는 모건은행과 쿤롭사가 있었지만 공업계에서는 아직 적당한 대리인을 찾지 못하던 차에, 록펠러의 모든 행동은 로스차일드가의 눈을 번쩍 뜨이게 했다. 금융 쪽으로 대량 수혈을 해준다면 록펠러가 좁은 클리블랜드 지역쯤은 훌쩍 뛰어넘는 실력을 발휘할 수 있을 것 같았다.

로스차일드 가문은 미국의 가장 중요한 금융 전략가인 쿤롭사의 야코프 시프를 록펠러에게 보냈다. 1875년, 시프는 록펠러의 다음 확장 계획을 직접 자문해 주었으며 그의 상상을 초월하는 파격적인 지원을 해주었다. 당시 로스차일드가는 모건은행과 쿤롭사를 통해 미국 철도운수업의 95%를 장악하고 있었다. 시프는 '사우스임프루먼트컴퍼니(South Improvement Company)라는 회사를 차려 록펠러의 스탠더드오일에 대해 운반비를 대폭 할인해 주었다. 다른 제련회사들은 일단 운송 원가에서 록펠러의 상대가 안 되었으므로 얼마 안 가 쓰러졌다. 이렇게 해서 록펠러는 미국 석유산업을 완전히 독점하고, 명실상부한 '석유왕'이 되었다.

로스차일드의 금융 전략가 야코프 시프

로스차일드 가문과 야코프 시프 가문의 인연은 1785년으로 거슬러 올라간다. 당시 로스차일드는 가족을 이끌고 프랑크푸르트의 한 5층 아파트로 이사해서 시프 가족과 몇 년간 함께 거주했는데, 이렇게 맺어진 인연으로 같은 독일 유대계 은행가인 양가는 이미 100년 넘게 친분을 유지하고 있었던 것이다.

1865년, 겨우 열여덟 살의 야코프 시프는 영국 로스차일드은행에서 얼마 동안 수습 행원으로 일하다가 미국으로 건너갔다. 그는 링컨 대통령이 암살된 후 미국에 있는 유럽 은행가 대리인 간의 이익을 조정함으로써 미국의 민간 중앙은행 제도 수립을 촉진하는 데 기여했다. 그의 또 다른 목적은 유럽 은행의 대리인이 될 만한 인물을 찾아 양성한 다음 정부나 법원, 은행, 기업, 언론 등 요직에 심어놓고 때를 기다리는 것이었다.

| 야코프 시프

1875년 1월 1일, 야코프은 쿤롭에 입사하고 회사의 핵심 인물이 된다. 강력한 로스차일드 가문의 지원을 등에 업은 쿤롭은 19세기 말부터 20세기 초까지 미국에서 가장 유명한 투자은행으로 성장했다.

철도왕 제임스 힐

철도 건설은 금융에 대한 의존도가 대단히 높은 인프라사업이다. 거대한 미국의 철도산업은 상당 부분 영국과 유럽의 자본시장에 의존해 발전했다. 유럽에서 발행하고 통제하는 철도 채권이 미국 철도산업의 운명을 좌지우지하는 직접적 수단이었다.

1873년, 국제 금융재벌들이 갑작스레 미국에 대한 금융 긴축 작전을 실시함에 따라 미국 채권의 투매 열풍이 불어오자 철도 채권도 그 태풍권에서 벗어나지 못했다. 1879년, 한차례 광풍이 휩쓸고 간 자리에는 미국 철도 최대의 채권자로 로스차일드 가문이 우뚝 서 있었다.

그들이 마음만 먹으면 미국의 어떤 철도회사라도 망하게 할 수 있었다. 이 같은 시대적 배경에서 기선으로 운송하는 석탄채굴사업으로 일어난 제임스 힐은 금융재벌의 도움을 받아야만 철도업계의 치열한 경쟁에서 살아남을 수 있었고, 모건은 그의 든든한 금융 버팀목이 되어주었다. 모건의 전폭적 지원을 받은 그는 1873년의 위기를 겪으며 많은 철도회사가 도산하는 틈을 이용해 다른 회사를 인수·합병하고 규모를 확장했다.

1893년에 이르러 미 대륙을 횡단하는 철도를 보유하겠다는 제임스 힐의 꿈은 마침내 실현되었다. 하지만 중서부 철도의 통제권을 손에 넣으려 할 때 강력한 적수를 만났다. 록펠러재단이 뒤를 봐주는 유니언퍼시픽철도(Union Pacific Railroad)가 기습을 해온 것이다. 유니언퍼시픽철도의 대표 해리먼(Harriman)은 비밀리에 제임스의 노던퍼시픽철도(Northern Pacific Railroad) 주식을 사들였고, 제임스의 회사가 해리먼에게 넘어가기 직전이었다. 해리먼이 4만 주만 더 확보하면 게임 끝이었다. 당장 제임스는 유럽에서 휴가 중이던 모건에게 긴급 구조를 요청했고, 모건은 록펠러의 도전에 대해 즉각 역공에 나섰다. 일순간 월가는 노던퍼시픽철도의 주식 쟁탈전으로 뜨거운 열기가 감돌았다. 한 주당 가격은 1,000달러까지 치솟았다.

두 마리의 호랑이가 싸우면 그중 한 마리는 다치게 마련이다. 부작용을 염려한 국제

| 35세 때의 제임스 힐

금융재벌들이 중재에 나서면서 양측은 싸움을 덮었고, 최종 결과는 합병이었다. 그들은 지주회사인 노던증권회사(Northern Securities Company)를 공동 설립해 북부의 모든 철도회사를 손아귀에 넣었다. 지주회사를 설립하던 그날, 미국의 25대 대통령 윌리엄 매킨리(William Mckinley)가 암살당하고 후임으로 부통령 시어도어 루스벨트가 취임했다. 노던증권회사는 신임 대통령 루스벨트의 강한 반대로 1890년 통과된 반독점법 '셔먼법'에 따라 강제 해산되었다. 좌절을 겪은 제임스는 방향을 남쪽으로 돌려 콜로라도에서 텍사스까지의 철도를 사들였다. 1916년에 세상을 떠날 때 제임스 힐의 재산은 5,300만 달러였다.

> **반독점법**
> 독점에 의해 발생되는 부당한 거래의 제한과 독점 그 자체를 배제 또는 규제하기 위한 법률로, 미국의 셔먼법이 그 시초다.

바르부르크 형제

1902년, 파울과 펠릭스 바르부르크 형제는 독일 프랑크푸르트에서 미국으로 이민했다. 은행가 출신 집안의 형제는 은행 업무에 훤했는데, 특히 파울은 당시 금융의 최고 전문가라고 할 만했다. 파울의 재주를 높이 산 로스차일드는 유럽전략연맹의 바르부르크은행으로부터 형제를 빼내 인재가 필요한 미국에 배치했다.

로스차일드 가문은 미국에서 민영 중앙은행을 추진했으나, 100년이 다 되도록 성사시키지 못하고 있었다. 이때 파울이 주요 공략 임무를 계승한 것이다. 미국에 도착한 지 얼마 안 돼 파울은 선발대인 야코프 시프의 쿤롭사에 들어가 시프 처제의 딸과 결혼했다. 그의 동생 펠릭스는 시프의 딸과 결혼했다.

루스벨트와 윌슨, 두 대통령을 보좌한 금융 고문 개리슨은 두 형제를 이렇게 평가했다. "올드리치의 계획이 전국적인 원성과 반대에 부딪히는 상황에서 파울 바르부르크는 미연방준비은행 법안을 재구성했다. 이 두 계획을 배후에서 조종하는 기발한 지혜는 모두 런던에 있는 알프레드 드 로스차일드의 머리에서 나왔다."[4]

미연방준비은행 설립의 전초전
: 1907년 금융위기

1903년, 파울은 유럽 중앙은행의 '앞서가는 경험'을 미국에 소개하기 위한 행동 강령을 야코프 시프에게 전달했다. 이 문건은 곧 뉴욕 내셔널시티은행(오늘날의 씨티은행)의 제임스 스틸먼 행장과 뉴욕 금융계에 전해졌다. 파울의 참신한 아이디어에 사람들은 마치 정수리를 한 대 얻어맞은 듯한 기분이었다.

문제는 미국에 민영 중앙은행을 줄곧 반대하는 정치 세력과 민간 세력이 상당하다는 것이었다. 미국의 공업계와 중소업주들 사이에서 뉴욕 금융계 인사들의 평판은 아주 형편없었다. 의원들은 은행가들의 민영 중앙은행 설립 제안을 몹쓸 전염병이라도 되는 양 피해 다녔다. 이 같은 정치 분위기에서 은행가에게 유리한 중앙은행 법안을 통과시키기란 하늘의 별 따기만큼이나 어려웠다.

이렇게 불리한 정세를 뒤엎기 위한 거대한 금융위기는 다음과 같은 배경에서 구상되었다.

먼저 신문과 언론에 새로운 금융 개념을 홍보하는 글을 대량으로 게재했다. 1907년 1월 6일에는 '우리 은행 시스템의 결점과 과제'라는 제목으로 파울의 글이 발표되었다. 이때부터 파울은 미국 중앙은행 제도 설립을 제창하는 선봉에 섰다. 그 후 얼마 지나지 않아 야코프 시프는 뉴욕 상공회의소에 "신용 자원을 충분히 통제할 수 있는 중앙은행을 세우지 않으면 장차 심각한 금융위기를 겪게 될 것이다."[5]라고 주장했다.

1837년, 1857년, 1873년, 1884년, 1893년과 마찬가지로 금융재벌들은 경기가 과열되는 과정에서 심각한 거품 현상을 발견했다. 이러한 현상 또한 시중에 돈을 많이 풀어서 생기는 필연적 결과였다. 이 모든 과정은 금융재벌이 어항 속에 물고기를 키우는 것과 같았다. 금융재벌들은 마치 어항에 물을 붓듯 시중에 돈을 풀어 경제주체에게 대량으로 화폐를 주입했다. 돈을 풀면 각계각층에서 더 많은 돈을 벌 욕심으로 밤낮을 가리지 않고 일해서 부를 창출하는데, 어항 속의 물고기가 각종 양분을 열심히 흡수해 점점 살이 오르는 것과 같다. 금융재벌들이 수확의 시기가 왔음을 알고 어항의 물을 빼면, 물고기들은 잡혀 먹히는 순간을 기다리는 수밖에 없다.

그러나 어항의 물을 빼고 고기들을 처분하는 시기는 몇 개의 대형 은행들만 알고 있었다. 한 나라가 민영 중앙은행 제도를 설립한 이후로는 은행재벌들이 물을 대고 빼기가 더 수월해지므로 수확도 한층 많아질 것이다. 경제의 발전과 쇠퇴, 재산의 축적과 증발은 모두 은행재벌들이 진행하는 '과학적 사육'이 가져온 필연적 결과다.

모건과 그의 배후에 있는 국제 금융재벌들은 이번 금융위기로 예측되는 성과를 정확하게 계산했다. 첫째, 미국에 중앙은행이 없는 사회가 얼마나 취약한지를 '사실'로 증명할 것이다. 둘째, 소규모의 경쟁 금융기업을 도산시켜 합병한다. 특히 자산신탁회사, 즉 투신사는 은행가들의 눈엣가시였다. 마지막으로 그들이 오랫동안 군침을 흘려온 중요 기업을 손아귀에 넣는 것이다.

당시 잘나가던 투신사들은 은행이 못하는 업무를 많이 다뤘으며, 정부의 규제도 느슨했다. 이런 이유로 투신사들은 사회자금을 지나치게 흡수하고, 리스크가 큰 업종과 증시에 투자했다. 1907년 10월 위기가 터질 때까지 뉴욕의 은행 대출 절반 정도가 고수익을 내는 투신사에 흘러들어 가고, 투신사는 그 돈을 리스크가 큰 증권과 채권에 투자하는 바람에 금융시장에는 극도의 투기 바람이 불었다.

몇 달 전부터 런던과 파리를 오가며 휴식을 취하던 모건은 국제 금융가들의 빈틈없는 계획을 듣고 미국으로 건너왔다. 그리고 얼마 지나지 않아 갑자기 미국에서 세 번째로 큰 투신사인 니커보커트러스트(Knickerbocker Trust)가 곧 파산하리라는 소문이 떠돌았다. 이 소문은 바이러스처럼 순식간에 뉴욕 전체를 휩쓸었고, 돈을 날릴까 걱정하는 투자자들이 인출을 요구하며 몰려드는 바람에 투신사마다 북새통을 이루었다. 은행들은 투신사에 즉시 대출을 상환하라고 독촉했고, 양쪽에서 시달리던 투신사들은 하는 수 없이 증권시장에서 돈을 빌렸다. 그러자 대출 금리는 단숨에 150%까지 치솟았다. 10월 24일, 주식 거래는 거의 중단 상태였다.

이때 모건이 구세주처럼 등장했다. 뉴욕 증권거래소장이 모건의 사무실로 찾아와 구조를 요청했다. 소장은 떨리는 목소리로 오후 3시 전에 2,500만 달러의 결제를 막지 못하면 최소 50개의 거래 기업이 파산한다고 말했다. 그렇게 되면 증권시장은 문을 닫을 수밖에 없다는 것이다. 오후 2시에 모건은 긴급 금융인 회의를 소집했고, 16분 동안 은행가들은 돈을 모았다. 모건이 즉시 증권거래소에 사람을 보내 금리 10%로 돈을 빌려주겠다고 하자 일제히 환호성이 터져 나왔다. 그런데 단 하루 만에 긴급 구조 자금은 바닥이 났고, 금리는 미친 듯 치솟았다. 8개의 은행 및 투신사가 이미 도산했다. 모건은 뉴욕 청산은행으로 달려가서, 임시 화폐로 어음을 발행해 현금 부족을 해소하라고 요청했다.

11월 2일 토요일, 모건은 오랫동안 준비해 온 계획을 실천에 옮겨 파산의 위기에 몰린 무어&실리(Moore & Schley)사를 구제하기로 했다. 2,500만 달러의 채무 때문에 도산을 눈앞에 둔 이 회사는 테네시석탄철강회사의 지분을 가지고 있었다. 만약 무어&실리가 도산한다면 뉴욕 증시는 완전히 붕괴할 테고, 그 결과는 상상을 초월할 정도로 엄청날 것이다. 모건은 뉴욕 금융계의 거물급 인사들을 자신의 도서관으로 불렀다. 상업은행 대표들은 동쪽 서재에, 투신사 사장들은 서쪽 서재에 있게 했다. 그들은 언제 끝장날지 모르는 자신들의 운명에 초조해하며 모건의 처분만 기다리고 있었다.

모건은 테네시석탄철강회사가 보유한 테네시주, 앨라배마주, 조지아주의 석탄 및 철광 자원이 장차 자신이 창건한 철강의 거두 U.S.스틸의 독점적 지위를 더욱 확고히 해주리라는 사실을 익히 알고 있었다. 반독점법의 제약 때문에 모건은 이 군침 도는 먹이를 삼키지 못하고 있었는데, 이번 위기가 모처럼의 합병 기회를 가져다준 것이다. 모건의 조건은 무어&실리와 다른 금융회사들을 살리고자 투신사들이 2,500만 달러를 추렴해 붕괴를 막고, U.S.스틸은 무어&실리로부터 테네시석탄철강회사의 채권을 사들이는 것이었다. 극도의 조바심과 파산 압박에 몰려 밤새도록 한잠도 못 자고 기진맥진한 투신사의 사장들은 어쩔 수 없이 모건에게 백기를 들고 그 조건을 수락했다.

마침내 테네시석탄철강회사를 손에 넣고 기쁨을 주체하지 못하는 모건의 앞에는 또 하나의 관문이 기다리고 있었다. 그것은 바로 반독점법을 강력히 추진하던 루스벨트 대통령이었다. 11월 3일 일요일 밤, 모건은 워싱턴으로 사람을 급파해서 다음 주 월요일 오전 증시 개장 전에 대통령의 허락을 얻으라고 지시했다. 금융위기로 기업들이 도산하고, 평생 모은 저축을 날린 시민들은 연일 분노를 터뜨리는 상황이었다. 극심한 위기를 느낀 루스벨트는 부득이 모건의 힘을 빌려 정국을 안정시키고자 했고, 결국 승인 문서에 서명하고 말았다. 이때가 월요일 증시 개장을 불과 5분 앞둔 시간이었다.

뉴욕 증시의 주가는 이 소식에 다시 급상승했다.

모건은 겨우 4,500만 달러라는 헐값으로 테네시석탄철강회사를 인수했다. 무디스의 설립자 존 무디의 평가에 따르면, 이 회사의 잠재적 가치는 최소한 10억 달러나 된다고 한다.[6]

모든 금융위기는 오래전부터 준비된 정확한 각본에 따라 발생하며, 번쩍거리는 은행 빌딩은 하나같이 수많은 파산자의 희생 위에 지어진다.

금본위제에서 법정화폐로
: 은행재벌 세계관의 대전환

19세기 말 이래 국제 금융재벌의 돈에 대한 인식에는 또 한 번의 비약적 전환이 있었다.

기존의 잉글랜드은행 모델은 국채를 담보로 화폐를 발행하고 정부의 채권과 은행의 발권을 연동시켜 채무 규모를 점점 확대시킴으로써 은행가들이 거액의 수익을 챙기는 방식이었다. 이 같은 금본위 체제에서 은행가들은 인플레이션을 극도로 반대했다. 어떤 화폐라도 평가절하되면 은행가의 이자 수입에 직접적 타격을 주기 때문이다. 이런 구상은 대출업으로 이자를 챙기는 비교적 원시적 방법으로, 재산의 축적 속도가 너무 느리다는 결함이 있었다. 설사 지급준비금 제도를 사용하더라도 금융재벌들의 날로 커지는 배를 채우기에는 여전히 모자랐다. 특히 황금과 백은이 천천히 증가하기 때문에 은행의 대출금 총량에 상한선을 책정해 놓는 셈이었다.

> **지급준비금 제도**
> 은행 예금의 일정 비율을 지급준비금으로서 중앙은행에 강제적으로 예금시켜 그 비율을 상하로 조절해 통화량을 조정하는 제도.

19세기와 20세기가 교차할 무렵, 유럽의 은행재벌들은 이미 더 효과적이고 더 복잡한 법정화폐 체제를 모색하고 있었다. 법정화폐(fiat money)는 황금과 백은이 대출 총량에 상당한 제약을 미치는 국면에서 완전히 탈피해 훨씬 융통성 있고 은밀하게 화폐를 통제할 수 있게 했다. 화폐 공급을 무한대로 늘려 얻는 수익이 인플레이션에 따른 대출 이자의 손실보다 훨씬 크다는 점을 알게 된 은행가들은 갑자기 법정화폐의 가장 열렬한 제창자로 변신했다. 그들은 화폐 유통량을 급증

| 금화(Gold Coin)로 지급을 보증하는 20달러짜리 지폐

시켜 저축자들로부터 거액의 재산을 빼앗았다. 통화 팽창은 은행이 다른 사람의 재산을 강제 경매하는 방식보다 훨씬 그럴듯했으므로 국민의 저항감을 최소화할 뿐 아니라, 그런 사실을 잘 모르게 할 수도 있었다.

은행재벌의 자금 지원에 힘입어 인플레이션 관련 경제학 연구는 순수 수학 게임의 궤도로 진입해 갔다. 지폐 발행의 증가에 따른 통화 팽창(currency inflation)의 개념은 오늘날 가격 상승에 따른 통화 팽창(price inflation) 개념에 완전히 묻혀버렸다.

이제 은행재벌의 치부 수단에는 원래의 지급준비금 제도, 화폐와 국채의 연동 외에 또 하나의 강력한 도구인 인플레이션이 추가되었다. 이때부터 은행은 황금의 수호자에서 황금의 천적으로 드라마틱한 변신을 한 것이다.

통화 팽창에 대해 영국의 경제학자 존 케인스(John Keynes)는 따끔하게 꼬집었다. "정부는 이 방법을 이용해 눈에 띄지 않게 국민의 재산을 몰수할 수 있다. 100만 명 가운데 한 사람도 이러한 절도 행위를 발견해 내기 어렵다."

엄밀히 말해 미국에서 이 방법을 사용하는 기관은 미연방준비은행이지 정부가 아니다.

1912년의 대선 열풍

> 화요일에 프린스턴 대학 총장이 여러분의 주지사로 당선될 것입니다. 하지만 그는 임기를 다 채우지 못할 것입니다. 1912년 11월에 미국 대통령에 당선될 테니까요. 1917년 3월에 그는 대통령에 연임되고, 미국 역사상 가장 위대한 대통령이 될 것입니다.
>
> _ 랍비 와이즈(Rabbi Isaac Wise)의 뉴저지 연설 중, 1910년

훗날 윌슨 대통령의 가장 가까운 참모를 지낸 와이즈는 2년 전에 대통령 대선 결과를 정확하게 예언했다. 심지어 그로부터 6년 후의 대선 결과까지 정확히 예측해 냈다. 그에게 미래를 보는 혜안이 있어서가 아니라, 모든 것이 은행가들의 치밀한 사전 책략이 낳은 결과이기 때문이다.

국제 금융재벌들의 예상대로 1907년의 금융위기는 미국 사회를 송두리째 흔들어놓았다. 국민은 투신사에 분노를 품었으며, 사회 전반에 걸쳐 월가 금융 세력에 대한 공포와 더불어 은행 파산에 대한 두려움이 만연했다. 금융 독점을 반대하는 국민의 목소리는 전국을

| 미국 28대 대통령 우드로 윌슨

휩쓸었다.

프린스턴 대학의 우드로 윌슨 총장은 금융 독점을 강력하게 반대하는 인물이었다. 뉴욕 내셔널시티은행의 프랭크 밴더리프 행장이 한 말을 들어보자. "나는 프린스턴의 우드로 윌슨 총장에게 편지를 써서 만찬회 연설을 부탁했다. 그 연설이 중요한 기회임을 알려주기 위해 나는 상원위원 넬슨 올드리치도 그 자리에서 연설할 것이라고 말했다. 그런데 내 친구 윌슨 박사는 뜻밖에도 올드리치 상원의원과 같은 자리에서 연설하지 않겠다고 거절했다."[7]

올드리치 상원의원은 당시 여야에 상관없이 막강한 권력을 행사하던 인물이다. 40년 동안 의회에서 활동하면서 36년간 상원의원을 지냈으며, 권력이 막강한 상원 금융위원회의 회장을 맡기도 했다. 그는 존 록펠러의 장인으로 월가 금융계와 긴밀한 관계를 맺고 있었다. 1908년, 올드리치는 긴급한 상황에서 은행이 화폐를 발행할 수 있도록 하고 연방정부와 주정부와 지방정부의 채권과 철도 채권을 담보로 하자는 제안을 내놓았다. 금융계 입장에서야 쌍수를 들고 환영할 일이지만, 위험은 정부와 국민이 고스란히 감당하고 은행가들이 그 열매만 따먹겠다는 발상이었다. 월가의 이처럼 교묘한 수법이 놀라울 뿐이다. 이 '긴급화폐법'은 5년 후 미연방준비은행법의 기초가 되었고, 올드리치는 명실상부한 월가의 대변인으로 인식되었다.

우드로 윌슨은 1879년 프린스턴 대학을 졸업하고, 버지니아 대학에서 법학으로 석사 학위를 받았다. 1886년 존스홉킨스 대학에서 박사 학위를 받고, 1902년 프린스턴 대학 총장에 취임했다. 학구열에 불타던 윌슨은 금융 독점을 큰 목소리로 반대해 왔다. 당연히 금융계의 대변인인 올드리치를 반길 리가 없었다. 그러나 학술적 열정과 이상주의만으로는 금융업에 대한 부족한 지식을 메울 수 없었다. 윌슨은 월가의 은행가들이 돈을 벌어들이는 수법에도 완전 문외한이었다.

은행가들은 윌슨의 단순하면서도 이용하기 쉬운 특징에 주목했다. 게다가 그는 사회가 인정하는 금융 독점 반대 운동가가 아닌가! 이처럼 참신한 이미지의 인물은 그야말로 보기 드문 보배였다. 은행가들은 윌슨에게 자금을 쏟아 부으면서 그를 이용할 날만을 기다렸다.

마침 뉴욕 내셔널시티은행의 클리블랜드 도지 이사가 윌슨의 프린스턴 대학 동기였다. 1902년 윌슨이 순조롭게 프린스턴 총장에 임명된 것은 든든한 재력의 도지가 뒤에서 도운 결과였다. 이렇게 조금씩 관계를 다진 다음, 도지는 은행가들의 책략대로 윌슨이 대통령감이라는 소문을 월가에 퍼뜨렸다. 총장이 된 지 얼마 되지도 않은 자신을 갑자기 대통령감이라고 떠받드니, 윌슨이 내심 기뻐하는 것은 당연했다. 물론 여기에도 대가는 따랐다. 이때부터 윌슨과 월가와의 관계는 더욱 밀착되었다. 얼마 후 윌슨은 월가 큰손들의 지원에 힘입어 1910년 뉴저지의 주지사로 당선된다.

공개적인 장소에서 윌슨은 여전히 정의감에 불타는 어조로 월가의 금융 독점을 비난했다. 그러나 사적으로는 자신의 자리와 정치적 미래가 완전히 은행가들의 손에 달려 있다는 사실을 알고 있었다. 은행가들은 윌슨의 비난을 이상할 정도로 용인했으며, 쌍방은 일종의 미묘하면서도 드러나지 않는 묵계를 유지했다.

월슨의 명성이 날로 높아질 즈음, 은행가들은 발 빠르게 움직여 그의 대통령 경선 비용을 모았다. 도지는 뉴욕 브로드웨이 42번가에 월슨 선거 자금 모금 사무실을 차리고 은행 계좌를 개설했다. 자신은 1,000달러짜리 수표 한 장을 헌금했다. 그 후 은행 직접 송금 방식으로 은행가에서는 많은 정치 자금을 모았는데, 그중 3분의 2가 월가의 큰손 7인이 내놓은 정치 헌금이었다.[8]

대통령 경선 후보에 이름이 거명되자 흥분을 감추지 못한 월슨은 도지에게 보내는 편지에 "나의 기쁨을 말로 표현할 수 없다네"라고 썼다. 이때부터 월슨은 완전히 금융재벌들의 품으로 뛰어들었다. 민주당 후보인 월슨의 어깨에는 민주당의 염원도 실려 있었다. 몇 년간 대통령을 배출하지 못한 민주당 측도 권력에 대한 목마름으로 월슨에게 큰 기대를 걸었다.

월슨이 넘어야 할 산은 현직 대통령 윌리엄 하워드 태프트였다. 당시 전국적 지명도에서 딸리는 월슨에 비해 태프트 대통령은 훨씬 유리한 고지에 있었다. 자신 있게 연임에 도전한 태프트가 올드리치 법안에 대해 준비를 하지 않았다고 하는 순간, 믿을 수 없는 일이 벌어졌다. 태프트의 전임 대통령인 루스벨트가 갑자기 경선 참가를 선언한 것이다. 루스벨트가 선택한 계승자이자 같은 공화당 소속의 태프트로서는 그야말로 청천벽력의 소식이었다. 루스벨트는 노던증권회사의 해산으로 명망이 높아졌고, 반독점법 추진으로 대단한 인기를 끌었었다. 그의 갑작스런 출현은 태프트의 표를 상당 부분 잠식했다.

사실 이들 세 후보자는 모두 은행재벌의 후원을 받고 있었으며, 은행재벌들이 가장 통제하기 쉬운 윌슨 쪽으로 암암리에 기울 뿐이었다. 월가의 계획에 따라 루스벨트가 태프트에게 큰 타격을 입히면서 윌슨은 가볍게 대통령에 당선될 수 있었다. 이는 1992년 조지 허버트 워커 부시가 로스 페로에게 지지표를 많이 뺏기는 바람에 신예인 빌 클린턴에게 패한 경우와 비슷하다.

B프로젝트

금융계 거물들은 지킬섬에서 용의주도한 계획을 세웠다. 이들은 빈틈없는 직업적 본능으로 두 가지 계획을 준비했는데, 하나는 올드리치 상원의원이 양동(陽動)작전을 주도해 반대파의 주의력을 그쪽으로 집중시키는 계획으로 공화당의 지지를 받았다. 또 하나는 B프로젝트라고 부르는 작전인데, 공격의 핵심은 사실 이쪽에 있었다. B프로젝트가 바로 '연방준비은행법'이며, 주요 추진 세력은 민주당이었다.

사실 이들 두 계획은 이름만 다를 뿐 본질적으로 같은 내용이었다.

대통령 선거도 이러한 핵심 목표를 둘러싸고 전개되었다. 올드리치 상원의원과 월가의 결탁 관계는 세상 사람이 다 아는 사실이었다. 당시 월가를 반대하는 분위기가 전국적으로 팽배한 가운데 그가 내세우는 금융 개혁 법안이 부결될 것은 확실했다. 권력의 중심에서 떨어져 오랜 시간을 보낸 민주당은 그동안 줄곧 금융 독점을 비판하는 목소리를 높여왔다.

여기에 참신한 이미지의 윌슨이 가세하니, 모든 것이 민주당이 지지하는 연방준비은행법을 관철할 좋은 기회였다. 1907년의 금융위기로 금융 체제를 개혁해야 한다는 점에는 양당 모두 공감하고 있었다. 민의에 '순응'한다며 은행재벌들이 공화당을 희생시키고 민주당 쪽으로 기우는 것은 당연한 이치였는지도 모른다.

금융재벌들은 대중을 좀더 미혹하고자 내용이 별반 다를 바 없는 두 방안을 따로 내놓고 서로 공격하게 하는 고단수를 썼다. 올드리치 상원의원이 제일 먼저 포문을 열었다. 그는 민주당의 제안이 은행에 대한 적의를 드러낸다고 지적하고, 이는 정부에도 불리하다고 강조했다. 그는 금본위제에 어긋나는 법정화폐 정책은 은행가에 대한 심각한 도전이라고 주장했다.

이에 잡지 〈네이션(Nation)〉은 1913년 10월 23일 이렇게 지적했다. "올드리치 선생이 반대하는 황금 기반이 없는 정부의 법정화폐는 본인이 1908년 제안한 긴급화폐법으로 해결할 일이다. 그는 정부가 사실상 화폐 발행과 전혀 관계가 없으며, 연방준비위원회가 화폐 발행을 전권으로 장악한다는 사실을 알아야 한다."

올드리치의 제안에 대한 민주당의 비난은 국민의 눈을 뜨게 했다. 그들은 올드리치가 수호하는 것은 월가 금융재벌의 이익과 독점적 지위라고 주장했다. 민주당이 제시한 연방준비은행은 이 같은 독점 구조를 타파하기 위한 취지에서 비롯되었으며, 지역이 나뉘고 대통령이 임명하며 의회가 심의하고 은행재벌이 전문가의 의견을 제공하는 상호 제약 및 분권 분립 체제의 완벽한 중앙은행 시스템을 세워야 한다고 주장했다. 금융 사무에 어두운 윌슨은 순진하게도 이 방안을 통해 월가 금융재벌들의 독점적 금융 구조를 깰 수 있으리라고 굳건히 믿었다.

올드리치와 밴더리프, 그리고 월가가 총력을 기울여 반대한 덕분에 민주당이 내세운 연방준비은행법은 오히려 대중에게 호감을 얻었다. 은행재벌들이 겉으로는 반대하는 척하면서 안으로는 적극적으로 추진하는 교란 작전은 어찌나 교묘한지 무릎을 칠 정도였다.

금융재벌들의 꿈이 이루어지다

윌슨이 대통령에 당선됨과 동시에 B프로젝트가 본격적으로 추진되었다.

윌슨이 백악관에 입성한 지 겨우 석 달이 지난 1913년 6월 26일, 버지니아 하원의원인 은행가 카터 글래스(Carter Glass)가 정식으로 B프로젝트를 하원회의에 부쳤다. 이른바 '글래스 제안(Glass Bill)'이었다. 그는 중앙은행 같은 자극적인 용어를 피하면서 연방준비은행이라는 이름으로 대체했다. 9월 18일, 글래스 제안은 대부분 하원의원이 제대로 살펴볼 틈도 없이 표결 결과 287 대 85로 통과되었다.

상원에 제출된 이 제안은 '글래스-오언 제안(Glass-Owen Bill)'으로 이름이 바뀌었다. 상원의원 로버트 L. 오언(Robert L. Owen) 역시 은행가였다. 글래스-오언 제안은 상원에서 12월

▌하원의원, 은행가 글래스

| 상원의원. 은행가 오언

19일 통과되었다. 이때 두 제안에는 아직 손볼 곳이 40여 군데나 남아 있었는데, 상하 양원에서는 크리스마스 1주일 전까지 중요한 법안을 통과시키는 것이 관례였다. 당시 상황으로 미루어 이듬해나 돼야 재토론이 가능했으므로, 이 법안에 반대하는 주요 의원들은 대부분 크리스마스를 보내기 위해 워싱턴을 떠나고 없었다.

이때 의회에 임시 사무실을 차리고 현장에서 직접 지휘하던 파울 바르부르크는 때마침 좋은 기회라고 생각하고 날치기 통과를 계획했다. 그의 사무실에는 한 시간마다 의원들이 찾아와서 다음 계획을 논의했다. 12월 20일 토요일 밤의 연석회의에서 의견이 다른 몇몇 부분을 일치시켰다. 당시 의회에는 아무리 큰 대가를 치르더라도 크리스마스 전에 미연방준비은행 법안을 통과시켜야 한다는 분위기가 팽배해 있었다. 심지어 백악관 측에서도 12월 17일에 이미 초대 연방준비은행 이사의 명단을 고려하고 있다고 발표할 정도였다. 그러나 20일 밤이 되도록 몇 가지 핵심 부분에서는 여전히 견해차를 좁히지 못하고 있었다. 아무래도 12월 22일 월요일에 연방준비은행법을 통과시키기란 불가능해 보였다.

연석회의는 은행가들의 독촉에 일요일인 21일에도 회의를 열기로 하고, 문제를 해결하기 전에는 휴회하지 않을 것을 다짐했다.

20일 한밤중이 되도록 상하 양원은 몇 가지 중요한 문제에서 의견 일치를 보지 못했다. 그중에는 지역은행의 숫자, 황금 준비금의 비율,

국내의 국제 무역 거래 시 화폐 결산, 준비금 수정 제안, 미연방준비은행에서 발행한 화폐가 상업은행의 준비금이 될 수 있는지 여부, 정부 채권의 연방준비은행 화폐 발행 담보물 비율, 인플레이션 문제 등이 포함되어 있었다.[9]

팽팽한 긴장감 가운데 21일 하루를 보낸 이튿날, 22일 월요일 자 〈뉴욕 타임스〉 1면에는 '화폐 제안이 오늘 법으로 제정될 것'이라는 제목의 기사가 실렸다. 이 기사는 의회의 효율을 찬양하는 문구로 가득 차 있었다. "연석회의는 비교도 안 되는 신속한 속도로 양원 제안의 견해차를 좁혔으며, 오늘 새벽에 모든 작업을 마쳤다." 〈뉴욕 타임스〉는 그 시간이 대략 월요일 새벽 1시 30분에서 4시 사이라고 보도했다. 모든 미국인의 하루하루에 지대한 영향을 미칠 중요한 법안은 이렇게 시간에 쫓겨 졸속으로 만들어졌다. 대부분의 의원은 수정한 부분을 제대로 읽어보지도 못했고, 당연히 수정안은 제출할 엄두도 못 냈다.

- 22일 새벽 4시 30분, 마지막 문건을 인쇄하러 보내다.
- 오전 7시 정각, 원고의 마지막 교정을 마치다.
- 오후 2시, 인쇄가 끝난 문건이 의원들의 탁자 위에 놓이고 오후 4시의 회의 개최를 통지하다.
- 오후 4시, 회의가 시작되다.
- 오후 6시 정각, 마지막 연석회의 보고서를 제출하다. 이때 대부분의 의원은 이미 저녁 식사를 위해 자리를 비우고, 회의장에 남은 의원은 몇 명에 불과하다.

- 저녁 7시 30분, 글래스가 20분 정도 연설한 다음 토론으로 들어가다.
- 밤 11시, 표결이 시작되고 298 대 60으로 하원에서 통과되다.

  크리스마스를 이틀 앞둔 23일, 상원에서 표결한 결과 43 대 25(27명 불참)로 '연방준비은행법'이 통과되다. 월가를 의식한 윌슨 대통령이 상원에서 연방준비은행법을 불과 한 시간 만에 통과시키고 정식으로 법안에 서명하다.

그 순간 월가와 시티오브런던은 환호성에 휩싸였다.

이날 찰스 린드버그(Charles Lindbergh) 의원은 하원에서 다음과 같은 연설을 했다.

연방준비은행법은 지구상에서 가장 큰 신용을 부여받았습니다. 대통령이 법안에 서명한 순간부터 금권이라는 이 보이지 않는 정부는 합법화될 것입니다. 국민은 당장에야 잘 모르겠지만, 몇 년이 지난 후 모든 것을 알게 될 것입니다. 그때 국민은 다시 '독립선언'을 해야 금권에서 해방될 수 있다는 사실을 깨달을 것입니다. 이 금권은 최종적으로 의회를 통제할 수 있습니다. 우리 상원의원과 하원의원들이 의회를 속이지 않으면, 월가는 우리를 속일 수 없습니다. 우리가 국민의 의회를 가졌다면 국민은 안정된 생활을 할 수 있을 것입니다. 의회가 저지른 최대의 범죄는 바로 화폐 체제 법안인 연방준비은행법입니다. 이 은행법의 통과는 우리 시대의 가장 악랄한 입법 범죄입니다. 양당의 지도자들이 밀실에서 담합해 국민이 정부로부터 이익을 얻을 기회를 앗아간 것입니다. [10]

그러나 은행가들은 이 법안에 호평으로 일관했다. 아메리칸내셔널은행의 올리버 샌즈(Oliver Sands) 행장은 열정에 넘친 평론을 했다.

> 화폐 법안의 통과는 국가 전체에 유익한 영향을 줄 것이며, 이 법안의 운영은 상업 활동에 유리하게 작용할 것이다. 보편적 번영의 시대가 시작되는 것이다.

연방준비은행 탄생의 일등공신 올드리치 상원의원은 1914년 7월 잡지 〈인디펜던트(Independent)〉와의 인터뷰에서 이렇게 밝혔다.

> 연방준비은행법이 나오기 전에는 뉴욕의 은행가들이 뉴욕 지역의 자금만 장악할 수 있었다. 그러나 이제는 국가 전체의 은행 준비금을 주관할 수 있게 되었다.

국제 금융재벌들이 미국 정부와 100년에 걸쳐 벌인 치열한 힘겨루기는 그들의 목적을 달성하고 미국의 화폐 발행권을 완전히 장악하는 것으로 끝났다. 잉글랜드은행 모델이 미국에서도 성공적으로 복제된 것이다.

연방준비은행의 주인은 누구인가

오랜 세월 연방준비은행의 소유권이 누구에게 있는지는 줄곧 베일에 가려 있었다. 이 문제는 연방준비은행 측도 밝히기를 꺼렸다. 잉글랜드은행과 마찬가지로 미국 연방준비은행도 주주의 상황에 대해서는 엄격한 비밀을 유지했다. 하원의원 라이트 패트먼(Wright Patman)은 하원의 은행 및 통화위원회 위원장을 40년이나 맡아왔다. 그중 20년 동안 그는 연방준비은행의 해체를 계속적으로 요구하면서, 연방준비은행의 소유자가 도대체 누구인지 알아보려고 노력했다.

마침내 비밀이 밝혀졌다. 《미연방준비은행의 비밀》이라는 책의 작가 유스터스 멀린스가 거의 반세기에 걸친 연구 끝에 연방준비은행 최초의 기업영업허가증을 찾아냈다. 여기에는 12개 연방준비은행 지역은행의 지분 구성이 확실하게 기록되어 있었다.

연방준비은행 시스템을 실질적으로 관장하는 것은 연방준비은행 뉴욕은행이다. 이 은행이 1914년 5월 19일 통화감사원에 보고한 문건에 적혀 있는 주식 지분 총 발행 수량은 20만 3,053주로서, 구체적으로 살펴보면 다음과 같다.

- 록펠러와 쿤롭사의 뉴욕 내셔널시티은행이 3만 주로 가장 많은 지분 보유
- J. P. 모건의 퍼스트내셔널은행이 1만 5,000주 보유

1955년 이들 두 은행의 합병으로 씨티은행이 탄생함으로써 연방

준비은행 뉴욕은행의 지분이 전체의 거의 4분의 1에 달하게 되고, 그 후로 사실상 연방준비은행의 총재 후보 결정권을 갖게 되었다. 미국 대통령의 임명 절차 청문회는 그저 요식행위에 불과했다.

- 파울 바르부르크의 뉴욕 내셔널 상업은행이 2만 1,000주 보유
- 로스차일드 가문이 이사로 있는 하노버은행이 1만 200주 보유
- 체이스은행이 6,000주 보유
- 케미컬은행이 6,000주 보유

이상 6개 은행이 40%의 연방준비은행 뉴욕은행 주식을 보유했다. 1983년 이들의 지분은 53%로 늘어났다. 이들 각자의 지분은 조정을 거쳐 씨티은행 15%, 체이스맨해튼 14%, 모건신탁 9%, 하노버 7%, 케미컬 8%로 확정되었다.[11]

연방준비은행 뉴욕은행의 등록 자본금은 1억 4,300만 달러인데, 이들 은행이 그중 얼마나 출자했는지는 여전히 수수께끼로 남아 있다. 절반만 현금으로 출자했다고 주장하는 역사학자가 있는가 하면, 아예 한 푼도 안 내놓고 수표로만 지급했다고 주장하는 학자들도 있다. 주주들이 보유한 연방준비은행 계좌에는 몇 개의 숫자 변동만 있을 뿐이다. 연방준비은행의 운영은 '종이를 담보로 종이를 발행'하는 식이다. 오죽했으면 역사학자들 사이에서 연방준비은행은 '연방'이 아니고 '지급준비금'도 없으며 '은행'은 더더욱 아니라는 풍자가 나왔겠는가!

1978년 6월 15일, 상원 정부사무위원회(Government Affairs)는 미국 주

요 기업의 상호 이해관계에 대한 보고서를 발표했다. 이 보고서에 따르면, 앞서 소개한 은행들이 130개 주요 기업 내에 470개의 이사 직을 차지하고 있으며, 주요 회사별로는 평균 3.6명의 이사가 은행가들로 채워졌다고 한다.

그중 씨티은행이 97석의 이사 직을 차지했으며, JP모건이 99석, 케미컬은행이 96석, 체이스맨해튼은행이 89석, 하노버은행이 89석이었다.

1914년 9월 3일, 연방준비은행이 지분을 판매할 때 〈뉴욕 타임스〉가 주요 은행의 지분 구성을 발표했다.

- 뉴욕 내셔널시티은행이 25만 주를 발행했으며 제임스 스틸먼 4만 7,498주, JP모건사 1만 4,500주, 윌리엄 록펠러 1만 주, 존 록펠러 1,750주
- 뉴욕 내셔널 상업은행이 25만 주를 발행했으며 조지 베이커 1만 주, JP모건사 7,800주, 메리 해리먼(Mary Harriman) 5,650주, 파울 바르부르크 3,000주, 야코프 시프 1,000주, J. P. 모건의 아들 1,000주
- 체이스은행, 조지 베이커 1만 3,408주
- 하노버은행, 제임스 스틸먼 4,000주, 윌리엄 록펠러 1,540주

연방준비은행이 설립된 1914년 이래 은행가들에 의해 미국 금융과 상공업계 및 정치적 운명이 조종되어 왔다는 사실이 여실히 드러난 셈이다. 과거에도 그러했고, 현재도 여전히 진행 중이다. 월가의

┃ 워싱턴에 위치한 연방준비은행 빌딩

은행 금융재벌들과 시티오브런던의 로스차일드 가는 밀접한 관계를
유지하고 있다.

　뱅커스트러스트(Bankers Trust)의 벤저민 스트롱 총재가 초대 연방준
비은행 뉴욕은행 이사로 선출되었다. "벤저민 스트롱의 통제 아래 연
방준비위원회는 잉글랜드은행 및 프랑스은행과 겸임 관계가 성립되
었다. 벤저민 스트롱은 뉴욕 미연방준비은행 이사로 재임 중이던
1928년 갑자기 사망했다. 당시 의회는 연방준비은행의 이사와 유럽
중앙은행의 거두들 간에 열린 비밀회의를 조사하던 중이었다. 이 비
밀회의가 1929년 경제대공황을 가져온다."12

연방준비은행 초대 이사회

훗날 윌슨은 자신이 연방준비은행 이사 가운데 단 한 명만 지명할 수 있었고 나머지는 모두 뉴욕의 은행가들이 선출했다는 사실을 인정했다. 파울 바르부르크가 이사로 임명되는 과정에서, 상원은 그에게 1914년 6월 의회에 출석해 연방준비은행의 기획 과정에 대해 답변할 것을 요구했다. 그러나 파울은 이를 거절했다. 그는 의회에 보낸 서한을 통해, 자신이 질문에 답하면 연방준비은행이사회의 역할에 영향이 미칠 것이라고 주장했다. 그래서 미연방준비은행 이사를 그만두는 한이 있더라도 질문에 답할 수 없다는 것이다. 〈뉴욕 타임스〉는 즉각 파울의 입장을 변호하고 나섰다. 1914년 7월 10일 자 보도에서, 상원이 불필요한 트집을 잡아 파울을 심문하려 한다고 비판했다.

파울은 당연히 연방준비은행 시스템의 핵심 인물이었다. 당시 그를 제외하면 연방준비은행이 어떻게 운영될지에 대해 아는 사람이 없었다. 그의 강경한 태도 앞에 의회는 어쩔 수 없이 한발 양보해서 모든 문제의 리스트를 사전에 제시하고, 만약 파울의 입장에서 '그의 역할에 영향을 줄 것'이라고 판단되는 문제라면 대답하지 않아도 된다는 견해를 전했다. 결국에는 파울도 억지로 답변에 응했다. 단, 비공개 회의를 전제로 했다.

위원회: 나는 당신이 공화당 소속임을 안다. 그런데 루스벨트 대통령이 대선에 참가할 때 당신은 민주당 윌슨을 지지했다. 그게 사실인가?

파울: 그렇다.

위원회: 그러나 당신의 동생 펠릭스 바르부르크는 공화당 소속 태프트를 지지하지 않았는가?

파울: 맞다.[13]

재미있는 사실은 쿤롭의 사장 세 명이 각각 다른 대통령 후보를 지지했다는 것이다. 그중 오토 칸은 루스벨트를 지지했다. 파울의 설명에 따르면, 그들 세 사람은 '금융과 정치는 무관'하기 때문에 상대의 정치적 이념에 간섭하지 않았다고 한다. 파울은 순조롭게 의회의 청문회를 통과하고 연방준비은행 초대 이사가 되었으며, 나중에는 부총재의 자리에 올랐다.

파울을 제외한 이사 네 명의 명단은 다음과 같다.

- 아돌프 밀러(Adolph Miller) — 경제학자, 록펠러가 후원하는 시카고 대학과 모건이 후원하는 하버드 대학 출신
- 찰스 햄린(Charles Hamlin) — 재무부 차관 역임
- 프레더릭 델러노(Frederick Delano) — 루스벨트의 친척, 철도 은행가
- 하딩(W. P. G. Harding) — 애틀랜타 퍼스트내셔널은행 총재

윌슨 대통령이 지명한 토머스 존스(Thomas Jones)는 미국 사법부에 기소 중이며, 스스로 이사회 지명자 명단에서 물러났다. 나머지 이사 두 명은 재무장관과 통화감사원장이었다.

베일에 싸인 연방자문위원회

연방자문위원회는 파울 바르부르크가 회심의 역작으로 설계한 비밀 원격제어 장치로서, 연방준비은행이사회를 조율하는 작용을 한다. 미 연방준비은행이 90년 넘게 운영되는 동안 연방자문위원회는 파울의 당시 구상을 훌륭하게 수행했다. 이 기관의 존재와 돌아가는 내막을 아는 사람은 거의 없으며, 이에 관한 연구 문헌도 쉽게 찾아볼 수 없다.

1913년, 글래스 의원이 하원에서 연방자문위원회의 개념을 본격적으로 홍보했다. "여기에는 어떤 사악한 요소도 없습니다. 해마다 네 차례에 걸쳐 이사회와 은행가들의 자문위원회를 열게 되는데, 모든 구성원은 자신이 소재한 연방 지역을 대표합니다. 대중의 이익을 이보다 더 잘 보호하는 기구가 어디 있겠습니까?" 글래스 의원 자신이 은행가였지만, 은행가들이 미국 역사상 대중의 이익을 보호한 적이 한 번이라도 있었는지는 설명하지 못했다.

연방자문위원회는 12개 지역은행의 대표 한 명씩으로 구성되며, 매년 워싱턴에서 연방준비은행이사회의 구성원들과 네 차례 회담을 가졌다. 은행가들은 연방준비은행 이사들에게 각종 통화 정책에 관한 '건의'를 하며, 출신 지역의 경제적 이익을 대표하는 은행가들은 각자 투표권을 가지고 있었다. 이론적으로는 아무 문제가 없어 보였다. 그러나 금융계의 잔혹하고 치열한 현실에서 이러한 이론은 전혀 쓸모가 없었다.

신시내티 같은 작은 지역의 일개 은행가가 파울 바르부르크나 모건 등의 국제 금융 거두와 한자리에서 회의를 하고 이들에게 통화 정책을 '건의'한다는 자체가 상상도 할 수 없는 일이었다. 그들은 언제라도 주머니에서 수표 한 장을 꺼내 서명만 하면 작은 은행쯤이야 그자리에서 문을 닫게 할 수 있는 사람들이었다. 실제로도 12개 연방준비은행 지역은행 중 어떤 중소은행의 생존은 완전히 월가의 5대 은행 거두의 손아귀에 들어 있었다. 이들 5대 거두는 그동안 해오던 유럽 은행과의 대규모 거래를 각 지역에 있는 자신의 '위성은행'에서 처리하도록 했고, 이들 위성은행은 높은 수익이 보장되는 일거리를 얻고자 그들의 움직임에 더 촉각을 곤두세우고 있었다. 게다가 이들 5대 은행이 중소은행의 지분을 보유하고 있었다. 이런 마당에 '각 지역의 이익을 대표하는' 중소 은행가들이 5대 은행의 거물들과 한자리에 앉아 미국 통화 정책을 논한다면, 그 결과야 불 보듯 뻔한 일 아니겠는가.

연방자문위원회의 '건의'가 연방준비은행 이사들의 정책 결정에 강력한 구속력을 발휘한 것은 아니지만, 월가의 5대 거두는 매년 네 차례 거르지 않고 워싱턴으로 달려가 회의에 참석했다. 물론 이 같은 그들의 행보가 연방준비은행의 이사 몇 명과 모여 앉아 커피나 마시기 위함은 아니었다. 무엇보다 모건은 무려 63개 회사의 이사를 겸한 슈퍼급 인물이라는 점을 잊어서는 안 된다. 그들의 '건의'가 전혀 받아들여지지 않는데도 그렇게 바쁜 가운데 시간을 내는 것은 뭔가 수상쩍다.

진상은 어디에

절대 다수의 미국인은 국제 금융재벌이 대출을 해주는 구체적 방식을
알지 못한다. 연방준비은행의 계좌는 단 한 번도 감사를 받은 적이 없
다. 그 계좌는 완전히 의회의 통제권 밖에서 움직이며, 미국의 신용공
급을 조정하고 있다.

_ 배리 골드워터(Barry Goldwater), 상원의원

높은 가격을 매기려면, 연방준비은행은 금리를 인하해 신용을 확대하
고 활황 증시를 만들기만 하면 된다. 상공업자들이 그런 식의 금리 환
경에 익숙해진 다음에는 연방준비은행이 제멋대로 금리를 인상해 활
황을 멈추게 할 것이다.

연방준비은행과 이를 소유한 은행가들은 가벼운 금리 조작을 통해 왔
다 갔다 하는 시계추처럼 시장가격이 조금씩 기복을 보이게 할 수 있
으며, 금리 변동을 크게 함으로써 시장 가격 파동을 가져올 수도 있다.
모든 상황에서 그들은 금융 상황의 내부 정보를 확보했기 때문에 장차
일어날 변화를 사전에 다 파악하고 있었다.

어떤 정부도 이런 특권을 준 적이 없었다. 소수 특권 계층만 갖는 가장
기이하고도 위험한 시장 정보의 선점이었다.

이 시스템은 민간 소유이며, 출범의 목적은 다른 사람의 돈을 이용해
최대의 이윤을 얻는 데 있다.

그들은 언제 경제공황을 촉발해야 자신들에게 가장 유리할지 잘 알고

있었다. 마찬가지로 언제 경제위기를 끝내야 하는지도 알고 있었다. 금융을 장악한 상황에서 인플레이션과 디플레이션은 그들의 목적을 실현하는 데 최고의 효과를 가져다주었다.

_ 찰스 린드버그, 하원의원

유통되는 연방준비은행권 1달러는 연방준비은행에 1달러의 빚을 지고 있음을 상징한다.

_ 〈통화보고서〉, 은행 및 통화위원회

연방준비은행 지역은행은 정부기관이 아니라 독립된 민간 소유이며, 지방이 통제하는 회사다.

_ 루이스(Lewis)가 미국 정부를 상대로 한 소송 건의 제9순회법정의 판결 사례, 1982년

연방준비은행은 세계에서 가장 부패한 기관이다. 내가 들어본 의회연설 중에서 우리 국가가 사실상 국제 금융재벌들에 의해 통치된다는 사실을 모르는 사람은 없었다.
연방준비은행이 미국 정부의 기관인 줄 알고 있는 사람들도 있다. 그러나 이곳은 정부기관이 아니라, 민간 신용대출 독점기관이다. 연방준비은행은 자신과 외국 사기꾼의 이익을 위해 미국 국민을 착취하고 있다.

_ 맥패든(McFadden), 하원의원

당신이나 나나 수표를 쓰기 위해서는 계좌에 수표 지급을 위한 충분한 금액이 있어야 한다. 그러나 연방준비은행이 수표를 쓸 때는 계좌에 돈이 전혀 없다. 그들이 수표를 쓸 때는 화폐를 발행한다.

_ 보스턴 연방준비은행

1913~1949년에 연방준비은행의 자산은 1억 4,300만 달러에서 450억 달러로 폭증했다. 이 돈은 연방준비은행 주주들의 지갑으로 흘러들어 갔다.

_ 유스터스 멀린스

많은 대통령이 금권의 위협에 대해 되풀이해서 경고했으며, 이렇게 많은 의회 기록과 법률 사례들이 연방준비은행이 민간 소유임을 명백히 증명하고 있다. 그러나 미국인을 비롯한 전 세계인들 가운데 이 사실을 아는 사람은 얼마나 될까? 이것이 문제의 심각성을 보여준다. 우리는 '자유와 공정'을 표방하는 서방의 권위 있는 언론에서 진상을 보도해 주었다고 믿었다. 그런데 그 진상이라는 것이 이미 고의로 '여과'된 후의 내용이란다. 그러면 미국의 교과서는 어떨까? 현실을 들여다보니 국제 금융재벌들의 이름이 붙은 각종 기금회들이 미국의 차세대를 위해 '내용이 건전한' 교과서를 선정하고 있었다.

월슨 대통령은 세상을 뜨기 전에 자신이 연방준비은행 문제에서 '사기'를 당했다고 털어놓았다. 가책을 느낀 그는 "나는 무의식중에 내 나라를 망쳤다"라고 고백했다.

1914년 10월 25일, 연방준비은행이 정식으로 출범할 때 제1차 세계대전이 발발했다. 이 또한 절묘한 타이밍이 아닐 수 없다. 연방준비은행의 주주들에게는 또 한 번 큰돈을 벌 수 있는 절호의 기회였다.

제4장

제1차 세계대전과
경제대공황

우리 공화국의 진정한 위협은 보이지 않는 그림자 정부다. 그것은 한 마리의 거대한 문어처럼 끈적거리는 무수한 촉수로 우리의 도시와 주, 국가를 단단히 휘감고 있다. 이 거대한 문어의 머리는 록펠러의 스탠더드오일 그룹 및 국제 금융재벌들과 결탁한 금융의 거두들이다. 그들은 사실상 미국 정부를 조종해 자신들의 사리사욕을 채우고 있다.

통화 공급량을 장악함으로써 정부를 통제하면 국민의 재물과 자원을 수탈하는 것이 더욱 쉬워진다. 금융재벌이 이 나라에서 탄생하던 초기에 그렇게도 모든 권력(우리의 '지도자'를 손바닥에 놓고 조종했음)과 재산(미연방준비은행의 화폐 발행을 통해 사회의 재화를 긁어모았음)에 집중하면서 열을 올린 이유가 여기에 있다.

국제 금융재벌들과 록펠러의 스탠더드오일 그룹은 이 나라의 신문과 잡지 대부분을 통제했다. 그들은 신문의 전문 칼럼을 이용해 정부 관리들을 비난했으며, 자기들의 입맛에 안 맞는 관리는 여론으로 압박해 정부에서 쫓아냈다.

은행가는 사실상 공화당과 민주당을 통제하고, 양당의 정치 강령을 작성하며, 정치 지도자를 통제했다. 사유 기업의 리더를 임용하고, 갖은 수단으로 정부 고위층을 자기들의 부패한 장사에 동원했다.[1]

_ 존 하일란(John Hylan), 뉴욕 시장, 1927년

전쟁을 하려면 돈이 필요하고, 규모가 큰 전쟁일수록 더 많은 돈이 들어가는 것은 당연하다. 문제는 누가 누구의 돈을 쓰는가 하는 것이다. 화폐 발행 권한이 없는 유럽과 미국 정부는 은행가에게 돈을 빌릴 수밖에 없다. 전쟁은 물자의 소모 속도를 가속화한다. 또한 전쟁 당사국은 무슨 짓을 해서라도 버텨내야 한다. 전쟁으로 모든 대가를 치른 정부는 조건을 따질 틈도 없이 은행재벌에 융자를 신청한다. 그래서 전쟁은 은행재벌이 가장 좋아하는 호재다. 그들은 전쟁을 책동하고 부추기며, 전쟁에 자금을 지원한다. 국제 금융재벌들의 호화로운 건물은 무수한 주검과 폐허 위에 지어진 것이다.

국제 금융재벌이 큰돈을 벌 수 있는 수단의 하나로 경제 불황의 조작이 있다. 그들은 먼저 신용대출을 확대함으로써 경제적 거품을 조장하고, 사람들로 하여금 투기에 집중하게 한다. 그런 다음 통화량을 갑자기 줄여 경제 불황과 재산 가치의 폭락을 유도한다. 그리고 우량 자산의 가격이 정상가의 10분의 1, 심지어 100분의 1까지 폭락하기를 기다렸다 갑자기 나서서 말도 안 되는 싼 가격에 사들이는 것이다. 이를 가리켜 국제 금융재벌들끼리 통하는 전문 용어로 '양털 깎기fleecing of the flock'라고 한다. 사유 중앙은행이 설립된 이후 양털 깎기는 규모 면에서 사상 최고에 달했다. 가장 최근의 양털 깎기 행위는 1997년에 아시아의 '네 마리 작은 용'을 상대로 일어났다.

미연방준비은행이 없었다면
제1차 세계대전은 일어나지 않았다

헨리 키신저는 유명한 저서 《외교》에서, 제1차 세계 대전의 발발에 대해 인상적인 논평을 했다. "제1차 세계대전에서 놀랄 만한 사실은 그전의 다른 위기에 비해 하찮은 사건에서 비롯되었다는 점이 아니라, 전쟁의 불씨를 그토록 오래 끈 후에야 비로소 발발했다는 점이다."[2]

헨리 키신저
(Henry Kissinger)
독일 출신의 정치가로, 하버드 대학 교수와 국무장관을 역임하며 노벨평화상을 수상했다.

　1914년 6월 28일, 유럽 정통 왕실 합스부르크 왕조의 왕자 페르디난트 대공이 1908년 오스트리아에 합병된 보스니아로 시찰을 나갔다가 세르비아의 젊은 자객에게 피살당하는 사건이 일어났다. 사건은 단순히 테러 조직이 감행한 보복 행위의 성격을 띠었다. 당시만 해도 이 사건이 30개 국가 15억 인구가 얽혀 3,000만 명 이상의 사상자를 낸 제1차 세계대전의 도화선이 될 줄은 아무도 몰랐다.

프로이센프랑스전쟁 이래 프랑스와 독일은 적대국이 되었다. 영국이 할 수 없이 '영광스럽게 고립'된 유럽 대륙 정책의 방향을 수정하려 할 때, 독일은 강하고 프랑스가 약한 상태였다. 이미 유럽 제일의 강대국으로 성장한 독일은 손쓰지 않을 경우 장차 영국의 골칫거리가 될 것이 뻔했다. 그래서 영국은 독일을 두려워하지 않는 러시아를 끌어들여 프랑스와 '3국협상'을 맺었고, 이에 독일이 오스트리아와 동맹을 맺음으로써 유럽의 양대 세력이 형성되었다.

양대 진영은 군대를 확충하며 전쟁 준비에 들어갔다. 대규모의 상비군을 유지해야 하는 각국 정부는 채무 부담에 시달릴 수밖에 없었다. "상세한 유럽 공공 채무 수입 보고서에 따르면, 각종 채권의 이자와 원금 상환에 매년 53억 4,300만 달러가 들었다고 한다. 유럽 각국의 금융은 막대한 채무의 늪에 빠져 있었다. 정부는 비록 전쟁의 위험이 크다 해도 이토록 불안정하고 비싼 값을 치르는 평화에 비한다면 전쟁이 오히려 고려해 볼 만한 선택이 아닐까 하는 의문을 갖지 않을 수 없었다. 만약 유럽의 군사 준비가 전쟁으로 끝나지 않았다면, 결국에는 각국 정부의 파산으로 필연적인 종말을 고했을 것이다."[3]

1887~1914년 이토록 불안정한 평화가 억지로 유지되었다. 고도의 무장으로 이미 파산 지경에 이른 유럽의 각국 정부는 여전히 눈을 부릅뜬 채 상대를 경계하고 있었다. "대포 한 방에 황금이 만 냥"이라는 속담이 있다. 로스차일드 가문이 설립한 유럽 은행 체계는 서로 대치하고 있는 당사국 각각에게 대출을 제공하면서 군사적 대립을 힘껏 부추겼다.

전쟁은 사실 돈 싸움이다. 1914년, 유럽의 주요 국가들은 이미 대규모 전쟁을 치를 능력이 없음이 여실히 드러났다. 그들은 방대한 상비군과 군사 동원 체제, 현대화된 무기를 보유하고 있었다. 하지만 경제적으로는 거액의 전쟁 비용을 감당할 여력이 없었다. 이러한 상황을 간파한 러시아 추밀원 대신이 1914년 2월 황제에게 다음과 같이 진언했다. "작전 경비는 러시아의 경비 부담 능력을 넘어설 것이 확실합니다. 우리는

추밀원(樞密院)
군주의 최고 자문기관.

동맹국과 중립국에서 대출을 받을 수밖에 없으나, 그에 따른 대가를 톡톡히 치러야 할 것입니다. 만약 전쟁에 패할 경우 그 경제적 부담은 상상할 수도 없습니다. 나라 전체의 경제가 온통 도탄에 빠질 것입니다. 설사 전쟁에서 이긴다 해도 우리 재정에는 극도로 불리합니다. 완전히 박살이 난 독일은 우리나라의 군비를 배상해 줄 능력이 없을 테니까요. 평화조약도 영국의 이익에 제약을 받아 독일 경제가 우리 채무를 갚을 정도로 충분히 회복할 기회를 주지 않을 것입니다. 심지어 전쟁이 끝나고도 채무 변제는 오랫동안 불가능할 것입니다."[4]

이 같은 상황에서 대규모 전쟁은 감히 상상할 수도 없었다. 설사 전쟁이 일어나도 짧은 시간 동안 벌어지는 국지전이 될 것이라고 예상되었다. 10개월 정도 지속된 1870년의 프로이센프랑스전쟁과 비슷한 양상일 가능성이 컸다. 하지만 그렇게 되면 유럽의 대립 국면을 다소 완화할 수 있을지언정 완전히 없앨 수는 없었다. 그리하여 개전 시간은 비싼 경비와 불안정한 평화 가운데 계속 미뤄졌고, 이러한 국면은 미연방준비은행 설립 때까지 지속되었다.

태평양 저쪽의 미국은 당시 세계 제일의 공업 강국으로, 공업 생산

능력이 방대하고 자원이 풍부했다. 그러나 1913년 이전까지만 해도 여전히 외채에 의존했으므로 다른 나라에 대출을 해줄 여력은 없었다. 그 이유는 중앙은행이 없는 가운데 뉴욕의 은행가들이 전국의 금융 자원을 집중적으로 관리하기 어려웠기 때문이다. 그러나 은행가의 천성을 숨길 수 없던 그들이 대규모 전쟁에 대해 큰 흥미를 보였다. 전쟁은 의심의 여지없이 은행가들에게 풍성한 이윤을 창출해 줄 것이다. 연방준비은행 법안이 통과된 후 국제 금융재벌들은 즉시 행동에 나섰다. 1914년 8월 3일, 로스차일드는 프랑스에 있는 은행에서 모건에게 전보를 보내 즉시 1억 달러의 신용대출금을 만들어 프랑스에서 미국의 물자를 구입하는 데 쓸 수 있게 해달라고 부탁했다. 윌슨은 즉각 반대를 표했으며, 국무장관 윌리엄 제닝스 브라이언은 이 대출을 가리켜 '가장 악랄한 불법 거래'라고 비난했다.

독일과 미국은 정치와 경제에서 한 번도 나쁘게 얽힌 적이 없었다. 당시 미국에는 전체 인구의 10%에 달하는 800만 명의 독일 이민자가 살고 있었다. 미국 건국 초기에는 독일어가 미국의 공용어로 채택될 뻔했을 정도로 독일인 이민자들은 미국에서 적잖은 정치적 영향력을 발휘하고 있었다. 또한 미국의 아일랜드 출신 이민자들은 영국에 악감정을 가지고 있는 데다, 미국 정부가 영국과 몇 차례 교전한 적도 있었다. 그러므로 전쟁 초기에 미국 정부는 영국 및 프랑스와 독일 사이에 벌어지는 전쟁에 대해 관망하는 태도를 보였다. 뜨거운 가마솥 위의 개미들처럼 바쁘게 설치는 은행가들과 달리 미국 정부는 냉정하고 느긋하기만 했다. 은행가들은 독일을 상대로 전쟁을 하자고 야단인데, 정부는 오히려 반전을 부르짖으며 중립을 고수하는 양상이었다.

안 되겠다 싶었던지 은행가들은 고육지책을 내놓았다. 협상국에 채권을 발행해 대출을 해주는 행위와 협상국에 신용대출로 미국 물자를 사들이도록 하는 행위는 엄연히 다르므로, 후자를 선택하면 된다는 것이다. 은행재벌들의 협박에 윌슨은 하는 수 없이 그들의 말에 따랐다. 연임을 결정하는 선거철이 다가오는 상황에서, 참전 문제에 대한 윌슨의 입장은 은행가들 쪽으로 점점 기울어졌다.

1913년 12월 23일, 연방준비은행 법안이 통과되었다. 세계대전을 치를 조건이 마침내 갖춰진 것이다. 키신저 박사의 표현대로 오랫동안 끌어오던 전쟁 기계가 마침내 작동을 시작했다.

1914년 11월 16일, 연방준비은행이 정식으로 출범했다. 그리고 12월 16일, 모건의 오른팔 데이비슨이 영국에 도착해서 당시 영국 총리 허버트 H. 애스퀴스와 미국의 신용대출 건에 대해 상담했다. 1915년 1월 15일, 모건은행과 영국은 신용대출을 협의했다. 그 액수는 1,000만 파운드였다. 당시 미국으로서는 이것만 해도 상당한 액수였다. 그런데 최종 대출 금액은 놀랍게도 30억 달러였다. 모건은행은 1%의 수수료를 받아 3,000만 달러를 챙겼다. 모건은 전쟁에서 큰 수익을 창출한 것이다. 같은 해 봄, 모건은 프랑스 정부와도 신용대출 협의를 체결했다.

1915년 9월, 월가가 세계 금융의 중심이 될 수 있을지 시험하는 시기가 도래했다. 5억 달러의 앵글로-프렌치 론(Anglo-French Loan)이 정식으로 서막을 연 것이다. 처음에 이 대출을 반대하던 윌슨 대통령은 은행가들과 내각의 협공을 이겨낼 수가 없었다. 신임 국무장관 로버트 랜싱도 그에게 경고했다. "대출이 없으면 결과적으로 생산에 제약을 받고, 공업이 쇠퇴하며, 자본과 노동력이 남아돌게 됩니다. 대규모 파산과 재정의 위기로 민심이 들끓고 불만이 속출할 것입니다."[5]

이 말을 들은 윌슨은 온몸에 식은땀이 났고, 결국 다시 양보할 수밖에 없었다. 파격적인 규모의 채권 발매를 앞두고 월가의 은행들은 모든 시스템을 완전 가동했다. 61개의 채권 위탁 판매상과 1,570개의 금융기관이 발매 업무에 동참했다.[6] 이 작업은 상당히 힘든 임무였는데, 특히 미국 중서부에 채권을 파는 것은 더 어려운 일이었다. 미국인들은 자신들이 유럽의 전쟁과 아무 상관도 없다고 생각했다. 자기 돈을 유럽의 전쟁에 투자하는 것은 더더욱 원치 않았다. 은행가들은 대중의 의혹을 불식시키고자 이 돈이 미국에 남아 있을 것이라고 대대적으로 선전을 했다. 온갖 방법을 다 써봐도 소용이 없었으며, 중서부에서 월가의 진영에 가담한 은행은 시카고의 단 한 곳뿐이었다. 이러한 행위는 곧 독일 출신 은행 고객들의 분노를 촉발했고, 그들은 은행에 보이콧 운동을 벌였다. 하지만 1915년 말까지 팔린 채권은 고작 1억 8,700만 달러였다.

전쟁이 절정에 이르자 더 많은 돈이 필요했다. 영국 정부는 자국민이 소유한 미국 채권의 이자 수입에도 세금을 매겼다. 그러자 영국인들은 즉시 싼 값에 채권들을 팔아치웠고, 잉글랜드은행에는 미국 채권이 순식간에 잔뜩 쌓였다. 영국 정부는 그들의 미국 측 대리인 JP 모건에 이 미국 채권들을 월가에서 제 가격에 팔도록 했다. 미국 투자자들은 자국의 채권에 대한 선호도가 자연히 높았으므로, 30억 달러에 달하는 채권은 순식간에 현금화되었다. 영국은 이로써 충분한 전쟁 자금을 또 한 번 확보했다. 그러나 영국이 100년 넘도록 미국에 대해 누려온 채권자의 위치는 하루아침에 뒤바뀌고, 이때부터 영국과 미국의 채권 관계는 근본적인 변화를 맞게 된다.

미국이 내준 신용대출은 마치 기름에 불을 부은 듯한 효과를 불러왔다. 전쟁은 본격적으로 확산되었고, 전쟁의 참상은 더욱 심화되었다. 마른강(Marne River)에서 벌어진 전투에서만 협상국은 하루에 20만 발의 포탄을 사용했다. 인류는 이 전쟁을 통해 현대화된 공업 생산과 잘 갖춰진 후방 지원 시스템이 있고, 여기에 현대화된 금융 수단이 받쳐줄 경우 전쟁이 얼마나 참혹한 결과를 불러오며 얼마나 오래도록 유지되는지 마침내 깨달았다.

전쟁은 물자의 소모 속도를 극도로 빠르게 한다. 또한 전쟁 당사국은 무슨 짓을 해서라도 버텨내야 한다. 전쟁으로 모든 대가를 치른 정부는 조건을 따질 틈도 없이 은행가들에게 융자를 신청한다. 그래서 전쟁은 은행재벌이 가장 좋아하는 호재다.

벤저민 스트롱의 조종을 받는
전시의 연방준비은행

벤저민 스트롱이 주목을 받기 시작한 것은 1904년 뱅커스트러스트의 총재가 되면서부터다. 당시 모건의 심복 데이비슨은 점차 떠오르는 투신사에 위협을 느꼈다. 이들 투신사의 업무 범위는 상업은행보다 훨씬 광범위하고 정부의 규제도 적었다. 따라서 수익도 훨씬 높았다. 이러한 새 경쟁사에 맞서고자 데이비슨은 모건의 위임을 받아 1903년에 신탁회사들을 사들이기 시작했다. 이제 스트롱은 데이비슨의 집사였다. 그 후 1907년 금융위기 때 뱅커스트러스트는 다른 금융기관의 구제 행동에 동참했으며, 스트롱은 그 과정에서 더 유명해졌다.

1913년에 데이비슨과 파울 바르부르크는 스트롱을 찾아가 연방준비은행이 출범하면 연방준비은행 뉴욕은행 이사라는 중요한 직책을 맡아달라고 했다. 스트롱은 시원스럽게 이를 수락했다. 이때부터 스트롱은 미연방준비은행 시스템의 실질적 수뇌가 되었다. 모건, 파울, 시프 등 월가 거물들의 의도는 미연방준비은행에 완전한 집행력을 부여하는 것이었다.

스트롱은 새로운 직책에 금방 적응했다. 그는 비공식적인 미연방준비은행 이사 포럼을 조직해 정기적으로 만나면서 전쟁 시기에 연방준비은행의 행동 준칙을 논의했다. 그는 매우 교묘한 수법으로 연방준비은행의 통화 정책을 조정했으며, 12개 연방준비은행 지역은행에 분산되어 있던 권력을 연방준비은행 뉴욕은행으로 집중시켰다. 표면적으로 연방준비은행 시스템은 12개 지역은행이 각 지역의 실질적 수요에 따라 각자의 어음 할인율과 상업어음 담보 정책을 정할 수 있도록 되어 있다. 즉 지역의 연방준비은행 이사가 어떤 상업어음을 담보로 어떤 어음 할인율을 쓸지 결정할 수 있었다. 1917까지 최소한 13종류의 각종 상업어음 담보 준칙이 마련되었다.[7]

그러나 전쟁으로 말미암아 미연방준비은행 뉴욕은행은 사실상 빠르게 증가하는 국채만 담보어음으로 잡을 수밖에 없는 실정이었다.

국채의 수량이 다른 상업어음의 합계보다 훨씬 많은 데다 빠르게 증가함으로써 다른 지역은행의 어음 담보 정책은 곧 소용이 없게 될 터였다. 스트롱은 '공개시장 조작'을 통해 국채를 유일한 담보어음으로 확정해서 연방준비은행 시스템 전체를 통제하고자 했다.

유럽 전쟁에 대규모 자금을 지원하기 위한 채권 발매로 미국의 통화 유통량은 급감하고, 중앙은행의 위력이 드러나기 시작했다. 미국 정부는 국채를 대량으로 늘리기 시작했고, 연방준비은행도 놀라운 규모로 이를 사들이기 시작했다. 거액의 연방준비은행권은 봇물 터지듯 유통 영역으로 쏟아져 들어가 유럽 전쟁 채권으로 초래된 통화 긴축 국면을 완화했다. 그 대가로 미국 국채 가격은 수직으로 상승했으며, 연방준비은행이 전력 질주하던 4년(1916~1920년) 동안 10억 달러에서 무려 25배가 오른 250억 달러를 기록했다.[8] 모든 국채는 미국 국민의 미래 납세를 담보로 했으므로 전쟁을 통해 국민의 힘과 피땀 어린 돈이 은행가들에게 막대한 돈을 벌게 해준 꼴이었다.

'민주와 도덕 원칙을 위해' 전쟁에 뛰어들다

터키 주재 독일 대사가 미국 대사에게 미국이 독일과 전쟁을 해야 하는 이유를 묻자, "우리 미국인은 도덕적 원칙 때문에 전쟁에 뛰어든 겁니다"라고 말했다. 아무리 생각해도 이해가 안 가는 대답이다. 키신저 박사는 우리에게 다음과 같은 설명을 들려준다. "미국은 개국 이래 줄곧 자신들은 뭔가 다르다는 자만에 빠져 있었다. 외교에서도 두

가지 모순된 태도를 보였다. 하나는 국내에서 민주 이념을 더욱 완벽하게 다지는 것이고, 다른 하나는 미국의 가치관으로 미국인 스스로 전 세계에 이런 가치관을 심어주어야 한다고 느끼는 것이다."[9]

미국이 걸어온 길도 확실히 다르다. 미국의 민주적 가치관은 세상 사람들에게 칭송을 받고 있다. 그러나 미국이 제1차 세계대전에 참가한 이유가 단지 도덕과 이상 때문이라고 고집한다면, 키신저 박사의 말도 뭔가 석연치 않다.

1917년 3월 5일, 영국 주재 미국 대사 월터 하인스 페이지는 윌슨 대통령에게 보낸 밀서에 이렇게 썼다. "저는 곧 닥쳐올 위기의 압박이 모건사가 영국과 프랑스에 제공한 대출의 부담 능력을 넘어서리라고 봅니다. 우리가 협상국에 줄 수 있는 가장 큰 도움은 신용대출입니다. 우리가 독일과 전쟁을 벌이지 않는 한 우리 정부는 협상국에게 직접적인 신용대출을 제공할 수 없을 것입니다."[10]

이때 미국의 중공업은 전쟁 준비에 이미 1년을 쏟은 뒤였다. 미 육군과 해군은 일찌감치 1916년부터 대량의 군사 장비를 구입하기 시작했다. 재원을 더 늘리기 위해 은행재벌들과 그들의 조종을 받는 정치가들은 보다 많은 조치를 고려하기 시작했다. "현재의 충돌때문에 우리는 어쩔 수 없이 소득세 개발을 고려하고 있다. 이것은 아직 개발되지 않은 중요한 자원이다. 소득세 법안이 전쟁의 수요를 충족시키기 위해 벌써 마련되기 시작했다."[11]

여기서 말하는 소득세란 기업이 아닌 개인의 수입에 매기는 소득세라는 점에 주의해야 한다. 은행가들은 1916년에 두 번이나 개인 수입에 세금을 매기는 법안을 통과시키려 했으나, 최고법원에서 기각

되었다. 미국에서 개인 소득에 세금을 매
기는 규정은 아무런 법적 근거도 없었다.

2006년 7월 28일에 발표한 미국 영화
〈미국, 자유에서 파시즘으로(America: From
Freedom To Fascism)〉를 통해 오스카 상 후보
에 여섯 번이나 오른 명감독 애론 루소
(Aaron Russo)는 전율이 느껴지는 화면을 통
해 이 사실을 실감 나게 보여주었다. 이
영화는 2006년 칸 영화제에서 상영될
당시 강한 반향을 일으켰다. 미국 언론
의 선전과는 완전히 다른 미국 정부와

▎미국 정부와 배후의 금융 세력에 대한 묘사를 한 미
국 영화 〈미국, 자유에서 파시즘으로〉 포스터

배후의 금융 세력에 대한 진실한 묘사를 경험한 사람들의 첫 반응은
"믿기지가 않는다"였다. 미국에 있는 3,000여 개의 극장 가운데 이 영
화를 공개적으로 상영한 곳은 다섯 곳뿐이다. 그러나 이 영화가 인터
넷을 통해 유포되면서 미국인들은 다른 반응을 보였다. 94만 명이 이
영화를 다운로드했으며, 평가에 참여한 8,100명 가운데 대부분은 최
고의 영화라며 찬사를 보냈다.[12]

1917년 10월 13일, 윌슨 대통령은 중요한 연설을 발표했다. "지금
발등에 떨어진 임무는 미국의 은행 자원을 모두 동원해야 한다는 겁
니다. 협상국에 대한 대출 압력과 권력은 반드시 이 나라의 각 은행
에서 담당해야 합니다. 나는 이러한 은행의 협력이 지금 이 순간은
애국적 책임이라고 믿습니다. 연방준비은행의 지역은행은 곧 이러한
독특하고 중요한 애국주의를 증명하고 있습니다."[13]

대학 교수 출신의 월슨이 농후한 이상주의로 무장한 것은 정상적인 현상이다. 그는 세상 물정에 어두웠지만, 그렇다고 멍청한 사람은 아니었다. 월슨은 자신을 백악관으로 인도한 사람이 누구인지 알았으며, 어떻게 보답해야 하는지도 잘 알고 있었다. 월슨 자신도 이른바 '민주적 이념으로 세상을 구원'한다는 성전의 개념을 믿지 않았다. 그는 훗날 "세계대전은 경제적 경쟁 때문에 벌어졌다"라고 인정했다.

사실은 미국이 협상국에 제공한 30억 달러의 대출과 60억 달러의 수출 물자가 아직 상환되지 않고 있었다. 만일 독일이 전쟁에서 이긴다면 은행가 수중의 협상국 채권은 휴지 조각이 되고 만다. 모건, 록펠러, 파울, 시프는 자신들의 대출을 보호하고자 전력을 다해 미국을 전쟁으로 몰고 간 것이다.

전쟁으로 횡재한 은행가들

미국이 1917년 4월 6일 전쟁에 개입한 이후 월슨은 국가의 주요 권력을 자신의 경선 때 큰 역할을 한 세 사람에게 부여했다. 파울 바르부르크가 미국 은행 시스템을 장악하고, 버나드 바루크가 전시산업회 의장을 맡았으며, 유진 메이어가 전시금융회사를 통제했다.

바르부르크 형제
파울의 큰형 막스 바르부르크는 독일 정보부처의 수장이었다. 그런데 파울은 미국 최고의 금융 결정권자이자 미연방준비은행의 부총재였다. 셋째 펠릭스는 쿤롭사의 사장이었으며, 함부르크 금속거래소장인 넷째 프리츠는 독일과 러시아의 비밀 강화 때 독일 대표를 지내기도 했다. 이들 네 형제는 모두 유대계 은행가 가문의 지도자급 인물이었다.

미 해군의 비밀 보고서는 1918년 12월 12일 파울 형제에 관한 정보를 이렇게 적고 있다. "파울 바르부르크: 뉴욕, 독일 이민자로 1911년 귀화하여 미국 시민이 됨. 1912년 독일 황제로부터 포상을 받음. 미연방준비은행 부총재 역임. 독일 정보부처의 수장을 지낸 형제가 있음."[14] 또 다른 보고서에는 이렇게 기록되어 있다. "독일 황제 빌헬름 2세는 탁자를 치면서 맥스에게 소리를 질렀다. '그대가 언제나 정확하단 말인가?' 그러나 그 후에도 금융에 대한 맥스의 의견을 계속 경청했다고 한다."[15]

| 막스 바르부르크(위), 펠릭스 바르부르크

파울은 1918년 5월 연방준비은행의 직책에서 물러났는데, 이상하게도 보고서에서는 거론되지 않았다. 미국이 참전한 이후 파울은 형이 독일 정보부의 수장이라는 이유로 이론상 적과 통한다는 죄가 성립되었다. 그러나 미국 금융을 움켜쥐고 있는 파울을 과연 누가 건드릴 수 있단 말인가! 1918년 6월, 파울이 연방준비은행 부총재 직을 사직하면서 윌슨에게 메모를 보냈다. "내게는 독일 은행에서 일하는 두 형제가 있습니다. 그들은 지금 당연히 자기

의 조국을 위해 온 힘을 다해 일하고 있습니다. 마치 내가 내 나라를 돕는 것과 마찬가지로 말입니다."[16]

전시 미국 공업의 황제 버나드 바루크

투기로 집안을 일으킨 바루크는 1896년 미국의 주요 연초회사 6개를 합병해 연합연초회사를 설립했으며, 그 후 구겐하임 가를 도와 동광(銅鑛)공업을 합병했다. 또한 시프 휘하의 해리먼과 손을 잡고 뉴욕의 운송 시스템을 통제하기도 했다.

1901년, 바루크는 형제들과 바루크브라더스를 창립했다.

윌슨 대통령이 1917년에 바루크를 미국 전시산업회 의장에 임명하면서, 그는 미국에 있는 모든 공업기업의 생사를 한 손에 쥐게 된다. 바루크는 매년 100억 달러에 달하는 구매를 담당해 거의 혼자서 미국 정부의 전쟁 물자 구매 가격을 결정했다. 1935년에 열린 의회 청문회에서 바루크는 이렇게 말했다. "윌슨 대통령이 내게 편지 한 통을 주면서 모든 공장과 공업기업을 관리하라고 했다. 나는 미국 철강회사의 저지 게리(Judge Gary) 총재와 불쾌한 일이 있었는데, 그 편지를 보여주자 그는 '보아하니, 내가 우리 사이의 불쾌한 감정을 해결해야 할 것 같군.'이라고 말했다. 그리고 정말 그렇게 했다."[17]

어떤 의원은 바루크가 미국 공업의 생사여탈권을 줄 만한 자격이 있는지 의문을 표시했다. 그가 공업 전문가도 아니고 공장에서 단 하루도 일해본 적이 없다는 이유였다. 바루크 자신도 의회 청문회에서 자신의 직업이 '투기업자'라고 밝힐 정도였다. 잡지 〈뉴요커〉는 바루크가 워싱턴에 거짓 평화 소식이 떠돈다는 소문을 듣고 하루에 75만 달러를 벌어들였다고 보도했다.

유진 메이어의 전시금융회사

유진 메이어의 부친은 유명한 국제은행 라자드 프레레의 사장이었고, 유진은 공직에 대한 열정이 각별했다. 그는 바루크와 함께 알래스카의 금광회사를 차린 적이 있으며, 두 사람이 함께 다른 금융 사건을 공모하기도 하는 등 서로 가깝게 지냈다.

　전시금융회사의 중요한 임무는 미국 국채를 팔아서 전시의 금융 지원을 해주는 일이다.

　유진이 경영하는 전시금융회사의 분식회계 행위는 그 수법에 혀를 내두를 정도였다. 훗날 의회에서 이 회사를 조사할 당시, 밤마다 장부를 조작하고 이튿날 의회 조사원들에게 보여줄 정도로 치밀했다. 맥패든 하원의원이 이 회사를 상대로 1925년과 1930년 두 차례에 걸쳐 진행한 조사에서 문제투성이의 회계 과목이 발견되었다. 채권 중복 기재 2,314건, 어음 할인 중복 기재 4,698건으로 액면가는 50달러부터 1만 달러까지 다양했다. 만기일은 1924년 7월까지였다. 물론 일부 과목은 착오에서 비롯된 문제였지만, 대부분 분식회계로 말미암은 것이었다.[18]

　그 과정에서 유진이 얼마나 많은 돈을 벌어들였으면, 제1차 세계대전 후 연합화학과 염료회사를 인수·합병하고 〈워싱턴 포스트〉까지 사들일 수 있었겠는가!

　유진은 분식회계로 최소한 수억 달러의 국채 차액을 챙겼을 것으로 추정된다.[19]

미국 방위산업 복합체의 선구자 에드워드 스테티니우스

에드워드 스테티니우스(Edward Stettinius)는 빈틈없는 인물로, 세세한 부분에 집착했다. 그는 일찍이 시카고에서 곡물 투기로 큰돈을 벌었고, 전시에는 모건의 눈에 띄어 수출관리부에서 일하면서 군수물자의 구매를 담당했다.

스테티니우스는 전쟁 기간 동안 세계 최대의 소비자였다. 매일같이 1,000만 달러에 달하는 군수물자를 사들였으며, 이 물자들을 선적하고 보험에 든 다음 유럽으로 운반했다. 그는 생산과 운송 효율을 최대로 향상시켰다. 스테티니우스가 월가 23번지의 본부에서 한마디의 명령만 내리면 무수한 군사 부품 대리상과 생산업자가 그의 사무실로 몰려들었다. 그는 문마다 경비를 세웠다. 군수물자의 매월 구매량은 20년 전의 전 세계 국민총생산 합계와 맞먹었다. 독일은 미국이 이토록 짧은 시간 안에 군사공업을 정상 궤도에 올려놓을 수 있으리라고 상상조차 못했다.

모건의 심복 데이비슨

데이비슨은 모건 제국을 세우는 데 견마지로(犬馬之勞)를 다한 인물이다. 그는 JP모건 사장 시절 미국 적십자회라는 '고깃덩어리'를 손에 넣어 미국인들이 헌금한 3억 7,000만 달러를 주물렀다.

베르사유 조약: 20년 기한의 휴전 협정

1918년 11월 11일, 피비린내로 얼룩진 제1차 세계대전이 마침내 끝났다. 독일은 패전국이 되어 13%의 영토를 잃고, 320억 달러의 전쟁 보상금을 내놓아야 했다. 여기에는 매년 5억 달러의 이자가 붙었다. 그 밖에도 수출 제품에 26%의 추가 비용을 내고, 모든 해외 식민지를 잃었다. 독일 육군은 10만 명 이상을 보유할 수 없으며, 해군 주력 전함도 여섯 척을 넘으면 안 되고, 잠수함·비행기·탱크·중화기 등의 공격성 무기를 보유할 수 없었다.

영국의 로이드 조지 총리는 "독일인의 지갑을 뒤져 돈을 찾아낼 것이다"라고 기염을 토했다. 그러나 사석에서는 이렇게 인정했다. "우리가 초안한 문건인 베르사유 조약은 20년 후 전쟁이라는 후환을 남길 것이다. 이런 조건을 독일 국민에게 강요한다면, 독일인으로 하여금 조약을 파기하고 전쟁을 책동하게 하는 결과만 가져올 뿐이다." 영국 외무장관 커즌 경도 같은 견해를 밝혔다. "이 조약은 평화를 가져오지 못할 것이다. 이것은 20년 기한의 휴전 문서에 불과하다."

이 협의서를 본 미국의 윌슨 대통령은 이마를 찡그리며 말했다. "내가 독일인이라면 이 협의서에 절대로 서명하지 않을 걸세."

문제는 정치가들이 문제의 본질을 인식했는지 여부가 아니라, 그들 배후의 '고문들'이 진정한 정책 결정자라는 점이었다. 윌슨을 대동해 파리에 도착한 은행재벌 중에는 수석 금융 고문 파울 바르부르크, 모건과 그의 변호사 프랭크, 모건사의 토머스 라몬트 사장, 전시산업회 바루크 의장과 덜레스(Dulles) 형제(훗날 한 사람은 CIA의 수장에 오르고, 다른 사람은 아이젠하워 시절 국무장관을 역임함), 영국 총리 배후의 필립 서순 경이 있었다. 서순 경은 로스차일드 가문의 직계 자손이다. 프랑스 조르주 클레망소 총리의 고급 참모 조르주 망델도 있었는데, 그의 본명은 여로보암 로스차일드다. 독일 대표단의 수석대표는 다름 아닌 파울의 큰형 막스 바르부르크였다. 국제 금융재벌들이 파리에 운집하는 동안 훗날 '이스라엘의 아버지'로 불린 에드먼드 로스차일드 남작이 주최자로 나서 성대하게 접대했다. 그는 미국 대표단의 요인들을 파리에 있는 자신의 호화로운 장원에 머물도록 했다.

파리강화회의는 사실 국제 금융재벌들의 잔치였다. 전쟁으로 횡재한 그들은 언제라도 다음 전쟁인 제2차 세계대전을 일으킬 불씨를 갖고 있었다.

'양털 깎기'와 1921년 미국 농업의 불경기

1894년 9월 1일, 우리는 모든 대출의 연장을 중단할 것이다. 그날 우리의 돈을 회수할 것이다. 우리는 아직 상환하지 않은 재산을 소유하고 경매에 부칠 것이다. 우리 스스로 정한 가격으로 미시시피강 서쪽 3분의 2에 달하는 농토와 동쪽의 거대한 토지를 얻을 것이다. 농민들은 토지를 잃고 고용인이 될 것이다. 영국처럼 말이다.

_ 1891년 미국 은행가협회, 1913년 4월 29일 의회 기록에서

양털 깎기는 은행가들 사이에 통하는 전문 용어로, 경제가 번영과

쇠퇴를 거듭하는 과정에서 기회를 창출해 정상 가격의 몇 분의 1밖에 안 되는 가격으로 타인의 재산을 가로채는 행위를 말한다. 미국의 화폐 발행권을 통제하게 된 은행가들은 경제의 번영과 쇠퇴를 마음대로 조정할 수 있게 되었다. 이때의 양털 깎기 행위는 은행가에게 마치 사냥으로 생활하는 유목의 단계에서 과학적으로 사육하는 고도의 안정적 생산 단계로 진화한 것과 같았다.

제1차 세계대전은 미국에 보편적 번영을 가져다주었다. 대규모의 전쟁 물자 구매는 각 업종의 생산과 서비스를 촉진했다. 미연방준비은행은 1914~1920년 경제 분야에 막대한 물량의 화폐를 투입했다. 뉴욕 연방준비은행의 금리는 1914년 6%에서 1916년 3%까지 내려간 후, 1920년까지 지속되었다.

은행가들은 유럽의 협상국에 대출을 제공하기 위해 1917~1918년 네 차례에 걸쳐 개인의 자유로운 선택으로 사고팔 수 있는 '자유공채'를 발행했다. 이자는 3.5%부터 4.5%까지 다양했다. 이 채권을 발행하는 중요한 목적 중 하나는 미연방준비은행이 과다하게 발행한 화폐와 신용대출을 흡수하는 데 있었다.

전시에 노동자들은 높은 임금을 받고, 농민들의 양식은 전쟁 통에 높은 가격으로 팔린다. 노동자 계층의 경제 상황은 크게 좋아지고, 전쟁이 끝날 무렵 생활비를 절약한 농민들의 손에는 대량의 현금이 남아 있다. 이 거액의 재산이 월가 은행가들의 손에서 멀어지는 것이다. 중서부의 농민들은 보수적인 현지 은행에 저축하는 경향을 보였는데, 현지의 중소 은행가들은 뉴욕의 국제 금융재벌들에게 반감을 품고 있었다. 따라서 연방준비은행 시스템에 동참하지 않을 뿐 아니라 유럽 전쟁을 위한 대출도 지원하지 않았다. 월가의 큰손들은 기회를 봐서 이 촌뜨기들을 단단히 손봐줄 생각이었다. 게다가 농민들의 주머니에는 돈이 두둑했다. 오래전부터 이 돈을 노리던 월가의 금융재벌들은 드디어 양털 깎기에 나섰다.

그들은 먼저 '유인 작전'으로 '연방농업대출위원회'라는 기구를 설립해서 농민들의 피땀 어린 돈을 새로운 토지 구매에 사용하도록 '격려'했다. 농민들은 장기 대출을 해주는 이 조직에서 돈을 얻고자 안달이었다. 많은 농민이 이 조직의 도움을 받아 국제 금융재벌에게 장기 대출을 신청했으며, 고액의 선납금을 지불했다.

농민들은 자신들이 치밀하게 설계된 함정에 빠진 사실을 영원히 모르고 지날 수도 있다.

1920년 4~7월의 넉 달 동안 공업과 상업무역 분야에는 신용대출로 거액이 쏟아져 들어옴으로써 앞으로 닥칠 신용대출 긴축에 대비했다. 그러나 유독 농민의 신용대출 신청만 모두 거절당했다. 이것이 바로 월가가 치밀하게 설계한 금융 제한 위기였다. 그 목적은 농민의 재산을 약탈하고 연방준비은행에 복종하지 않는 농촌 지역의 중소은행을 무너뜨리기 위함이었다.

상원의 은행 및 통화위원회 오언 위원장이 1939년 상원에서 열린 백은 공청회에서 이렇게 말했다. "1920년 초에 농민들은 매우 부유했다. 그들은 장기 대출금 상환에 박차를 가했으며, 대출을 얻어 새 땅을 사들였다. 그러나 1920년 하반기에 갑자기 들이닥친 신용대출과 통화의 긴축으로 그들은 대규모 파산 사태를 맞았다. 1920년에 발생한 농민 파산은 정상적인 상태에서는 결코 일어날 수 없는 일이었다."[20]

전쟁에 따른 과다한 신용대출은 몇 년만 지나면 해결되기 마련이다. 그러나 연방준비은행이사회는 1920년 5월 8일 대중에게 알려지지 않은 비밀회의를 열었다. 그들은 온종일 모의를 거듭했으며, 회의 기록은 60쪽에 달했다. 밀실에서 탄생한 기록은 1923년 2월 19일 상원의 문건에서 모습을 드러냈다. 연방준비은행의 A군 이사와 연방자문위원회의 구성원들이 회의에 참가했다. 그러나 B군 이사와 상업, 무역, 농업을 대표하는 이사들은 회의에 초청되지 않았다. 미국 국민을 대표하는 C군 이사들 역시 초대를 받지 못했다.

재벌 은행가들만 참가한 이 비밀회의에서 신용대출 긴축을 직접 조작했다. 그 결과 이듬해 국민소득이 150억 달러 감소하고, 수백만의 실업자가 양산되었으며, 토지와 농장 가치는 200억 달러나 폭락했다.

윌슨의 국무장관 브라이언은 한마디로 문제의 근원을 꼬집었다. "농민을 보호해야 할 연방준비은행이 오히려 농민 최대의 적으로 둔갑했다. 농업에 대한 신용대출의 목을 조이는 행위는 오래전부터 준비해 온 범죄였다."[21]

농업에 가한 양털 깎기가 풍성한 수확을 거두자, 중앙에 완강한 태도를 보이다가 큰 상처를 입은 중서부 지역 중소은행들의 재정 상태는 말이 아니었다. 연방준비은행은 그제야 돈을 풀기 시작했다.

1927년에 벌어진 음모

벤저민 스트롱은 모건사와 쿤롭사의 공동 지지를 등에 업고 연방준비은행 뉴욕은행의 이사에 등극했다. 그는 잉글랜드은행 몬터규 노먼 이사와 손잡고 비밀리에 앵글로색슨 금융업의 숱한 사건을 일으켰는데, 1929년에 발생한 경제대공황도 그중 하나다.

노먼의 할아버지와 외조부는 잉글랜드은행의 이사 직을 역임했다. 영국에서 이토록 대단한 금융가 집안 출신도 찾아보기 어렵다.

《돈의 정치》의 작가 브라이언 존슨은 이 책에서 다음과 같이 기술했다. "절친한 친구 사이인 벤저민 스트롱과 노먼은 프랑스 남부에서 함께 휴가를 보내곤 했다. 1925~1928년 뉴욕의 통화 완화 정책은 스트롱과 노먼 사이의 협정으로 빚어졌으며, 그 목적은 뉴욕의 금리를 런던보다 낮추려는 데 있었다. 이 국제적 협력을 위해 스트롱은 뉴욕의 금리를 만회하지 못할 사태가 발생할 때까지 잡아두고 있었다. 뉴욕의 통화 팽창 정책으로 미국의 1920년대는 번영을 구가하며 투기 광풍이 초래되었다."[22]

이 비밀 협정에 관해 하원의 안정청문회는 1928년 맥패든 의원의 지휘로 자세한 조사에 돌입했다. 조사 결과 국제 금융재벌들이 통화 유통을 조작해 미국의 증시 붕괴를 초래했다는 사실이 드러났다.

맥패든 의원: 무엇이 미연방준비은행이사회의 최후 결정(1927년 여름의 금리 인하 정책)에 영향을 주었는지 간단하게 기술해 주시오.

미연방준비은행 밀러(miller) 이사: 당신은 대답할 수 없는 문제를 질문하고 있소.

맥패든: 어쩌면 내가 더 정확하게 말할 수 있을지 모르겠군요. 지난해 여름 금리 변동을 결정하는 제안은 누가 한 겁니까?

밀러: 유럽의 3대 중앙은행이 그들의 대표를 우리나라에 파견했습니다. 잉글랜드은행의 노먼 이사, 독일 중앙은행의 총재인 히얄마르 샤흐트 박사와 프랑스은행의 벤저민 리스트 교수입니다. 그들은 미연방준비은행 뉴욕은행 사람들과 회의를 열었습니다. 약 2주일이 지나자 그들은 워싱턴에 나타나 한나절을 기다렸습니다. 그날 밤은 워싱턴에서 묵고, 다음 날은 미연방준비은행 이사들이 그들을 접견했으며, 오후에 뉴욕으로 돌아갔습니다.

맥패든: 연방준비은행의 이사들은 오찬 때 그 자리에 있었습니까?

밀러: 그렇습니다. 연방준비은행이사회는 일부러 모두를 한자리에 모이게 한 것입니다.

맥패든: 그 모임은 사교적 성격의 행사였나요, 아니면 진지한 토론이었나요?

밀러: 내 생각에는 중요한 사교 활동으로 보입니다. 개인적으로 오찬 전에 샤흐트 박사와 오랫동안 이야기를 나누었고, 리스트 교수와도 대화를 했습니다. 점심 식사 후 나와 노먼 선생은 뉴욕 미연방준비은행의 벤저민 스트롱 이사와도 한동안 담화를 나눴습니다.

맥패든: 일종의 정식 연방준비은행이사회 회의였습니까?

밀러: 아닙니다.

맥패든: 그렇다면 단지 뉴욕회담 결과에 대한 비공식 토론이었단 말입니까?

밀러: 내가 보기에는 그렇습니다. 그날 모임은 사교 행사에 불과했습니다. 나는 자유롭게 이야기를 나누었고, 그들 유럽 중앙은행의 이사들도 그랬으니까요.

맥패든: 그들이 무엇을 요구했습니까?

밀러: 그들은 각종 문제에 매우 솔직했습니다. 나는 노먼 선생과 이야기를 나눴는데, 식사가 끝난 후에도 남아서 이야기를 하자 다른 사람들도 동참했습니다. 그들은 금본위 방식에 대해 몹시 걱정하고 있었습니다. 그래서 뉴욕의 통화 팽창과 저금리 정책 상황을 보고 싶어했으며, 유럽 황금의 미국 유입을 저지할 것이라고 했습니다.

비디(bidi) 선생: 그들 외국 은행가와 미연방준비은행이사회 사이에 양해각서(MOU)를 작성했습니까?

밀러: 그렇습니다.

비디: 이 양해서에 어떤 정식 기록도 없지 않았소?

밀러: 그렇습니다. 나중에 공개시장정책위원회가 회의를 열고 일부 조치를 정한 것입니다. 나는 이 계획에 따라 8월에만 (뉴욕 연방준비은행으로부터) 약 8,000만 달러의 어음을 사들였습니다.

맥패든: 한 가지 정책의 변경으로 한 나라의 금융 체제를 이토록 심각한 비정상 상태(1927~1929년 증권시장 투기 열풍)로 몰고 갔습니다. 이같이 중대한 결정은 마땅히 워싱턴에 정식 기록이 있어야 한다고 생각하는데요.

밀러: 동의합니다.

벤저민 스트롱: 사실 그들이 이곳에 와서 비밀회의를 열었으며, 자기들이 먹고 마시며 기쁘게 토론한 것입니다. 그들은 미연방준비은행으로 하여금 어음 할인율을 낮추도록 한 다음 우리의 황금을 가져간 것이죠.

슈테거 선생: 이 정책으로 유럽의 통화는 안정되었지만, 우리 달러는

전복되었습니다. 맞습니까?

밀러: 맞습니다. 이 정책의 목적이 바로 그거였습니다. [23]

뉴욕은행은 사실상 연방준비은행 전체의 운영을 장악하고 있었다. 연방준비은행이 워싱턴에 배치한 7인의 이사회는 허울에 불과했다. 유럽의 은행가들과 뉴욕 연방준비은행은 장장 1주일에 걸친 비밀실무회의를 열고, 워싱턴에서는 만 하루도 머무르지 않았으며, 그것도 사교 활동에 불과했다. 뉴욕 비밀회의의 결정으로 5억 달러에 달하는 황금이 유럽으로 흘러들어 갔으며, 이렇게 중요한 결정은 워싱턴에 전혀 서면 기록을 남기지 않았다. 이것만으로도 7인 이사회의 실질적인 지위가 허상에 불과함을 알 수 있다.

1929년, 거품이 빠지다

연방준비은행은 1929~1933년 통화 유통량의 3분의 1을 감축했으며, 그 결과 경제대공황을 몰고 왔다. _ 밀턴 프리드먼(Milton Friedman)

비밀회의가 끝난 후 뉴욕 연방준비은행은 즉시 행동을 개시해 금리를 4%에서 3.5%로 인하했다. 1928년 한 해에만 600억 달러의 통화를 회원 은행에 방출했다. 회원 은행들은 15일 기한의 당행 수표를 담보로 삼았다. 이 돈을 금으로 환산하면, 당시 세계 황금 유통량 총액의 여섯 배나 되는 양이었다. 이런 방식으로 방출한 달러는 뉴욕 연방준비은행이 공개시장에서 달러로 어음을 사들여 방출한 통화량보다 33배나 많았다. 더 놀라운 사실은 1929년 뉴욕 연방준비은행이 회원 은행에 580억 달러의 통화를 방출했다는 것이다.[24]

당시 뉴욕 증권시장은 거래업체에 1%의 자금으로 주식을 사도록 허가하고, 나머지 돈은 거래소의 은행에서 대출해 주도록 되어 있었다. 거액의 신용대출금을 쥐고 상대를 못 찾아 조바심하던 은행과 돈에 목말라하던 증권업자의 만남은 그야말로 환상의 궁합이었다.

뉴욕 연방준비은행에서 5%의 금리로 돈을 빌린 은행들은 12%의 금리로 증권업체에 대출을 해주면서 7%라는 차액을 챙겼으니, 땅 짚고 헤엄치기 식의 장사였다. 이런 상황에서 뉴욕 증시가 폭등하지 않으면 오히려 더 이상한 일이다.

이때의 미국은 남북과 동서를 막론하고 저축금을 동원해 증권 '투자'에 몰두하라며 온 국민을 부추기는 분위기였다. 심지어 워싱턴의 정치가들마저 월가의 선전 도구가 되어 국민을 선동했다. 재무장관 앤드루 멜런은 정식 담화를 통해 국민에게 뉴욕 주가가 높은 편이 아니라고 보장했으며, 캘빈 쿨리지 대통령은 은행가들이 써준 원고로 전국에 담화를 발표하면서 주식 구매가 안전하다고 주장했다.

1928년 3월, 증권업자에 대한 대출이 너무 지나치지 않느냐는 상원의 질문에 연방준비은행의 이사는 이렇게 답변했다. "증권업자에 대한 대출이 지나치게 많은지는 말하기 어렵지만, 그들 증권업자의 성향이 안전을 지향하고 보수적이라는 점은 확신합니다."

1929년 2월 6일, 잉글랜드은행의 노먼이 다시 미국에 도착했다. 곧이어 연방준비은행은 1927년 이래의 통화 팽창 정책을 시작했다.

영국 은행가들은 대사를 치를 준비를 끝낸 듯했다. 이제 미국 쪽에서 손을 쓸 시기가 온 것이다.

1929년 3월, 미국 금융의 아버지 파울 바르부르크가 국제청산은 행의 주주 연례회의에서 이렇게 경고했다. "절제를 모르고 계속 욕심을 키워갈 경우 최종 결과는 투기하는 당사자뿐 아니라 전국을 위기로 몰고 갈 것이다."[25]

3년에 걸친 '절제 없는 탐욕'에 몇 달 동안 침묵으로 일관하던 파울이 갑자기 나서서 경고했고, 무시할 수 없는 영향력과 사회적 위치의 그가 한 말이 〈뉴욕 타임스〉에 보도되자마자 시장은 불안에 휩싸였다. 증시의 사형 판결은 1929년 4월 20일에 일어났다. 이날 〈뉴욕 타임스〉 1면 기사는 중요한 소식을 보도하고 있었다.

워싱턴에서의 연방자문위원회 비밀회의

연방자문위원회는 이미 미연방준비은행이사회에 결의안을 제출했다. 그러나 그들의 의도는 여전히 비밀에 부쳐져 있다. 연방자문위원회와 연방준비은행이사회의 다음 동향은 여전히 비밀스러운 분위기에 가려 있다. 이 수상한 회의의 비밀 조치는 매우 엄격하다. 기자는 모호한 대답을 들었을 뿐이다.[26]

연방준비은행은 1929년 8월 9일 금리를 6%로 올렸으며, 그 뒤를 이어 연방준비은행 뉴욕은행이 증권거래업자에 대한 금리를 5%에서 20%로 인상했다. 이 조치로 투기업자들은 자금의 함정에 빠졌다. 무조건 증시에서 빠져나오는 것 말고는 다른 탈출구가 없었다. 증권시

| 미국의 경제대공황으로 미국인들은 생활고에 시달렸다.

장의 상황은 급전직하로 치달았다. 마치 강둑이 터진 듯 투매 전표가 10월과 11월 두 달 동안 전체 증권시장을 휩쓸었다. 1,600억 달러의 재산이 순식간에 연기처럼 사라져버렸다. 1,600억 달러라면 어느 정도일까? 미국이 제2차 세계대전 기간에 생산한 모든 물자를 합친 금액에 육박하는 숫자다.

그해 월가의 한 증권업자는 이렇게 묘사했다. "치밀한 계획을 통해 뉴욕 통화시장에서 증권에 투자할 대출 공급이 급감함으로써 발생한 1929년 경제위기는 사실 국제 금융재벌들이 대중을 상대로 치밀하게 계획한 양털 깎기 행동이었다."[27]

1930년 7월 4일 자 〈뉴욕 타임스〉는 상처투성이 미국 경제를 두고 탄식을 금치 못했다. "원자재 상품 가격은 1913년 수준으로 급락했다. 노동력 과잉으로 임금은 삭감되고, 총 400만 명의 실업자가 양산되었다. 모건은 뉴욕 연방준비은행과 워싱턴의 약해빠진 연방준비이사회를 조정해 전체 연방준비은행의 시스템을 통제했다."

월가는 금융위기를 통해 자기들에게 필요한 구조조정을 실시했다. 1930~1933년 총 8,812개의 은행이 도산했는데, 대부분 뉴욕 5대 은행에 반기를 들고 미연방준비은행 시스템에 동참하지 않은 은행들이 속속 종말을 맞았다.

경제대공황의 진짜 의도

1929년에 일어난 주가 폭락이 1927년 비밀회의에서 결정된 일이라는 사실은 의심의 여지가 없다. 뉴욕의 금리가 인위적으로 낮게 유지됨에 따라 런던의 금리는 의식적으로 인상되었으며, 뉴욕과 런던 간차이로 미국의 황금이 영국으로 흘러들어 가 영국과 다른 유럽 국가들이 금본위제를 부활하는 데 일조했다.

사실 유럽의 금융가들은 통화 팽창을 이용한 재산 수탈의 효율이 대출로 거둬들이는 이자 수익보다 훨씬 크다는 사실을 진작부터 알고 있었다. 황금은 화폐를 방출하는 기초가 되며, 지폐는 자유롭게 황금으로 바꿀 수 있었다. 이 모든 것이 은행가들이 이용하는 통화 이완 정책이라는 고효율 무기의 효과를 크게 제약했다. 당시 영국 은행가를 비롯한 유럽 금융계가 왜 금본위제를 부활하려고 했는지 이해가 잘 안 된다.

사실 국제 금융재벌들은 다음 단계의 행동을 준비하고 있었다.

제1차 세계대전은 독일의 패배로 끝이 났지만, 막대한 전쟁 배상금을 독일 로스차일드 가문과 바르부르크 가문의 은행이 부담할 수는 없었다. 그들은 오히려 국난을 이용해 큰돈을 챙기려는 계획을 세웠다. 첫 번째 행동은 독일 은행가들이 통화 팽창 정책이라는 쉬운 방법을 이용해 독일 국민의 저축금을 신속하게 빼내오는 것이다. 이 때 인류는 슈퍼인플레이션의 위력을 처음 절감하게 된다.

1913~1918년의 전쟁 기간에 독일의 화폐 발행량은 8.5배나 증가했으며, 마르크화의 가치는 달러에 비해 겨우 50% 인하되는 데 그쳤다. 독일 중앙은행은 1921년부터 화산이 폭발하는 기세로 시중에 통화를 풀기 시작했다. 1921년은 1918년에 비해 다섯 배가 늘었으며, 1922년은 1921년보다 열 배가, 1923년은 1922년보다 7,253만 배가 증가했다. 1923년 8월부터 물가는 천문학적 숫자로 앙등해 빵 한 조각이나 우표 한 장 가격이 무려 1,000억 마르크까지 치솟았다. 독일 노동자의 하루 일당은 반드시 두 차례에 나누어 지급되었으며, 돈을 가져다 한 시간 내에 다 써버려야 했다.[28]

독일 은행가들이 중산층의 저축을 모조리 빼가자, 중산층은 하루아침에 극빈자로 전락했다. 이러한 구도는 나중에 나치즘이 등장하는 군중의 기초를 다져주었을 뿐만 아니라, 독일인들의 마음속에 유대계 은행가에 대한 극심한 증오의 씨앗을 깊이 심어놓았다. 1870년 독일과 프랑스 간의 전쟁에 패배한 프랑스가 겪은 어려움보다 지금 독일 국민이 겪는 고통이 훨씬 컸다. 더 참혹한 세계대전을 촉발할 모든 요소는 1923년 이미 갖춰진 셈이다. 은행가들이 독일인의 재산을 웬만큼 휩쓸어가자 마르크화는 안정을 되찾기 시작했다. 국제 금융재벌들의 조정으로 미국인의 황금이 독일 화폐를 안정시킬 구명대 역할을 했다.

두 번째 단계는 영국 은행가들이 직접 나설 차례였다. 1914년에 제1차 세계대전이 발발하자 독일 잠수함이 대서양에 빈번히 출몰해 습격하는 바람에 영국에서 황금을 운반하는 배가 출항을 할 수 없었다. 잉글랜드은행은 하는 수 없이 황금의 현금화를 잠시 중지한다고 선언했으며, 이때부터 파운드의 금본위제도는 유명무실해졌다.

1924년, 훗날 세계를 떠들썩하게 만든 윈스턴 처칠이 영국 재무장관에 임명되었다. 금융 업무에는 전혀 문외한이던 처칠은 런던 은행가들이 부추기는 가운데 금본위제의 부활을 준비했다. 세계 금융 분야에서 파운드화의 권위를 지킨다는 명목이었다. 1925년 5월 13일, 영국은 '금본위법안'을 통과시켰다. 당시 영국의 국력은 전쟁의 참화를 겪으며 많이 약화되어 경제력도 신흥국가인 미국에 한참 못 미치는 수준이었으며, 심지어 유럽에서조차 그 위치가 흔들리는 상황이었다. 따라서 금본위제를 부활하면 파운드화의 강세를 초래해 날로 경쟁력을 잃어가는 영국의 수출 무역이 심각한 타격을 입고, 국내 물가의 하락과 임금 삭감이나 실업률 상승 등의 경제위기가 닥쳐올 것이 확실했다.

이때 경제학의 대가인 존 케인스가 혜성같이 등장했다. 케인스는 1919년 파리강화회의에서 영국 재무부 대표를 맡았었다. 그는 독일에 대한 심한 조치를 결사적으로 반대했다. 심지어 사직을 감수하면서까지 항의했던 인물이다. 그는 금본위제 폐지를 강력하게 주장했으므로 런던 은행가 세력과는 물과 불의 관계였다. 금본위제의 타당성을 조사한 맥밀런위원회에서 케인스는 격앙된 어조로 금본위제도의 폐단을 강조했다. 그는 황금이란 '야만적 유산'에 불과하며, 경제 발전의 제약일 뿐이라고 말했다. 이에 맞서 잉글랜드은행의 노먼 역시 금본위제도가 성실한 은행가에게 없어서는 안 될 제도라고 주장했다. 영국의 부담이 아무리 커도, 아무리 많은 업종이 타격을 받아도 런던 은행가들에 대한 국민의 이미지는 아직 좋은 상태였다. 따라서 은행가들이 지지하는 것은 무조건 좋고, 은행가 관점에 대한 맹렬한 비판은 국민을 향한 비난과 같다고 생각했다.

여기에 이 계획의 절묘함이 있었다.

경력이 화려한 케인스는 국민을 대변하는 역할을 맡고, 은행가들은 황금 수호자의 이미지로 출현했다. 이들 팽팽한 두 세력이 나서면서 여론과 민심을 가볍게 조종했다.

과연 케인스의 '예언'과 은행가들의 계획에 어긋남 없이 영국 경제는 금본위제를 부활하자마자 급전직하했다. 실업률은 1920년 3%에서 1926년 18%로 치솟았으며, 여기저기서 파업이 그치지 않으면서 정국은 혼란에 휩싸였다. 영국 정부는 심각한 위기에 직면한 것이다.

은행재벌이 원하는 것이 바로 위기였다. 위기를 만들어야 '금융 개혁'을 추진할 수 있기 때문이다. 법률 수정을 요구하는 목소리가 높은 가운데 '1928년 화폐와 은행권 법안'이 통과되었다. 이 법안으로 잉글랜드은행은 무려 84년 동안 묶여 있던 한계, 즉 국채를 담보로 화폐를 발행하는 상한선의 한계를 벗어버릴 수 있었다. 1844년 법안은 잉글랜드은행이 국채를 담보로 파운드화를 발행하는 상한선을 1,975만 파운드로 정하고, 그 나머지 파운드를 발행할 때는 반드시 황금을 담보로 하도록 규정했다. 후발 신예인 연방준비은행처럼 국채를 담보로 '채무' 화폐를 발행해서 귀찮은 황금의 제약을 비켜가는 것은 런던 은행가들이 꿈에도 그리던 경지였다. 새 법안이 통과된 후 겨우 몇 주일 만에 잉글랜드은행은 2억 6,000만 파운드의 채무 파운드화를 발행했다. 또한 새 법안은 잉글랜드은행이 긴급 상황에서 채무 파운드화를 제한 없이 발행할 수 있는 권한을 주었다. 재무부와 의회의 사후 승인만 받으면 그만이었다.[29] 거의 무제한으로 화폐를 발행하는 미연방준비은행의 권한을 잉글랜드은행도 마침내 갖게 되었다.

세 번째 단계는 미국이라는 '살찐 양'에게 양털 깎기의 계절을 맞게 해주는 것이었다. 1927년에 열린 비밀회의 이후 연방준비은행의 저금리 정책으로 인해 미국은 5억 달러에 달하는 거액의 황금을 외부로 유출했다. 1929년 미연방준비은행이 갑자기 금리를 인상하자 은행에는 황금 준비 부족으로 신용대출을 제대로 내주지 못하는 상황이 발생했다. 미국이라는 건장한 살찐 양이 피를 많이 흘려 쇼크 상태에 이른 것이다. 국제 금융재벌들이 속속 몰려와 정상 가격의 몇 분의 1, 심지어 몇 십 분의 1의 최저 가격으로 우량주와 기타 우량 자산을 사들였다. 맥패든 의원은 이 상황을 다음과 같이 묘사했다. "최근 한 주에서만 6만 군데의 부동산과 농장이 하루 동안 경매로 처분된다. 미시간주 오클랜드 카운티에서는 7만 1,000가구의 집주인과 농장주가 거리로 나앉았다. 미국의 각 지방에서 비슷한 사정이 발생하고 있다."

사상 초유의 경제공황 가운데 최대의 투기놀이가 곧 그 막을 내리리라는 사실을 알고 있던 사람들은 오직 소수의 핵심권 인물들뿐이었다. 하나같이 런던 로스차일드가와 밀접한 관계를 맺은 그들은 모든 주식을 팔아 대량의 정부 채권으로 갈아탔다. 핵심권 밖에 있는 사람들은 아무리 백만장자라도 재난을 피해갈 수 없었다. 핵심권 인물들은 JP모건과 쿤롭사, 그리고 그들이 선정한 '우수 고객'들, 파트너 은행 및 그들과 친밀한 관계를 유지하는 유명 실업가, 주요 정객 및 우호국가의 통치자들이었다.

1936년 5월 30일 자 〈뉴스위크〉는 연방준비은행을 사직하는 은행가 모리슨에 대해 이렇게 평론했다. "모두가 연방준비은행이 능력 있는 한 사람을 잃는다고 여긴다. 1929년에 그는 회의를 소집해 산하 은행 몇 곳에 9월 1일 전에 증권거래업자에 대한 모든 대출 업무를 마무리하라는 명령을 내렸다. 따라서 그 은행들은 곧 다가올 금융위기에서 살아남을 수 있었다."[30]

그 유명한 케네디 대통령의 아버지인 조셉 케네디의 자산은 1929년의 400만 달러에서 1935년에는 1억 달러까지 25배나 불어났다. 버나드 바루크는 대공황 전에 모든 증권을 팔아 국채로 전환했다. 헨리 모겐소는 '검은 화요일(1929년 10월 29일)' 이전에 뱅커스트러스트로 급히 달려가 사흘 이내에 총 가치 6,000만 달러의 모든 주식을 팔아 치우라고 명했다. 그의 부하 직원들이 곤혹스러워하며 몇 주에 걸쳐 조금씩 팔면 어떻겠느냐고 건의했다. 그렇게 하면 최소한 500만 달러는 건질 수 있다는 것이었다. 그러자 헨리 모겐소는 불같이 화를 내며 야단을 했다. "난 자네와 의논하러 여기 온 것이 아닐세! 그냥 내 말대로 하란 말이야!"

80년 세월이 흐른 후에 다시 그때를 돌아봐도, 그들 국제 금융재벌들의 높은 아이큐에 경탄을 금치 못하겠다. 그들은 분명 인류 최고로 영리한 사람들이었다. 이런 수법, 이런 계략, 이토록 치밀한 설계, 천하를 손바닥 위에서 가지고 노는 담력은 혀를 내두를 정도로 대단하다. 심지어 오늘날까지도 대부분의 사람은 자기 운명이 극소수의 손에 조종당하고 있다는 사실을 완전히 믿지 못한다.

국제 금융재벌들이 '양털'을 신나게 수확하고 나자, 케인스의 '염가화폐 사상'이 은행가들의 새로운 재화 창출을 위한 수확 기계로 등장했다. 그들이 주도하는 미국 32대 대통령 프랭클린 델러노 루스벨트의 '뉴딜'은 새로운 수확의 계절의 문을 활짝 열어주었다.

제5장

염가화폐의 '뉴딜정책'

레닌은 화폐 가치를 인하하는 것이 자본주의 제도를 전복할 수 있는 제일 좋은 방법이라고 했다. 연속되는 인플레이션 과정에서 정부는 비밀리에 국민의 재산 일부를 몰수할 수 있다. 이 방법을 통해 마음대로 국민의 재산을 빼앗을 수 있다. 다수가 가난해지는 과정에서 소수는 벼락부자가 된다. 어떤 수단도 통화 팽창만큼 은밀하고 확실하게 현 정권을 전복할 수는 없다. 이 과정은 잠재적으로 각종 경제 규칙의 파괴 요소를 누적하게 된다. 100만 명 가운데 단 한 사람도 문제의 근원을 발견해 내기 어렵다.[1]

_ 케인스, 1919년

케인스는 황금을 '야만적 유산'이라고 표현했다. 케인스가 황금을 죄악시한 동기는 무엇일까? 인플레이션을 극구 반대하던 케인스가 어떻게 해서 황금의 천적으로 변했을까?

앨런 그린스펀은 40세 때까지만 해도 금본위제의 변함없는 옹호론자였다. 그런 그가 연방준비은행 총재에 취임한 후부터 황금 문제에 대해 딴소리를 하기 시작했다. 2002년까지 여전히 '황금은 모든 화폐의 최종적 지급 수단'이라고 인정은 했지만, 1990년대 서방 중앙은행 재벌들이 연합해서 황금 가격을 인하한 음모를 '방관'했다.

국제 금융재벌들과 그들의 '어용' 이론가들은 왜 그토록 황금을 혐오했을까? 무슨 이유로 케인스의 염가화폐 이론은 그토록 환영을 받았을까?

국제 금융재벌들은 황금이 결코 보통 귀금속이 아니라는 사실을 똑똑히 알고 있다. 본질적으로 황금은 유일하고, 고도로 민감하며, 역사적으로 계승되는 '정치 금속'이다. 황금 문제를 제대로 처리하지 않으면 세계적으로 금융위기가 일어난다. 정상적인 사회 상황에서 금본위제도를 폐지하면 틀림없이 심각한 사회불안이 일어나고, 심지어 폭력 혁명을 불러오기도 한다. 국민은 극단적이고 특수한 상황에서만 어쩔 수 없이 자신의 천부적 권리를 잠시 포기하는데, 은행가들이 심각한 위기와 불경기를 필요로 하는 이유가 바로 여기에 있다. 위기와 경기 쇠퇴의 위협 아래 국민은 가장 쉽게 타협하고 단결력이 쉽게 무너지며, 여론도 쉽게 오도할 수 있다. 사회의 주의력은 쉽게 분산되고, 은행가의 권모술수도 가장 쉽게 실현될 수 있다. 따라서 역사적으로도 위기와 금융의 쇠퇴는 은행가들에게 정부와 국민을 상대하는 가장 효과적인 무기로 되풀이되어 사용되고 있다.

1929년 이래의 심각한 경제위기는 국제 금융재벌들에게 정상 상태에서는 어려운 '금본위제 폐지'라는 대업을 완수할 절호의 기회였다. 이를 통해 제2차 세계대전으로 향하는 금융의 길을 미리부터 닦아놓았다.

케인스의 '염가화폐'

케인스는 1919년 파리강화회의에 갔을 때 이미 인플레이션이 국민과 사회에 미치는 거대한 잠재적 피해를 인식하고 있었다. 그는 하룻밤 사이에 자신을 유명하게 만들어준《평화의 경제적 결과》라는 저서에서 인플레이션의 실제를 신랄하게 지적했다. 독일의 1923년 초대형 인플레이션으로 인플레이션의 거대한 살상력은 이미 검증된 상태였다.

40세 때《황금과 경제의 자유》라는 책을 발표한 그린스펀도 케인스와 매우 유사한 주장을 펼쳤다.

> 금본위제가 없는 상황에서는 어떤 방법으로도 국민의 재산이 인플레이션에 먹히는 것을 막지 못한다. 이는 곧 복지통계학자들이 금을 격렬히 반대하는 이유다. 적자재정은 간단히 말해 재산을 몰수하려는 음

모다. 황금은 그들의 음모를 막아서 재산권 보호자 역할을 할 수 있다. 사람들이 이러한 핵심을 파악한다면 금본위제를 악의적으로 비방하는 이유를 쉽게 알 수 있을 것이다.[2]

그린스펀의 지적처럼 금본위제는 인플레이션의 범람을 단단히 억제했다. 그런 의미에서 볼 때 케인스와 그린스펀은 모두 금본위제의 옹호론자라고 할 수 있다. 그런 그들이 어떻게 해서 훗날 금을 '야만적 유산'이라고 비하하고, 황금의 화폐 지위를 아예 무시해 버릴 수 있었을까?

그린스펀이 처한 환경을 통해 그가 어쩔 수 없었다는 것을 이해할 수 있다. 그는 J. P. 모건의 품에 뛰어들어 JP모건사와 다른 월가 은행의 이사에 임명되는 순간, 금융의 세상에는 그곳만의 규칙이 있다는 진리를 명백히 깨달았다.

전 세계의 눈길이 자신의 깊은 주름에 집중되는 순간, 그린스펀은 후한(後漢)의 마지막 황제인 헌제(獻帝)를 배후에 둔 조조(曹操)가 된 느낌이었다. 연방준비은행 뉴욕은행이 진정한 정책 결정자였던 것이다. 2002년 의회 청문회에서 텍사스 주의원 론 폴(Ron Paul)이 질문하자, 그린스펀은 비로소 자신이 1966년 당시의 관점을 뒤집은 적이 없노라고 대답했다. 그는 지금까지도 여전히 황금은 모든 화폐 가운데 '최종 지급 수단'이며, 미연방준비은행은 금본위제도를 '모방'했을 뿐이라고 생각한다.

케인스의 상황은 그린스펀과 좀 다르다.

미국의 유명한 학자 머리 로스바드는 케인스의 인격적 특징을 심오하게 묘사했다. 그는 극단적 자기중심주의와 엘리트 의식으로 사회도덕을 멸시하는 영국의 분위기가 케인스의 사상 체계에 직접적 영향을 주었다고 분석한다.

특히 영국 케임브리지 대학의 비밀조직 '사도회(Apostle)'가 케인스에게 미치는 영향력은 지대했다. 구미 대학에서 이런 비밀조직은 보통 사람들이 이해하는 대학 동창회나 문학 동아리 등의 가벼운 모임과는 성격부터가 완전히 다르다. 그들은 종교적 사명을 짊어진 엘리트의 핵심으로, 100년의 역사를 가진 조직도 있다. 뿐만 아니라 평생 긴밀한 관계를 유지하며, 서방 사회의 통치 계급 중에서도 매우 견고한 배타적 이익집단이다.

케임브리지의 사도회는 트리니티 칼리지와 킹스 칼리지의 가장 우수한 12명으로 구성된다. 하나같이 머리가 비상할 뿐 아니라 내로라하는 집안의 자제로 장차 영국 통치 계급의 일원이 될 상류 계층이다. 그들은 매주 토요일 비밀 장소에서 모임을 갖고 철학이나 미학에서부터 정치 및 상업에 이르기까지 다양한 분야를 중심으로 토론했다. 그들은 자신의 엄격한 규율을 가지고 사회의 보편적 도덕을 멸시했다. 그들은 인류의 가장 지혜로운 자로 자처하며 스스로를 천부적인 세계의 통치자라고 여겼을 뿐 아니라, 이 같은 신념을 서로가 반복해서 불어넣어 주었다. 케인스는 한 친구에게 보내는 편지에 이렇게 썼다. "우리의 이러한 도덕적 우월감이 심한 것은 아니겠지? 나는 이 세상 절대다수의 사람은 어떤 사물의 본질도 보지 못한다는 느낌이 드네. 왜냐하면 그들은 너무 우둔하거나, 아니면 너무 사악하기 때문이지."[3]

그들 모임에는 케인스와 유명한 철학자 러셀 같은 학자형 엘리트 외에도 로스차일드 남작 등의 금융계 거물이 포함되어 있었다. 케임브리지를 떠난 후에도 매주 토요일 여전히 사도회에 참석하는 성인 사도를 '천사'라고 불렀는데, 그들은 새로운 사도의 선발을 비롯한 여러 활동에 적극적으로 참여했다.

케인스보다 몇 살 아래인 빅터 로스차일드는 대영제국의 화폐 발행권을 장악한 네이션 로스차일드의 손자이며, 남작 칭호를 받은 3대 후계자였다. 빅터와 케인스는 미국 외교협회(CFR)와 영국 왕립국제문제연구소(RIIA)의 적극적인 제창자였다. 이들 두 조직은 구미판 중앙당교라고 할 만큼 100년 가까운 세월 동안 구미 통치 집단의 간부들을 배출해 왔다. 빅

중앙당교(中央黨校)
중국 공산당 간부를 양성하는 최고 학부.

터는 가문의 관례에 따라 미국 JP모건은행에서 한동안 일하면서 월가를 익혔으며, 네덜란드 회사 쉘(Shell)의 석유 이사도 맡았다. 영국 정보부처의 고위 관리를 지낸 그는 훗날 영국 대처 총리의 안전 고문을 맡았다. 빅터와 자주 만나는 동안 머리 회전이 빠른 케인스는 염가화폐와 인플레이션 이론이 당시 국제 금융재벌이 추구하는 방향임을 금세 알아차렸다.

케인스는 자신에 대한 정치적 소문에는 귀를 기울이지 않았다. 어차피 일반인이 생각하는 도덕규범의 구속을 받지 않았기 때문이다. 그는 거짓 데이터를 동원해 자신의 경제 이념을 뒷받침하는 행동도 서슴지 않았다. 루스벨트의 지적이 이를 뒷받침한다. "케인스는 원칙이란 자신이 정확할 때 권력을 얻는 기회를 방해할 뿐이라고 여긴다. 따라서 그는 언제라도 이전의 신앙을 바꿀 수 있다. 특정한 상황에서

라면 설사 단 한 푼의 동전을 위해서라도 그렇게 할 것이다."[4]

한 경제학자가 자신의 학설을 내세우려면 금융계 및 정계 거물들의 후광이 필요하다는 점도 케인스는 잘 알고 있었다. '역사 발전의 정확한 방향'을 파악한 케인스는 즉시 자신의 진정한 재능인 달변과 뛰어난 마케팅 능력을 발휘했다.

애덤 스미스, 데이비드 리카도, 알프레드 마셜을 배출한 케임브리지는 자연스럽게 세계경제 이론의 발원지로 인정받았다. 마셜이 직접 지명한 후계자인 케인스는 더욱 유리한 위치에 있었다. 그의 저서 《고용, 이자 및 화폐의 일반이론》이 1936년 출판되자, 금융재벌들은 자신들의 가려운 곳을 긁어주는 경제학 이론에 찬사를 아끼지 않았다. 반면 정치가들은 '돈을 빌리고, 찍어내고, 쓰는' 염가의 화폐 정책에 회의적 반응을 보였다. 이렇게 찬사와 비판의 목소리가 학계를 뒤덮었다.

케인스는 자신의 염가화폐 이론이 국제 금융재벌들과 정치가들의 전폭적 지지를 얻으리라고 확신했다. 이로 말미암아 가장 큰 피해를 입을 일반 대중의 반응은 별로 중요하지 않았다. 어차피 그들은 '너무 우둔하거나, 아니면 너무 사악하기' 때문이다. 남은 건 학술계의 반응이었다.

케인스는 먼저 자신을 대표로 한 현대 경제 이론과 전통 경제 이론이라는 양대 진영의 대립을 선포했다. 그리고 한 걸음 더 나아가 자신의 신경제 '성전'은 너무 어려워서 30세 이하의 젊은 경제학도들만 이해할 수 있다고 주장했다. 이 같은 그의 주장은 젊은 경제학도들의 호감을 불러왔다. 폴 새뮤얼슨은 친구에게 보낸 편지에서, 자신이 다행히도 아직 30세가 안 되었다며 기쁨을 감추지 못했다. 그는 "젊음이란 정말 좋은 것이로군"이라고 표현했다. 그러나 그런 새뮤얼슨 자신도 케인스의 《고용, 이자 및 화폐의 일반이론》이 '너무 엉망이고 구성이 혼란스러우며 모호하게 쓴 책'이라는 점을 인정했다.[5]

미국의 학자들은 이 책이 미국 중서부의 변두리 대학 교수가 썼다면 발표하기도 어려웠을 테고, 역사적으로 길이 남는 것은 생각도 할 수 없었을 것이라고 말한다.

1932년의 대통령 선거

미국 대통령 선거가 불경기 속에서 그 막을 올렸다. 실업자 1,300만 명과 25%라는 실업률은 현직 대통령 허버트 후버에게 큰 압박이었다. 다른 민주당 후보와 경쟁하는 프랭클린 루스벨트는 1928년 이후의 경제 정책에 맹공을 퍼부으며, 후버 대통령과 월가 은행가들의 세력이 결탁하고 있다고 비난했다. 후버 대통령은 이에 침묵으로 일관했는데, 자신의 비망록에 진심을 털어놓았다.

> 루스벨트가 1929년의 투기 열풍에 책임을 지라는 성명을 냈을 때 나는 어떻게 반박할지 고심했다. 연방준비은행이 1925~1928년 유럽 세력의 영향 아래 고의로 인플레이션을 조장한 사실을 폭로해야 하는지 말이다. 당시 나는 이 정책에 반대하는 쪽이었다.[6]

후버 대통령이 억울한 심정을 토로한 것도 이해가 간다. 그는 대통령이라는 귀한 몸이지만 경제 정책과 화폐 정책에는 별로 영향력이 없었다. 정부에 화폐 발행권이 없었으므로 민간이 보유한 뉴욕 연방준비은행이 협조해 주지 않으면 어떤 정책이라도 탁상공론에 그치고 말았다.

　후버 대통령이 월가로부터 외면당한 이유는 독일 배상 문제에서 은행가들의 방침을 따르지 않았기 때문이다. 1929년 모건이 계획한 '영플랜'은 독일의 채무 부담 가중을 대가로 하는 것이었다. 월가에서 독일 채권을 발행하는 방식으로 독일에 전쟁 배상금을 모집해 주고 자신들이 채권 발행을 맡는 과정에서 큰돈을 챙기자는 의도였다.

　1931년 5월, 이 계획이 실행된 지 얼마 되지 않아 독일과 오스트리아에 금융위기가 찾아왔다. 로스차일드은행과 잉글랜드은행의 구제 행동으로는 위기의 확산을 막지 못했다. 모건 등 월가 은행재벌들은 이제 막 출범한 영플랜을 중도에서 그만두고 싶지 않았다. 그래서 모건사의 라몬트 사장은 후버 대통령에게 전화를 했고, 미국 정부가 독일 정부의 전쟁 채무 상환을 잠시 중지시키고 독일 금융위기가 잠잠해지면 다시 상환을 재개하도록 요구했다. 라몬트는 만일 유럽 금융 시스템이 붕괴하면 미국의 경제위기도 더 심해질 것이라고 경고했다.

　후버 대통령은 프랑스 정부에 독일 전쟁 배상금 관련의 문제를 처리할 때는 먼저 프랑스 정부의 의견을 듣고 결정하겠노라는 약속을 했다. 정치가로서 자신의 약속을 뒤집을 수 없었던 후버는 라몬트의 말에 단호하게 대답했다. "그 일이라면 고려를 해보겠소. 그러나 정치적 각도에서 고려할 때 이번 일은 현실에 맞지 않소. 선생은 뉴욕에 있기에 한 나라의 입장에서 정부 간 채무에 대한 감정이 어떤 건지 이해하지 못할 거요."[7]

라몬트가 대답했다. "며칠 동안 대통령도 들으셨겠지만, 1932년의 공화당대회에서 대통령의 후계자를 세울 준비를 하고 있습니다. 우리 계획대로만 해준다면 그 이야기는 없던 것으로 할 수 있습니다." 마지막에는 라몬트가 당근 작전으로 나갔다. 일이 잘될 경우 모든 공을 완전히 대통령에게 돌리겠다는 말이었다.

1932년 7월, 라몬트는 백악관으로 사람을 보내 독일의 전쟁 배상금 문제 연기를 다시 고려하라고 독촉했다. 이번에는 후버도 참지 못하고 분노를 토해냈다. "라몬트는 일을 망치고 있네. 국민이 반대하는 이런 계획(독일, 영국, 프랑스가 미국에 진 채무를 사면해 주거나 연기하는 일)은 국민의 이익을 해치는 거라네. 라몬트는 은행가들에 대한 전국적인 분노의 정서를 알지 못하는군. 그들(은행가)은 우리(정치가)도 공범이 되어달라고 요구하고 있네. 어쩌면 은행가들이 이미 독일인과 보상 문제에 협의했는지도 모르지. 그것도 가장 치사한 방식으로 말일세."[8] 결국 후버는 월가의 요구를 거절했고 프랑스는 채무를 연체하는 상황이 되었다.

월가 금융재벌들의 심기가 더 불편한 이유는 후버 대통령이 증권시장 조작 행위를 조사하고 일련의 금융 스캔들을 캐기 시작했기 때문이다. 여기에 유례없는 실업 사태와 불경기, 증시 폭락으로 큰 손해를 본 국민까지 더해 월가 금융가에 대한 강렬한 분노를 터뜨렸다. 민심이 자기편이라고 자신한 후버 대통령은 은행가들과 전면전에 나섰다. 그는 뉴욕 증시가 은행가들이 조작하는 도박장이라고 비난하며, 시장을 조작하는 투기자들이 시장의 믿음이 회복되는 것을 막고 있다고 말했다. 또한 뉴욕 증권거래소의 휘트니 소장에게 만약 증시 조작 행위를 저지하지 않으면 의회조사를 발동해서 증권시장에 대한 감사를 진행하겠다고 경고했다.

대통령의 요구에 대한 월가의 답변은 간결하면서도 단호했다. "황당한 거짓말이다!"

후버 대통령은 즉시 상원의 은행 및 통화위원회에 증시 조작 행위에 대한 조사를 명령했다. 난감한 월가는 라몬트를 백악관으로 파견해 대통령 및 국무장관과 오찬을 함께하며 조사를 중단하도록 요구했으나, 대통령은 요지부동이었다.[9]

1920년대 말 주가 조작 행위의 배후로 조사를 확대하면서 묻혀 있던 사실들이 끊임없이 폭로되었다. 골드만삭스나 모건사 등과 관련된 증시 스캔들이 백일하에 드러났다. 증시 폭락과 경제대공황의 논리 관계가 대중 앞에 낱낱이 드러나자, 국민의 분노는 마침내 은행가들을 향해 폭발했다. 그러나 후버 대통령과 그의 정치가로서의 미래도 은행가와 국민의 분노에 묻혀 사라져버렸다. 그의 뒤를 이어 등장한 인물이 미국 20세기 사상 가장 위대한 대통령으로 칭송받는 프랭클린 루스벨트다.

프랭클린 루스벨트는 어떤 인물인가

여러분도 나도 알고 있다시피, 진정한 상황은 거대한 권력의 핵심에 있는 금융 세력이 앤드루 잭슨 대통령 시절부터 정부를 통제했다는 것입니다. 이 나라는 잭슨 시절처럼 은행과의 투쟁을 되풀이할 것입니다. 다른 점이 있다면, 그때보다 더 심도 있고 광범위하게 진행된다는 겁니다.[10] _ 프랭클린 루스벨트, 1933년 11월 21일

루스벨트의 이러한 '진실 고백'은 여러 면에서 윌슨과 비슷하다. 윌슨이 학자 출신이라서 은행가의 수법에 어두웠다고 말한다면, 루스벨트의 경력으로 볼 때 그의 발언은 얼마간 가공되었다고 볼 수 있다. 현직 대통령과 월가의 애매한 관계를 공격의 돌파구로 삼는 것은 역대 대통령 후보들이 대선에서 자주 사용하고 효과도 만점인 수법이었다. 1932년 8월 20일, 루스벨트는 오하이오주의 경선 연설에서 열변을 토했다.

우리는 미국 공업의 3분의 2를 100개 기업이 장악하고 있다는 사실을 발견했습니다. 사실 이들 회사는 다섯 명의 손에 의해 통제되고 있습니다. 우리는 30개 은행과 상업은행의 증권거래업자가 미국 자본의 흐름을 결정한다는 사실을 알았습니다. 다시 말해 고도로 집중된 경제 권력이 극소수의 손에 의해 조종되고 있다는 것입니다. 이 모든 상황은 후버 대통령이 말한 개인주의를 완전히 위배하고 있습니다.[11]

루스벨트는 여기서 과거 은행 세력과 대립한 사건으로 미국인들의 사랑을 한몸에 받고 있던 제퍼슨 대통령을 예로 들었다. 자신도 작은 힘으로 거대 금융 세력에 도전하는 용감한 대통령이 되고 싶다는 희망을 피력한 것이다. 그러나 유감스럽게도 루스벨트가 국제 금융재벌들과 분규를 일으킨 경력은 후버에도 훨씬 못 미쳤다.

루스벨트의 할아버지 제임스 루스벨트는 1784년 뉴욕은행의 창설자로서, 미국 최초의 은행 가문이었다. 이 은행은 2006년 미국 국채 경매시장에서 국채 가격을 조작했다는 혐의로 기소를 당했다. 루스벨트의 대통령 경선 때까지 은행의 업무는 그의 사촌형 조지가 맡았다. 루스벨트의 아버지 이름도 제임스였는데, 미국 공업계의 거물이었다. 그는 하버드 대학을 졸업하고, 석탄광과 철도 등 곳곳에 방대한 산업을 벌이고 있었다. 미국 남부철도증권회사의 창설자이기도 하다. 이 회사는 철도산업 합병을 위주로 하는 미국 최초의 증권 보유 기업이었다. 루스벨트 자신도 하버드를 졸업한 변호사 출신으로, 주요 고객에는 모건사도 포함되어 있었다. 강력한 은행 배경을 등에 업은 루스벨트는 1916년 겨우 서른넷의 나이에 미국 해군부 차관보에 임명되었다. 이 자리는 모건사의 사장이며 후버 대통령을 자주 찾던 라몬트가 루스벨트를 위해 워싱턴에 마련해 준 새 직책이었다.

루스벨트의 삼촌 시어도어 루스벨트

▎미국 32대 대통령 프랭클린 델러노 루스벨트

는 대통령을 역임했다. 사촌 형 조지 루스벨트 역시 월가의 쟁쟁한 인물로, 철도 합병 때 최소한 14개의 철도회사를 합병했다. 또한 모건 산하의 담보자산 신탁회사와 케미컬은행, 뉴욕 연방준비은행을 비롯해 그가 맡은 다른 회사의 이사 직 명단만 해도 다 열거하면 작은 책자를 만들 수 있을 정도다.

루스벨트의 외가인 델러노 가문 역시 혁혁한 세도가 집안으로, 역대 대통령 가운데 아홉 명과 친척 관계였다.

미국 근대사에서 루스벨트만큼 정치 및 은행 배경이 든든하던 대통령도 없을 것이다.

1921년, 루스벨트는 정부 내각에서 월가로 옮겨가 금융기관 몇 곳에서 이사나 부총재로 일했다. 그는 정계와 금융계의 광범위한 인맥을 이용해 자신이 속한 회사에 큰 이익을 창출했다. 루스벨트는 친구인 한 하원의원에게 보낸 편지에서, 한 금융회사를 위해 정부 채권 관련 업무를 끌어오는 것을 노골적으로 청탁했다. "나는 우리 사이의 오래된 우정을 이용해 자네에게 부탁을 좀 하고 싶네. 브루클린의 큰 손들에게서 채권 계약을 따왔으면 하네. 대량의 채권은 시정 사업과 관계가 있으니 말일세. 내 친구들이 나를 기억하기를 바라네. 이런 일로 귀찮게 하고 싶진 않네만, 그래도 친구는 역시 친구 아니겠나. 자네가 조금만 신경을 써주면 큰 힘이 될 걸세. 자네의 도움은 마음속에 간직하겠네."[12]

해군부와 거래하는 친구에게 보낸 편지에서는 이렇게 썼다. "해군부에 있는 친구와 자네 회사의 8인치 화포에 대한 계약 건으로 이야기를 나누다가, 내가 해군부 차관보일 때 자네와 내가 유쾌하게 협력하던 일이 떠오르더군. 나는 자네의 채권 판매를 우리 회사에 위탁하면 어떨까 하네. 우리 영업부 대표를 시켜 자네에게 전화하도록 하고 싶네."[13]

큰 이익이 걸린 사업 앞에서 루스벨트는 노골적으로 "순수한 개인적 우정만으로는 부족하다"라고 말했다. 이들 회사에서 내부적으로 오간 서신을 보면, 루스벨트의 새로운 면을 더 많이 발견할 수 있다.

1922년, 루스벨트는 연합유럽투자회사(United European Investors, Ltd)의 총재에 취임했다. 이 회사의 이사와 고문에는 1923년 독일의 극심한 인플레이션을 만들어낸 독일 전 수상 빌헬름 쿠노와 막스 바르부르크가 포함되어 있었다. 막스의 동생 파울은 미연방준비은행의 총 설계자이자 부총재였다. 이 회사가 발행한 우선주 6만 주 가운데 루스벨트는 가장 많은 지분을 보유하고 있었다. 이 회사는 주로 독일의 각종 투기사업에 관여했다. 독일 국민이 슈퍼인플레이션으로 빈털터리가 되었을 때 루스벨트의 연합유럽투자회사는 이를 이용해 기세좋게 돈을 벌어들이고 있었다.[14]

슈퍼인플레이션은 늘 '슈퍼 재산 수확기'로 인식되었는데, 자국의 화폐가치가 급락하는 과정에서는 대규모의 재산 이동이 발생하기 때문이다. "인플레이션으로 가장 심각하게 도덕적 붕괴가 초래된 경우는 1923년의 독일이다. 독일에서 달러나 파운드를 손에 쥔 사람은 누구든 국왕 부럽지 않은 생활을 했다. 몇 달러만 있어도 백만장자처럼 살 수 있었다. 외국인들은 벌떼처럼 몰려와 믿을 수 없이 싼 가격으로 독일인의 가정에서 나온 재산과 부동산, 보석, 예술품 들을 사들였다."[15]

마치 1990년대 초 러시아의 슈퍼인플레이션 때처럼 거대한 사회의 재산이 씻은 듯 사라져버렸다. 중산층은 가산을 탕진하고, 달러나 파운드의 구매력은 수천만 배로 커졌다. 화폐가 폭등과 폭락 사이에서 춤을 출 때 재산을 가장 쉽게 손에 넣을 수 있다. 케인스의 말이 이를 뒷받침한다. "슈퍼인플레이션을 통해 마음대로 국민의 재산을 뺏어올 수 있다. 다수가 가난해지는 과정에서 소수는 벼락부자가 된다. 어떤 수단도 통화 팽창만큼 은밀하고 확실하게 현 정권을 전복할 수는 없다. 이 과정은 잠재적으로 각종 경제 규칙의 파괴 요소를 누적하게 된다. 100만 명 가운데 단 한 사람도 문제의 근원을 발견해 내기 어렵다."

루스벨트가 정의감에 충만한 어조로 후버와 월가의 얽힌 관계를 비판하면서 스스로 청렴결백한 보통 국민의 구원자를 표방한 것은 그의 경력과 배경에서 볼 때 사실과는 너무 동떨어져 있었다.

금본위제의 폐지: 은행가들이 루스벨트에게 역사적 사명을 부여하다

금본위제의 제약 아래 유럽 각국은 제1차 세계대전으로 이미 심각한 채무를 졌다. 연방준비은행이 미국의 금융 자원을 집중적으로 조절하지 않았다면, 전쟁은 그저 국지전의 규모에 그쳤을 것이다. 제1차 세계대전이 발발하자, 국제 금융재벌들은 큰돈을 벌 기회라며 흡족해했다. 그러나 미연방준비은행이 생겼다 해도 금본위제의 엄격한 제약으로 금융 자원은 한계를 드러냈고, 또 하나의 세계적 전쟁을 지탱할 여력이 없었다. 따라서 구미 각국 은행가들에게 금본위제의 폐지는 시급히 해결해야 할 발등의 불이었다.

금은 인류 사회의 반만년 역사에서 세계 각국이 보편적으로 인정하는 화폐의 최종 형식으로 변했다. 황금과 재산에 대한 사람들의 필연적 관계는 생활의 자연스러운 논리로 자리 잡은 지 오래다. 정부의 정책과 경제 형세를 옳지 않게 보는 순간 대중은 수중의 지폐를 금화로 바꾸고 좋지 않은 형세가 호전되기를 기다렸다. 지폐를 자유롭게 황금으로 바꾼다는 것은 실질적으로 국민의 가장 기본적인 경제 자유의 기초가 되었다. 모든 민주나 기타 형식의 자유는 이런 기초 위에서 비로소 진정한 의의를 지니게 된다. 정부가 지폐를 황금으로 교환하는 천부적 권리를 강제로 박탈할 때, 국민의 가장 기본적인 자유도 박탈당한다.

정상적인 사회에서 금본위제를 폐지하면 틀림없이 심각한 사회 불안이 일어나고, 심지어 폭력 혁명을 불러오기도 한다. 국민은 극단적이고 특수한 상황에서만 어쩔 수 없이 자신의 천부적 권리를 잠시 포기하는데, 은행가들이 심각한 위기와 불경기를 필요로 하는 이유가 여기에 있다. 위기와 경기 쇠퇴의 위협 아래 국민은 가장 쉽게 타협하고 단결력도 쉽게 무너지며, 여론도 쉽게 오도할 수 있다. 사회의 주의력은 쉽게 분산되고, 은행가의 권모술수도 가장 쉽게 실현할 수 있다. 따라서 역사적으로도 위기와 금융의 쇠퇴는 은행가들에게 정부와 국민을 상대하는 가장 효과적인 무기로 되풀이되어 사용되고 있다.

1812년, 미국 최초의 중앙은행이 폐지된 사건은 로스차일드의 보복을 불러왔다. 그 결과 1812년의 영미전쟁이 일어났으며, 미국 정부의 굴복으로 전쟁이 끝나면서 미국의 두 번째 은행이 탄생했다.

1837년, 잭슨 대통령이 미국의 두 번째 중앙은행을 폐지하자 은행가들은 즉시 런던에서 미국 채권을 투매하고 각종 대출을 회수했다. 그 결과로 미국 경제는 심각한 불경기에 빠져들었으며, 이러한 상황은 1848년까지 지속되었다.

1857년, 1870년, 1907년, 국제 금융재벌들은 미국 정부로 하여금 민영 중앙은행을 부활하도록 압박을 가하기 위해 다시 경제 불황을 만들어냈다. 결국 민영 중앙은행인 연방준비은행의 탄생으로 미국의 화폐 발행을 전면적으로 장악했다.

1929년 대공황의 궁극적 목적은 금본위제도를 폐지하고 염가화폐 정책을 실시함으로써 금융업계에 제2차 세계대전을 향한 탄탄한 대로를 깔아주는 것이었다.

1933년 3월 4일, 프랭클린 루스벨트가 미국 32대 대통령에 취임했다. 루스벨트는 취임하자마자 월가와의 대립을 기치로 내걸었다. 그는 취임 당일 전국 은행들에 3월 6일부터 영업을 중지하라고 선포하고, 장부에 대한 감사가 끝난 후에 영업을 재개하도록 했다. 이는 미국 역사상 전국의 은행이 처음으로 문을 닫는 조치로, 미국인들에게 신선한 충격을 주었다. 세계 최대의 경제주체인 미국에서 은행 영업이 거의 완전히 중단된 초유의 사태는 적어도 열흘간 지속되었다.[16]

곧이어 루스벨트는 후버 시대에 이미 시작된 월가에 대한 조사 작업도 늦추지 않고 공격의 방향을 모건가 쪽으로 돌렸다. 일련의 청문회에서 잭 모건과 회사 대표는 미국의 전 국민이 지켜보는 가운데 크게 체면을 구겼다.

루스벨트는 월가 은행가들에게 가하는 공격의 고삐를 늦추지 않았다. 1933년 6월 16일에는 '글래스-스티걸 법'에 서명함으로써 모건사를 모건은행과 모건스탠리로 분리시켰다. 모건은행은 상업은행의 전통적 영역에만 종사하고, 모건스탠리는 투자은행 업무만 할 수 있었다.

루스벨트는 뉴욕 증권거래소에도 철퇴를 가해 '1933년 증권법'과 '1934년 증권거래법'을 통과시키고 증권거래위원회(SEC)를 설립해 증권시장에 대한 감독을 맡도록 했다.

루스벨트의 뉴딜정책은 대수술 요법으로 여론의 호평을 받았다. 이 조치는 국민의 마음속에 오랫동안 억눌려온 월가 은행재벌들에 대한 불만을 해소시켰다. 모건 가문조차 이렇게 인정했을 정도다. "나라 전체가 루스벨트 대통령에 대한 숭배의 분위기로 충만했다. 대통령에 취임한 지 불과 1주일 만의 성과만도 대단하다. 우리는 이런 과정을 한 번도 겪어본 적이 없다."[17]

1933년 뉴욕 증권시장이 개장하면서 54%라는 놀라운 수익을 기록했다.

영웅이 된 루스벨트는 격앙된 어조로 말했다. "이제 금융 투자가들은 문명 성전의 보좌에서 달아났다. 우리는 마침내 이 신성한 전당의 원래 모습을 되찾았다."[18]

문제는 역사의 진상과 매스컴이 만들어낸 이미지 사이에는 언제나 큰 차이가 존재한다는 점이다. 사람들은 치밀하게 짜인 장면 앞에서 어쩔 수 없이 착각을 일으킨다.

루스벨트가 기세등등하게 추진했던 정책의 실상을 들여다보자.

은행 영업이 재개되었지만, 연방준비은행에 동참하기를 한사코 거절했던 은행들은 영업을 시작하지 못했다. 시장은 월가 금융가들의 손에 의해 재편성되었다. 루스벨트 정부의 재무장관은 앞에서 소개했듯이 1929년 증시 대폭락 전에 이미 그 소식을 알고 500만 달러의 손해를 감수하고 3일 만에 손을 털고 나온 헨리 모겐소의 아들 모겐소 2세였다. 그도 역시 월가의 사람이었다.

SEC 위원장에 대한 루스벨트의 인선을 보면 더 가관이다. SEC의 초대 위원장은 1929년 증시 폭락 전 주가 조작에 열을 올리던 유명한 투기꾼 조셉 케네디였던 것이다. 주식 폭락 사태를 이용해 겨우 4년 만에 자산을 25배나 불린 조셉 케네디 역시 잭 모건 측 사람이었다.

모건사를 둘로 분할한 글래스-스티걸 법을 제안한 사람은 연방준비은행법의 기안자 글래스 상원의원이었다. 이 법은 모건사에 타격을 주지 못했으며, 모건사의 사업은 오히려 더욱 번창했다. JP모건 의 직원 425명 가운데 25명을 뽑아 모건스탠리를 창건했으며, 잭 모건과 라몬트가 90%의 지분을 보유했다. 사실 이들 두 회사는 따로 분리되고 나서도 여전히 잭 모건이 장악하고 있었다. 1935년 모건스탠리는 창업 첫해부터 10억 달러 채권의 대리 판매 업무를 전개해 시장 점유율 25%를 석권했다.[19] 사실상 각 회사의 채권 발행은 여전히 모건이라는 이름을 내걸고 진행되고 있었다. 모건의 손에 뉴욕 연방준비은행이라는 든든한 배경이 있는 한 미국의 어떤 회사도 모건을 무시할 수 없을 것이다.

웃지 못할 사건은 모건의 청문회 기간에 펼쳐졌다. 사람들의 이목이 온통 모건의 청문회에 집중해 있는 동안 루스벨트는 금본위제를 폐지할 중요한 법을 조용히 통과시켜버린 것이다. 대통령에 취임한 지 겨우 1주일 만인 3월 11일에 루스벨트는 경제 안정을 내세워 은행의 황금 교환을 금지하는 행정명령을 발표했다. 곧이어 4월 5일, 미국인은 소유한 황금을 모두 내놓으라는 명령을 받았다. 정부는 온스당 20.67달러로 이를 수매했다. 약간의 금화와 금 장신구만 허용할 뿐, 금을 소장한 사람들에게는 10년 징역에 25만 달러의 벌금을 부과했다. 루스벨트 대통령이 비상 상태에서 내린 임시 조치라고 변명한 이 법은 1974년에 가서야 폐지되었다.

1934년 1월, 황금준비금 법안을 통과시켜 금 가격을 온스당 35달러로 고정했다. 그러나 미국 국민은 황금을 교환할 권한이 없었다. 사람들이 황금을 정부에 내고 나자 몇 년 동안 모아놓은 저축액은 절반으로 줄어버렸다. 1929년 증시 대폭락 전에 내막을 알고 발 빠르게 대처한 국제 금융재벌들의 '우량 고객'들은 많은 자금을 증시에서 빼내 황금으로 바꾼 다음 런던으로 운반했다. 그들의 황금이 런던에서 팔릴 때는 온스당 35달러였으니 눈 깜짝할 새 69.33%의 차액을 챙긴 셈이었다.

루스벨트가 미국 의원들 중 가장 학식이 깊은 맹인 상원의원 토머스 고어에게 자신의 금본위제 폐지에 대한 생각을 묻자, 고어는 차갑게 대답했다. "이건 명백한 도적 행위입니다. 안 그렇습니까, 각하?" 상원의원 고어의 솔직함에 루스벨트는 전전긍긍했다. 고어 상원의원이 바로 훗날 미 부통령을 지낸 앨 고어의 할아버지다.

평생 금본위제의 부활을 위해 애쓰던 하원의원 하워드 버핏은 1948년에 이렇게 지적했다. "나는 여러분에게 경고합니다. 두 당의 정치가들은 모두 금본위제의 부활을 반대하고 있습니다. 이곳과 해외에서 미국의 지속적인 달러화 하락으로 큰돈을 번 사람들도 이 제도의 부활을 반대할 것입니다. 여러분은 지혜와 기민함으로 이들의 반대에 대처해야 합니다."[20]

금이 최종 화폐라는 사실을 평생의 신념으로 삼아온 버핏은 금본위제의 회복을 끝내 보지 못했다. 그러나 그의 신념은 오늘날 그의 아들인 주식의 귀재 워런 버핏의 머릿속에 각인되었다. 버핏은 법정화폐 제도가 붕괴될 거라는 역사적 필연성을 눈치채고, 1997년 은 가격이 사상 최저로 치달을 무렵 전 세계의 3분의 1이나 되는 양의 백은을 사들였다.

화폐로서의 금의 지위를 배제하기는 쉬운 일이 아니었다. 이 과정은 세 단계로 나누어 진행되었다. 첫 단계는 미국 국내에서 유통 및 교환되는 금화를 폐지하고, 두 번째 단계는 세계적으로 황금의 화폐 기능을 없애는 것이다. 1944년에 브레턴우즈협정에 따른 달러 환전 시스템으로 두 번째 단계를 완성했다. 훗날 리처드 닉슨(Richard Nixon) 대통령이 1971년에 가서야 세 번째 단계의 작업을 마무리했다.

케인스가 앞장서고 은행재벌이 뒤에서 밀어주며 루스벨트가 행동에 나서 마침내 금본위제를 폐지하자, 그동안 눌려 있던 적자재정과 염가화폐라는 쌍

브레턴우즈협정
(Bretton Woods Agreement)
44개의 연합국이 미국의 브레턴우즈에 모여 체결한 협정으로, IMF와 IBRD의 설립을 결정했다.

둥이 괴물이 드디어 모습을 드러냈다. 눈앞의 권력만 보고 나중에 닥쳐올 결과는 개의치 않은 케인스는 한마디 명언을 남겼다. "길게 보면 사람은 어차피 다 죽게 되어 있다." 그러나 사람의 행동과 그 결과는 영원히 역사에 기록된다.

위험한 투자: 히틀러를 선택하다[21]

1933년 11월 24일, 〈뉴욕 타임스〉는 《시드니 바르부르크》라는 책을 소개했다. 처음 이 책은 1933년 네덜란드에서 출판되었는데, 서점에 진열된 지 불과 며칠 만에 금서로 지정되었다. 다행히 화를 면한 몇 권은 미리 팔려나가 영어로 번역되었으며, 대영박물관에 전시되기도 했다. 이 책의 작가 시드니 바르부르크는 미국 최대의 은행가 집안인 바르부르크가 출신이라고 한다. 바르부르크가는 이 책의 내용에 대해서 완강히 부인했다.

《시드니 바르부르크》는 미국과 영국의 금융가들이 히틀러의 권력 장악을 위해 자금을 지원한 비사를 폭로하고 있다. 책의 내용에 따르면, 1929년을 전후해 월가는 도스안(Dawes Plan)과 영플랜으로 독일의 전쟁 배상금 지급 의무를 완화해 주었다. 1924~1931년 월가는 이 두 계획으로 독일에 총 1,380억 마르크의 대출을 제공했고, 독일은 이 기간에 860억 마르크의 전쟁 배상금을 지급했다. 또한 사실상 미국에서 거액의 금융자금을 지원받아 군대를 재정비할 수 있었다. 실질적으로 독일에 대한 대출은 월가에서 독일 채권을 팔아 대중으로부터 자금을 모집해 이루어졌다. 모건과 바르부르크가는 이 과정에서 짭짤한 수익을 챙겼다.

여기에서 문제가 등장했는데, 프랑스 정부가 독일 배상금 문제에 대해 고압 정책을 쓴 것이다. 이로써 미국의 대출이 독일과 오스트리아에서 상당 부분 동결되었으며, 프랑스는 독일 배상금 대부분을 받았다. 이 돈의 최종 출처는 물론 월가였다. 프랑스의 고압 정책을 계속 두고 볼 수 없었던 월가의 은행재벌들은 1929년 6월 회의를 열고, 모건 계와 록펠러 계의 은행가 및 미연방준비은행 간부들이 모여 독일을 프랑스의 압박에서 어떻게 하면 '해방'시킬지 의논했다. 이 회의에서는 '혁명'의 수단으로 프랑스의 억압에서 벗어나야 한다는 결론을 냈다. 여기서 거론된 지도자가 히틀러다. 미국 외교 여권을 소지하고 후버 대통령과 록펠러의 친필 편지를 지닌 시드니 바르부르크가 히틀러와의 개인적 접촉을 명령받았다.

시드니와 나치의 접촉은 결코 순조롭지 않았다. 뮌헨 주재 미국영사관이 제대로 힘을 발휘하지 못했기 때문에 뮌헨 시장의 도움을 받아 비로소 히틀러를 만날 수 있었다. 첫 회의에서 월가 은행가들이 내세운 조건은 공격적인 외교 정책으로 프랑스의 보복 감정을 선동하라는 것이었다. 히틀러는 이 조건을 들어주는 대신 1억 마르크나 되는 거액을 요구했다. 시드니는 이를 뉴욕에 알렸고, 은행가들은 히틀러가 너무 심하다고 생각했다. 2,400만 달러라면 너무 과한 요구였다. 결국 1,000만 달러로 흥정을 했고, 당시만 해도 큰 힘이 없던 히틀러는 이를 받아들였다.

히틀러의 요구에 따라 이 돈은 네덜란드의 멘델존은행으로 입금된

후 수표로 쪼개져 독일 10개 도시로 보내졌
다. 시드니가 뉴욕으로 돌아와 은행가들에게
보고할 때 록펠러는 히틀러의 나치주의에 심
취해 있었다. 곧이어 그동안 히틀러에 관심을
보이지 않던 〈뉴욕 타임스〉는 갑자기 나치 학
설과 히틀러의 연설을 정기적으로 소개하기
시작했다. 1929년 12월부터는 하버드 대학
도 독일의 국가사회주의 운동을 연구하기 시
작했다.

▌아돌프 히틀러

　1931년 후버 대통령이 모든 채무의 해결
방안에 대해 먼저 프랑스의 의견을 묻겠다고 프랑스 측에 약속한 순
간, 그는 월가로부터 외면을 당했다. 역사학자들은 후버 대통령이
나중에 대선에서 실패한 것도 이 사건과 직접적 관계가 있다고 주장
한다.

　1931년 10월, 히틀러는 시드니에게 한 통의 편지를 보내왔다. 월
가는 즉시 회의를 열었고, 잉글랜드은행의 노먼 이사도 참석했다. 회
의에서는 두 가지 의견이 맞섰다. 록펠러를 중심으로 한 사람들은 히
틀러에게 호의적이었으나 나머지는 부정적이었다. 노먼은 히틀러에
게 1,000만 달러를 준 것으로도 이미 충분하다고 주장하면서, 히틀러
가 행동에 나서지 않을지도 모른다고 우려했다. 그러나 회의 결과 히
틀러를 계속 지원하기로 결정되었다.

　시드니는 다시 독일로 향했다. 히틀러 지지자 회의에서는 나치 선
봉대와 친위대에 기관총과 카빈총 및 권총이 부족하다고 하는 의견

이 있었다. 이때 대량의 무기 장비는 모두 독일 국경의 벨기에, 네덜란드, 오스트리아의 도시에 이미 적재되어 있었으므로 나치가 현금만 지급하면 물건을 찾아올 수 있었다. 히틀러는 시드니에게 폭력을 통한 권력 탈취와 합법적인 집권의 두 가지 계획이 있다고 말했다. "폭력으로 정권을 탈취하려면 5억 마르크가 필요하고, 합법적으로 집권하려면 2억 마르크가 있어야 합니다. 어느 쪽을 택하시겠습니까?"

그로부터 5일 후, 시드니에게 월가의 답변이 도착했다. "이런 액수는 전혀 받아들일 수 없소. 받아들이고 싶지도 않고, 그럴 수도 없소. 히틀러에게 이만한 규모의 자금을 유럽으로 동원하면 금융시장 전체가 위태로워진다고 전하시오."

시드니는 더 자세한 보고를 올렸고, 3일 후 월가는 답신에서 이렇게 밝혔다. "보고는 받았소. 1,000만 달러에서 최대 1,500만 달러까지 준비하겠소. 히틀러에게 공격적인 대외 정책의 필요성을 제안하시오."

이렇게 해서 월가의 은행가들은 히틀러에게 1,500만 달러를 제공해 합법적 집권을 지원하기로 했다. 지급 방식은 반드시 자금 출처를 익명으로 하고 그중 500만 달러를 네덜란드 암스테르담의 멘델존은행으로, 500만 달러는 로테르담은행으로, 500만 달러는 이탈리아은행으로 보내기로 했다.

1933년 2월 27일, 독일 국회의사당 방화 사건이 있던 날 밤에 시드니와 히틀러는 3차 회담을 진행했다. 히틀러는 최소한 1억 마르크가 더 있어야 최후의 정권 탈취 행동을 완수할 수 있다고 주장했고, 월가는 최대 700만 달러만 더 주겠다고 답변했다. 히틀러는 500만 달러는 로마의 이탈리아은행으로, 나머지 200만 달러는 뒤셀도르프의 르나니아회사로 송금해 달라고 요구했다.

임무를 완수한 시드니는 착잡한 마음을 금할 길이 없었다. "나는 내게 주어진 사명을 최후의 세밀한 부분까지 엄격히 집행했다. 히틀러는 유럽 최대의 독재자다. 이 세계는 이미 그를 몇 달 동안 지켜보았다. 그가 옳았는지 틀렸는지는 그의 행위가 증명하겠지만, 나는 후자라고 생각한다. 독일 국민의 입장에서는 내 판단이 틀렸기를 진심으로 바란다. 이 세상은 여전히 히틀러에게 복종하고 있다. 가련한 세상, 가련한 인류다."

월가의 자금 지원을 받은 나치 독일

1933년 1월 30일, 히틀러는 독일 총리로 임명되었다. 독일은 1923년의 슈퍼인플레이션으로 말미암은 경제 난국에서 완전히 벗어났을 뿐 아니라 전 세계를 휩쓴 심각한 불경기에서도 빠른 속도로 탈출했다. 거액의 전쟁 배상금 지급이라는 거대한 경제적 압박 가운데 놀라운 속도로 유럽 최강의 무기 장비를 배치해 1939년 9월 1일 제2차 세계대전을 일으켰다. 이 모든 과정은 겨우 6년밖에 안 걸렸다.

당시 세계 최강국이던 미국은 여전히 1929년 대공황의 늪에서 허우적대고 있었다. 경제 상황은 미국이 직접 참전한 1941년에 이르러서야 호전되었다.

독일이 6년이라는 짧은 시간 동안 신속하게 경제를 회복하고 대규모의 전쟁 준비를 끝낸다는 것은 외부의 강력한 금융 자금 지원이 없었다면 상상도 할 수 없는 일이었다. 이토록 방대한 외부의 자금을 끌어오는 것도 전쟁 준비 때문이 아니라면 논리적으로 설명할 수가 없다.

사실상 월가는 나치 독일 최대의 자금줄이었다.

1924년 독일 슈퍼인플레이션이 막 진정된 후 월가의 은행가들은 독일의 전쟁 준비를 어떻게 도울지 계획하기 시작했다. 1924년부터 시작된 도스안과 1929년 영플랜 모두 이를 목적으로 기획한 것이다.

> 1924년의 도스안은 독일 참모본부 군사 경제학자들의 계획에 완벽히 들어맞았다. [22]

모건 계의 미국 제너럴일렉트릭 총재인 오언 영은 루스벨트가 설립한 연합유럽투자회사의 주요 금융 고문이었다. 그가 금융재벌들과 협력 관계에 있는 국제청산은행을 설립했다. 클린턴의 조지타운 대학 은사이자 유명한 역사학자인 캐럴 퀴글리도 이를 지적했다. "국제청산은행은 하나의 금융 시스템으로 세계를 통제했다. 이 시스템은 극소수에 의해 통제되고, 정치 체제와 세계경제 체제를 주도했다."[23]

1924~1931년 월가는 이 두 계획으로 독일에 총 1,380억 마르크의 대출을 제공했는데, 독일이 이 기간에 지급한 전쟁 배상금은 불과 860억 마르크뿐이었다. 사실상 독일은 미국이 지원한 520억 마르크라는 거액의 금융 자금으로 군수산업 전체를 신속하게 발전시켰던 것이다. 일찍이 1919년 영국의 로이드 조지 총리는 베르사유 조약에 따른 거액의 배상금이 결국은 독일인들로 하여금 배상을 포기하거나 전쟁을 일으키게 할 것이라고 예측했는데, 불행하게도 두 가지 예측

이 모두 들어맞았다.

나치 독일이 새로운 현대화 군사 공장을 세우는 모습과 대공황 속에서 허덕이는 미국의 녹슨 생산 라인을 대비해 보면, 월가 금융재벌들과 미연방준비은행이 미국 납세자의 돈을 독일의 전쟁무기 자금으로 지원했다는 맥패든 의원의 비난도 무리는 아니다.

의장님, 독일의 노벨사가 일본 군대에 중국 만주나 다른 지역에 쓸 군비를 판다고 가정해 봅시다. 달러로 지급할 수 있는 어음이 뉴욕의 공개 어음 할인시장으로 흘러들어 와서 연방준비은행이 어음을 할인해 주고 이를 담보로 새 달러를 발행한다면, 연방준비은행은 사실상 독일 회사를 도와 그의 재고를 미국의 은행 체제에 밀어 넣는 셈이 됩니다. 그렇다면 우리가 무엇 때문에 제네바로 대표단을 보내 독일 군비축소 회의에 참석해야 합니까? 결국 연방준비위원회와 연방준비은행 및 우리 정부가 일본 군대의 독일 군수회사 채무 상환을 돕고 있는 것 아닙니까?[24]

뉴욕 상업어음 할인시장에서 독일과 일본 군수산업에 저금리 단기 융자를 제공하는 것 외에도 연방준비은행은 미국의 금을 독일로 직접 운반하기까지 했다.

원래 미국의 은행 통장에 있던 많은 돈이 아무 담보도 없이 독일로 운송되었습니다. 연방준비위원회와 연방준비은행이 독일인의 상업어음만 받고 미국 화폐를 발행해 준 것입니다. 수십억 달러의 자금이 독일 경제로 흘러들어 갔습니다. 이 과정은 오늘날까지도 계속되고 있습니다. 독일의 값싼 상업어음이 이곳 뉴욕에서 가격이 정해지고 연기될 때, 담보는 미국 정부의 신용이었으며 그 비용을 지급하는 것은 미국인이었습니다. 1932년 4월 27일, 연방준비은행은 미국인 소유인 75만 달러의 황금을 독일로 보냈습니다. 1주일 후에는 30만 달러의 황금을 같은 방식으로 운반했습니다. 5월 중순에만 무려 1,200만 달러의 황금이 연방준비위원회와 연방준비은행에 의해 독일로 향했습니다. 독일로 향하는 황금운반선은 거의 1주일에 한 번꼴로 운항되었습니다. 존경하는 의장님, 나는 미국 은행의 저축자들이라면 미연방준비은행이 자신들의 돈으로 무슨 일을 했는지 알 권리가 있다고 믿습니다.[25]

월가가 거액의 금융 지원을 해준 것 외에 히틀러의 금융 제도 개혁도 상당한 작용을 했다. 그중 가장 핵심적인 한 원인은 독일 사유의 중앙은행 손에 화폐 발행권이 들어갔다는 것이다. 국채를 담보로 해야만 화폐를 발행할 수 있던 저효율 고비용 구조에서 벗어나자 독일의 경제는 불길처럼 일어났다. 독일의 실업률은 1933년 무려 30%였으나, 1938년에는 오히려 노동력이 부족한 현상이 나타났다.

미국 기업이 독일의 기술과 금융 방면에 막대한 지원을 해준 사실은 이미 비밀이라고 할 수도 없다. 이 지원에 대해 역사학자들은 '뜻하지 않은 근시안적 행위'였다고 해석했다. 뜻하지 않은 근시안적 행위가 독일 군수산업의 생산 능력을 극대화한 것이다.

1934년 독일의 석유 생산 능력은 30만 톤의 천연석유와 석탄을 기름으로 전환한 합성휘발유 80만 톤이 전부였으며, 나머지는 순전히 수입에 의존했다. 그러나 미국 스탠더드오일의 수소첨가석유 기술이 전수된 이후로 독일은 1944년 무려 550만 톤의 수소첨가석유와 100만 톤의 천연석유를 생산했다.

비록 독일의 군사 계획 부처에서 공업기업에 현대화된 생산 설비의 설치를 통한 대규모 생산을 요구하기는 했으나, 독일의 군사경제 전문가와 공업기업은 대규모 생산의 의미를 완전하게 이해하지 못했다. 미국의 두 주요 자동차 생산업체가 유럽 시장에 진출하고 독일에 신식 공장을 세우면서 비로소 그들의 눈도 뜨이기 시작했다. 독일 전문가가 디트로이트로 파견되어 모듈을 생산하는 전문 기술과 생산 라인 작업을 직접 배우고, 엔지니어들은 비행기 제조 공장을 견학했을 뿐 아니라 다른 중요 군사시설을 둘러보도록 허락되기도 했다. 그들은 이 과정에서 많은 기술을 배웠으며, 결국 그때 익힌 기술로 미국에 대항했다.[26]

독일 군사공업 생산 시스템과 긴밀한 합작 관계를 유지한 미국 기업으로는 제너럴모터스, 포드자동차, 제너럴일렉트릭, 듀폰 등이 있는데 이들은 모건은행, 록펠러의 체이스은행, 바르부르크의 맨해튼은행의 산하 기업이다.

값비싼 전쟁과 값싼 화폐

처칠은 "전쟁을 일으키기가 전쟁을 끝내기보다 훨씬 어렵다"라는 명언을 남겼다. 이 말은 언뜻 이치에 안 맞는 듯 들리지만, 자세히 음미해 보면 과연 명언임을 깨닫게 된다. 전쟁을 끝낼 때는 쌍방 정부의 비밀 대표들만 한자리에 모여 전쟁을 끝낼 조건을 놓고 한 차례 흥정하는 것이 전부다. 한쪽이 양보하거나 좀 손해를 보면 거래는 성사되게 마련이다.

그러나 전쟁을 일으키는 것은 훨씬 어렵다. 민주사회에서 공감대를 형성하는 것은 극히 어려운 일인데, 이 점은 국제 금융재벌들의 큰 걱정거리였다.

프레더릭 머튼도 이 점을 지적했다. "국제 금융재벌의 눈에는 전쟁도 평화도 없으며 구호와 선언도, 희생과 영예도 없다. 그들은 사람들의 눈을 미혹시키는 것들을 철저히 무시했다."

국제 금융재벌의 본질을 꿰뚫어 본 나폴레옹도 신랄한 평가를 했다. "돈에는 조국이 없다. 금융재벌은 무엇이 애국이고 고상함인지 따지지 않는다. 그들의 목적은 오로지 이익을 얻는 것이다."

월가 은행재벌에게 당하고 빈털터리가 된 미국인들은 제1차 세계대전과 1929년 대공황을 겪고 나자 더는 쉽게 속지 않았다. 아무도 은행재벌의 총알받이로 유럽의 전쟁터에 자식들을 보내려고 하지 않았다. 전국은 '고립주의' 분위기로 팽만했다.

1935년 상원의원 제럴드 나이가 이끄는 특별위원회는 1,400쪽에 달하는 보고서를 통해 미국이 제1차 세계대전에 참가한 과정의 비밀을 발표했다. 수많은 은행가와 군수회사가 참전 과정에서 저지른 음모와 불법 행위가 낱낱이 폭로되었다. 게다가 얼마 전 모건 청문회에서 월가가 1929년 주가 폭락 때 저지른 추문이 밝혀지는 바람에 국민의 반전 정서는 그 어느 때보다 강했다. 때마침 나온《전쟁으로 가는 길》이라는 베스트셀러는 참전에 대한 대중의 격렬한 논쟁을 불러일으켰다. 민심이 이렇게 들끓자 미국은 1935~1937년에 세 개의 중립 법안을 통과시키고 미국의 전쟁 개입을 엄격히 금지했다.

국내적으로 루스벨트의 뉴딜정책이 실시된 지 벌써 5년이 지났지만 경제는 나아질 기미가 보이지 않았다. 실업률은 여전히 17%에 머물렀으며, 1938년에 이르러 미국은 또 한 번의 심각한 경제위기에 휩싸였다.

은행가들과 루스벨트는 케인스가 제창한 슈퍼 적자재정과 염가화폐가 경제를 구할 수 있는 유일한 길이라고 생각했다. 대규모의 전쟁만이 그 효과를 낼 수 있었다.

1933년 금본위제가 폐지된 후 전쟁으로 향하는 길을 가로막는 장애물은 모두 제거된 상태였다. 이제 전쟁을 일으킬 구실만 찾으면 되는 것이었다.

조지타운 대학의 역사학 교수 찰스 탠실에 따르면, 일본의 작전은 1933년 루스벨트가 취임하기 전 이미 구상이 끝났다고 한다. 1932년 미국 해군은 진주만 해역 96킬로미터에서 태평양함대를 습격할 것이라는 사실도 확인했다. 미국 정보부는 1940년 8월에 일본 군대의 암호를 해독했으며, 그 전에 입수한 일본의 모든 무전 기록도 해독할 수 있었다. 미국이 제조한 암호 해독기는 세계 각지로 보내졌는데, 유독 태평양 최대의 해군기지인 진주만만 빠져 있었다. 역사학자들은 그 이유가 사전에 이미 일본 해군의 진주만 습격을 알고 있었기 때문이라고 주장한다.

1943년 1월 13일, 루스벨트와 처칠은 카사블랑카에서 독일이 무조건 투항하라는 성명을 발표했다. 이 성명은 독일 내부에서 동맹국과의 강화를 주장하는 반히틀러 세력을 놀라게 했다. 독일은 원래 1942년 8월에 동맹국과 강화한다는 조건으로 1939년 9월 1일 이전의 경계선으로 후퇴하여 패색이 짙은 이 전쟁을 끝내려고 했다.[27]

독일 내부에서는 히틀러와 나치 정권을 전복하려는 세력이 쿠데타에 착수하고 있었다. 이때 루스벨트의 성명은 독일 국내 반전 세력의 영향력에 치명적인 타격을 입혔다. 키신저는 루스벨트의 카사블랑카 선언의 동기를 이렇게 해석했다.

> 루스벨트는 몇 가지 이유 때문에 독일이 반드시 무조건 투항하라는 성명을 냈다. 그는 독일과 평화 조건을 토론하는 과정에서 동맹국 내부의 견해차가 생길 것을 우려했다. 루스벨트는 먼저 동맹국이 힘을 모아 전쟁에서 이긴 다음에 다시 이야기하기를 원했다. 자신도 스탈린그라드 전투에서 완강히 저항한 소련군을 본받아 결코 독일과 단독 강화를 하지 않을 생각이었다. 그러나 가장 근본적인 원인은 향후 독일의 수정주의 인사들이 당시 독일이 거짓으로 조건을 내걸고 전쟁을 끝냈다는 주장을 펼치는 사태를 피하기 위해서였다.[28]

키신저의 주장에도 물론 일리가 있다. 그러나 잔혹한 대가를 치르는 전쟁이 2년 넘게 연장되면서 무고한 생명과 재산이 잿더미로 변했다. 그중에는 나치에게 희생된 600만 명의 유대인도 포함되어 있다. 전쟁이 1943년에 끝났다면 그들 중 상당수가 화를 면할 수 있었을 것이다. 어차피 독일이 조건부 투항을 한다는 협상에서도 동맹국의 발언권이 더 크게 마련이다.

그러나 이제 막 돈 버는 데 재미를 붙인 금융재벌들이 절호의 기회를 두고 그렇게 쉽게 전쟁을 끝낼 리 없었다. 전쟁의 포화는 1945년 8월에 가서야 멈췄다. 1930년 160억 달러에 불과하던 미국의 국채는 1946년 2,690억 달러까지 올랐다. 케인스의 적자재정과 염가화폐 주장이 마침내 제2차 세계대전의 화염 속에서 '검증'을 받은 셈이다. 국제 금융재벌들은 제2차 세계대전에서 또 한 번 큰돈을 챙겼다.

제6장

세계를 통치하는
엘리트 그룹

금융 자본 세력은 지극히 원대한 계획을 세우고 있다. 이 계획은 금융 시스템을 세워 세계를 통제하는 것이다. 이 시스템은 극소수에 의해 통제되고 정치 및 세계경제 체제를 주도할 수 있다.

이 시스템은 봉건 독재 방식으로 중앙은행가들에 의해 통제되는데, 은행가들은 빈번한 회의를 통해 도출된 비밀 협의로 시스템을 조정한다.

이 시스템의 핵심인 스위스 바젤의 국제청산은행은 민간은행이며, 이를 통제하는 중앙은행들 자체도 마찬가지로 민간기업이다.

각 중앙은행은 재정 대출 통제, 외환 거래 조작, 국가 경제의 움직임에 간여하기, 상업 분야에서 협력을 유지하는 정치가의 이익 돌보기 등의 방식으로 각자의 정부를 통제한다.[1]

_캐럴 퀴글리, 역사학자, 1966년

오늘날 일상생활에서 '세계의 정부'나 '세계의 화폐' 등의 용어가 출현하는 빈도가 점점 높아지고 있다. 역사적 배경이 없었다면 이러한 화제를 그저 뉴스에서 부풀리는 거려니 생각할 수도 있다. 그러나 거대한 계획은 지금도 진행 중이다.

1944년 7월에 유라시아 대륙 전체가 여전히 전화의 소용돌이에 휩싸여 있을 무렵, 영국과 미국이 유럽 대륙에서 제2차 세계대전에 개입한 지 겨우 한 달 여 만에 세계 각지에서 온 44개 국가의 대표는 미국 뉴햄프셔주의 유명한 휴양지 브레턴우즈에 모여 전후 세계경제 질서의 새로운 청사진을 논의했다. 이곳에서 국제 금융재벌들은 오랫동안 준비해온 전 세계의 화폐 발행 통제라는 계획을 실천에 옮기기 시작했다.

국제 금융재벌들은 일련의 핵심 조직 기구인 영국 왕립국제문제연구소와 미국 외교협회를 설립했는데, 훗날 이들 두 핵심 기구는 두 개의 새로운 산하 기구를 파생시켰다. 경제 분야는 빌더버그 클럽Bilderberg Club이 거시 방침을 관장하고, 정치 쪽은 삼각위원회Trilateral Commission가 담당했다.

이 조직의 설립 목적은 극소수의 영미 엘리트가 통치하는 세계정부와 최종의 통일된 세계화폐 발행 체계를 수립하고 모든 지구인에게 '세계의 세금'을 징수하는, 이른바 '신세계 질서'의 수립이었다.

이러한 체제에서는 모든 주권국의 화폐 정책과 경제 내정의 결정권이 박탈되게 마련이며, 모든 주권국가 및 국민의 경제 자유와 정치 자유도 통제를 당하게 된다. 현대인의 목에는 목걸이가 아닌 채무의 올가미가 씌워진다. 모든 현대의 '노예'들로 하여금 더 많은 효율을 올리도록 하기 위해 방만한 경영 관리는 반드시 고효율을 자랑하는 과학적 단계로 전환해야 한다. 무현금 사회, 전자화폐, 국제적으로 통일된 무선주파수RFID 신분증, 인체 내에 칩을 삽입하는 신분증 기술 등이 장차 현대인을 '노예'로 전락시키는 표시가 될 것이다.

국제 금융재벌은 RFID 기술을 이용해 모든 지구인을 언제 어디서나 감시할 수 있다. 현금이 사라진 사회에서는 단순한 컴퓨터 키보드 조작만으로도 언제 어디서나 자신의 재산 권리를 빼앗길 수 있다. 자유를 그토록 소중하게 생각하는 사람들에게 최고로 두려운 장면이다. 그러나 금융재벌들에게는 이런 장면이야말로 '신세계 질서' 최고의 경지다.

엘리트들은 자신들의 계획이 '음모'가 아니라 '개방된 음모'라고 주장한다. 전통적인 음모와 다른 점이 있다면 그들은 확실하게 정해진 리더 기구 없이 그저 '느슨하며', '뜻 맞는 사람들이 모인 사교 모임'이라는 것이다. 그러나 사람들이 불안해하는 부분은 '뜻 맞는' 중량급 인사들이 늘 보통 사람들의 이익을 희생시켜 자기들의 '이상'에 '충실'하고 있다는 점이다. 미국 외교협회의 창시자이며 제1차 세계대전 후 국제연맹을 제창한 하우스 대령이 미국 제일의 막후 조종자였다.

'정신적 교주' 하우스 대령과 외교협회

워싱턴에서 진정한 통치자는 보이지 않는다. 그들은 막후에서 권력을 행사한다. 2 _ 펠릭스 프랭크퍼터(Felix Frankfurter), 미국 대법관

하우스 대령의 이름은 에드워드 하우스이며, '대령'이라는 칭호는 텍사스 주지사가 자신의 선거를 도운 하우스의 공을 치하하는 의미에서 붙여주었다. 하우스는 텍사스주의 부유한 은행가 집안에서 태어났고, 그의 아버지 토머스는 남북전쟁 때 로스차일드가의 대리인이었다. 일찌감치 영국으로 건너가 공부한 하우스는 20세기의 미국 은행가들과 마찬가지로 영국을 조국으로 생각했으며, 영국의 은행권과 가까운 관계를 유지했다.

1912년 하우스는 사학계의 강한 흥미를 유발하는 익명 소설《행정관 필립 드루》를 발표했다. 이 소설에서 그는 인자한 독재자가 미국

양당의 권력을 장악해 중앙은행을 설립한 다음 연방 누진 수입소득세 실시와 보호관세 폐지로 사회 안전망과 국제연맹을 세운다는 구상을 내놓았다. 그가 책에서 '예측'한 미래 세계와 훗날의 미국은 놀랍게도 많은 부분에서 일치했다. 그의 '예견력'은 케인스와 맞먹는다.

| 하우스(좌), 윌슨

사실 하우스 대령과 케인스의 작품은 미래의 예언서라기보다 미래 정책 계획서라고 보는 편이 더 정확하다.

하우스 대령의 책은 출판되자마자 미국 상류사회의 주목을 받았고, 책에 소개된 미국 미래에 대한 예측은 국제 금융재벌들의 입맛에 딱 맞아떨어졌다. 하우스 대령은 단숨에 엘리트 사회의 '정신적 교주'로 등극했다.

1912년 대통령 선거 때 민주당 간부들은 대선 후보를 지명하기 위해 하우스 대령에게 경선 후보 중 한 명인 윌슨을 '면접'하도록 했다. 하우스가 머무는 뉴욕의 호텔로 찾아간 윌슨은 한 시간 동안 깊은 대화를 나누었는데, 두 사람은 진작 만나지 못한 것이 한스러울 만큼 서로 마음이 잘 맞았다. 윌슨의 말을 빌려보자. "하우스 선생은 나와 너무 비슷했다. 그는 독립된 또 하나의 나 자신이었다. 그의 생각은 나와 똑같았다. 내가 그의 자리에 있다면 그가 제안하는 모든 일을 할 것이다."[3]

하우스는 정치가와 은행가들 사이에서 조율하는 역할을 했다. 윌슨이 대통령에 당선되기 전 월가 은행가들이 개최한 파티에서 하우스는 금융 거물들에게 '민주당이라는 나귀를 윌슨이 끈다면 결코 헛발질하지 않을 것'을 보장했을 뿐 아니라 시프, 바르부르크, 록펠러, 모건 같은 인물도 모두 하우스를 믿고 있었다.[4] 시프는 하우스를 성경 속의 모세에 비유하면서 자기를 포함한 다른 은행가는 아론에 비유했다.

윌슨은 1912년 11월 대통령에 당선되고 나서 버뮤다로 휴가를 떠났고, 이때 하우스의 《행정관 필립 드루》를 정독했다. 1913~1914년 윌슨이 내놓은 정책에서 입법에 이르는 대부분은 이 소설의 판박이였다.

1913년 12월 23일에 미연방준비은행 법안이 통과된 후 월가의 시프가 하우스에게 보낸 편지에는 이런 내용이 있었다. "나는 귀하가 이 화폐 법안 통과에 묵묵히 보내준 지지와 탁월한 공헌에 감사의 말을 전하고 싶습니다."[5]

미국의 민영 중앙은행 설립이라는 중요한 임무를 완수한 하우스는 국제 사무로 주의력을 돌렸고, 구미에 폭넓게 퍼져 있는 인맥을 이용해 순식간에 세계무대의 중량급 인물이 되었다. "하우스와 뉴욕의 국제 금융재벌들은 깊은 인연이 있었다. 그는 많은 금융기관과 은행가들 사이에서 영향력을 행사했다. 이들은 파울과 펠릭스 바르부르크 형제, 오토 칸, 헨리 모겐소, 야코프과 모티머 시프 형제, 허버트 리만 등이었다. 하우스는 유럽에서도 강력한 은행가 및 정치가 그룹들과 긴밀한 관계를 맺고 있었다."[6]

　1917년에 윌슨은 하우스에게 '조사' 팀을 조직해 미래평화협의 제정 문제를 담당하도록 했다. 1919년 5월 30일, 에드먼드 로스차일드 남작이 프랑스 파리의 한 호텔에서 회의를 소집했다. 조사 팀을 포함한 영국의 원탁회의 구성원들이 참가한 회의의 중심 의제는 '영국과 미국 엘리트의 역량을 어떻게 모을 것인가'였다. 6월 5일, 이들은 또다시 회의를 열고 조직 형식을 분리해서 통일적으로 협력하면 행동에 유리하다고 결정했다. 6월 17일, 하우스는 발기인의 자격으로 뉴욕에서 '국제사무협회'를 발족했다. 1921년 7월 21일, 하우스는 국제사무협회를 '외교협회(CFR)'로 개명했다. 조사 팀의 구성원을 비롯해 파리강화회의에 참가한 미국 대표와 미연방준비은행 설립에 참여한 270명의 정계 및 금융계 엘리트들이 이 협회에 가입했다. 월가의 은행가들이 이를 위해 아낌없이 주머니를 털었다. 미국 사회와 세계 정치를 통제하는 데 열중하는 조직은 이렇게 탄생했다.

　윌슨 수하의 해군부 차관보로 있던 루스벨트도 하우스의 《행정관 필립 드루》를 읽고 느낀 바가 컸다. 책에 묘사된 '온화한 독재자'는 루스벨트의 훗날 모습과 절묘하게 일치한다. 루스벨트가 대통령에 당선되자마자 하우스는 백악관에 없어서는 안 될 참모가 되었다.

　루스벨트의 사위는 자신의 회고록에 이렇게 썼다.

　　오랫동안 나는 루스벨트 스스로 그토록 많은 아이디어를 생각해 내서 미국에 이익을 가져온 줄 알았는데, 사실은 전혀 그렇지 않았다. 대부분의 아이디어나 정치적 '실탄'은 모두 외교협회와 세계 단일화폐를

주장하는 조직에서 '지급'받은 것이었다.[7]

파울 바르부르크의 아들인 은행가 제임스 바르부르크는 루스벨트의 금융 고문을 지냈으며, 외교협회 회원이기도 했다. 그는 1950년 2월 17일 상원의 외교관계위원회에서 이렇게 말했다. "우리는 마땅히 하나의 세계정부를 세워야 합니다. 사람들이 좋아하든 싫어하든 말입니다. 유일한 문제는 이 세계정부가 과연 평화적인 공감대를 거치느냐 무력의 정복으로 형성되느냐 하는 것입니다."[8]

〈시카고 트리뷴〉은 1950년 12월 9일 자 사설에서 이렇게 지적했다. "외교협회 회원들은 사회에 대해 보통 사람보다 훨씬 큰 영향력을 가지고 있다. 그들은 재산과 사회적 지위, 교육 배경의 우위를 이용해 세운 독보적인 지위로 이 나라를 경제 파산과 군사 붕괴의 길로 몰아갈 것이다. 그들은 자신들의 손에 남은 지난 전쟁의 말라버린 피의 흔적과 최근 전쟁의 선명한 핏자국을 똑똑히 봐야 한다."[9]

1971년 루이지애나주 하원의원 존 래릭은 외교협회를 이렇게 평가했다. "외교협회는 하나의 세계정부를 세우는 데 열중이다. 이들은 가장 큰 몇 개의 면세기금회로 재정적 지원을 받고 있다. 권력과 영향력의 결정판으로 금융, 상업, 노동, 군사, 교육, 대중매체에 거대한 영향력을 미친다. 미국 헌법과 자유로운 상업 정신을 지키려는 좋은 정부의 국민이라면 이를 잘 파악해야 한다. 국민의 알 권리를 소중히 하는 이 나라의 뉴스 매체들은 그동안 스캔들 폭로에는 매우 공격적이었으나, 외교협회와 그 회원들의 활동에는 이상할 정도로 침묵을 고수하고 있다. 외교협회는 엘리트 조직이다. 이 협회는 정부의 최고 결정권 층에 권력과 영향력을 발휘함으로써 위로부터 아래로 압력을 가하며, 개인과 단체에 대한 자금 지원을 통해 아래로부터 위로 압력을 행사한다. 이를 통해 주권을 지지하는 헌법공화국을 하나의 독재적 세계정부의 종속물로 만들 것이다."[10]

외교협회는 미국 정치에 절대적인 영향력을 갖는다. 제2차 세계대전 이후 대통령 선거에 나선 후보 가운데 단 세 명만 빼고 모두가 이 협회의 회원이었다. 수십 년 동안 양당이 번갈아가면 집권을 했는데도 정부의 정책이 그토록 일관성을 유지한 것은 외교협회 회원들이 정부의 요직을 장악하고 있기 때문이다. 재무장관은 1921년 이래 이 협회에서 도맡아서 배출했다. 미국 34대 대통령인 드와이트 아이젠하워의 국가안보 고문은 대부분 이 협회에서 내정되었다. 그 밖에 외교협회는 국무장관(1949년 이래 모든 장관을 전담) 14명, 국방장관 11명, 중앙정보국장 9명을 배출했다.

이러한 측면에서 볼 때 외교협회는 곧 미국 엘리트의 '중앙당교'라 할 만하다. "일단 외교협회의 핵심 회원이 미국 정부의 특정 정책을 결정하고 나면 방대한 규모의 외교협회 연구기관이 즉각 행동을 개시한다. 그러므로 다양한 이성적이며 감성적인 논점을 제시해 정책의 설득력을 높임으로써 정치적으로나 사상적으로나 어떤 반대 의견에도 대처할 수 있었다."[11]

워싱턴 관가에 중요 인물이 결원될 때마다 백악관은 먼저 뉴욕 외교협회에 전화를 걸었다. 일간지 〈크리스천 사이언스 모니터〉는 외교협회 회원 중 거의 절반이 정부 요직으로 임명되거나 정부의 자문 고문을 맡았다고 전한다.

외교협회 회원은 이미 3,600명이나 된다. 회원은 반드시 미국 국민이어야 하며 중요한 영향력을 가진 은행가, 대기업의 임원, 정부 고위 관리, 매스컴의 엘리트, 저명한 대학 교수, 최고의 브레인, 군대의 고급 장성 등이 주요 멤버다. 이런 사람들이 미국 정치 엘리트의 '막강한 핵심'을 형성했다.

미국 메이저급 매체들의 '여론 주도'에 관해 살펴보면, 1987년 외교협회의 보고서가 262명에 달하는 기자와 미디어 전문가들이 자신들의 회원이라고 밝혔다. 이들은 정부의 외교 정책을 '해독'할 뿐 아니라 '제정'하기도 한다. 외교협회 회원들은 CBS, ABC, NBC, PBS 등의 TV 네트워크를 완전히 장악했다.

신문 쪽으로는 〈뉴욕 타임스〉, 〈워싱턴 포스트〉, 〈월스트리트 저널〉, 〈보스턴 글로브〉, 〈볼티모어 선〉, 〈로스앤젤레스 타임스〉 등의 주류 신문들에 영향력을 행사했다.

외교협회의 영향권에 있는 잡지는 〈타임〉, 〈포춘〉, 〈라이프〉, 〈머니〉, 〈피플〉, 〈엔터테인먼트 위클리〉, 〈뉴스위크〉, 〈비즈니스위크〉, 〈U.S. 뉴스 앤드 월드 리포트〉, 〈리더스 다이제스트〉, 〈포브스〉 등이 있다.

출판계로는 맥밀란, 랜덤하우스, 사이먼앤드슈스터, 맥그로힐 등 대형 출판사가 있다.[12]

미 상원의원 윌리엄 제너는 이렇게 말했다. "오늘날 미국에서 독재로 가는 길은 완전히 합법화되었다. 의회, 대통령, 국민은 이미 듣지도 보지도 못한다. 표면적으로는 헌법에 기반을 둔 정부처럼 보이지만, 우리 정부와 정치 체제에는 또 하나의 권력이 있다. 이 권력은 '엘리트들'의 관점을 대표한다. 그들은 우리의 헌법이 이미 케케묵은 것이라고 여기며 시간은 그들의 편이라고 주장한다."

미국에서 국내외 사무의 결정권은 이미 민주와 공화 양당의 수중
에 있지 않으며, 슈퍼 엘리트 그룹이 장악하고 있다.

국제청산은행: 중앙은행 재벌들의 은행

유명한 화폐 전문가 프란츠 피크는 "화폐의 운명은 결국 국가의 운명
이 된다"라고 했다.

마찬가지 이치로 세계 화폐의 운명도 최종적으로 세계의 운명을
결정한다.

국제청산은행은 세계 최초로 설립된 국제 은행 조직인데도 앞에
나서거나 대중의 주목을 받지 않음으로써 이에 대한 학술계의 연구
가 매우 부족한 편이다.

해마다 열 차례씩 8월과 10월을 제외하고 매달 런던, 워싱턴, 도쿄
에서 양복을 차려입은 수상한 사람들이 스위스 바젤에 도착해서 조
용히 오일러 호텔에 묵는다. 그들이 참가하는 회의는 세계에서 가장
비밀스러우나 영향력은 가장 큰 정기회의다. 10여 명이 개인 사무실
과 비밀 전용선 전화로 각자 출신국과 연락을 취한다. 300여 명의 고
정 인력이 그들을 위해 운전기사부터 요리사, 경비, 집배원, 통역, 속
기, 비서와 연구 업무에 이르는 모든 서비스를 담당한다. 그 밖에도
슈퍼컴퓨터, 외부와 철저히 차단된 전용 컨트리클럽, 테니스장, 수영
장 등의 설비가 제공된다.

이 슈퍼클럽에 참가할 수 있는 자격은 엄격히 제한된다. 각국에서 하루하루의 금리, 신용대출 규모, 통화 공급량을 결정할 수 있는 중앙은행가들만 가입이 허락된다. 이들 중에는 미연방준비은행, 잉글랜드은행, 일본은행, 스위스 국립은행과 독일 중앙은행 이사들이 포함되어 있다. 이 기구는 400억 달러의 현금과 각국의 정부 채권, 세계 외화보유고 총액의 10%에 상당하는 황금을 보유하고 있다. 황금 보유량은 미국 국고 다음으로 많은 수준으로, 황금이 창출하는 이윤만으로도 은행의 모든 지출을 감당할 수 있다. 매월 열리는 비밀회의의 목적은 모든 공업국의 화폐 움직임을 조절하고 통제하는 데 있다.

국제청산은행의 본부 건물은 핵무기 공격을 피할 수 있도록 지하에 지어졌다. 완벽한 병원 설비뿐 아니라 겹겹의 방화 시스템을 갖추고 있어서 큰 화재가 발생해도 외부의 소방대원을 부를 필요가 없다. 이 건물의 제일 위층에는 호화 레스토랑이 있는데, 10여 명의 '바젤 주말 모임'에 참가하는 슈퍼 귀빈들 전용이다. 이 레스토랑에서는 사방이 유리로 된 전망대를 통해 독일, 프랑스, 스위스 3국의 아름다운 경치가 한눈에 내려다보인다.

건물의 컴퓨터센터에는 모든 컴퓨터가 전용선을 통해 각자의 중앙은행 네트워크에 직접 연결되어 있으며, 국제 금융시장의 데이터가 홀의 스크린을

| 스위스 바젤에 위치한 국제청산은행 본부

통해 실시간으로 표시된다. 18개의 거래 담당 업체가 유럽 화폐시장의 단기대출 거래를 끊임없이 처리하고, 다른 한 층의 황금 거래 담당자들이 거의 모두 전화로 중앙은행 간의 황금 지급준비금을 결제하고 있다.

국제청산은행은 각종 거래를 하는 과정에서 거의 어떤 리스크도 없으며, 모든 대출과 황금 거래는 각 중앙은행의 준비금을 담보로 한다. 이 거래에서 국제청산은행은 고액의 수수료를 챙긴다. 이들 중앙은행은 무슨 이유로 별로 복잡하지도 않은 업무를 고액의 수수료를 지급하면서 국제청산은행에 넘겼을까?

이유는 오직 하나, 비밀 거래를 위해서다.

국제청산은행은 1930년에 설립되었다. 이때는 세계적 대공황이 가장 심각한 시기였다. 국제 금융재벌들은 미연방준비은행의 확장 버전을 구상하기 시작했다. 즉 중앙은행 재벌들의 은행을 세우는 계획이었다. 1930년 헤이그협의에 따라 국제청산은행은 각국 정부로부터 완전히 독립되었으며, 전쟁이나 평화 시를 막론하고 각국 정부에 내는 세금도 면제받았다. 이 기구는 각국 정부의 지급준비금만 받아들이며 모든 거래마다 상당한 비용을 받았다. 세계경제가 심각한 위기에 빠진 1930년대와 1940년대에 유럽 각국의 중앙은행들은 자신들의 황금을 앞다투어 국제청산은행에 맡겼다. 각종의 국제 결산과 전쟁 배상금도 국제청산은행을 거쳐 결산을 진행했다.

국제청산은행은 독일의 히알마르 샤흐트의 작품이다. 샤흐트는 1927년 뉴욕 연방준비은행의 벤저민 스트롱, 잉글랜드은행의 노먼과 함께 1929년의 증시 폭락을 밀모한 장본인이다. 그는 1930년에 나치

즘에 열광하기 시작했다. 그가 설계한 국제청산은행은 각국 중앙은행가들에게 비밀자금을 제공해서 추적할 수 없도록 하는 것이 목적이다. 사실상 제2차 세계대전 기간에 영국과 미국의 금융재벌들이 이곳을 통해 나치 독일에 대량의 자금을 지원해 독일이 전쟁을 최대한 오래 끌도록 도왔다.

┃ 히알마르 샤흐트

독일이 미국에 선전포고를 한 후 미국의 많은 전략 물자가 중립국의 기치를 걸고 먼저 스페인으로 운반된 다음 다시 독일로 흘러들어 갔다. 그 과정의 금융 업무는 대부분 국제청산은행이 결산했다.

국제청산은행의 이사는 뜻밖에도 교전 쌍방의 은행가들로 구성되었다. 미국의 토머스 맥키트릭과 나치 독일 공업회사 I. G.파벤의 수장 헤르만 슈미츠, 독일의 은행가 본 카터 슈뢰더 남작, 독일 제국은행의 발터 풍크와 에밀 파울이 이사를 담당했다. 발터 풍크과 에밀 파울은 심지어 히틀러가 직접 지명하기까지 했다.

1938년 3월, 독일군이 오스트리아를 점령한 후 빈의 황금을 마구 약탈했다. 이 황금은 훗날 체코에서 독일에 점령된 다른 유럽 국가에서 빼앗은 황금들과 함께 국제청산은행의 금고에 예치되었다. 나치 독일의 이사는 청산은행의 이사회에서 이 의제에 대한 토론을 금지했다. 그중 체코의 황금이 독일 점령 전에 이미 잉글랜드은행으로 옮겨갔다. 나치 점령군은 체코은행에 잉글랜드은행 측으로부터 이 황금을 찾아올 것을 종용했다. 잉글랜드은행의 노먼은 즉각 이에 응했으며, 그 황금은 독일이 대량의 전략 물자를 사들이는 데 이용되었다.

이 소식은 한 영국 기자를 통해 보도되어 여론의 관심을 끌었다. 미국 재무장관 헨리 모겐소는 직접 영국 재무장관 존 사이먼에게 전화를 걸어 사실을 확인했으나, 사이먼은 우물쭈물 대답을 하지 못했다. 훗날 영국 총리 아서 네빌 체임벌린(Arthur Neville Chamberlain) 수상은 이 문제에 대한 질문을 받고 그런 일이 없다고 잡아뗐다. 내막을 알고 보니 체임벌린은 제국화학공업회사의 대주주였다. 이 회사와 나치 독일의 I. G.파벤은 긴밀한 비즈니스 파트너 관계다.

국제청산은행에 사실을 확인하기 위해 파견된 미국 재무부의 코크런은 국제청산은행의 적대국 이사들 간의 관계를 다음과 같이 묘사했다.

> 바젤의 분위기는 완전히 우호적이었다. 대부분의 중앙은행가들은 오래전부터 서로 친한 사이였다. 모두 다시 모인 것도 유쾌할뿐더러 높은 수익을 챙기는 일이 기다리고 있었다. 그들 중 한 사람이 상호비방은 하지 말자고 제안하면서, 루스벨트 대통령과 낚시라도 하면서 자만심과 복잡한 정서를 극복해야 당시 복잡한 정치 관계를 단순화할 수 있다고 말했다. 13

훗날 잉글랜드은행은 압력에 못 이겨 체코의 황금을 독일에 전해준 사실을 시인했다. 그러나 그것은 기술적인 조작에 불과했으며 황금 실물은 한 번도 영국을 떠난 적이 없다고 주장했다. 그러나 황금을 나치 독일에 운반하는 데는 국제청산은행의 장부에서 숫자 몇 개만 고치면 그만이었다. 사람들은 히얄마르 샤흐트가 1930년에 벌써 이토록 교묘한 금융 플랫폼을 설계해 독일의 미래 전쟁을 지원했다는 사실에 혀를 찼다.

1940년, 미국인 토머스 맥키트릭이 국제청산은행 총재에 임명되었다. 그는 하버드 대학을 졸업하고 영미 상공회의소 회장을 역임한 재원으로, 독일어와 프랑스어 및 이태리어에 능통하고 월가와의 관계가 긴밀하며 독일에 대한 대량의 대출 업무를 맡은 바 있다. 국제청산은행 총재에 취임한 후 얼마 되지 않아 베를린으로 간 그는 독일 중앙은행 게슈타포와 비밀회의를 열고, 일단 미국과 독일이 전쟁 상태에 돌입하면 은행 업무를 어떻게 진행할지 토론했다.

1941년 5월 27일, 미국 국무장관 헐(Hull)이 재무장관 모겐소의 요구로 영국 주재 미국 대사에게 나치 통제하의 영국 정부와 국제청산은행의 관계를 상세히 조사하도록 했다. 조사 결과는 모겐소의 분노를 일으켰다. 잉글랜드은행의 노먼이 줄곧 국제청산은행의 이사였던 것이다. 사실 미국, 영국, 프랑스의 은행기관은 청산은행의 이사회에서 전쟁의 적인 독일인과 우호적이고 친밀한 관계를 유지했다. 이토록 괴상한 관계는 전쟁이 끝날 때까지 계속되었다.

일본이 진주만을 습격하고 두 달이 지난 1942년 2월 5일, 미국은 이미 독일에 대한 전면전에 돌입했다. 이상하게도 독일 중앙은행과 이탈리아 정부가 맥키트릭이 국제청산은행 총재를 전쟁이 끝날 때까지 계속 맡는 것에 동의했으며, 연방준비은행은 국제청산은행과 여전히 업무 왕래를 계속했다.

줄곧 잉글랜드은행과 국제청산은행의 애매한 관계에 의혹을 품어온 영국 노동당은 재무부에 해명을 요구했다. 재무부의 대답은 이러했다. "이 국가는 국제청산은행에서 각종 권리와 이익을 보유하고 있다. 이 계획은 모두 각국 정부 간의 협의에 따른 것이다. 이 은행과의 관계를 단절하면 우리의 이익에도 위배된다."

화염과 총성으로 얼룩진 전쟁의 시기, 국가 간의 상호불가침조약마저 아무렇지도 않게 내팽개치는 그런 시기에 각국 은행가들 간의 협의를 엄격하게 지키려는 영국 재무부의 주장을 듣다 보면 법을 대하는 영국인들의 '진지한 태도'에 탄복하지 않을 수 없다. 그런데 1944년 독일이 청산은행 배당금의 대부분을 챙겼음이 드러났다. 영국의 대범함은 또 한 번 사람들의 의심을 살 수밖에 없었다.

1943년 가을, 맥키트릭은 '개인의 안전을 돌보지 않고' 각 교전국 사이를 왕래했다. 비록 이탈리아 국민도 미국 외교관도 아니었지만 이탈리아 정부는 그에게 외교 비자를 내주었으며, 그가 교전국 수도인 로마에 도착하기까지 하인리히 힘러의 비밀경찰이 호위했다. 그

하인리히 힘러
(Heinrich Himmler)
독일의 정치가로 게슈타포(국가 비밀경찰)의 장관을 지냈으며, 유대인 학살의 최고 책임자로 유명하다.

리고 그는 리스본에서 스웨덴의 배를 타고 미국으로 돌아왔다. 4월에는 뉴욕으로 가서 연방준비은행 관리와 협상을 한 다음, 미국 여권을 소지하고 베를린으로 날아가 독일 중앙은행의 관리들에게 기밀 금융 정보와 미국 고위층의 동정을 보고했다.

1943년 3월 26일, 캘리포니아주의 하원의원 제리 부어히스가 하원에서 국제청산은행을 조사하자는 의제를 제출해 '일개 미국 국민이 동맹국 설계와 운영을 담당하는 은행의 총재가 된 원인'을 확실히 밝히고자 했다. 그러나 미국 의회와 재무부는 이 조사에 흥미를 보이지 않았다.

1944년 1월이 되자 또 한 명의 '호기심' 많은 하원의원 존 코비가 화가 나서 말했다. "나치 정부는 8,500만 스위스 프랑을 국제청산은행에 예치했다. 이사 대부분은 나치 관원이었다. 우리 미국의 돈은 계속해서 그쪽으로 유출되었다."[14]

　　사람들은 무슨 이유로 스위스가 사방이 포화로 휩싸인 환경에서 '중립'을 유지했는지 잘 모른다. 스위스와 비슷한 약소국 벨기에, 룩셈부르크, 노르웨이, 덴마크는 설사 중립을 유지하고 싶어도 나치의 마각에서 벗어날 수 없는 상황이었다. 이 문제에 대한 답은 국제청산은행이 스위스에 위치해 있었다는 데서 찾아야 한다. 이 은행의 실질적 기능은 영미를 포함한 은행가들이 독일에 전쟁 융자를 제공해 전쟁을 길게 끌도록 하는 것이었다.

　　1944년 7월 20일, 브레턴우즈회의에서 국제청산은행을 폐지하자는 의제가 마침내 회의 테이블 위에 올랐다. 회의를 함께 설계한 케인스와 해리 화이트는 전쟁 중 국제청산은행의 의심스러운 행위들에 주의를 집중하고 이 은행을 폐지하자고 지지했다. 그러나 이들은 곧 태도를 바꾼다. 케인스가 미국 재무장관 모겐소의 방문을 두드릴 때 모겐소는 평소와 다른 케인스의 모습을 보고 흠칫 놀랐다. 평소 흐트러짐 없는 몸가짐으로 소문난 케인스는 몹시 흥분해서 얼굴이 온통 새빨개져 있었다. 그는 최대한 절제된 목소리로 새로운 국제화폐기금 조직과 세계은행(International Bank for Reconstruction and Development, IBRD)을 설립할 때까지 국제청산은행을 계속 유지해야 한다고 말했다. 케인스의 부인도 옆에서 거들었다. 모겐소가 국제청산은행을 해산해야 한다는 거대한 정치적 압력을 견지하자 케인스는 한발 물러서서 이 은행이 마땅히 문을 닫아야 한다고 인정했다. 그러나 문을 닫는 시기 역시 중요했다. 모겐소는 빠를수록 좋다는 태도를 고수했다.

기가 죽은 케인스는 자기 방으로 돌아가 즉시 영국 대표단 긴급회의를 소집했다. 이 회의는 새벽 2시까지 계속되었다. 케인스는 친필로 모겐소에게 보내는 편지를 써서 국제청산은행의 지속을 요구했다. 다음날 회의에서 모겐소의 대표단은 뜻밖에도 국제청산은행 결의를 통과시켰다.

이 결정을 전해들은 맥키트릭은 즉시 모겐소와 영국 재무장관에게 편지를 보내 전쟁이 끝난 후에도 국제청산은행이 중요한 역할을 한다는 점을 강조했다. 그러나 그는 국제청산은행의 장부는 공개할 수 없다고 밝혔다. 사실상 이 장부는 1930년부터 거의 80년의 세월 동안 어떤 정부에게도 공개된 적이 없다.

맥키트릭은 전쟁 기간의 의심스런 행적에도 국제 금융재벌들의 호평을 받았다. 그는 나중에 록펠러에 의해 체이스맨해튼은행의 부총재로 임명되었다. 그리고 국제청산은행도 해산되지 않았다.

전쟁이 끝난 후 국제청산은행의 활동은 더 은밀하게 진행되었다. 인원은 '핵심 클럽'이라고 하는 6~7명의 은행가로 구성되며 미연방준비은행, 스위스 국립은행, 도이치연방은행, 이탈리아은행, 일본은행, 잉글랜드은행의 이사 등이 포함된다. 프랑스은행과 다른 나라의 중앙은행들은 핵심권에서 배제되었다.

핵심 클럽의 가장 중요한 이념은 각국 정부를 국제 화폐 결정 과정에서 철저히 배제하는 것이다. 스위스 국립은행은 원래 민간은행이며 정부의 통제를 전혀 받지 않는다. 도이치연방은행도 스위스은행과 마찬가지로 자신들 뜻대로 행동한다. 금리 변동 같은 중대한 정책에서도 정부와 협력하지 않는다. 에밀 파울 총재는 바젤회의에 참석할 때 정부가 내준 비행기를 타지 않고 자신의 세단을 이용할 정도였다. 미 연방준비은행은 어느 정도 정부의 통제를 받지만, 화폐 정책 결정에서 백악관과 의회는 완전히 손을 뗀 상태다. 이탈리아은행은 이론적으로는 정부의 통제를 받아야 하지만, 은행 총재가 정부와 협의를 한 적이 없다. 심지어 1979년에 정부가 이탈리아은행 총재 파올로 배피를 구속한다고 위협했지만, 국제 금융재벌들이 압력을 행사하는 바람에 행동에 옮길 수는 없었다. 일본은행의 상황은 좀 특별하다. 그러나 1980년대에 부동산 거품이 꺼지면서 대장성이 일본 중앙은행에 대한 간섭 행위를 사태의 원흉으로 형용했고, 일본은행은 이 기회에 정부의 간섭에서 벗어나게 되었다. 잉글랜드은행은 정부에 꽉 잡혀 있지만, 수완이 비상한 총재는 핵심 클럽의 회원이라고 할 수 있다. 프랑스은행은 운 나쁘게도 정부의 꼭두각시로 간주됨으로써 핵심에서 배제되었다.

국제통화기금과 세계은행

그들은 국제통화기금(IMF)이 매우 오만하다고 말할 것이다. IMF가 그들이 힘써 도와온 개발도상국의 목소리에 진정으로 귀 기울인 적이 없다고 말할 것이다. 그들은 IMF의 정책이 밀실에서 이루어지고 비민주적이라고 말할 것이다. 그들은 IMF의 경제 '치료법'이 늘 문제를 더 키우고 경제 발전을 늦춰 불경기로 악화시킨다고 말할 것이다. 그들의 말은 다 맞다. 나는 세계은행의 수석 부총재로 있는 동안 1996년부터 2000년 9월까지 반세기 이래 가장 심각한 세계경제위기(아시아 금융위기, 라틴아메리카 금융위기, 러시아 금융위기)를 경험했다. IMF와 미국 재무부가 이 위기에 대처하는 것을 내 눈으로 직접 보고 어안이 벙벙했다.[15] _ 조지프 스티글리츠(Joseph Stiglitz)

조지프 스티글리츠는 IBRD의 수석 이코노미스트 겸 부총재로서, 2000년 IBRD와 IMF의 연례회의가 열리기 1주일 전에 최대의 이들 두 국제 금융기구를 강하게 비판했다. 이 일로 그는 IBRD 제임스 울펀슨 총재에 의해 즉시 '강제 사퇴'를 당했다. 사실 스티글리츠를 내쫓은 사람은 울펀슨이 아니라 미국 재무장관 로런스 서머스였다. IBRD의 지분 17%를 보유한 미국 재무부는 IBRD 총재의 임면권과 1표의 부결권을 가지고 실질적으로 IBRD의 운영을 통제하고 있다. 스티글리츠에 대한 서머스의 증오는 극에 달했다. 심지어 그는 스티글리츠를 조용히 사퇴시키기보다 '해임'이라는 극단적 형식을 동원해 모욕을 주려고까지 했다.

스티글리츠는 2001년 노벨 경제학상을 수상했으며, 클린턴 대통령 시절 수석 경제 고문까지 맡았던 인물이다.

문제는 스티글리츠의 경제학 수준이 못 미쳐서가 아니라, 그의 '정치적인 입장'이었던 것이다. 스티글리츠는 국제 금융재벌들이 야심차게 추진하는 '세계화'에 부정적 태도를 보이고 있었다. 두 국제 금융기구에 대한 그의 평가와 견해는 당연히 방대한 자료를 기초로 한 것이다. 그러나 스티글리츠도 미처 생각하지 못한 것은 '이런 문제를 일으키고 이용하는' 것이야말로 이들 두 금융기구의 사명이었다는 사실이다.

| 조지프 스티글리츠

스티글리츠는 '음모론'의 관점을 완전히 믿지 않았다. IBRD와 IMF에서 일하는 대부분의 경제학자와 실무자들 역시 그들의 업무에 내재된 음모를 인정하지 않는다. 사실상 작업 측면에서 볼 때 모든 업무는 완전히 과학적이고 철저하며 각각의 자료에 대한 모든 출처가 분명하다. 계산법은 전부 과학적으로 분석되고 모든 방안은 성공적 사례에 든다. 그들의 일상 업무 가운데 음모가 존재한다고 말하면 분명 억울한 일이다. 다른 누구를 그 자리에 앉혀도 같은 수학 공식과 방법을 쓰면 같은 결론을 도출하게 되어 있지 않은가!

그런데 이 점이 바로 고수들이 노린 효과다. 세부적인 작업은 완전히 투명하고 과학적이라 전혀 흠잡을 데가 없다. 그런데 진정한 음모는 정책 측면이다. 전형적인 사례로 폴란드와 구 소련의 경제모델 전환 효과는 서로 하늘과 땅 차이라는 점을 들 수 있다.

하버드 대학 교수 제프리 색스, 조지 소로스와 미연방준비은행의 폴 볼커, 씨티은행 부총재 안노 루딩이 모여 '충격 요법'을 제안했다. 소로스는 이 요법을 다음과 같이 설명했다.

나는 경제 체제의 변화가 경제 개선을 가져온다는 점을 반드시 보여주고자 했다. 폴란드는 이를 시험해 볼 수 있는 곳이었다. 나는 광범위한 경제 개혁 조치를 준비했다. 그 내용은 통화 긴축과 구조조정 및 채무 재조정의 세 부분으로 구성된다. 나는 세 개의 목표를 동시에 달성하려면 단독으로 실시해야 한다고 생각했다. 그리고 거시경제인 채무와 주식 전환을 주장했다.

폴란드에 충격 요법을 실시하는 과정에서 미국 재무부와 국제 금융재벌은 실질적으로 금전을 지원했다. 그 결과 대량의 금전 '수혈'을 받은 폴란드의 충격 요법은 대성공을 거두었다.

이어서 '북극곰' 구 소련이 경제 '의사'들의 수술대 위에 올랐다. 수술이 한창 진행되는 가운데 미국과 국제 금융재벌 쪽에서 오기로 돼 있던 금융 '수혈'이 갑자기 중단되었다. 환자의 상태가 어떻게 되었을지 뻔하다. 제프리 색스가 '억울'하다고 외친 것도 무리가 아니다. 폴란드의 사례로 검증된 성공적 '수술'은 그렇게 뜻하지 않는 사고를 당했고, 환자 북극곰은 수술대에서 사망하고 말았다.

사실 폴란드의 충격 요법이 성공한 것 자체가 속임수였다. 이런 '정치 측면'의 음모를 소로스와 스티글리츠는 '작업 측면'으로 생각하지 않았다.

브레턴우즈협정의 설계 초기에 이들 두 금융기구를 설립한 것은 달러에 세계화폐의 패권적 지위를 부여하기 위해서였다. 국제 금융재벌들이 금본위제를 폐지하려는 생각은 3단계로 실현되었다. 먼저 루스벨트가 1933년에 전통적인 금본위제를 폐지한 후 황금과 달러의 직접교환(Gold Standard) 관계는 황금간접교환(Gold Exchange Standard)으로 대체되어 1단계를 완성했다. 국제 유통시장에서 외국의 달러 소지자는 여전히 달러를 황금으로 교환할 수 있었다. 그런데 브레턴우즈협정에서는 좀더 발전해 달러를 이용해 환전할 수 있게 함으로써 황금 간접교환 제도를 대체했다. 즉 각국 화폐와 달러를 연동시키고 달러와 황금을 연동시킴으로써 외국 중앙은행만 달러를 가지고 황금으로 바꿀 수 있게 했다. 이로써 황금은 화폐의 유통 영역에서 한 걸음 더 밀려났고, 금본위제 폐지의 2단계가 완성되었다.

IMF와 IBRD 모두 실질적으로는 미국이 통제한다. IMF의 최고 리더 자리에 유럽인을 앉힌 이유는 통제할 수 없는 사태를 막기 위해서였다. 미국 재무부는 중대 의제의 경우 반드시 85% 이상의 찬성표를 얻어야 통과된다는 조항을 설계하고, 미국 재무부(투표권 17%)에 1표의 부결권을 부여했다. 미국 재무장관이 세계은행에서 특히 총재를 인선하고 인사권을 완전히 장악한 상황에서는 85%라는 찬성표의 제약을 받는 경우가 거의 없었으므로 '효율'이 상당히 제고되었다. 이 점이 '정책적 설계'와 '작업 흐름'의 양자 사이를 교묘하게 이용한 것이다.

브레턴우즈협정의 총 설계자인 케인스는 한 단계 앞선 개념인 '특별인출권(special drawing rights, SDR)'을 고안해 냈다. 특별인출권은 이른바 '종이 황금'으로, 미국에서 장기적인 부족 상태를 겪는 실물 황금의 부족을 메우는 개념이다. 그야말로 인류 역사상 초유의 '발명'이다. 특정 '지폐'를 인위적으로 영원히 가치가 절하되지 않도록 해서 황금과 동등한 위치를 부여하되 금으로 교환은 할 수 없었다. 이 개념은 1969년 미국에서 심각한 황금 지급의 위기가 닥쳐왔을 때 시행된 적이 있으나, 달러와 황금의 교환 관계라는 국제적 규약의 붕괴를 막지 못했다. 브레턴우즈협정이 해체된 후 특별인출권은 '통화 바스켓' 환율 연동으로 다시 정의되었다. 케인스가 1940년대에 내놓은 '세계화폐'의 구상은 아직 본격적으로 그 위력을 발휘하지 못하고 있다.

1971년 닉슨이 황금과 달러의 교환 중지를 선포했을 때 IMF와 IBRD의 역사적 사명은 이미 종결되었다고 봐야 한다. 그러나 국제 금융재벌은 재빨리 이 기구들에게 개발도상국의 '세계화'를 '돕는다'라는 새로운 역할을 부여했다.

스티글리츠는 해고되기 전에 IMF와 IBRD의 기밀문건을 대량으로 손에 넣었다. 이들 문건에 따르면, IMF는 긴급구조를 신청하는 국가에 111항에 달하는 기밀 조항에 서명할 것을 요구한다. 이를테면 긴급구조 대상 국가는 수도, 전력, 천연가스, 철도, 통신, 석유, 은행 등 핵심 자산을 팔 것, 긴급구조 대상 국가는 반드시 극단적이고 파괴적인 경제 조치를 채택할 것, 스위스은행에 해당국 정치가의 은행 계좌를 개설해 사례비 조로 수억 달러를 송금할 수 있도록 할 것 등의 내용이 포함되어 있다. 긴급구조 대상 국가의 정치가가 이 조건을 거절할 경우에는 국제 금융시장에서 긴급대출을 받을 생각을 단념해야 한다.

스티글리츠는 모든 나라에 같은 처방이 기다리고 있다고 토로한다.

첫 번째 처방은 사유화다. 좀더 정확히 말하면 '뇌물화'다. 지원 대상국의 지도자가 국유자산을 싼값으로 다른 나라에 양도하겠다고 동의만 하면 즉석에서 10%의 사례비가 스위스은행의 기밀계좌로 입금된다. 스티글리츠의 말을 빌리면 "그들의 눈이 커지는 것을 볼 수 있다." 그리고 정말 '눈이 튀어나올' 정도의 거액인 수십억 달러를 대출

받을 수 있다. 1995년 러시아 사유화의 과정에서 역사상 최대의 뇌물 스캔들이 발생했을 때 미국 재무장관은 말했다. "잘된 일이라고 생각했다. 왜냐하면 우리는 보리스 옐친의 당선을 바라기 때문이다. 우리는 부패 선거라는 사실에는 전혀 개의치 않고 옐친에게 돈을 쏟아부으려 했다."

스티글리츠가 결코 음모론자는 아니다. 그는 단지 정직한 한 사람의 학자에 불과하다. 심각한 부패로 러시아의 경제가 큰 타격을 입고 전국이 심한 불경기에 빠져드는 모습을 지켜보면서 경제학자로서의 양심과 정의감이 발동했다. 그는 더 이상 IBRD와 미국 재무장관의 비열한 수법을 두고 볼 수 없었다.

두 번째 처방은 자본시장의 자유화다. 이론적으로 자본의 자유화는 자본이 자유롭게 유입되고 유출되는 것을 의미한다. 그러나 아시아와 브라질의 금융위기 경험에 비춰볼 때 자본의 자유로운 유입은 필연적으로 부동산과 증시 및 환율시장의 투기로 이어진다. 그러다 위기가 다가오면 자본의 자유로운 유출만 반복된다. 스티글리츠가 핫머니라고 칭한 단기성 투기자금은 늘 제일 먼저 빠져나가므로 위기를 맞은 나라의 외환보유액은 며칠이나 심지어 몇 시간 안에 동이 난다. IMF가 구조의 손을 내미는 조건에는 통화 긴축으로 금리를 30%, 50%, 80%까지 황당할 정도로 올리는 것도 포함되어 있다. 이런 고금리는 부동산 가치를 무참하게 무너뜨리고 공업 생산성을 파괴해 오랜 기간 축적된 사회의 부를 순식간에 쓸어간다.

세 번째 처방은 시장가격 정하기다. 경제위기를 맞아 기진맥진한 나라에서 IMF의 구제 금융을 받게 되면, IMF는 다시 식품이나 생수 및 천연가스 등 일반 서민의 생활필수품 가격을 대폭 인상하라고 요구한다. 그 결과는 능히 상상할 수 있다. 수많은 시민이 시위에 나서거나 폭동을 일으키기도 한다. 1998년 인도네시아에서는 IMF가 식료품과 연료에 대한 보조금을 삭감했다는 이유로 대규모 폭동 사태가 일어났다. 볼리비아는 물 값 상승으로 시민 폭동이 일어났고, 에콰도르는 천연가스 가격의 폭등이 사회 혼란을 가져왔다. 이 모든 것이 국제 금융재벌들의 계산에 다 포함되어 있다. 그들의 용어로 말하면 '사회적 불안'이다. 그런데 사회적 불안은 매우 훌륭한 역할을 했다. 마치 놀란 새 무리처럼 자금이 사방으로 흩어지고 나면 극히 저렴한 가격의 자산이 오랫동안 침을 흘리고 있던 국제 금융재벌들의 큰 입 속으로 들어간다.

에티오피아에서 첫 민주선거로 당선된 대통령은 위기에 몰리자 IBRD와 IMF의 구제 금융을 받았다. 그는 이 원조금을 미국 재무장관의 계좌에 입금하고 4%밖에 안 되는 저금리를 받아야 했다. 게다가 국제 금융재벌에게 12%의 고금리로 돈을 빌려다 굶주린 국민을 구제했다. 에티오피아 대통령이 스티글리츠에게 IBRD와 IMF의 구조를 요청할 당시 스티글리츠는 그의 요구를 거절할 수밖에 없었는데, 인류의 양심을 시험하는 잔혹한 현실을 견뎌낼 수 없었기 때문이다.

네 번째 처방은 빈곤을 줄이는 책략인 자유무역이다. 스티글리츠는 WTO의 자유무역 조항을 '아편전쟁'에 비유했다. 그는 특히 '지적재산권' 조항에 분통을 터뜨렸다. "그토록 높은 '지적재산권'과 '관세'로 서방 국가의 '제약회사'가 생산한 약품 값을 지급하라는 것은 상대 국민더러 죽으라는 말이나 다름없다. 그들은 국민이 죽고 사는 데 아예 관심도 없다."[16]

스티글리츠가 보기에는 IMF나 IBRD, WTO 모두 한 회사에서 생산한 다른 이름의 브랜드에 지나지 않았다. 시장 개방에 관한 IMF의 가혹한 조건은 심지어 WTO가 정부에 내세우는 개방 조건보다 심하다.

2004년에 출판된 《경제 저격수의 고백》은 체험자의 각도에서 스티글리츠의 관점에 그럴듯한 해설을 달아놓았다.

이 책의 저자 존 퍼킨스는 자기가 직접 겪은 경험으로 금융재벌들이 개발도상국에 가한 비밀스러운 금융전쟁의 경과를 상세하게 묘사했다. 직접적인 사건의 장본인으로서 작가는 1960년대 말 미국 최대의 스파이 기관인 국가안보국(National Security Agency, NSA)에 들어갔다. 일련의 테스트를 거쳐 그는 가장 적합한 '경제 저격수'에 뽑혔다. 그리고 신분을 노출하지 않으려고 유명한 국제 엔지니어회사의 '수석 이코노미스트'라는 신분으로 세계 각지를 누비며 경제 저격수 노릇을 했다. 그의 계획이 폭로되더라도 정부 관리 신분이 아니므로 피해 당사국은 개인 회사의 스캔들 수준으로 처벌할 수밖에 없었다.

존 퍼킨스의 업무는 개발도상국에 IBRD의 차관을 얻도록 로비하는 것이었다. 그것도 실제로 필요한 것보다 훨씬 많은 액수를 책정해 상환할 수 없는 상황이 필연적으로 따르게 했다. 개발도상국 정치 지도자의 구미를 돋우기 위해 수억 달러의 뇌물을 현금으로 지급했다. 채무를 갚지 못하면 IBRD와 IMF가 국제 금융재벌들을 대신해 '선혈이 낭자한 고깃덩어리'인 체납금을 독촉한다. 이때 내거는 조건이 상수도 공급 시스템, 천연가스, 전력, 교통, 통신산업 등의 핵심 자산을 양도하라는 것이다. 경제 저격수의 작업이 별 효과가 없으면 중앙정보국이 '자칼'을 풀어 상대 국가의 지도자를 물어뜯는다. 만약 자칼도 실패하면 최후의 수단으로 무력을 동원한 전쟁을 일으킨다.

1971년 존 퍼킨스는 인도로 파견되어 경제 저격수의 임무를 무사히 완수했다. 이로써 인도는 심각한 채무를 안게 되었다. 그 후 퍼킨스는 사우디아라비아로 가서 '오일달러의 미국 유출' 계획을 조종해 훗날 키신저가 사우디아라비아에 대한 로비를 통해 석유수출국기구(OPEC) 회원국 사이를 성공적으로 이간질하는 데 크게 기여했다. 이후로도 그는 이란, 파나마, 에콰도르, 베네수엘라 등을 오가며 혁혁한 공을 세웠다.

2001년 9·11테러 사건이 터진 후 작가는 미국이 세계인들에게 증오를 사는 이유가 자기 같은 경제 저격수들의 활약 때문이라는 사실을 뼈아프게 절감하고 진상을 고백하기로 마음먹었다. 그러나 뜻밖에도 뉴욕의 대형 출판사들은 그의 자서전을 감히 출판하기를 꺼렸다. 책의 내용이 너무 충격적이라는 이유였다. 그가 책을 쓴다는 소식은 순식간에 금융계에 퍼졌다. 그러자 한 유명한 글로벌 기업이 높은 연봉을 주겠다며 그에게 스카우트 제의를 해왔다. 단 그 책을 발표하지 않겠다는 조건을 내걸었다. 이것만 해도 '합법적'인 거래였다. 2004년 작가가 위협과 압력에도 굴하지 않고 책을 출판하자 단숨에 미국의 베스트셀러가 되었다. 이 책이 소설 형식을 선택한 것도 부득이한 사정 때문이었다. 출판사 측은 전기 형식으로 책이 출판될 경우 그 뒤에 닥쳐올 폭풍을 감당할 자신이 없었던 것이다.[17]

세계를 통치하는 엘리트 그룹

> 우리는 아래로부터 위로 향하는 '세계 질서의 빌딩'을 지어야 한다. 결코
> 그 반대여서는 안 된다. 국가의 주권을 종결하는 작업은 조금씩 잠식하
> 는 방법을 쓸 수 있다. 이 전통적인 방법으로 우리의 목적을 신속히 달성
> 할 수 있다. [18] _ 리처드 가너(Richard Garner), 〈포린 어페어스(Foreign Affairs)〉, 1974년 4월

1992년 7월 16일, 민주당 전당대회에서 대통령 후보로 지목된 클린턴은 별로 새로울 것도 없는 단결, 이상, 국민과 국가 등을 주제로한 연설을 했다. 그런데 연설 말미에 클린턴은 갑자기 조지타운 대학재학 시절의 은사 캐럴 퀴글리의 이름을 거론했다. 퀴글리가 자신에게 미친 영향력은 케네디 대통령이 자신에게 준 영향력과 맞먹는다는 말도 덧붙였다.[19] 클린턴은 대통령 시절에도 퀴글리의 이름을 자주 거론했다. 과연 그의 어떤 주장이 클린턴의 가슴에 그렇게도 깊이새겨졌을까?

퀴글리 교수는 영미 비밀 엘리트 조직 연구의 권위자였다. 그는 이비밀조직이 세계의 거의 모든 중대한 사건에 결정적인 영향을 미친다고 주장했다. 말하자면 퀴글리 교수는 '음모론' 연구의 대가였다.

퀴글리 교수는 하버드 대학을 졸업하고 브루킹스 연구소, 미국 국방성, 해군부에서 근무했으며 중앙정보국의 고위 관리들과 긴밀한 관계를 유지했다. '엘리트 그룹'에 속하는 퀴글리는 최고 기밀 문헌과 비밀 파일들을 접할 기회가 수없이 많았다. 그

> **브루킹스 연구소
> (Brookings Institution)**
> 1927년 설립된 민간 연구 조직으로, 미국 정부의 정책 입안에 큰 영향을 미친다.

는 영미의 극소수 통치 엘리트들이 전 세계의 운명을 설계한다는 '이상'에 별다른 반감을 품지 않았다. 다만, 그중 일부 생각에는 유보하는 태도를 보였을 뿐이다. 게다가 그의 연구는 어렵고 모호해서 '주류' 학자들의 공격을 받지 않았으며, 무려 20여 년이라는 연구 기간 동안 대량의 극비 문서를 접했기 때문에 미국의 사학계에는 그의 연구를 되풀이할 만한 사람이 없었다. 따라서 그의 저서에 대해 반박하는 사람이 거의 없었다. 그의 학설이 그 시대 집권자의 이익만 해치지 않는 한 엘리트 그룹에서 그를 건드릴 필요가 없었다.

퀴글리 교수는 영국 왕립국제문제연구소(RIIA), 미국 외교협회(CFR), 빌더버그 클럽을 세계 정치 엘리트가 세계정세를 조종하는 핵심 조직으로 보았다. 외교협회는 3,600명이나 되는 회원을 보유하고 있다. 이 협회에 가입하는 것은 미국 정계의 대문에 들어선 것이나 마찬가지며, 앞으로 미래 세계 정책을 결정하는 인물이 될 수 있다는 것을 의미한다. 빌더버그 클럽은 유럽의 엘리트까지 포함한다. 325명의 회원을 보유한 삼각위원회는 일본과 다른 아시아의 엘리트까지 범위를 넓혔다. 미국 외교협회의 중량급 회원들은 대부분 다른 조직의 회원을 겸하는데, 회원들의 면면을 보면 세계를 좌지우지할 정도의 인물이 포진되어 있다. 가령 미국 전 국무장관 헨리 키신저, JP모건 국제위원회의 데이비드 록펠러, 넬슨 록펠러, 영국의 필립 왕자, 케네디 대통령 정부에서 국방장관을 지내고 훗날 IBRD 총재로 임명된 로버트 맥나마라, 전 영국 총리 마거릿 대처, 전 프랑스 대통령이자 유럽 헌법의 주요 제정자인 지스카르 데스탱, 전 미 국방장관 도널드 럼스펠드, 전 미국 국가안보 고문 즈비그뉴 브레진스키, 전 미 연방준비은행 총재 그린스펀, 여기에 초대의 거장 케인스도 있다. 국제 금융재벌은 이들 조직 막후의 조종자들이다. 로스차일드 가문은 여러 차례에 걸쳐 빌더버그회의를 주최했다. 1962년과 1973년 스웨덴의 휴양지 살트요바덴에서 열린 회의는 바르부르크가에서 주최했다.

대학생 시절 퀴글리 교수의 가르침을 듣고 크게 깨달은 클린턴은 정계에 진출해 두각을 나타낼 결심을 했다. 개인적으로 나서면 실패할 확률이 높았으므로 권력 핵심권에 진입해 그 힘을 빌려 정계로 나가기로 했다.

그 후 클린턴은 삼각위원회와 외교협회에 차례로 가입했다. 이외에도 '로즈 학자(Rhodes Scholar)'라는 미래 '세계정부'의 주요 '간부'를 양성하는 훈련 과정에도 참여했다. 1989년 외교협회에 가입한 클린턴은 1991년 아칸소 주지사에 당선되었으며, 그해 독일에서 개최된 빌더버그 클럽 연례회의에도 출석했다.[20] 각 주의 주지사들은 이 슈퍼 엘리트들의 모임에 참가하고 싶어 안달했지만 쉽지 않았다. 그리고 불과 1년 만에 이름도 알려지지 않은 변두리 아칸소의 주지사 클린턴이 쟁쟁한 부시를 제치고 대통령에 당선된 것이다. 클린턴이 퀴글리 교수의 가르침을 잊지 못하는 것도 당연하다.

빌더버그 클럽

그때 우리가 대중에 개방되었다면 세계의 발전 계획을 세우지 못했을 것이다. 그러나 세계는 점점 복잡해지며 세계정부를 향해 가고 있다.

지식 엘리트와 세계 은행가로 조직된 초국가주권의 실체는 과거 수세기 동안 국가의 자결권을 실천한 것보다 훨씬 잘 될 것이다.[21]

_ 데이비드 록펠러, 1991년

빌더버그 클럽이라는 명칭은 네덜란드의 한 호텔의 이름에서 따왔으며, 1954년 네덜란드의 베른하르트 왕자에 의해 창립되었다. 빌더버그 클럽은 미국 외교협회의 '국제 버전'으로 미국과 유럽의 은행가, 정치가, 비즈니스 수장, 언론계 거물과 저명한 학자들로 구성된다. 모든 구성원은 로스차일드와 록펠러에게 뽑힌 사람들이다. 회원 대부분이 미국 외교협회, 필그림협회, 원탁협회, 삼각위원회의 회원으로도 활동한다. 빌더버그 클럽은 EU를 포함한 거의 모든 유럽연합기구의 발원지이며, 이들의 궁극적 목적은 세계정부를 수립하는 데 있다.[22]

이 조직 최대의 특징은 '신비함'이다.

빌더버그 클럽의 본부는 네덜란드 서부의 레이덴 시에 위치하며 전화번호도 있다. 그러나 인터넷 사이트는 없다. 토니 고슬링이나 미국의 제임스 터커 등의 개인 탐정들이 갖은 노력 끝에 겨우 빌더버그 회의가 열리는 장소와 의제 등을 찾아냈을 뿐이다. 터커는 빌더버그 클럽을 무려 30년 동안이나 추적해 책으로 출판했다. 역사학자 피에르 드 빌마레스트와 윌리엄 울프 기자가 공동으로 저술한《결코 대중에게 알리지 않은 사실과 기록》1권과 2권은 빌더버그 클럽의 비밀 발전사에 관한 내용이다. 벨기에의 한 사회학자가 저술한 책에서도 빌더버그 클럽에 관한 내용을 기술하는 데 한 장(章)을 할애했다.

유럽위원회의 전 부위원장이며 빌더버그 클럽 회원인 에티엔느 다

비농은 "자본가가 세계의 음모를 조작하는 것이 아니다"라고 강하게 주장했다. 프랑스 국제관계대학 학장이며 빌더버그 클럽에 가입한 지 30년이나 된 티에리 드 몽브리알은 빌더버그 클럽은 사교 모임에 불과하다고 주장했다. 빌더버그 클럽의 2002년 회의의 정식 뉴스 자료에서는 이렇게 밝혔다. "모임의 유일한 행사는 연례회의일 뿐 어떤 결의나 투표도 진행하지 않으며, 어떤 정책 성명도 발표하지 않는다. 빌더버그 클럽은 '유연하고 비공식적'인 소규모 국제 포럼일 뿐이다. 회의 참석자는 다양한 관점을 발표해서 교류를 증진할 수 있다."

영국 경제학자 윌 허턴은 빌더버그회의 때마다 도출된 의견은 '세계 정책 제정의 전주곡'이라고 설명했다. 이러한 그의 관점은 상당히 사실에 근접해 있다. 빌더버그회의의 결정은 곧 G8 회담이나 IMF와 IBRD의 방침이 된다.

매스컴도 빌더버그 클럽 앞에서는 어린 양처럼 온순하기만 하다. 2005년에 〈파이낸셜 타임스〉는 전형적인 수법으로 앞다투어 보도함으로써 시중에 들끓던 음모론을 재빨리 처리했다. 세계에서 가장 강력한 이 모임에 의문을 가진 사람들에게 음모론자들은 코웃음으로 일축했다. 영국 의원들이나 미국의 강력한 결정권자 등 빌더버그 클럽 회원들은 '그저 문제를 토론하는 곳'이며 개인이 '자유롭게 의견을 발표하는 포럼'이라고 주장한다.

경제 전문가 윌리엄 엥달은 《백년전쟁: 영미의 오일정치와 신세계 대전》이라는 책을 통해 1973년 스웨덴에서 열린 빌더버그회의의 알려지지 않은 비밀을 상세하게 소개하고 있다.

브레턴우즈협정이 붕괴한 후 최초의 몇 년 동안 세계적으로 달러의 위상이 공전의 위기를 맞았다. 황금과 연동시킨 후 달러의 신인도와 가치는 마치 끈 떨어진 연처럼 세계의 금융위기에 따라 춤을 추었다. 당시 국제 금융재벌들은 세계화폐의 준비 작업을 끝내지 못했을 때고 사상과 이념도 극도로 혼란했다. 1969년 야심 차게 내놓은 '특별인출권'은 국제 금융시장에서 전혀 이용하는 사람이 없었다. 형세가 통제할 수 없는 국면에 접어들자 국제 금융재벌들은 1973년 빌더버그회의에서 비상 대책 회의를 열고 당시 세계 금융위기를 잠재우고 달러의 위상을 회복하려고 했다. 이때 미국의 금융 전략가 월터 레비가 깜짝 놀랄 대담한 계획을 한 가지 내놓았는데, 석유 가격을 400%나 올려 어떻게 폭리를 취할지 계획하자는 것이었다.

대형 석유회사와 재벌회사에서 온 84명이 이 회의에 참석했다. 특별한 사람들이 모인 빌더버그회의의 목적은 권력 구도를 미국의 금융 이익과 달러의 발전 방향에 유리하도록 다시 짜는 것이었다. 빌더버그 클럽의 정책은 전 세계의 석유 운반을 막아 세계적인 유가 폭등 사태를 조성하는 것이었다. 세계의 석유는 1945년부터 국제관례에 따라 달러로 가격을 매겼다. 그 원인은 미국 석유회사가 전후 석유시장을 장악하고 있었기 때문이다. 따라서 전 세계 유가의 갑작스런 폭등은 석유 구매에 필수적인 달러에 대한 세계의 수요 급증을 유도해 달러화 가치의 안정을 꾀하는 것을 의미했다.[23]

키신저는 '끊이지 않는 오일달러 유입'이라는 표현으로 유가 상승의 결과를 형용했다.

삼각위원회

> 우리의 국가가 위대한 민주제도를 가지면 거대한 부를 창조하고 이를
> 극소수의 수중에 모이도록 할 수 있다. 그러나 양쪽을 다 가지는 것은
> 불가능하다. _ 루이스 브랜다이스(Louis D. Brandeis), 미국 최고법원 대법관

즈비그뉴 브레진스키는 삼각위원회의 핵심 인물이자 데이비드 록
펠러의 브레인이었다. 록펠러는 그의 제안을 받아들여 '세계에서 가
장 우수한 두뇌를 모아 미래의 문제를 해결'하기로 결심했다. 이 아이
디어는 1972년 초에 처음으로 제기되었으며, 1972년 빌더버그 연례
회의에서 집단적으로 광범위한 토론을 거쳐 수용되었다.

브레진스키는 1970년 유명한《두 시대 사이(Between Two Ages)》를 발
표하고 새로운 국제 화폐 체계와 세계정부의 수립을 호소했다. 이 책
은 삼각위원회의 '성경'으로 일컬어진다. 록펠러재단과 포드재단은
기꺼이 지갑을 열어 삼각위원회의 운영을 위한 재정을 지원했다.

삼각위원회의 주요 회원은 모두 북아메리카 및 서유럽과 일본의
은행가, 대기업 사주와 저명한 정계 인사들이었다. 뉴욕, 파리, 도쿄
에 세 개의 본부를 각각 설치했으며 이 세 지역에서 회장을 각각 맡
았다. 뉴욕 본부의 회장은 당연히 데이비드 록펠러가 맡았고, 브레진
스키는 이 본부의 일상 업무 집행을 담당했다.

브레진스키는 데이비드 록펠러에게 당시 조지아의 주지사 카터를
삼각위원회 회원으로 추천했다. 카터는 데이비드 록펠러가 친히 지
명해서 파격적으로 삼각위원회에 가입했다. 이 일은 그로부터 5년 후

카터가 백악관의 계단을 오르는 중요한 첫걸음이자, 그와 브레진스키의 남다른 인연을 맺어준 시발점이 되었다.

젊은 시절의 클린턴 또한 은사 퀴글리의 지도로 삼각위원회와 외교협회의 조직을 적극적으로 활용해 대통령을 향한 꿈을 끝내 현실로 만들었다.

삼각위원회는 빌더버그 클럽과 함께 미국 외교협회의 주변기구로서 최고의 기밀과 가장 중요한 결정 사항은 런던과 월가의 극소수에 의해 정해진다. 삼각위원회와 빌더버그 클럽의 주요 역할은 '의견 일치'와 '조율'이다.

삼각위원회의 가장 중요한 사명은 '세계정부'와 '세계화폐'라는 거창한 개념을 널리 홍보해 궁극적으로 런던-월가가 축이 되어 통제하는 '신세계 질서'를 위한 길을 닦는 것이다.

1975년 삼각위원회가 일본 도쿄에서 열렸고 《세계무역과 금융의 구조조정 개요》라는 보고서를 통해 "긴밀한 트라이앵글(미국, 유럽, 일본)이 협력해 평화 유지, 세계경제 관리, 경제 발전, 세계의 빈곤국 감소에 힘써 하나의 세계라는 시스템을 향해 평화롭게 갈 기회를 만든다"라고 천명했다.

삼각위원회가 빌더버그 클럽과 다른 점은 당시의 후발 신예 주자인 일본의 유명 기업가와 은행가를 흡수해 '세계 엘리트'의 기초를 확충했다는 것이다. 국제 금융재벌들은 끊임없는 '새로운 피의 수혈'이 미래의 세계정부 및 세계화폐와 '세계 세금'이라는 '위대한 사업'에 미치는 중요성을 익히 알고 있었다. 나중에 아시아 다른 국가와 지역도 점점 발전하면서 이들 지역의 엘리트들도 국제 금융재벌들에게 환영을 받았다.

문제는 하나의 세계정부가 과연 좋은지 나쁜지가 아니라, 세계정부를 과연 누가 주도하며 그것이 세계적으로 보편적인 부유함과 사회 발전을 진정으로 실현할 수 있는지 여부였다. 200여 년의 사회적 경험으로 비추어볼 때 프롤레타리아 대중은 엘리트들의 공약에 기대를 걸 수 없을 것 같다.

숱하게 많은 전란과 경제위기를 통해 서민들이 깨달은 진리가 있다. 그것은 바로 경제적 자유가 없을 때 정치적 자유는 공허한 메아리일 뿐이며, 경제 평등이 이루어지지 않으면 민주제도 역시 뿌리를 잃고 돈의 농간에 놀아나는 도구에 불과하다는 사실이다.

자유의 본질이 국민에게 선택할 권한을 주는 것이라면 미래 세계정부의 길은 단 한 갈래뿐이다. 세계의 엘리트들이 이미 전 세계 국민을 대신해 선택을 해버렸기 때문이다. 파울 바르부르크의 아들 제임스 바르부르크의 말을 다시 음미해 보자. "우리는 마땅히 하나의 세계정부를 세워야 합니다. 사람들이 좋아하든 싫어하든 말입니다. 유일한 문제는 이 세계정부가 과연 평화적인 공감대를 거치느냐 무력적인 정복으로 형성되느냐 하는 것입니다."

제7장
성실한 화폐의
최후 항쟁

역사적으로 대출업자가 권력 남용, 흉계, 사기, 폭력 등 모든 수단을 동
원해 화폐를 통제하고 화폐 발행권을 확보함으로써 정부 통제라는 목
적에 도달한다.[1]

_제임스 매디슨, 미국 4대 대통령

현대사를 통틀어 케네디 대통령 암살 사건만큼 노골적으로 드러내놓고 민주정치를 짓밟은 예는 없을 것이다.

케네디 암살 후 불과 3년 만에 18명의 결정적 증인이 연이어 사망했다. 그중 여섯 명이 총에 맞아 죽었고, 세 명은 자동차 사고로 사망했으며, 두 명은 자살, 한 명은 목이 잘리고, 한 명은 목이 졸려 죽었다. 그리고 다섯 명은 '자연사'했다. 영국의 한 수학자는 1967년 2월 런던 〈선데이 타임스〉에 기고한 글에서, 이런 우연이 발생할 확률은 10경 분의 1이라고 했다. 1963~1993년에 115명이나 되는 관련 증인이 각종 기이한 사건으로 자살하거나 피살되었다.

이토록 조직적으로 증거와 증인을 말살하는 행위는 케네디 피살이 비밀스런 암살 사건이 아니라 공개적인 처결이며, 앞으로 취임할 미국 대통령들에게 과연 누가 이 나라를 움직이는 실체인지 똑똑히 알고 있으라는 경고가 아니겠는가!

통상적으로 미국 대통령이 임기 중에 사망하면 조성된 여론은 자연사했다고 간주한다. 그러나 대통령이 공개적인 장소에서 총에 맞아 죽으면 '범인은 괴팍한 성질의 정신이상자'라고 간주한다. 여러 명이 사건에 연루되어도, 한결같이 '범인들은 서로 모르는 괴팍한 정신이상자'라고 간주한다. 여기에 의문이라도 가질라치면 당장에 '음모론자'로 낙인찍힌다. 그러나 케네디 암살을 둘러싼 음모는 너무나 확실해서 조금이라도 머리를 쓰는 사람은 정부 측의 발표를 믿지 않는다. 이런 상황이라면 음모론을 그릇된 방향으로 이끄는 것이 최선의 조치다. 그래서 40여 년 동안 음모를 둘러싼 각종 해설이 난무하는 가운데 진정한 음모는 더 깊은 곳으로 숨을 수 있었다.

형사학에서는 증거가 우선이므로 증거 없이는 결론을 낼 수 없다. 40년 세월이 흐르는 동안 케네디 암살 사건의 각종 증거와 증인은 자취를 감추었다. 과연 누가 진범인지 판단을 할 증거가 없다. 그러나 범죄심리학은 다른 각도에서 출발해서 암살 사건의 동기를 연구하고 이를 통해 진상을 파악할 열쇠를 찾는다.

이 장에서는 케네디 암살 사건의 동기를 중심으로 1960년대와 1970년대 국제 금융 재벌들이 세계적으로 황금과 은이라는 '성실한 화폐'를 몰아내기 위해 일으킨 가공할 사건의 역사적 실체를 파헤쳐보겠다.

대통령령 11110호: 케네디의 사망확인서

미국인들에게 1963년 11월
22일은 운명의 날이다. 이날
케네디 대통령이 텍사스주의
댈러스에서 암살당했다. 비보
가 날아들자 미국 전역은 충
격과 비통함에 잠겼다.

┃ 케네디가 저격당하기 2분 전의 모습

　수십 년이 지났어도 미국
국민들은 이 순간을 회상하
기만 해도 당시 자신이 어디서 무엇을 하고 있었는지까지 똑똑히 기
억해 낸다. 과연 누가 무엇 때문에 케네디를 암살했는지는 아직까지
도 많은 논란을 낳고 있다. 진상을 규명하기 위한 정부의 공식 조사
기관인 워런위원회는 리 하베이 오즈월드라는 자의 단독 범행으로

워런위원회
(Warren Commission)
케네디 대통령 암살 후 수사
와는 별도로 사건의 전모를
밝히기 위해 연방대법원장을
위원장으로 해 구성했다.

최종 결론을 내렸다. 그러나 의문투성이인 이 사건
에 대해 수십 년 동안 각종 음모론이 끊임없이 제기
되고 있다.

가장 의혹이 가는 부분은 저격범이 경찰에 체포
된 후 48시간도 지나지 않아 사람들이 보는 곳에서
한 유대인에게 총을 맞고 죽었다는 사실이다. 수백만 미국인이 TV를
통해 이 장면을 지켜보았다. 범인의 살해 동기는 뜻밖에도 '전 세계
사람들에게 유대인의 용기를 보여주기 위해서'였다고 한다.

또 하나의 의혹은 도대체 몇 사람이나 케네디 암살에 관여했을까
하는 부분이다. 워런위원회의 공식 결론은 오즈월드가 5~6초 동안
세 발을 연발로 쏘았는데, 1탄은 오발이었고 2탄은 케네디의 목을 꿰
뚫었으며 3탄은 케네디의 머리를 맞혔다는 것이다. 그러나 오즈월드
가 그 짧은 시간에 세 번 연발했다는 말을 믿는 사람은 아무도 없다.
더 기가 막힌 것은 케네디의 목을 관통한 총알이 앞에 있던 텍사스
주지사의 허벅지에 맞았다는 점인데, 확률적으로 거의 불가능한 일
이라고 한다. 그래서 이 총알을 '마술탄환'이라고 부른다. 전문가들은
한 사람이 아닌 여러 사람이 각각 다른 방향에서 케네디를 향해 세
발 이상을 쏘았을 것으로 확신한다.

케네디의 차량을 경호했던 한 경찰은 그 순간을 이렇게 회고했다.
"케네디 대통령이 환영 인파와 악수를 하느라 정신이 없을 때 린든
존슨 부통령의 비밀경호원이 우리에게 업무를 지시했다. 이상하게도
그들은 대통령이 탄 차가 암살 현장을 지나도록 길을 임시로 변경했
다. 원래의 노선으로 갔으면 저격범은 기회를 놓쳤을 것이다. 그들은

우리에게 들도 보도 못한 명령을 내렸다. 보통 때 같으면 오토바이를 탄 호위 경찰 네 명이 대통령이 탄 차에 바짝 접근하는데, 모두 차 뒤로 물러나 있으라고 했다. 그리고 무슨 일이 있어도 대통령이 탄 차의 뒷바퀴 앞으로 나오지 못하게 했는데, 그 이유는 '시야를 가리지 않기 위해서'라고 했다. 존슨 부통령을 경호한 내 동료는 존슨이 첫 총성이 울리기 30~40초 전, 심지어 그 전인 휴스턴 가를 지날 때부터 차 밑으로 몸을 숙이는 모습을 보았다고 말했다. 공교롭게도 그 순간 바닥에 떨어진 물건을 집으려는 행동이었다고 하지만, 동료가 보기에는 아무래도 총알이 날아올 것을 예감한 행동 같았다고 했다."[1]

케네디의 저격범인 오즈월드는 유대인 잭 루비에 의해 살해당했다. 그가 밝힌 살해 동기는 전 세계인들에게 유대인의 용기를 보여주기 위해서였다.

퍼스트레이디 재클린은 케네디의 유해가 공군 1호기에 실려 워싱턴공항에 도착했을 때도 여전히 남편의 피가 묻은 코트를 입고 있었다. 그 이유는 '저들에게 자신들이 지은 죄악을 보여주기 위해서'였다고 한다. 이때는 저격범 오즈월드가 이미 체포된 후다. 재클린이 말한 '저들'이란 누구일까? 재클린은 유서에서 자기가 죽은 지 50주년이 되는 날(2044년 5월 19일), 만약 자신의 막내아들까지 죽고 없으면 케네디 도서관에서 500쪽에 달하는 케네디 관련 문건을 공개하도록 했다. 불행하게도 케네디의 막내아들은 1999년 비행기 추락 사고로 유명을 달리했다.

케네디의 남동생 로버트는 유명한 인권운동가다. 그는 1968년 민주당 경선에서 승리하면서 대통령 당선이 거의 확실시되었다. 그러나 승리에 도취되어 있던 그는 사람들이 지켜보는 공개된 장소에서 권총에 난사당해 숨지고 말았다.

케네디 암살 후 불과 3년 만에 18명의 결정적 증인이 연이어 사망했다. 그중 여섯 명이 총에 맞아 죽었고, 세 명은 자동차 사고로 사망했으며, 두 명은 자살, 한 명은 목이 잘리고, 한 명은 목이 졸려 죽었다. 그리고 다섯 명은 '자연사'했다. 영국의 한 수학자는 1967년 2월 런던 〈선데이 타임스〉에 기고한 글을 통해 이런 우연이 발생할 확률은 10경 분의 1이라고 주장했다. 1963~1993년 사이에 115명이나 되는 관련 증인이 각종 기이한 사건으로 자살하거나 피살되었다.[2]

워런위원회 조사에 대한 의혹은 모든 사건 서류와 증거를 2039년까지 무려 75년이나 공개할 수 없게 해놓은 것이다. 이 서류는 CIA, FBI, 대통령 특별경호원, NSA, 국무원, 해군 육군부대 등의 기관과 연관되어 있다. 그 밖에도 FBI와 다른 정부기관이 증거 인멸 혐의를 받고 있다.

2003년 케네디 암살 40주년을 맞아 미국 ABC가 조사한 바에 따르면, 미국인 가운데 70%가 케네디 암살 사건은 거대한 음모라고 알고 있다고 한다.

이토록 조직적으로 증거와 증인을 말살하는 행위는 케네디 피살이 비밀스런 암살 사건이 아니라 공개적인 처단이며, 앞으로 취임할 미국 대통령들에게 과연 누가 이 나라를 움직이는 실체인지 똑똑히 알고 있으라는 경고가 아니겠는가!

중요한 것은 케네디 가족 역시 국제 금융재벌 집단에 속한다는 점이다. 케네디의 아버지 조셉 케네디는 1929년 주가 조작으로 큰돈을 벌고 루스벨트 대통령 시절 초대 미국 증권거래위원회(SEC) 위원장을 지내는 등 1940년대부터 억만장자 대열에 들어선 부호다. 이렇게 막강한 집안 배경이 없었다면 케네디 역시 미국 역사상 최초의 천주교도 대통령이 될 수 없었을 것이다. 케네디는 과연 엘리트 그룹에 어떻게 밉보였기에 암살까지 당했을까?

케네디가 포부에 가득한 똑똑한 인물이었다는 사실에는 의심의 여지가 없다. 젊은 나이로 대통령의 자리에 올라 쿠바의 미사일 위기에 직면하고도 침착하게 대처하고 소련이 핵무기를 동원한 전쟁을 일으킬지도 모르는 상황에서도 전혀 타협하지 않고 결국에는 사하로프를 권좌에서 밀어낼 정도로 유능했다. 또한 야심 차게 미국의 우주 프로젝트를 추진해 인류가 처음으로 달 표면을 밟는 쾌거를 이루게 하기도 했다. 애석하게도 그의 눈으로 이 위대한 장면을 직접 보지는 못했지만, 그의 신기한 감화력은 우주 프로젝트를 추진하는 내내 함께했다.

인권운동 쪽에서 케네디 형제의 공은 두드러진다. 1962년 미시시피 대학에 처음으로 흑인 학생이 입학하자 많은 백인 학생이 격렬하게 반대하면서 미국 전역이 인권운동의 회오리에 휩말렸다. 이때 케네디는 연방법 집행 담당자 400명과 경호대 3,000명을 파견해 이 흑인 학생의 등하교 길을 경호하도록 했다. 이 조치는 미국 사회에 신선한 충격을 던져주었고, 케네디는 이 일로 국민의 깊은 사랑을 받았다. 그의 호소로 미국 청년들은 평화봉사단에 너도나도 참여했으며, 제3세계 국가로 자원봉사를 떠나 그곳의 교육과 보건 및 농업의 발전을 도왔다.

3년밖에 안 되는 짧은 재임 기간 동안 이토록 눈부신 업적을 이룩한 케네디는 과연 시대의 호걸이다. 이토록 원대한 포부를 품고 과감한 의지를 지녔으며, 게다가 미국인의 사랑과 세계 각국의 존경을 한 몸에 받는 케네디가 다른 세력의 손에 의해 움직이는 꼭두각시 노릇을 하려 들었겠는가?

날이 갈수록 강력하게 나라를 통치해 가던 케네디와 막후의 통치집단 엘리트 그룹이 첨예한 충돌을 빚는 것은 필연적인 결과였다. 충돌의 초점이 국제 금융재벌의 가장 민감한 문제인 화폐 발행권에까지 이르렀을 때도 케네디는 자신의 종말이 가까이 다가왔음을 알지 못했다.

1963년 6월 4일, 케네디는 일반인에게 생소한 11110호 대통령령(executive order)에 서명했다.[3] 재무부가 보유한 은괴, 은주화, 은화를 포함한 모든 형식의 은을 본위로 재무부가 은증서를 발행해 즉시 화폐로 유통시키는 내용이었다. 케네디의 의도는 명백했다. 민영 중앙은행인 연방준비은행의 손에서 화폐 발행권을 뺏어오겠다는 것이었다. 이 계획이 성공하면 미국 정부는 과거 연방준비은행에서 '돈을 빌리고' 고금리의 이자를 내야 하는 황당한 처지에서 벗어날 수 있었다. 뿐만 아니라 은본위제의 화폐는 미래의 돈을 미리 당겨쓰는 '채무' 화폐가 아니라 사람들의 노동성과를 기반으로 한 '성실한' 화폐였다. 은증서가 유통되면 연방준비은행이 발행하는 '달러'의 유통량이 차츰 줄어들어 연방준비은행의 파산으로 이어질 가능성이 컸다.

　화폐 발행 권한을 빼앗기면 국제 금융재벌들은 미국이라는 최고의 부를 창출하는 나라에 대한 영향력을 대부분 상실할 수도 있었다. 그러므로 이것은 그들의 생사가 달린 문제였다.

　대통령령 11110호의 유래와 의미를 알려면 먼저 미국에서 은화가 어떤 기복을 겪었는지부터 이야기를 풀어가야 한다.

은화의 역사적 지위

미국에서 은이 합법적 화폐로 인정받은 것은 1792년에 '1792년 화폐주조법'을 제정해 달러의 법적 지위를 확정하면서부터다. 1달러는 순은 24.1그램을 포함하며 금과 은의 액면가는 1 대 15였다. 달러는 미국 화폐로서 가장 기본적인 도량형인 은을 본위로 했다. 이때부터 미국은 금·은 화폐 병행제를 오랫동안 유지했다.[4]

　1873년 2월, '1873년 화폐주조법'[5]이 제정되면서 유럽 로스차일드가의 압박 아래 화폐로서 은의 지위를 폐지하고 단일 금본위제를 시행했다. 금광과 금 공급을 대부분 장악한 로스차일드 가문이 유럽 전체의 화폐 공급을 통제했다. 그런데 은의 산지는 금보다 분산되어 있고 생산량과 공급량도 훨씬 많아서 이를 통제하기가 쉽지 않았다. 따라서 로스차일드가는 1873년을 전후해 유럽 대부분 국가에 은을 화폐에서 배제하라고 압력을 넣어 단일 금본위제를 시행했다. 그래서 미국도 이에 따른 것이다. 미국 서부의 은산지에서는 이 법을 강하게 반

대하고 나섰다. 사람들은 이 법을 '1873년의 악법'이라고 강하게 비난
했다. 그 후 은본위제를 지지하는 서민들의 움직임이 거세게 일었다.

1878년 미국 의회는 유럽 세력을 등에 업은 뉴욕 지역 은행가들과
의 세력 균형을 유지하고자 '1878년 블랜드-앨리슨법(Bland-Allison Act of
1878)'[6]을 제정해 미국 재무부에 매월 은 200만~400만 달러어치를 반
드시 구매하라고 요구했다. 금과 은의 가격은 1 대 1.6으로 조정했다.
은화는 금화와 똑같이 법적 효력을 지니고 모든 공공 채무와 개인 채
무의 지급에 이용할 수 있었다. 재무부는 금증서와 함께 은증서도 발
행했고, 은증서 1달러는 은화 1달러와 동등하게 유통되었다.

나중에 1878년 블랜드-앨리슨법은 '1890년 셔먼법'[7]으로 대체되
었다. 셔먼법은 재무부의 은 구매 수량을 늘려 매월 전달보다 450만
온스를 더 구매했다.

1913년 연방준비은행이 설립된 후 '연방준비은행권'을 발행하기
시작했다. 1929년 경제대공황 때는 연방준비은행권이 이미 화폐 유
통량의 대부분을 차지했다. 1933년 연방준비은행권은 여전히 금과

| 은증서 1달러. 은화 1달러와 동등하게 유통되었다.

등가로 교환되었다.

1933년에 화폐 유통 영역에는 금증서와 '미국 정부권(United States Note)'이 더해졌다.

미국 정부권은 링컨이 남북전쟁 시기에 발행한 미국 최초의 법정화폐, 즉 '링컨의 그린백'이다. 총 발행량은 3억 4,668만 1,016달러로 제한했다. 1960년이 되자 그린백은 미국 화폐 유통 총량의 1%에 불과했다. 앞에 소개한 네 종류의 주요 화폐 외에 소량의 다른 화폐 형식도 공존했다.

1933년 루스벨트가 금본위제를 폐지하고 황금 보유를 불법 행위로 규정한 이래 금증서는 퇴출당하고 연방준비은행권, 은증서, 그린백만 남았다. 그린백은 원래 부족한 데다 발행 상한선이 정해져 있었으므로 국제 금융재벌들은 위협을 느끼지 않았으나, 은증서는 문제가 되었다.

법에 따라 정기적으로 은을 구매해 온 미국 재무부는 1930년대가

| 1929년의 50달러짜리 연방준비은행권. 등가의 금화와 교환할 수 있었다.

1934년 100달러짜리 금증서, 100달러짜리 등가의 금화에 상당했다.

되자 60억 온스가 넘는 은을 보유하게 되었다. 이는 20만 톤이나 되는 굉장한 양이었다. 게다가 은 광산이 전 세계에 분포되어 있어 생산량이 많기 때문에 은본위제를 시행해 재무부가 은증서를 직접 발행한다면 국제 금융재벌에게는 커다란 위협이 아닐 수 없었다.

1933년에 루스벨트가 국제 금융재벌들 편에 서서 금본위제를 폐지한 뒤 미국 화폐 제도는 은본위제에 속해 있었다. 세 종류의 주요 화폐는 모두 은으로 교환할 수 있었다.

은을 화폐에서 퇴출하지 않으면 '염가화폐'와 '적자재정'의 과업에 치명타가 될 수 있었다. 그리고 통화 팽창이라는 효과적 금융 도구를 이용해 쥐도 새도 모르게 대중의 부를 약탈하려던 국제 금융재벌들의 야심 찬 계획도 물거품이 될 판이었다.

제2차 세계대전과 대규모 적자재정을 추진하고 전후 유럽 경제를 일으키느라 많은 돈이 들어갔다. 여기에다 한국전쟁 개입과 베트남전이 복잡한 양상을 띠면서 연방준비은행이 대규모로 발행한 '채무'

미국 정부권, 즉 그린백, 미국 재무부가 직접 발행했다.

화폐의 후유증이 시장에서도 나타나고 있었다. 미국인들은 1940년대부터 지폐를 은화나 은괴로 교환했으므로 재무부가 보유한 천문학적 숫자의 은이 급격히 감소했다. 설상가상으로 1950년대에 들어서자 무섭게 발전하는 전자산업과 우주산업 영역에서 은 수요가 급증했다. 1960년대 초 케네디가 백악관에 입성할 때 재무부의 은 보유액은 이미 19억 온스로 격감했다. 은의 시장가격이 하루가 다르게 뛰면서 은화의 화폐 가치인 1.29달러에 육박했다. 은증서를 실물 은으로 교환한 후에는 은증서가 자연스럽게 유통 영역에서 사라짐으로써 '악화가 양화를 구축한다'는 그레셤의 법칙의 효과를 입증했다.

지금까지 케네디의 대통령령 11110호가 출현하게 된 배경을 소개했다.

한쪽은 은을 보호하려 하고, 다른 한쪽은 은을 화폐 영역에서 퇴출하려고 한다. 이것이 케네디와 국제 금융재벌들 간에 벌어진 분쟁의 초점이었다.

은본위제의 종말

국제 금융재벌들이 금의 화폐 지위를 빼앗는 것은 전체 계획에 포함되어 있다. 그러나 당시로서는 은 문제 해결이 더 시급했다. 은은 매장량이 풍부하기 때문에 일단 세계 각국의 시장가격이 올라 대규모로 채굴하기 시작하면 금본위제 폐지라는 목표를 실현하기 어려울 뿐 아니라 금과 은의 동시 작전에 말릴 수도 있었기 때문이다. 은의 공급량이 많아지면 은증서가 부활해 연방준비은행권과 다시 경쟁할 수도 있었다. 미국 정부가 은증서 발행권을 가졌기 때문에 그 경쟁에서 누가 이길지도 미지수였다. 만약 은증서가 유리한 고지에 오르면 연방준비은행의 생존 자체가 불안해질 판이었다.

따라서 국제 금융재벌들의 가장 시급한 임무는 은 가격을 최대한 내리는 것이었다. 이렇게 하면 첫째, 세계의 은광이 적자나 수익이 적은 상태가 되므로 은광의 개발을 억제하고 공급량을 줄일 수 있고, 둘째, 공업용 은의 증가를 촉진할 수 있었다. 은 가격이 내리면 은의 대체 소재를 연구하고 응용할 필요가 전혀 없기 때문에 미국 재무부가 보유한 은은 빠른 속도로 소모될 것이다. 재무부에 은 재고가 바닥나면 은증서도 자연히 쓸모가 없어질 테고 은의 화폐 지위 역시 사라진다. 문제는 그 시간을 최대한 앞당기는 데 있었다.

물론 케네디는 이 점을 잘 알고 있었다. 그는 국제 금융재벌들에게 적당한 시기에 은본위제 폐지를 고려하겠다고 말하면서 한편으로는 다른 계획을 마련하고 있었다. 불행하게도 재무장관 더글러스 딜런은 케네디 쪽 사람이 아니었다. 딜런은 월가 은행가 출신의 공화당 소속으로 국제 금융재벌들이 케네디의 민주당 내각에 심어놓은 인물이었다. 딜런에게 주어진 가장 큰 임무는 재무부의 은을 하루빨리 써버리는 것이었다. 딜런은 과연 기대를 저버리지 않고 1온스당 91센트의 초저가로 공업계에 대량의 은을 공급했다. 1947년 설립된 미국 은소비자협회는 딜런에 호응해 "재무부의 남은 은을 풀어 은 수요를 충족하라"고 요구했다.[8]

1961년 3월 19일 자 〈뉴욕 타임스〉는 다음과 같이 보도했다.

상원의원이 미국 재무부의 은 저가 투매에 불만을 터뜨렸다

상원의원 앨런 바이블은 오늘 국제시장보다 낮은 가격으로 은을 대량 투매하는 정책을 재고하라고 재무부에 촉구했다. 네바다주 출신의 민주당 의원 바이블은 재무장관 딜런에게 보낸 서한에서 국내의 은광 개발이 소비 수요를 충족하지 못하는 상황에서 취해진 재무부의 조치는 비현실적인 가격 상한선을 책정했다고 지적했다. 세계적인 은 부족 현상은 북아메리카와 남아메리카 지역의 은광 개발을 통해 해결할 수 있다. 바이블 상원위원은 또 "재무부가 국내시장과 이웃나라의 저가 상황을 완화해야 한다"라고 촉구했다.

1961년 8월 19일의 〈뉴욕 타임스〉에는 이러한 소식도 실렸다.

은의 주요 산지 주(州) 출신 서부 민주당 상원의원 13명이 오늘 케네디 대통령에게 연대 서명한 편지를 보냈다. 이들은 편지에서 재무부의 은 투매를 즉시 중지하라고 촉구했다. 재무부의 은 투매로 국내외 시장에서 은 가격이 하락했다.

1961년 10월 16일, 〈뉴욕 타임스〉.

재무부의 은 투매는 은의 시장가격을 단단히 묶어놓고 있다. 공업계 소비자들은 재무부에서 온스당 91~92센트로 은을 살 수 있다는 사실을 알고 돈을 더 많이 줘야하는 다른 은 생산업체와의 거래를 거절하고 있다.

1961년 11월 29일, 〈뉴욕 타임스〉.

은 생산업체들은 어제 기쁜 소식을 접했다. 케네디 대통령이 재무부와 공업 분야에 비(非)화폐 은의 저가 공급 행위를 중지하라는 명령을 내린 것이다. 공업 분야의 은 소비자들은 이 소식에 충격을 받았다.

1961년 11월 30일, 〈뉴욕 타임스〉.

은 가격이 1941년 이래 뉴욕 시장 최고 가격을 기록했다. 화요일 케네디 대통령이 미국 정부의 은 정책 전면 수정을 선포하면서 은 가격을 시장 자율에 맡기겠다고 했다. 그 첫 단계로 재무부에 은증서를 기반으로 하지 않는 은 판매 행위를 당장 중지하라고 지시했다.[9]

케네디 대통령이 마침내 손을 쓴 것이다. 물론 시기가 다소 늦기는 했다. 당시 재무부의 은 재고는 겨우 17억 온스였다. 그러나 케네디의 과감한 조치는 세계 각지의 은 생산업자들에게는 시장가격이 오르리라는 확실한 신호였다. 은 생산량과 재무부의 은 재고 증가도 예측할 수 있었다. 은 생산업체의 주가는 하루아침에 치솟았다.

케네디의 조치는 국제 금융재벌들의 계획에 대한 정면 도전이었다. 1963년 4월, 연방준비은행 총재 윌리엄 마틴이 의회 청문회에서 이렇게 말했다. "연방준비위원회는 미국 화폐에 은을 사용할 필요가 없다고 확신한다. 일부에서는 은을 화폐에서 퇴출시키면 화폐 가치 절하를 가져올 거라고 주장하는데, 이 생각에는 동의할 수 없다."[10]

일반적으로 은 가격 상승이 확실해지면 새로운 은 채굴이 다시 시작되며, 생산 규모가 확대되어 총 공급량이 증가한다. 이 과정의 전체 주기는 5년 정도다. 따라서 은의 화폐 지위를 계속 유지할지의 여부에 따라 미국 정부가 직접 화폐를 발행할 희망이 달려 있다. 그 결정적인 시기는 1966년이었다.

케네디와 국제 금융재벌들의 분쟁의 초점은 은의 화폐 지위를 유지하느냐 마느냐 하는 것이었다. 이러한 힘겨루기의 결과에 미국 민선 정부의 화폐 발행권 여부가 달려 있었다. 일단 은을 대량 공급하기 시작하면 케네디는 서부의 은 생산 주와 손잡고 달러 화폐의 은 함량을 다시 정하는 입법을 추진해 은증서의 발행량을 늘릴 수 있다. 그러면 은증서는 다시 그 지위를 되찾을 것이다.

그때가 되면 1963년 6월 4일 케네디가 서명한 대통령령 11110호는 연방준비은행권에 대응하는 강력한 무기가 될 것이다.

그러나 국제 금융재벌들도 진작부터 케네디의 속셈을 꿰뚫어 보고 있었다. 국민으로부터 많은 사랑을 받는 케네디가 1964년 대선에서 연임에 성공할 것은 거의 확실했다. 케네디가 대통령 자리에 4년을 더 머무르면 국면을 수습하기가 더 어려워질 것이 뻔했다.

이 상황에서 케네디를 제거하는 것 말고는 다른 선택의 여지가 없었다.

부통령 존슨이 국제 금융재벌들의 기대를 안고 케네디가 피살된 당일 비행기 안에서 미합중국의 36대 대통령에 취임했다. 국제 금융 재벌들이 자신에게 원하는 바를 잘 알고 있던 존슨은 그들의 기대를 저버릴 수 없었다.

취임한 지 얼마 지나지 않은 1964년 3월, 존슨은 재무부에 은증서와 은 실물의 교환 금지를 지시함으로써 사실상 은증서의 발행을 중단했다. 여기에 재무부는 공업 분야에 1.29달러로 은을 대량 공급함으로써 가격을 계속 내렸다. 이렇게 은 생산을 감소시켜 공급량 증가를 막았다.

곧이어 존슨은 1965년 6월에 은의 순도를 낮추라고 지시해 은이 동전으로 유통되는 길을 막았다. 존슨은 또한 이런 성명을 냈다. "나는 은화의 순도를 낮추는 이 변화들이 우리 주화의 구매력에 영향을 미치지 않으리라는 점을 분명히 밝히고 싶다. 미국 국내에서 새로운 은화는 동등한 액면가를 가진 지폐와 상호 교환할 수 있을 것이다."[11]

〈월스트리트 저널〉은 1966년 6월 7일 자에서 존슨의 말을 비웃었다. "그의 말도 맞다. 그러나 그 유명한 지폐의 구매력은 같은 정부가 30년 동안 취한 통화 팽창 정책 아래 이미 침식이 되었다. 바로 그런 이유로 우리 화폐가 금은과 완전히 다른 길을 가고 있다."[12]

이 점은 연방준비은행 측도 인정했다. 즉 매년 계획적이고 과학적으로 달러의 구매력을 3~4% 정도로 낮춰서 노동자 계층으로 하여금 임금이 상승하는 것을 볼 수 있도록 한다는 것이다.

1967년 여름이 되자 재무부에는 내다 팔 은이 더는 남아 있지 않았다.

은본위제 폐지라는 과업은 마침내 존슨의 손에서 완성되었다.

골드 풀

금은을 화폐 지위에서 퇴출시키는 과정에서 국제 금융재벌들은 먼저 은부터 손을 댔다. 그 원인은 1960년대 초 세계에서 몇 안 되는 나라들이 아직도 은을 화폐로 사용하고 있었는데, 미국 화폐 체제에서만 은을 제거하면 그 영향력에 한계가 있었기 때문이다.

반면 금의 문제는 복잡하고 어려움도 크다. 금은 재산의 최종 형식으로 줄곧 인정받았다. 국제 금융재벌들은 금이 보통 금속이 아니라는 점을 잘 알고 있었다. 본질적으로 금은 유일하고 고도로 민감하며, 유서 깊은 '정치 금속'이다. 금의 문제를 제대로 처리하지 않으면 세계적인 금융위기를 몰고 올 것이다. 은 전쟁을 끝내기 전에 금 전쟁에서도 유리한 고지를 점령해야 했다.

연방준비은행이 1930년대 이래 사용한 통화 팽창 정책으로 연방준비은행의 화폐 발행량은 심각한 과잉 상태였다. 남아도는 지폐가 양이 제한된 금은화폐의 추격을 받으면 금은의 가격이 올라가는 사태를 막을 수 없었다. 미국 국내에서는 재무부가 나서서 은 가격을 억제했는데, 국제적으로도 재무부에 상응하는 역할을 해줄 조직이 필요했다. 이 조직이 시장에 금을 내다 팔면 맹렬한 금의 공세를 막아낼 수 있을 터였다.

제트 비행기 시대가 되면서 국제 금융재벌들은 전보다 자주 만나 비밀리에 대책을 의논할 수 있었다. 스위스 바젤에 있는 국제청산은행이 유명한 '바젤 주말회의'의 개최 장소가 되었다.

1961년 11월, 국제 금융재벌들은 집중 논의를 거쳐 '고명한' 계획을 내놓았다. 미국과 유럽 주요 7개국이 '골드 풀(Gold Pool)'을 설립했는데, 런던 시장의 금 가격을 누르자는 취지였다. 골드 풀은 참가국 중앙은행이 출자해 총액 2억 7,000만 달러에 상당하는 황금을 내놓았다. 그중 미국이 절반을 부담했다. 전후 경제에서 회복해 지갑이 두둑해진 독일은 패전국이라는 자격지심까지 작용해 미국 다음으로 많은 3,000만 달러를 내놓았다. 영국, 프랑스, 이탈리아는 각각 2,500만 달러를 냈으며 스위스, 벨기에, 네덜란드가 1,000만 달러를 출자했다. 잉글랜드은행이 실질적인 운영을 책임지고 금고에서 부족한 액수를 채워 넣은 다음, 월말에 회원국의 중앙은행과 비율에 따라 결산했다.[13]

골드 풀의 우선 목표는 금 가격이 35.20달러를 초과할 때 나서서 조정함으로써 더 올라가지 않도록 하는 것이었다. 35.20달러에는 뉴욕에서 금을 운반하는 비용도 포함되었다.

회원국의 중앙은행들은 런던 시장과 남아프리카 또는 소련 등의 제3국에서 금을 사들이지 않겠다고 약속했다. 미국은 다른 나라의 중앙은행에 로비해서 자신들과 같은 정책을 쓰도록 힘쓰기로 했다.

골드 풀의 모든 내용은 당시 최고의 금융 기밀이었다. 바젤의 국제청산은행이 그러했듯 어떠한 서면 기록도 남기지 않았으며, 단 한 장의 종이도 용납하지 않았다. 모든 협의는 구두로 진행했다. 모건이 악수와 구두 협의로 거액의 거래를 성사시키듯, 국제 금융재벌들의 구두 약속은 법적인 계약과 동등하거나 더 큰 구속력을 발휘했다.

골드 풀은 가동을 시작하고 처음 몇 년 동안 대성공을 거두었다. 오히려 예상을 초월할 정도였다. 금 생산대국 소련은 1963년 가을 농업 부문의 흉작으로 부득이 금을 팔아 식량을 사들였는데, 1963년 4분기의 금 판매량은 무려 4억 7,000만 달러에 달했다. 이는 골드 풀에 비축한 금을 합친 양을 훨씬 웃도는 수치였다. 21개월 동안 골드 풀의 금 비축액은 13억 달러까지 폭증했다. 국제 금융재벌들은 자신들의 행운을 믿기 어려울 정도였다.[14]

그러나 베트남전의 양상이 악화되면서 연방준비은행은 달러의 공급량을 계속 늘려갔다. 홍수처럼 쏟아져 나오는 달러는 골드 풀의 비축분을 빠르게 잠식했다. 사태가 이 지경에 이르자 제일 먼저 프랑스가 골드 풀에서 탈퇴했다. 그뿐 아니라 프랑스 정부는 점점 구매력을 잃어가는 수중의 달러를 금으로 바꿔놓았다. 1962~1966년에 프랑스는 미연방준비은행의 손에서 30억 달러에 육박하는 금을 교환해 파리에 비축했다.

1967년 11월 말 무렵이 되자 골드 풀 기금은 10억 달러어치의 황금 약 900톤을 손해 봤다. 이때 달러는 세계적으로 신인도 하락 위기에 처해 있었다.

존슨 대통령은 더 참지 못하고 특단의 조치를 취하기로 했다.

존슨 대통령 주변에는 은행가들이 참모로 있었다. 이들은 다른 나라의 황금을 찔끔찔끔 흡수하느니 현재 있는 금을 전부 런던 금속거래시장에 몰아넣으라고 끊임없이 건의했다. 그렇게 하면 금 가격의 달러 대비 상승 문제를 단번에 해결하고 달러의 신인도도 회복될 거라는 논리였다.

존슨은 말도 안 되는 이 건의를 받아들이고 연방준비은행의 모든 금을 사상 최대 규모의 도박판에 올인했다. 수만 톤의 금괴가 선적을 끝내고 잉글랜드은행과 뉴욕 연방준비은행으로 향하여 황금에 눈이 어두운 전 세계의 투기꾼들에게 아픈 교훈을 줄 채비를 마쳤다. 만약 이 계획이 순조롭게 진행되면 잉글랜드은행과 뉴욕 연방준비은행은 대규모의 금을 투매해 갑작스런 공급 과잉 사태를 만들 것이다. 금 가격이 35달러 이하로 내려가면 투기 세력은 온통 공황 상태가 되어 손해를 감수하고라도 투매에 나설 것이다. 그러면 적당한 때를 기다려 다시 싼 값으로 금을 사들여 쥐도 새도 모르게 금고 안에 넣으면 된다. 그야말로 그럴듯한 계획이었다.

1968년 초 이 계획은 몇 주에 걸쳐 실행에 옮겨졌다. 그런데 너무나 뜻하지도 않게 시장은 금의 매도세를 완전히 흡수하는 것이 아닌가! 그 결과 연방준비은행은 황금 9,300톤을 손해 보았다. 권력의 맛에 이끌렸다가 뜨거운 맛을 본 존슨은 얼마 후 대통령 연임 경선에 나서지 않겠다고 선언했다.[15]

1968년 3월, 골드 풀은 이미 붕괴 직전이었다.

3월 9일, 대통령 특별보좌관 로스토는 존슨에게 보낸 비망록에 다음과 같이 썼다.

대통령 경제 고문 모두의 결론은 금 가격 상승으로 지금의 위기에 대처하는 데 반대한다는 것입니다. 대부분은 골드 풀을 계속 가동하고자 하나 유럽 쪽과의 협력이 잘 안 돼서 시장의 안정을 회복하기가 어렵다고 봅니다. 따라서 부득이 골드 풀을 해산해야 한다고 주장합니다. 모두 혼란스러워하며 골드 풀 비회원 국가에 우리와의 협력을 요청할 방법을 모릅니다. IMF를 이용할 생각도 하고 있습니다. 모두 우리가 30일 내에 분명한 방침과 조치를 취해야 한다고 주장합니다.

아시다시피 이들의 주장은 우리와 별로 다르지 않습니다. 이번 주말 국제청산은행의 바젤회의가 끝나면 유럽 쪽의 생각을 더 확실히 알 수 있을 것입니다.

로스토는 3월 12일의 또 다른 비망록에 이렇게 썼다.

대통령 각하께,

바젤회의에 참석한 연방준비은행 빌 마틴 총재가 파악한 내용은 다음과 같습니다.

1. 금 가격의 변화에 대해 영국과 네덜란드는 골드 풀 유지에 찬성했으며, 독일은 결정을 못 했습니다. 이탈리아, 벨기에, 스위스는 강력히 반대합니다.

2. 5억 달러의 금을 추가하고 별도로 5억 달러를 더 내기로 약속해서 골드 풀을 계속 가동하기로 했습니다(현재 런던 시장에서 손해 본 속도로 보건대 이 금으로는 며칠밖에 못 버팀).

3. 유럽 측은 우리가 매우 불쾌한 선택에 직면하리라는 점을 의식했습

니다. 그들은 부득이할 경우 런던 황금시장을 폐쇄해 금이 시장 거래가격에 따르도록 준비하고 있습니다.

4. 이런 상황에서 재무부, 국무원, 연방준비은행, 대통령 경제 고문들은 우리가 골드 풀을 폐쇄한 후 각국이 어떻게 협조할지 온종일 의논했습니다.

5. 아직 재무장관과 마틴의 개인적 의견이 어떤지 모르겠습니다. 오늘 밤이나 내일 아침 의견을 교환할 예정입니다. 저 개인적으로는 올 것이 거의 다가온 느낌입니다.

3월 14일, 로스토는 금 문제에 관한 다음 단계의 보고서를 제출했다.

각하의 고위고문들은 다음과 같은 의견의 일치를 보았습니다.

1. 현재 상황을 그대로 지속할 수 없으며 사정이 호전되기를 바란다.

2. 이번 주말에 워싱턴에서 골드 풀 회원국 회의를 열어야 한다.

3. 금의 과도기 규칙에 따라 금융시장 지속 조치를 유지하고 특별인출권을 신속하게 추진한다.

4. 과도기에 정부 중앙은행 달러 보유자에게 원가로 교환해 준다.

5. 어떤 협의도 도출하지 못하면 정부 달러의 황금 교환을 중지한다. 최소한 잠정적으로 이런 조치를 취한 다음 긴급회의를 개최한다.

6. 이 조치는 세계 금융시장을 한동안 혼란에 빠뜨릴 것이다. 그러나 이것이 다른 나라가 장기적 방안을 받아들이도록 할 수 있는 유일한 방법이다. 우리는 금 가격의 상승이 가장 심각한 결과라고 본다.

대통령께서는 런던 황금시장을 즉시 폐쇄할지 지금 결정해야 합니다.[16]

무슨 조치를 취해도 골드 풀은 어차피 문을 닫을 운명이었다. 1968년 3월 17일 골드 풀은 마침내 폐쇄되고 런던 황금시장은 미국의 요구에 따라 2주일이나 문을 닫았다.

연방준비은행이 금 작전에서 참패를 당할 때 베트남전 상황에도 극적인 변화가 찾아왔다. 1968년 1월 30일, 베트콩은 베트남의 30개 도시에 대규모 공격을 가하고 사이공의 주요 목표까지 점령했다. 전통의 고도인 훼도 함락되었다. 키신저는 이번 공습으로 북대서양조약기구(NATO)는 정치적 승리를 쟁취했지만 군사적으로는 크게 실패했다고 주장했다. 베트콩 자신들의 특기인 산발적 공격 방침을 포기하고 전 병력을 집중해 미군과 진지 탈환전을 벌였다. 미군의 화력이 우세한 가운데 베트콩 사상자가 속출했다. 미국이 이미 유격대의 엄호 병력을 잃은 NATO 주력부대를 이용해 대규모 공격을 감행했다면 베트남전의 판도는 완전히 바뀌었을 것이다.[17] 그러나 안타깝게도 존슨은 이 기회를 포기해 버렸고, 키신저는 크게 실망했다. 이때 금융전쟁에서 참패한 존슨에게는 베트남전을 계속할 힘이 남아 있지 않았다.

런던 황금시장에서의 참패로 미국의 엘리트 정책 결정권자들은 완전히 공황 상태에 빠져버렸다. 금본위제를 고수하는 보수적 인사들은 금본위제를 폐지한 주류파에 강한 불만을 터뜨렸다. 그러나 쌍방모두 금융 국면이 이렇게 혼란스러운 마당에 베트남전이 빨리 끝나야 한다고 생각했다.

미국의 언론은 근본적인 전환을 유도했다. 1968년 2월 27일, 월터 크롱카이트는 미국이 베트남전에서 실패할 것이라고 '예언'했다. 〈월스트리트 저널〉은 "우리는 사태의 주도권을 완전히 잃은 것이 아닐까? 아직 준비가 덜 되었다면 미국인들은 베트남전쟁의 암담한 미래를 받아들일 준비를 해야 할 것이다"라고 보도했다. 〈타임〉은 3월 15일 자에서 이렇게 보도했다. "1968년에 미국인들은 베트남전에서 승리를 하든 조금 유리한 정도든 이미 미국이 세계의 강국이 되기에 역부족이라는 사실을 깨달았다." 이때 오랫동안 침묵을 지키던 상원의원들이 나섰다. 풀브라이트 의원이 "정부는 의회 동의를 거치지 않고 전쟁을 확대할 권리가 있는가?"라고 질문했다. 맨스필드는 "우리의 잘못은 잘못된 전쟁에 뛰어든 것이다"라고 주장했다.

1968년 3월 31일, 존슨 대통령은 북위 20도 이북 지역에서 폭격을 중지한다고 선포했다. 그는 베트남에 대규모 군대를 더 이상 추가 파병하지 않겠다고 밝히고, "베트남에서 우리의 목표는 적을 소멸하는 것이 아니다"라고 말했다. 존슨 대통령은 곧이어 대통령 연임 경선 참가를 포기한다고 선언했다.

베트남전 종식의 근본적 원인은 런던 금전쟁의 참패로 말미암아 기진맥진해진 금융계 엘리트들의 상황에서 찾아야 한다.

특별인출권

화폐학자들은 달러가 위기를 맞을 때마다 금 부족이 통화위기를 가져왔다고 주장한다. 금본위제의 역사로 볼 때 이런 주장은 원인과 결과가 바뀐 것이다. 금의 부족은 문제의 원인이 될 수 없으며, 무절제한 달러의 과다한 발행이 위기의 근본적 원인이다.

오랫동안 묶여 있던 은 가격과 마찬가지로 금 가격을 장기적으로 왜곡하는 주요 목적은 황금 생산량 부족 국면을 일부러 조성하려는 데 있다. 막상 위기가 닥쳐올 때 사람들이 한다는 조치는 이상하게도 눈 가리고 아웅 하는 식으로 넘어갈 뿐 성실하게 문제의 본질을 직시하지 않는다. 골드 풀이 모든 '실탄'을 다 써버리자 국제 금융재벌들이 기껏 생각해 낸 방안은 일찍이 케인스가 1940년대에 내놓았던 '페이퍼골드'의 주장을 다시 포장해서 특별인출권(SDR)이라는 '위대한 발명'을 제시하는 것이었다.

프랑스의 유명한 경제학자 자크 루에프도 이 점을 날카롭게 꼬집었다. "화폐학자들은 새로운 것을 발명해서 미국 화폐의 파산을 덮으려고 했다. 모든 나라의 중앙은행에는 특수한 국제 비축 화폐가 분배되었다. 그러나 인플레이션을 촉발하지 않기 위해서는 특별인출권에 엄격한 제한을 두어야 했다. 특별인출권으로 말미암아 미국은 여전히 달러 채무를 전혀 상환할 수 없게 되었다."[18]

그러나 월가는 특별인출권이 현대 금융사의 쾌거라며 한껏 들떠 있었다.

미국의 페이퍼골드가 승리를 쟁취했다

재무차관 폴 볼커는 만면에 웃음을 띠고 매스컴에 "우리는 마침내 특별인출권 프로젝트를 실시했습니다"라고 말했다. 〈월스트리트 저널〉은 이 조치가 미국 경제학파의 중요한 승리라고 환호하면서 전통적인 금이 화폐 가치의 유일한 기준이며 경제 만능이라는 생각에 직접 타격

을 주었다고 논평했다.[19]

그러나 〈월스트리트 저널〉은 특별인출권이라도 역시 금 함량으로
정의하며, 따라서 금은 여전히 화폐의 유일한 기준이고 특별인출권
은 '평가절하'를 할 수 없다는 사실은 언급하지 않았다. 특별인출권에
관해 도널드 호프는 다음과 같이 묘사했다.

미시시피 버블
(Mississippi Bubble)
프랑스에서 활동한 영국 재정
학자 존 로가 18세기 초 프랑
스 정부의 빚을 갚기 위해 은
행을 설립하고 지폐를 독점
발행, 미시시피 주식회사를
세워 주식을 국채로 살 수 있
게 했지만, 인플레이션으로
프랑스는 위기에 처한다.

언젠가 특별인출권은 역사학자와 존 로(John Law)의
미시시피 버블처럼 인류의 위대한 '발명' 대열에
포함될 것이다. 특별인출권을 황금과 동등하다고
정의하면서도 금으로 교환할 수 없다는 말은 그야
말로 황당한 이야기다. 어떤 지폐나 신용단위도 고
정비례로 아무런 제한을 받지 않고 금으로 교환되
어야 금과 '동등하게' 인정된다고 할 것이다.[20]

독일 경제학자 멜치어 팰리도 '페이퍼골드'라는 개념에 신랄한 비
판을 제기했다.

새로운 SDR은 세계적으로 더 악랄한 금융 확장과 인플레이션을 가져
올 뿐이다. SDR의 채택은 통화팽창주의자들의 승리다. 이 조치로 '세
계화폐'를 가로막는 큰 장애물이 제거되었으며, SDR은 이 세계에서
영원히 '부족'하지 않을 것이다.[21]

1969년 3월 18일, 미국 의회는 연방준비은행이 발행한 달러에 대해 25%의 황금을 본위로 하는 강제 조항을 폐지했다. 이 조치로 금과 달러 발행 사이에 놓인 마지막 법률 관계가 사라졌다. 최후의 날도 멀지 않았다.

물론 국제 금융재벌들의 계획이 그때마다 성공하지는 못했다. 케인스가 1940년대에 특별인출권으로 미래의 세계화폐를 삼으려던 구상은 아무래도 너무 앞선 것이었다. 그러나 당시 국제 은행재벌들의 낙관론에도 나름대로 일리는 있었다. 제2차 세계대전이 끝나고 UN이라는 세계정부의 원형은 이미 마련되었다. IMF와 IBRD라는 '세계의 통일된 화폐 발행기구'도 출범했다. 만약 특별인출권이 예상대로 세계화폐가 된다면 금융재벌의 대업은 마지막 마침표를 찍게 된다. 아쉽게도 이 계획은 시대 변화를 따라잡지 못했다. 영국의 케인스가 설계했던 미래 세계의 '아름다운 청사진'과 미국판 특별인출권은 아무래도 차이가 있었다. 미국은 모든 면에서 우월한 조건을 갖춘 데다 재력까지 받쳐준다. 이미 달러가 패권을 장악하고 있는데 케인스의 계획까지 겹친다면 이들 둘 사이에 모순이 있을 수밖에 없다. 그 밖에도 미국은 제3세계 국가의 독립 물결이 그토록 강렬하리라고는 짐작도 하지 못했으며, 아시아의 부상 역시 세계적 힘의 판도를 흔들고 있었다. 이런 요소들로 말미암아 특별인출권은 결국 큰 성과를 내지 못했다.

금본위제 폐지를 위한 총공격

리처드 닉슨은 황금이 어떻게 봇물 터지듯 외부로 유출될 수 있는지 이해하지도 못했고, 이해하려고도 하지 않았다. 미국 정부가 아무리 막으려고 해도 소용이 없었다. 문제의 본질은 미국의 경상수지에 대규모 적자가 출현했다는 것이다. 사실상 미국은 금의 고정 환율을 유지할 힘이 없었다. 금 보유고가 적어서가 아니라 미국의 은행 시스템이 너무 많은 달러를 창출했기 때문이다.

연방준비은행의 존 엑서터는 이번 황금 결전의 결말을 이렇게 소개했다.

1971년 8월 10일, 은행가와 경제학자 및 화폐 전문가들이 뉴저지 해변에서 비공식 회의를 열고 화폐위기 문제를 토론했다. 오후 3시쯤 폴 볼커의 차가 도착했다. 그는 당시 재무차관으로 화폐 문제를 담당했다. 우리는 가능한 여러 해결 방안을 논의했다. 나는 알다시피 그동안 보수적인 화폐 정책을 고수해 왔다. 따라서 금리를 대폭 인상하자는 내 의견은 부결되었다. 다른 사람들은 연방준비은행이 신용대출의 확산을 늦추지 않을 것이라며 불경기나 더 심각한 상황이 올까봐 우려했다. 나는 다시 금 가격을 인상하자고 제의했다. 폴 볼커는 내 말이 일리 있다고 말했지만, 의회에서 통과되기 어려울 것이라고 여겼다. 세계의 지도자를 자처하는 미국에서 국민은 화폐의 평가절하라는 현실을 좀처럼 인정하지 않으려 한다. 문제가 아무리 심각해도 말이다. 이지경이 되도록 국민 대부분이 화폐위기를 느끼지 못한다는 점이 곤혹스럽다. 1933년 나라가 비상 상태에 처했을 때 루스벨트가 자기 뜻대로 하던 것과는 다르다.

이때 폴 볼커가 나라면 어떻게 하겠느냐고 물었다. 나는 금리 인상이나 금 가격 인상을 원치 않는 상황에서 금 교환 창구를 폐쇄하는 방법밖에 없다고 말했다. 1온스당 35달러로 국고의 황금을 파는 것은 이미 의미가 없었다. 5일 후 닉슨은 금 교환 창구를 폐쇄했다.[22]

1971년 8월 15일, 마지막 진상을 밝힐 날이 마침내 다가왔다. 미국은 달러와 금을 연동한다는 국제적 약속을 이행할 능력이 없었다. 이는 미국이 1933년 루스벨트가 국민을 상대로 약속을 깬 이래 국제사회에 대한 약속 불이행 행위다. 닉슨은 이날 밤 발표한 연설에서 국제 금융시장의 투기꾼이 금융시장의 혼란을 가져왔다고 강렬하게 비판하면서 달러의 황금 교환 '임시' 중단은 달러를 지키려는 조치라고 강조했다. 과연 닉슨이 지적하는 '투기꾼'은 누굴까? 당시 소로스는 아직 어렸고, 외환시장은 브레턴우즈협정의 제약을 받고 있어서 환율 변화에 관심을 기울일 여력이 없었다. 모든 투자자가 미국까지 가서 금으로 교환할 수는 없었기 때문에 각국의 중앙은행만 그럴 자격이 있었다. 그해의 위기를 앞장서 주도한 세력은 프랑스 정부였다.

닉슨이 1971년 8월 15일 금과 달러의 관계를 단절시키면서 국제 금융재벌들이 흥분하는 순간이 마침내 다가왔다. 전 세계는 인류 역사상 처음으로 법정화폐 시대에 진입한 것이다. 이 일이 인류와 문명에 화가 될지 복이 될지, 지금 결론 내리기는 아직 이르다.

연방준비은행을 위시한 서방 공업국이 황금이라는 올가미에서 해방되자 과연 전에 없던 신용대출 확대의 시대가 찾아왔다. 화폐를 무제한으로 발행할 정도였다. 2006년까지 미국의 정부, 기업, 개인이 진 빚은 무려 44조 달러에 이른다. 5%의 최저 금리로 환산해도 매년 이자만 2조 2,000억 달러를 갚아야 한다.

문제는 이러한 채무가 이미 상환할 수 없는 정도에 이르렀다는 것이다. 빚은 어차피 갚아야 한다. 돈을 빌린 측에서 갚지 않는다면 결국 열심히 일한 세계 각국의 납세자들이 갚아야 하는 상황이 올 수도 있다.

경제 저격수와 오일달러의 회수

1973년 10월 6일, 제4차 중동전쟁이 발발해 이집트와 시리아가 이스라엘에 공격을 퍼부었다. 과연 국제 금융재벌들의 예상을 깨뜨리지 않고 미국은 이스라엘에 편파적인 정책을 실시했다. 10월 16일에 중동 지역의 이란과 사우디아라비아 및 아랍 4개국이 '석유의 무기화'를 들고 나오며 유가를 70%나 올렸다. 이 조치는 1970년대 이래 세계의 구도에 깊은 영향을 미쳤다.

쿠웨이트에서 열린 아랍 국가의 장관회의에서 이라크 대표는 미국을 주요 공격 목표로 하자고 강력하게 요구했다. 그는 다른 나라와 연합해 아랍권에서 미국의 상업적 재산을 몰수하고 국유화를 실시하며, 미국에 대한 석유 운송을 금지하고 미국의 은행에서 모든 자금을 회수하자고 주장했다. 이라크 대표는 이 조치로 미국은 20년 이래 최악의 경제위기에 빠질 것으로 예측했다. 이렇게 과격한 제안은 비록 받아들여지지 않았지만, 10월 17일에 석유를 5% 감산하기로 결의하고 정치적 목표가 실현될 때까지 매월 5% 감산을 이어가기로 했다.

10월 19일, 닉슨 대통령은 이스라엘에 22억 달러의 긴급원조를 해줄 것을 의회에 요구했다. 10월 20일, 사우디아라비아와 다른 아랍 국가들은 미국에 대한 석유 수출을 전면 중단한다고 선포했다. 국제 석유 가격은 순식간에 폭등했다. 1970년 배럴당 1.39달러에 불과하던 석유 가격은 1974년 8.32달러로 치솟았다. 석유 수출 금지 조치는 비록 5개월간 지속되고 1974년 3월에 끝났지만, 이 사태는 서방 사회를 온통 뒤흔들어놓을 정도로 충격을 주었다. 국제 금융재벌들은 사우디아라비아 등의 오일달러가 반드시 미국으로 다시 흘러들도록 온갖 방법을 동원했다.

꼼꼼한 분석을 거쳐 미국은 '분열과 정복' 책략을 쓰기로 하고, 중동 산유국의 내분을 획책했다. 첫 공략 대상은 사우디아라비아였다. 넓은 땅에 인구가 적은 사우디아라비아는 석유 생산량이 풍부한 중동의 요지에 자리 잡고 있다. 그러나 이란, 시리아, 이라크, 이스라엘 등 강대국으로 둘러싸여 있어 군사 방어력은 극히 취약했다. 사우디아라비아의 왕실은 이를 몹시 불안해했다. 이런 약점을 간파한 미국은 가장 구미가 당길 조건을 제시했다. 즉 정치적으로 전폭 지지하고, 필요할 때 군사적으로 보호하며, 기술과 군사 훈련을 제공하고, 사우디아라비아 왕실의 존재를 영원히 보장한다는 등의 내용이었다. 대신 석유 거래는 반드시 달러로 결산할 것, 벌어들인 오일달러로 미국 국채를 구입할 것, 미국의 석유 공급을 보장할 것, 석유 가격을 올릴 때는 반드시 미국의 동의를 받을 것 등의 조건을 내걸었다. 또 이란이나 이라크, 인도네시아, 베네수엘라가 미국에 석유 운반을 금지할 때는 사우디아라비아가 의무적으로 공급 부족을 메워주고 미국에 대한 석유 수출 금지를 철회하라고 이들 나라를 설득한다는 내용도 포함되었다.

'경제 저격수' 존 퍼킨스는 사우디아라비아에 파견되어 이 계획을 구체적으로 실행했다. 유명한 국제 엔지니어회사의 수석 이코노미스트인 퍼킨스는 사우디아라비아에 대규모 투자를 하면 얼마만큼의 경제 효과가 있을지 최대한 상상력을 동원하도록 만들어야 했다. 한 가지 전제는 반드시 미국의 엔지니어링과 건축회사가 입찰한다는 것이었다.[23]

퍼킨스에게 갑자기 영감이 떠올랐다. 사우디아라비아의 수도 리야드 거리의 양떼는 현대적인 분위기와는 영 어울리지 않았다. 대규모로 도시를 건설하면 오일달러를 미국으로 벌어갈 수 있었다. 퍼킨스는 OPEC 회원국들의 경제학자들이 석유의 심가공을 강력히 요구한다는 사실도 잘 알고 있었다. 회원국 스스로 석유 제련사업을 운영하면 원유 수출보다 더 큰 이윤을 얻을 수 있었다. 퍼킨스는 '누이 좋고 매부 좋은' 해결 방안을 생각해 냈다. 양떼의 처리에서부터 오일달러를 미국에서 가장 비싼 현대화 쓰레기 처리 설비에 사용하는 것까지, 리야드의 도시 미화사업에는 첨단 미국 제품이 많이 필요했다. 공업 분야에서 오일달러는 원유 수송 및 가공에 필요한 인프라 건설에 사용될 것이다. 거대한 석유가공 산업단지가 사막 한가운데 세워질 것이다. 대형 공업단지, 대형 발전소, 변전 및 송전 시스템, 고가도로, 송

유관, 통신 시스템, 공항, 항구 재개발, 거대한 부대 서비스 시스템이 그 주위를 돌아가며 건설된다.

퍼킨스는 계획을 크게 둘로 나누었다. 하나는 인프라 시설 건설 계약이고, 다른 하나는 장기 서비스와 관리 계약이었다. 벡텔, 브라운& 루트, 핼리버튼, 스톤&웹스터 등의 미국 기업은 앞으로 수십 년 동안 엄청난 돈을 그러모을 것이다.

퍼킨스는 더 길게 내다보고 아라비아반도의 거대한 산업 체인을 보호하기로 했다. 미국의 군사기지 건설, 국방산업 계약과 관련된 모든 활동의 계약, 여기에 더 방대한 관리와 서비스 계약까지 포함했다. 이 모든 것이 새로운 산업 건설 계약을 더해줄 것이다. 여기에는 군용 비행장, 미사일 기지, 인재 교육센터 등 모든 관련 항목이 해당되었다.

퍼킨스의 목표는 오일달러의 대부분을 미국으로 흘러들게 하는 것은 물론 이 거액으로 창출된 수익을 모두 미국 기업에 쓰도록 하는 것이었다. 사우디아라비아는 그토록 '현대화'된 산업 인프라 시설과 도시 미관을 매우 자랑스럽게 여길 것이다. 다른 OPEC 회원국들이 빠르게 '현대 국가'로 탈바꿈한 사우디아라비아를 부러워하면 그 국가들을 상대로 사업을 확대할 수도 있다.

퍼킨스의 대단한 계획과 로비 능력에 막후의 금융재벌들은 크게 흡족해했다. 이토록 원대한 계획 아래 키신저 박사가 1974년 사우디아라비아에 도착해 오일달러의 향방을 최종 결정했다. 금본위제의 보호 울타리를 떠나 비바람에 노출된 달러가 마침내 석유라는 피난처를 찾은 것이다.

레이건 피습: 금본위제의
마지막 희망이 산산이 부서지다

세계적으로 금본위제가 전면 폐지되어 스위스 금프랑 등 극소수의 국가를 제외하고 황금과 지폐의 연관성은 완전히 사라졌다. 그러나 국제 금융재벌들로 하여금 아직 발을 뻗고 잘 수 없게 하는 상황은 금 가격이 1970년대에 지속적으로 상승했다는 것이다. 금본위제의 부활을 막는 것이 국제 금융재벌들의 가장 우선적인 작업이다.

1975년 1월 1일, 금이 단순한 금속에 불과하다는 사실을 세상 사람들에게 보여주어 지폐 달러에 대한 믿음을 더해주고자 미국 정부는 40년 동안 시행해 온 미국인의 황금 소유 금지령을 폐지했다. 다른 나라는 황금에 중과세하는 방법으로 국민의 금 수요를 감소시켰다. 심지어 50%의 높은 부가가치세를 부과하는 나라도 있었다. 금을 소지하지 않은 지 40년이나 된 미국인들에게 금은 생소했다. 게다가 사는 절차도 불편하고 복잡했으므로 금의 해금령은 생각했던 만큼의 긴장 국면을 형성하지 않았다.

국제 금융재벌들은 그제야 안도의 한숨을 내쉬었다. 훗날의 연방준비은행 총재인 폴 볼커는 전 중앙은행가 존 엑서터가 손에 금화를 가지고 장난하는 모습을 보고 호기심에 물었다. "존, 그 금화는 어디서 샀소?"

《왜 금을 원하는가?》라는 책에서는 국제 금융재벌들이 금을 억제하는 본질을 지적했다.

1975년부터 미국은 IMF 주요 회원국의 협조 아래 세계 황금시장의 앞날을 '억누르기' 시작했다. 금 가격을 억누르는 목적은 주요 국가의 국민이 지폐가 금보다 더 좋다고 믿게 하려는 데 있었다. 그 행동이 성공하면 지폐를 과다 발행하는 과정을 무한정 계속할 수 있다.

경제학자들도 이구동성으로 정부의 구매 수요가 없어졌다고 주장하는 등 금은 아무 가치도 없는 물건이라는 사실을 증명했다. 심지어 1온스당 25달러가 금의 '내재적 가치'라고 여기는 사람도 있었다.

1975년 8월, 금의 영향력을 없애려고 미국과 서방 공업국들은 각국의 황금 보유고를 더 늘리지 않기로 했다. IMF는 금 5,000만 온스를 투매해 금 가격을 낮췄다. 그러나 금 가격은 여전히 강세를 보였을 뿐 아니라 1979년 9월에는 1온스당 430달러를 돌파하기도 했다. 이때의 금 가격은 1971년 브레턴우즈협정이 해체되었을 때의 가격보다 열 배 이상 인상된 상태였다.

미국 재무부는 1975년 1월부터 금을 경매하기 시작했으며, 나중에는 원래 30만 온스이던 경매량을 75만 온스로 늘렸으나 여전히 금 가격의 강세를 누르지 못했다. 재무부가 1978년 11월에 사상 초유의 규모인 150만 온스를 경매한다고 발표하자 시장가격은 겨우 약간 돌아서는 정도였다. 1979년 10월 16일에 미국 재무부는 마침내 더 지탱하지 못하고 정기적으로 실시하던 경매를 비정기로 돌렸다.

금 가격이 400달러라면 달러가 1933년 이래 초과 발행되었다는 사실을 합리적으로 반영하며, 안정적이고 지속 가능한 가격대라고 할 수 있다.

그러나 1979년 11월 발생한 이란 인질 위기는 금의 장기적 가격 동향을 바꿔놓았다. 연방준비은행은 위기가 발생한 후 즉시 미국에 있는 이란의 금 비축고를 동결한다고 선포했다. 이 조치는 세계 각국 중앙은행의 간담을 서늘하게 했다. 만약 이란의 금이 동결된다면 미국에 보관한 자신들의 금도 안전하지 않을 터였다. 따라서 각국은 앞다투어 금을 구매하고 직접 본국으로 옮겨갔다. 이란은 더 보란 듯이 국제시장에서 많은 금을 사들였다. 이라크 역시 가만있지 않고 사자 세력의 대열에 합류했다. 금값은 몇 주 안에 1온스당 850달러라는 고가를 기록했다.

그동안의 모든 변화 과정을 지켜본 로널드 레이건 대통령은 금본위제를 회복해야 미국 경제를 살릴 수 있다고 확신했다. 1981년 1월,

▌ 1981년 3월 30일, 금위원회를 조직해 금본위제의 회복을 외치던 레이건은 '정신이상범'에게 저격을 당했다.

레이건은 취임하자마자 의회에 '금위원회(Gold Commission)'를 조직해 금본위제 회복의 타당성을 연구하라고 요구했다. 이는 국제 금융재벌들의 금기를 직접적으로 깨는 조치였다. 1981년 3월 30일, 백악관에 입주한 지 겨우 69일 만에 레이건은 존 힝클리라는 팬에게 저격을 당했다. 총알은 심장에서 겨우 1밀리미터 떨어진 곳에 박혔다. 저격범은 영화배우 조디 포스터의 주의를 끌려고 이런 일을 저질렀다고 한다. 미국 대통령을 저격한 대부분의 범인과 마찬가지로 그 역시 정신에 문제가 있다고 판정받았다.

이 총은 레이건 대통령을 명중시켰을 뿐 아니라 금본위제를 부활하려는 마지막 희망마저 산산이 깨버렸다. 1982년 3월, 17인으로 구성된 금위원회는 15 대 2라는 표결로 금본위제 부활을 부결했다. 레이건 대통령은 이 결과를 재빨리 받아들였다. 이때부터 미국 대통령 중 어느 누구도 감히 금본위제 이야기를 꺼내지 못했다.

제8장

선전포고 없는
화폐전쟁

우리는 마치 높은 산등성이에서 사슴 떼를 내려다보는 굶주린 이리 같
았다. 태국 경제는 아시아의 작은 호랑이라기보다 상처 입은 들짐승에
가까웠다. 온전한 사슴 떼를 더욱 건강하게 보호하고자 우리는 병들고
약한 사냥감을 선택했다.[1]

＿〈타임〉, 1997년 태국 바트화의 폭락을 일으킨 금융 해커와의 인터뷰 중

특정 상품의 공급을 독점하는 자가 높은 이윤을 창출한다는 것은 누구나 아는 상식이다. 화폐는 누구에게나 필요한 일종의 상품이다. 한 나라의 화폐 발행을 독점할 수 있다면 무한정으로 높은 이윤을 내는 수단을 갖게 된다. 이것이 곧 수백 년 동안 국제 금융재벌들이 한 나라의 화폐 발행권을 독점하고자 온갖 지혜와 수단을 동원했던 이유다. 그들이 원하는 가장 높은 경지는 전 세계 화폐 발행권의 독점이다.

세계의 화폐 발행권이라는 금융 전략의 고지를 선점하기 위해 국제 금융재벌들은 1970년대부터 달러에 대한 믿음을 굳히고, 개발도상국의 경제를 망치며, 잠재적 경쟁자를 무너뜨리자는 취지의 화폐전쟁을 일으켰다. 그들의 최종적 전략 목표는 세계경제를 '통제하면서 해체'해 런던과 월가가 축이 되어 통제하는 '세계정부'와 '세계화폐' 및 '세계 세금' 체제를 완성하기 위한 기초를 착실하게 다지는 것이다.

국제 금융재벌들은 '초특급 이익집단'이기 때문에 어떤 국가나 정부에도 충성하지 않고 오히려 그들을 통제한다. 이들은 일정한 단계까지는 달러와 미국의 힘을 이용한다. 그러나 일단 준비가 되면 언제라도 달러를 공격해서 1929년 같은 세계적 경제위기를 만들어낸다. 이렇게 해서 심각한 위기에 빠진 각국 정부에 권리를 포기하도록 압박을 가해 지역 화폐와 지역 정부를 시행했다.

국제 금융재벌들이 노리는 최고의 목표는 단연 중국이다. 그들은 반드시 중국의 금융 체제를 공격할 것이다. 손을 쓸 것이냐 아니냐의 문제가 아니다. 언제 어떤 방식으로 할지가 문제다. 이 공격에서 운 좋게 살아남는다 해도 치명적 손상을 입을 것이다.

국제 금융재벌들의 전술은 대체로 일본을 공격할 때와 거의 비슷할 것이다. 먼저 중국 경제에 거품을 잔뜩 끼게 한다. 중국 경제는 이들의 '도움' 아래 몇 년 동안은 최고의 번영기를 누릴 것이다. 1985~1990년 일본 경제가 그랬던 것처럼 말이다. 그러다가 어느 순간 무자비한 공격을 퍼부을 것이다. '원거리 비접촉 방식'의 금융 핵공격에 중국 경제에 대한 세계인의 믿음은 산산조각이 나버린다. 국내와 국외의 자금은 황급히 회수에 들어간다. 마지막으로 중국의 핵심 자산을 헐값으로 사들이고 중국 경제를 '철저하게 해체'하면서 세계 통일 과정에서 가장 어려운 단계를 완수하게 된다.

1973년 중동전쟁: 달러의 반격

1973년 10월 6일에 일어난 제4차 중동전쟁은 결코 우연이 아니었다. 같은 해 5월 빌더버그 클럽은 연례회의에서 84명의 국제 금융재벌, 글로벌기업 거두와 선거에 당선된 정객들이 모여 황금 기반이 없는 달러의 약세라는 골치 아픈 문제를 어떻게 처리할지를 두고 논의를 거듭했다. 데이비드 록펠러는 자신의 심복 브레진스키를 회의에 참석시켰다. 회의 결과 달러에 대한 믿음을 회복하고 수세에 몰린 금융전쟁에서 주도권을 뺏어오자는 쪽으로 의견이 모아졌다.

국제 금융재벌들은 놀라운 계획을 세워 국제 유가를 무려 400%나 치솟게 했다. [2]

이 대담한 계획에는 몇 가지 목표가 포함되어 있다. 먼저 세계의 석유 거래가 통상 달러로 이루어지기 때문에 석유 가격이 네 배나 폭등하면 세계 각국의 달러 수요가 폭증한다. 그러면 달러가 금의 기반을 잃은 후 각국에서 발생한 투매 현상으로 말미암은 부작용을 상쇄할 수 있다. 또 하나는 몇 년 전 경제 저격수들의 뛰어난 활약으로 라틴아메리카와 동남아 국가들이 이미 과도한 대출의 덫에 걸려 있었다. 일단 석유 가격이 폭등하면 미국은 이를 틈타 금리를 대폭 인상할 것이다. 그러면 낙후한 경제에 자원은 풍부한 이들 나라가 통통하게 살이 올라 도살되기만 기다리는 양의 신세가 된다.

이 계획의 절묘함은 '화를 남에게 전가하기'에 있다. 먼저 이집트와 시리아를 부추겨 이스라엘을 공격하게 하고, 미국은 공개적으로 이스라엘을 편들어 아랍인들의 화를 돋운다. 아랍권 국가들은 홧김에 서방 세계로 가는 석유 수송을 중단하고 기름 값은 천정부지로 치솟는다. 사람들의 원망은 자연 아랍권 국가에 집중되게 마련이다. 국제 금융재벌들은 한쪽에서 유유히 싸움 구경을 하면서 오일달러로 번 돈이나 세고 있으면 그만이다. 이렇게 하면 힘 안 들이고 달러 약세를 만회하고 금융전쟁의 주도권을 되찾아올 수 있다. 게다가 라틴아메리카와 인도네시아를 상대로 '양털 깎기'까지 해주면 작전은 완벽하게 성공한다.

역사를 돌아보면 국제 금융재벌들이 손을 쓸 때마다 '최적의 계산법'을 따랐음을 알 수 있다. 이들은 중요한 전략적 행동에 나설 때마다 세 가지 이상의 주요 목표를 정해 '일석삼조'의 효과를 노린, 그야말로 동시다발 공격의 명수들이다.

국제 금융재벌들에게는 브레진스키와 키신저라는 작전 참모가 있었다. 이들 두 사람이 힘을 합하면 안 되는 일이 없었다. 브레진스키가 작전을 짜고 키신저가 닉슨 정부의 정보 '황제'로서 직접 행동에 나선다. 윌리엄 엥달은 저서《석유지정학이 파헤친 20세기 세계사의 진실》에서 이를 날카롭게 지적했다.

> 키신저는 미국으로 흘러가는 중동 지역의 정보를 장악했다. 그 속에는 미국 정보부가 입수한 아랍 관리의 전쟁 준비에 관한 정보의 확인도 포함되어 있다. 워싱턴 당국은 전쟁 기간과 전쟁 후에 키신저의 '왕복 외교'를 통해 빌더버그 5월 회의에서 정해진 노선을 정확하게 실행했다. 아랍 석유 생산국들이 전 세계인의 눈총을 받는 '속죄양'으로 전락하는 사이에 앵글로색슨족과 미국이 챙긴 막대한 이익은 슬그머니 가려져 버렸다.[3]

키신저의 회유와 협박에 못 이긴 사우디아라비아는 OPEC 회원국 중 최초로 미국과 제휴를 맺고 오일달러로 미국의 국채를 구입해 '오일달러의 귀환'을 거들었다. 이때부터 키신저는 거리낄 것이 없었다. 1975년 OPEC의 장관들은 달러로 석유를 계산하는 데 동의했다. 이로써 세계화폐는 '석유본위제' 시대로 진입했다.

석유 가격 폭등은 석유 거래에 필요한 달러 수요의 폭증을 가져왔고, 마침내 달러는 국제사회에서 유리한 고지를 되찾았다. 세계의 석유 가격은 1949~1970년 1배럴당 1.9달러로 계속 안정권에 머물렀다. 그러나 1970~1973년 유가는 점차 상승해서 1배럴당 3달러까지 올랐다. 전쟁이 발발하고 얼마 되지 않은 1973년 10월 16일에 OPEC는 유가를 70% 인상한 1배럴당 5.11달러로 올렸다. 1974년 1월 1일, 유가는 다시 두 배가 올라 11.65달러가 되었다. 1973년 빌더버그회의 이전에 비해 1974년 1월까지 무려 400%나 오른 가격이었다.

이런 내막을 모르는 닉슨 대통령은 1974년 미국 재무부에 지시해 OPEC로 하여금 석유 가격을 내리도록 압력을 넣으라고 했다. 사정에 밝은 정부의 한 관리는 비망록에 이렇게 적고 있다. "은행재벌들은 이 건의를 묵살하고 '오일달러' 정책으로 고유가를 잡아야 한다고 강조했다. 이 결정은 치명적이었다."

이어지는 고유가 시대는 서방 각국에 두 자릿수의 인플레이션을 가져왔고, 사람들은 눈뜨고 재산을 고스란히 도둑맞은 셈이 되었다. 더 딱한 쪽은 아무런 방비도 없는 개발도상국들이었다. 윌리엄 엥달은 그 상황을 다음과 같이 묘사했다.

석유 가격이 400% 폭등함으로써 석유를 주요 에너지로 사용하는 경제는 큰 타격을 받았다. 석유 자원이 부족한 대부분 국가는 갑자기 생각지도 않던 400%의 에너지 수입 원가를 감당해야 했다. 석유를 주원료로 만드는 화학비료 구입비 같은 농업 부문의 원가 상승이야 말할 필요도 없었다.

인도는 1973년에 무역흑자를 기록해 경제 상태가 양호한 편이었다. 이 나라는 1974년 외화보유고가 6억 2,900만 달러였는데 석유 수입에 이보다 배가 많은 12억 4,100만 달러를 지급해야 했다. 다른 나라도 형편은 비슷했다. 1974년에는 수단, 파키스탄, 필리핀, 태국, 아프리카와 라틴아메리카 등 나라마다 무역적자가 줄을 이었다. IMF의 통계에 따르면, 1974년 개발도상국의 무역적자는 350억 달러였다. 당시로서는 천문학적인 금액이다. 공교롭게도 이 나라들의 적자 합계는 1973년의 정확히 네 배로 석유 가격 상승과 정비례를 나타냈다.

1970년대 초 강하게 일어났던 공업 생산과 무역은 1974~1975년에 세계적으로 위축되었다. 그 심각한 정도는 제2차 세계대전 후 최고 수준이었다.[4]

1970년대에는 막 공업화를 실시한 많은 개발도상국이 IBRD의 저금리 차관에 완전히 의존하고 있었다. 석유 가격의 폭등으로 이들 나라의 많은 자금이 잠식되었다. 개발도상국은 공업화를 포기해 IBRD의 차관을 상환할 수 없는 지경에 이르거나, 아니면 IBRD에서 더 많은 돈을 빌려 석유를 구입하고 거액의 채무에 대한 원금과 이자를 갚아야 하는 처지에 놓였다.

IMF와 결탁한 국제 금융재벌들은 벌써부터 그물을 치고 고기가 모이기만 기다리고 있었다. IMF는 가혹한 구제 조건을 내세우면서 얼떨결에 재수 없이 걸린 개발도상국들에 유명한 'IMF의 네 가지 명약'을 먹도록 몰아댔다. '네 가지 명약'이란 국가 핵심 자산의 사유화, 자본시장의 자유화, 기본 생활 요소의 시장화, 자유무역의 국제화였다. 이 약을 먹은 대부분의 나라는 죽지 않으면 치명상을 입고 쓰러졌다. 몇몇 저항력이 강한 나라도 큰 타격을 입고 국력이 눈에 띄게 약해졌다.

개발도상국들이 달러를 빌려와 값비싼 석유를 수입하고 있을 때, 마른하늘에 날벼락 같은 사건들이 그들을 기다리고 있었다.

폴 볼커: 세계경제를 '통제하면서 해체하다'

> 볼커가 연방준비은행 총재에 당선된 것은 월가의 추천을 받았기 때문
> 이다. 이것이 그들의 흥정이었다. 사람들은 그가 똑똑하고 보수적인
> 인물이라고 평가했지만, 누구도 그가 곧 큰 폭풍을 몰고 오리라고 눈
> 치채지 못했다. _ 찰스 가이스트(Charles R. Geisst), 역사학자

1973년 미국 체이스맨해튼은행 총재 데이비드 록펠러는 북아메리
카를 비롯해 서유럽과 일본 금융계의 관계를 강화하고자 브레진스키
의 아이디어와 협조로 '삼각위원회'라는 단체를 조직했다. 브레진스
키에게는 데이비드 딘 러스크(David Dean Rusk)라는 조지아주 출신의 친
구가 있었다. 그는 케네디 대통령과 존슨 대통령 시절 국무장관을 지
냈다. 이 친구가 브레진스키에게 당시 조지아 주지사 카터를 삼각위
원회 회원으로 추천하면서 그의 박력 있는 창업 스타일과 정치적인
안목을 칭찬했다.

러스크의 적극적인 주선으로 브레진스키는 카터를 두 번 만났다.
브레진스키는 첫 만남부터 카터가 거물로 성장할 인물임을 직감하고
삼각위원회에 가입시키려 했다. 그러나 카터의 당시 직위와 명망 정
도로는 회원들의 표결에서 통과하기가 어려웠다. 그러자 브레진스키
는 데이비드 록펠러에게 카터를 직접 추천하고 그에 대한 칭찬을 늘
어놓았다. 록펠러는 그의 의견을 받아들이고 직접 카터를 지명했다.
이렇게 해서 작은 조지아주의 주지사 지미 카터의 이름이 삼각위원
회 미국 회원의 명단에 오르게 되었고, 그가 5년 후 백악관으로 가는

계단에 오르는 중요한 첫걸음이 되었다.

1977년 카터가 백악관에 입성한 후 그의 '입당 주선자' 브레진스키는 자연스럽게 카터의 국가안보 보좌관이 되었다. 이는 사실상 국제 금융재벌들을 대표한 '섭정'이었다. 그 역할은 닉슨 대통령 시절의 키신저와 유사했다.

1978년에 국제 금융재벌들에게 매우 중요한 연방준비은행 총재 자리가 비었다. 이에 데이비드 록펠러는 이 자리에 자기 사람인 폴 볼커를 앉히라고 카터 대통령에게 요구했고, 카터는 그 요구를 거절할 수 없었다.

〈뉴욕 타임스〉가 "볼커의 임명이 본(Bonn), 프랑크푸르트와 스위스 유럽은행의 승인을 받았다"라고 보도하자, 오랫동안 침체에 빠졌던 뉴욕 증시 주가지수는 순식간에 9.73%포인트가 상승하고 국제시장에서 달러는 강세로 돌아섰다.

1933년 유진 메이어가 연방준비은행에서 사임하면서 국제 금융재벌들은 금융시장의 일선에서 물러나 막후로 자리를 옮겼다. 이들은 연방준비은행 뉴욕은행장의 인선에 개입하는 방법으로 연방준비은행을 운영했다. 폴 볼커는 그들의 조건에 완벽하게 부합하는 사람이었다. 그는 일찍이 프린스턴 대학과 하버드 대학을 졸업한 후 영국 런던경제대학에서 유학한 재원이었다. 1950년대에는 연방준비은행 뉴욕은행의 이코노미스트로 있다가 체이스맨해튼의 수석 이코노미스트로 자리를 옮겼다. 1960년대에는 재무부에서 일했으며, 닉슨 대통령 시절에는 금본위제를 폐지하는 데 중요한 조정자 역할을 했다. 1974년부터 연방준비은행 뉴욕은행장이라는 중요한 위치에 올라 연방준비은행의 실질적인 운영을 책임졌다.

1978년 11월 9일, 당시 한창 득세하던 볼커는 영국 워릭 대학에서 한 연설에서 이렇게 토로했다. "세계경제에서 '통제하면서 해체하기'는 1980년대의 합리적 목표다."[5]

문제는 해체의 대상과 방법이었다. 과연 누구를 해체했을까? 어떻게 해체를 했을까?

제일 먼저 불똥이 튄 나라는 자연히 빚이 많은 제3세계 국가이고, 그 다음이 소련과 동유럽 국가들이었다.

폴 볼커는 취임하는 즉시 '세계적인 인플레이션 타개'라는 기치를 내걸고 동맹국 영국과 함께 달러의 대출 금리를 걷잡을 수 없을 만큼 올렸다. 달러의 대출 금리는 1979년 11.2%에서 1981년 20%로 치솟았으며 기본 금리는 더 높은 21.5%, 국채는 17.3%였다.

1979년 5월에 취임한 영국의 대처 총리는 '인플레이션을 경제에서 몰아낼 것'이라며 취임 한 달 만에 12%이던 기준 금리를 올리기 시작해 12주 만에 17%까지 인상했다. 이토록 짧은 시간에 모든 업종의 대출 비용이 42%나 치솟은 예는 평화 시기의 공업 국가에서 그 유례를 찾기 어렵다. 대처 수상은 이 조치로 '철의 여인'이라는 별명을 얻었다.

'인플레이션 타개'라는 기치 아래 경제는 점점 쇠퇴 일로로 치달았다. 국민이나 기업 모두 아픈 대가를 치르며 고통을 감수하는 동안 미국과 영국의 은행가들은 큰 수익을 챙겼다. '정부 지출을 줄여라', '세금을 감면하라', '기업의 관리를 개방하라', '노조의 힘을 무력화시켜라' 등의 요구가 줄을 이었다. 채무 부담이 무거운 개발도상국들은 완전히 초상집 분위기였다. 개발도상국의 채무는 1973년 5월 빌더버그회의 때의 1,300억 달러에서 1982년에는 무려 다섯 배 가까이 증가한 6,120억 달러였다. 영미 두 나라가 인플레이션 타개라는 명목으로 금리를 갑자기 20%까지 올리자 거액의 이자를 감당하느라 허리가 휜 개발도상국들은 국제 금융재벌들의 도마 위에 오른 생선 신세였다. 금융전쟁에 대한 경계 의식이 전혀 없던 아시아와 아프리카 국가들은 이렇게 아픈 대가를 톡톡히 치러야 했다.

미국의 조지 슐츠 국무장관은 1982년 9월 30일 UN총회에서 IMF는 개발도상국의 채무 상환에 대한 감독을 강화해야 한다고 주장했다. 그는 개발도상국들에게 수출 제품을 좀더 서양의 구미에 맞추라고 촉구하면서, 자유무역만이 그들을 구제할 수 있으며 원자재 수출에 박차를 가해 채무 상환을 서두르라고 요구했다.

멕시코 대통령 로페스 포르티요는 영미 국제 금융재벌들의 전략은 고금리와 이를 뒤따르는 원자재 가격 하락이라고 꼬집으면서, 이들이 날카로운 양날의 칼로 개발도상국들이 그동안 애써 이룩한 성과를 무참히 난도질하고 다른 제3세계 국가들의 발전 가능성마저 짓밟고 있다고 지적했다. 그는 개발도상국의 모라토리엄 선언을 이끌겠다고 위협했다.

> 멕시코와 제3세계 국가들은 비현실적인 가혹한 조건에 따라 제때에
> 채무 상환을 할 수 없다. 우리 개발도상국들은 서방 국가에 종속될 수
> 없다. 우리는 경제를 마비시키고 국민을 더 비참한 지경에 빠뜨리면서
> 까지 채무를 상환할 수 없다. 우리의 참여가 배제된 가운데 채무 상환

비용은 이미 세 배가 뛰었다. 우리는 이에 대해 책임이 없다. 기아와 질병, 무지와 의존을 탈피하려는 우리의 노력은 결코 국제 위기를 가져오지 않았다.[6]

불행히도 UN에서 이 연설을 하고 불과 두 달 만에 포르티요는 국제 금융재벌들이 미는 인물에 의해 대통령 직에서 물러났다. IMF는 '대출 질서를 수호하는 경찰'로서 멕시코의 채무 상환에 간섭했다. 엥달은 당시의 역사를 다음과 같이 묘사했다.

현대 역사상 가장 큰 규모의 조직적인 강도질이 시작되었다. 그 규모는 1920년대를 훨씬 능가한다. 서유럽과 미국의 매스컴이 열심히 은폐하는 상황과는 정반대로 채무국들은 몇 번이나 빚을 갚았다. 그들은 피와 살을 도려내어 현대 뉴욕과 런던의 샤일록들에게 채무를 갚은 것이다. 1982년 8월 이후 개발도상국들이 채무를 갚지 않았다는 주장은 사실이 아니다. 그들의 머리 위를 겨누는 총이 있었다. IMF의 협박 아래 개발도상국들은 국제 은행재벌과 그럴듯한 이름의 '채무 해결 방안'을 체결했다. 이때 참여한 은행은 뉴욕 씨티은행과 체이스은행이다.[7]

채무국이 '특별 조항'에 서명한 후에야 IMF의 구제 금융을 받을 수 있었다. 특별 조항에는 '정부 지출 삭감, 세금 인상, 통화의 평가절하' 등이 포함되어 있었다. 그 후 채무는 다시 연장되었으며 개발도상국들은 '서비스 비용' 명목으로 국제 금융재벌들에게 돈을 더 지급했는데, 이 돈까지 채무 원금에 포함되었다.

멕시코는 국제 금융재벌들의 요구로 의약, 식품, 석유, 기타 생활필수품에 대한 정부의 보조금을 삭감했다. 페소화의 평가절하는 이미 더 버틸 수 없는 수준이었다. 1982년 초에 포르티요 대통령이 경제개혁 조치를 실시하면서 페소화의 달러 대비 가격은 12 대 1이었다. 그런데 1989년 페소 대 달러의 환율은 이미 2,300 대 1로 평가절하되었다. 멕시코 경제는 사실상 이미 국제 금융재벌들의 손에 의해 통제되면서 해체된 것이다.

IBRD의 통계에 따르면 1980~1986년 세계 100여 개 채무국이 국제 금융재벌들에게 지급한 이자만 해도 3,260억 달러이며, 원금 상환으로 3,320억 달러를 지급했다. 개발도상국들은 4,300억 달러(1980년)의 채무를 갚는 데 6,580억 달러의 비용을 지출했다. 그렇게 했는데도 1987년 109개 채무국들이 연체한 금액이 1조 3,000억 달러나 되었다. 이렇게 이자가 눈덩이처럼 불어나고 있으니 개발도상국들이 아무리 발버둥을 쳐도 채무를 갚지 못하는 상황이 된 것이다. 이에 국제 금융재벌들과 IMF는 채무국의 파산 신청을 받아 그 절차를 진행했다. 은행재벌들의 '채무 해결 방안'을 수용한 나라들은 수많은 핵심 자산을 헐값에 내주었다. 여기에는 수도, 전기, 천연가스, 철도, 전화, 석유, 은행 등이 포함되었다.

사람들은 국제 금융재벌들이 계획한 세계경제의 '통제하면서 해체하기'의 살상력이 얼마나 치명적인지 실감하게 되었다.

세계환경보호은행
: 지구 육지의 30%를 접수하다

아시아, 아프리카, 라틴아메리카 개발도상국들이 채무의 깊은 늪에
빠져 있는 동안 국제 금융재벌들은 더 큰 행동을 계획하기 시작했다.
그 방식은 보통 사람의 상상을 뛰어넘을 만큼 극단적이었다. 정상적
인 머리로는 '환경보호'를 더 큰 계략의 공략 포인트로 삼을 생각은
결코 하지 못할 것이다.

역사적인 각도에서 문제를 보지 않으면 사람들의 정신을 쏙 빼놓는
국제 금융재벌들의 수법이 얼마나 치밀하고 위력적인지 알 수 없다.

1963년 8월 초, 미국 중서부의 유명한 대학에서 '존 도'라는 가명
을 쓰는 사회학 교수가 워싱턴으로부터 걸려온 한 통의 전화를 받았
다. 내용인즉 비밀 연구 과제에 참여하라는 것이었다. 그와 함께 이
과제를 수행할 전문가 15명은 모두 미국 유명 대학의 최고 학자들이
었다. 존 도 교수는 호기심에 '아이언 마운틴'이라는 곳으로 갔다.

아이언 마운틴은 뉴욕주에 인접한 허드슨시에 있는 거대한 지하
시설로, 냉전 시기 소련의 공격을 방어할 목적으로 세워졌다. 뉴저지
의 스탠더드오일, 쉘, 하노버 제조 신탁회사 등 수백 개에 이르는 미
국 최대 기업의 본부가 이곳에 임시 사무실을 설치하고 있었다. 핵전
쟁이 일어날 경우 이곳은 미국의 가장 중요한 상업 운영 센터로 변신
해서 핵전쟁 이후 미국 상업 체계를 계속 보존할 것이다. 평소에는
이들 기업의 기밀문서를 보관하는 곳이었다.

이 수상한 연구팀에게 주어진 과제는 '세계가 영구적 평화 단계에

진입할 경우 미국이 직면할 도전과 이에 대한 미국의 대응 전략'이었다. 연구 작업은 2년 반의 시간이 걸렸다.

1967년 15인의 과제 팀은 비밀 보고서를 작성했다. 정부의 요구에 따라 이 보고서의 작성자들은 그 내용을 기밀에 부쳤다. 그러나 이 중요한 보고서의 내용을 대중에 알려야만 한다고 생각한 존 도 교수는 유명한 작가 레너드 레빈을 찾아갔고, 그의 도움을 받아 《아이언 마운틴 보고서》라는 책을 1967년 다이얼프레스출판사에서 정식 출판했다. 이 책은 출간 즉시 미국 사회의 각계각층에 큰 반향을 불러왔다. 모두 존 도가 도대체 누구인지 궁금해했다. 이 보고서는 당시 국방장관 맥나마라가 주도했다고 알려졌는데, 그는 외교협회 회원이며 훗날 IBRD 총재에 임명된 인물이다. 당시 이 연구에는 허드슨연구소가 참여했는데, 이 연구소를 설립한 허먼 칸 역시 외교협회 회원이었다.

비밀이 유출되자 존슨 대통령의 안보 담당 특별보좌관 로스토가 즉시 긴급 진압에 나섰다. 그는 이 보고서가 순전히 날조된 것이라고 주장했다. 같은 외교협회 회원인 헨리 루스의 조종을 받던 〈타임〉도 이 보고서가 '교묘한 거짓말'이라고 주장했다. 미국 사회는 이 보고서가 과연 진실의 기록인지 허위로 작성된 것인지를 둘러싸고 오늘날까지 그치지 않는 논쟁을 계속하고 있다.

〈워싱턴 포스트〉는 1967년 11월 26일 서평란에 이 책을 소개하면서 하버드 대학의 유명한 교수 존 케네스 갤브레이스의 작품이라고 주장했다. 갤브레이스 역시 외교협회 회원이다. 그는 이 보고서의 내용이 진실이라고 하면서 본인도 이 연구 제의를 받았다고 밝혔다. 갤브레이스는 연구에 직접 참여하지는 않았으나 프로젝트에 관한 자문을 해주었고, 마찬가지로 비밀 보장을 요구받았다. "나는 개인의 명예를 걸고 《아이언 마운틴 보고서》가 사실임을 보증한다. 나 역시 그 보고서 결론의 유효성을 증명하고 싶다. 단 아무 준비 없는 대중에게 이것을 공개하는 것이 잘하는 일인지는 잘 모르겠다."⁹ 그 후 갤브레이스는 다른 매체에 두 차례나 이 보고서가 사실임을 확인해 주었다.

이 보고서의 결론이 얼마나 놀라운 것이기에 '엘리트들'이 그토록 긴장했을까?

《아이언 마운틴 보고서》는 '세계의 엘리트들'이 행하는 미래 세계의 발전 계획에 대해 자세히 토로했다. 시비를 가리지 않고 자유니 인권이니 하는 공허한 개념을 배제하며 이데올로기나 애국주의, 종교적 입장을 어떤 위치에도 두지 않는 '순수한 객관적' 보고서였다.

이 보고서는 서두에 이렇게 밝히고 있다.

> 지속적인 평화는 이론상으로 가능한 듯 보이지만 지속성이 없다. 설사 평화의 목표에 도달하더라도 그것이 안정된 사회의 최고 선택이라고 볼 수는 없다. 전쟁은 우리 사회를 안정시키는 일종의 특수한 기능이 있다. 더 발전시킬 수 있는 대체 수단이 없는 한 전쟁은 계속되고 강화되어야 한다.¹⁰

이 보고서는 국민이 전쟁 시기나 전쟁의 위협에 놓였을 때만 정부에 복종하면서 불만을 드러내지 않는다고 주장한다. 적으로부터의 위협과 정복이나 약탈당할 공포 때문에 국민은 과중한 세금 부담과 희생을 감수한다. 전쟁은 또한 국민의 강렬한 감정 촉진제다. 애국,

충성, 승리라는 정서 상태에서 국민은 무조건 복종하게 되어 있으며, 이런 경우에는 어떠한 반대 의견도 배반행위로 비난을 받는다. 그와 반대로 평화 시기에는 본능적으로 높은 세금 정책을 반대하고 정부가 개인 생활에 지나치게 간섭한다고 불평을 늘어놓는다.

> 전쟁 체제는 한 국가의 독립적인 체제가 존재하는 데 필요한 요소일 뿐 아니라 정치 안정에도 필수불가결하다. 전쟁이 없으면 정부가 국민을 통치하는 '합법성'에 문제가 생긴다. 전쟁이 일어날 가능성은 하나의 정부가 권리를 유지하는 기초를 제공해 준다. 전쟁의 위협이 없는 정권은 결국 와해된다는 진리를 그동안의 역사가 증명해 준다. 이러한 파괴적 작용은 개인 이익의 팽창과 불공정한 사회에 대한 원망, 기타 해체 요소에서 비롯된다. 전쟁의 가능성은 사회조직 구조를 유지하는 정치적 안정 요소다. 전쟁 가능성은 사회계층을 분명하게 유지하고 국민이 정부에 복종하도록 보장해 준다.[11]

그러나 이 보고서는 전통적인 전쟁 방식에도 역사의 한계가 존재한다고 주장한다. 이런 상태에서 세계정부라는 과업은 달성하기 어렵다. 특히 핵전쟁 시대의 전쟁은 예측하기 어려운 위험으로 변해버린다. 이 연구는 쿠바의 미사일 위기를 겪고 난 후에 시작되었다. 당시 소련과의 핵전쟁을 둘러싼 어두운 그림자도 연구자들의 마음에 어느 정도 영향을 주었으리라 짐작된다.

문제는 일단 전 세계에 '영구적 평화'가 출현하면 미국 사회가 어디서 탈출구를 찾아야 하는가이다. 이 문제야말로 비밀 연구팀이 찾는 해답이다.

바꿔 말해 그들은 미국에 '전쟁'을 대신할 새로운 방안을 제시하고자 했다. 신중한 연구를 거쳐 전문가들은 전쟁을 대체할 새로운 방안은 세 가지 조건을 동시에 구비해야 한다는 결론을 내렸다.

(1) 경제적으로 반드시 '낭비적'일 것, 최소한 매년 GDP의 10%를 소비해야 한다.
(2) 반드시 전쟁의 위험과 유사하고, 대규모이며, 믿을 만한 중대한 위협이어야 한다.
(3) 국민이 정부에 협력하도록 강제적이고 합리적인 이유를 제공해야 한다.

이러한 3대 조건을 동시에 만족시키려면 쉬운 일이 아니었다. 전문가들은 먼저 '빈곤과의 전쟁 선포'를 생각했다. 그러나 빈곤 문제는 방대하기는 하나 충분한 공포감을 조성할 수 없어서 포기했다. 또 하나의 선택으로는 외계인의 침입이 있었다. 이 아이템은 공포심을 조장하는 데는 성공할지 몰라도 1960년대로서는 신뢰도가 부족한 계획이었다. 결국 이 아이디어도 포기했다. 마지막으로 남은 것이 '환경오염'이었다. 이 문제는 상당 부분 사실이기 때문에 신뢰도가 대단히 높았다. 환경오염 문제를 크게 부각시키면 핵전쟁 후 도래하는 지구 종말과 비슷한 공포감을 줄 수 있었다. 계속적인 환경오염이 경제적으로 매우 '낭비'라는 것은 사실이다. 국민으로 하여금 높은 세금과 생활의 질이 떨어지는 것을 감수하면서 정부의 사생활 간섭을 받아들이게 하는 데는 '지구 환경을 살리자'라는 명제만큼 좋은 아이템도 없었다.

이치상으로도 합당해 나무랄 데가 없으니 그야말로 절묘한 선택이 었다.

과학적으로 예측해서 환경오염 문제가 전 세계적인 강한 위기의식으로 등장하려면 대략 20~30년이 걸린다. 이 보고서의 발표 시간은 1967년이었다.

그로부터 20년 후…….

1987년 9월 세계 야생환경보호위원회 제4차 회의가 미국 콜로라도주 덴버시에서 개최되었다. 60여 개 나라에서 온 2,000명의 대표가 참석했다. 그들 중 1,500명의 대표는 '덴버선언'이라는 문건이 이미 준비되어 있다는 사실에 경악했다. 덴버선언의 내용은 다음과 같다.

> 우리는 새로운 자금을 모아 환경보호의 활동 범위를 높여야 하기 때문에 새로운 은행 모델을 마련해 환경 관리에 대한 국제 원조를 시행하고 원조를 받는 나라의 자원 관리 수요에 부응해야 한다.

이 새로운 은행 모델이 곧 '세계환경보호은행(World Conservation Bank)'의 방안이다.

이전의 유사한 회의와 다른 점이 있다면, 국제 금융재벌들이 대거 참석했다는 점이다. 참석자의 면면을 살펴보면 에드먼드 로스차일드 남작을 비롯해 데이비드 록펠러, 미국 재무장관 제임스 베이커 등으로 화려했다. 이와 같은 슈퍼급 요인들이 환경보호회의에서 6일 동안이나 세계환경보호은행의 금융 방안을 홍보한 것이다.

회의에서 에드먼드 로스차일드는 세계환경보호은행을 '제2의 알프레드 마셜계획'이라고 칭하면서 이 기금이 개발도상국을 채무의 늪에서 '구해줄 것'이며 생태 환경을 보호할 수도 있을 것이라고 주장했다.[12]

1987년까지 개발도상국들의 채무 합계가 1조 3,000억 달러에 달했다는 점에 주목하기 바란다. 세계환경보호은행의 핵심 개념은 '채무로 자연 자원 대체하기'였다. 국제 금융재벌들은 개발도상국의 채무 1조 3,000억 달러를 세계환경보호은행에 이관하고, 채무국은 생태위기에 직면한 토지를 담보로 세계환경보호은행에 채무 유예를 신청하고 새로운 소프트론(soft currency loan)을 얻는다. 국제 금융재벌들이 눈독을 들인 개발도상국의 '생태 토지'는 라틴아메리카, 아프리카, 아시아에 분포되어 있으며 총 면적은 5,000만 제곱킬로미터에 달해 지구 육지 면적의 30%에 해당한다.

1970년대만 해도 개발도상국들이 IMF와 국제 금융재벌들에게 돈을 빌릴 때는 거의 담보물이 없었으며 국가 신용이 유일한 담보였다. 그런데 채무위기가 발생한 후 국제 금융재벌들은 파산 처리를 하지도 않고 이 채무를 세계환경보호은행에 이관시켰다. 이 절차를 거치자 불량채권도 장부만 봐서는 알아볼 수 없는 우량자산으로 돌변했다. 세계환경보호은행이 토지를 담보로 잡았기 때문에 개발도상국들이 채무를 상환하지 않을 경우 담보로 제공된 대규모의 토지는 법적으로 세계환경보호은행에 속하게 된다. 결국 세계환경보호은행의 막후에 있는 국제 금융재벌들은 비옥한 토지를 쉽게 손에 넣을 수 있다. 토지의 징발 규모로 볼 때 세계환경보호은행은 역사적으로 전무한 경우라고 할 수 있다.

로스차일드와 록펠러 같은 인물이 환경보호회의에 6일 동안이나 공을 들인 것도 이토록 거대한 이익이 걸려 있었기 때문이다.

브라질의 재무부 고위 관리 코스타 박사는 세계환경보호은행 제의를 받은 후 밤새 한잠도 이루지 못했다. 물론 세계환경보호은행의 소프트론을 받으면 단기적으로 브라질 경제에 도움이 되고, 최소한 경제라는 발전기를 다시 돌릴 수는 있을 것이다. 그러나 브라질은 어차피 이 돈을 갚을 능력이 없었다. 그렇다면 결국 담보로 잡힌 자연의 보고 아마존 지역을 내줘야 하는 사태가 발생할 것이다.

담보로 잡는 자원은 토지에만 국한되지 않고 수자원과 지상 및 지하의 천연자원까지 포함되었다.

세계환경보호은행이라는 이름이 거슬린다고 생각한 국제 금융재벌들은 이 명칭을 지구환경기금(Global Environment Facility)으로 바꿔서 1991년 설립했다. IBRD가 이 기금을 관리하는데, 미국 재무부가 IBRD의 최대 주주였다. 국제 금융재벌들은 이렇게 장기 계획을 조금씩 실천에 옮겨갔다.

금융 핵폭탄 투하: 목표는 도쿄

일본은 국제적으로 이미 거액의 부를 축적한 반면 미국은 역사상 최고의 채무를 지고 있었다. 레이건 대통령이 추구하는 군사적 우위는 환

상에 불과하며, 우리가 세계경제에서 차지하던 대출업자라는 지위 상
실을 대가로 치러야 한다. 일본은 미국의 그림자 뒤에 숨어서 계속 조
용히 발전하기를 원하지만 이미 세계적인 금융가로 성장했다.

일본이 세계에서 금융 강권을 주도할 정도로 부상한 것은 매우 불안한
일이다. 13 _ 조지 소로스, 1987년

영국은 제1차 세계대전의 와중에 국제 대출업자의 지위를 미국에
내주면서 대영제국의 세계적 패권도 함께 잃었다. 국제 금융재벌들
은 이 사건을 생생히 기억하고 있다. 제2차 세계대전 후 동아시아 경
제의 빠른 부흥은 런던이나 월가의 은행가들에게 경종을 울렸다. 그
들이 주도하는 세계정부와 세계 단일 화폐 계획에 걸림돌이 되는 적
수는 무조건 제거해야 했다.

일본은 아시아에서 가장 먼저 경제 발전을 이룩한 나라로, 경제 성
장의 질과 제품의 수출경쟁력으로 보나 부를 축적하는 속도와 규모
로 보나 모두 국제 금융재벌들을 긴장시키기에 충분했다. 클린턴 시
대의 미국 재무장관 로런스 서머스의 말을 빌리면 "일본을 정점으로
한 아시아 경제 지역은 대다수 미국인에게 두려움을 느끼게 했다. 그
들은 심지어 일본이 미국에 가하는 위협이 소련을 능가한다고 여길
정도였다."

일본은 전후 서양 제품 디자인을 모방하는 방법으로 경제를 일으
키더니 생산 원가를 빠르게 절감하면서 구미 시장을 점령해 버렸다.
1960년대에 이미 자동차산업에 공업용 로봇을 대규모로 도입해 불
량률이 제로에 가까웠다. 1970년대의 석유위기를 겪으며 미국이 생

산하던 8기통 경유 자동차는 값싸고 품질 좋으며 기름도 적게 먹는 일본산 자동차에 참패를 당했다. 기술력이 낮은 미국의 자동차산업은 일본 차의 공격을 막아낼 능력을 상실했다. 1980년대 들어 일본의 전자공업은 비약적으로 발전했다. 소니, 히타치, 도시바가 미국의 IBM이나 인텔을 삼키는 것도 시간문제였다. 미국의 산업 근로자들은 일본의 로봇이 자신들의 일자리를 다 앗아갈지도 모른다며 노심초사했다.

영국과 미국이 1980년대에 실시한 고금리 정책은 달러의 신인도를 높이는 데 성공하고 아프리카와 라틴아메리카의 많은 개발도상국을 위기에 빠뜨렸다. 그러나 고금리는 미국의 공업 능력에도 심각한 타격을 입혀 일본 제품이 1980년대 들어 미국 시장을 대거 점령하는 사태를 초래했다.

그러나 일본 전국이 경제 개발의 성과와 자신감에 한껏 부풀어 있을 때 일본 금융을 습격하는 국제 금융재벌들의 전략은 이미 시작되고 있었다.

1985년 9월, 국제 금융재벌들이 마침내 손을 쓰기 시작했다. 미국, 영국, 일본, 독일, 프랑스 5개국 재무장관이 뉴욕 플라자호텔에서 '플라자합의'를 체결했다. 목적은 다른 주요 화폐에 대한 달러의 환율을 통제하면서 평가절하하는 것이었다. 일본은행은 미국 재무장관 베이커의 압력으로 엔화의 평가절상에 동의했다. 플라자합의를 체결한 후 몇 개월 안에 엔화 대 달러의 비율은 250 대 1에서 149 대 1로 엔화가 크게 절상했다.

1987년 10월, 뉴욕 증시가 붕괴하자 미국 재무장관 베이커는 일본 나카소네 야스히로(中曾根康弘) 수상에게 압력을 행사해 일본은행이 금리를 계속 인하하도록 했다. 그래서 미국 증시가 일본 증시보다 강해져 도쿄 증시로 들어간 자금이 미국으로 방향을 틀도록 했다. 이 과정에서 베이커는 민주당이 집권하면 미일 무역적자 문제를 들고 나와 일본에게 보복할 것이라고 협박했다. 물론 당근 정책도 빠뜨리지 않았다. 즉 공화당이 계속 집권할 경우 부시가 미일 친선을 대대적으로 촉진할 것이라고 했다. 나카소네 수상은 베이커의 제안을 받아들이고 엔화의 금리를 2.5%까지 인하했다. 일본은행 시스템은 유동성 위기가 찾아왔다. 대규모의 염가 자본이 증시와 부동산으로 몰려들었다. 도쿄 증시의 성장률은 무려 40%나 되었으며, 부동산은 심지어 90%까지 성장함으로써 거대한 금융 거품이 형성되기 시작했다.

이토록 짧은 시간 동안 발생한 통화 환율의 극단적 변화는 일본의 수출 생산업자들에게 치명적인 타격을 입혔다. 엔화의 평가절상으로 말미암은 수출 하락의 손해를 만회하고자 기업들은 은행에서 저리로 대출을 받아 증시에 투자했다. 일본은행의 단기 대출시장은 세계적으로 가장 큰 규모가 되었다. 1988년이 되자 세계 10위권 안에 드는 은행은 모두 일본이 독차지했다. 이때 도쿄 증권시장은 이미 3년간 300%가 올라 있었다. 부동산은 그보다 더 심해서 혀를 내두를 정도였다. 도쿄 지역 한 곳의 부동산 합계를 달러로 계산하면 당시 미국 전국의 부동산 총액을 앞지를 정도였다. 일본의 금융 시스템은 위태로운 상태로 하루하루 힘겹게 버티고 있었다.

외부에서 그토록 파괴적인 공작을 하지 않았다면 일본 경제는 안정적인 긴축 작전으로 무사히 연착륙을 할 수도 있었다. 그러나 이 모든 사태가 국제 금융재벌들이 저지른 선전포고 없는 금융 교살 행위라는 사실을 일본은 꿈에도 몰랐다.

일본의 금융 세력이 강하다는 사실을 안 국제 금융재벌들은 과거와 같은 금융전쟁으로는 이길 자신이 없었다. 일본 금융 시스템에 치명적 일격을 가하려면 미국이 막 제조해 낸 금융 핵폭탄인 주식선물지수(Stock Index Futures)를 동원해야 했다.

1982년 미국 시카고 상업거래소는 최초의 주식선물이라는 대단한 위력의 금융 무기를 '연구 제작'했다. 이 상품은 원래 뉴욕 증권거래소의 거래를 빼내오는 데 쓰인 도구였다. 사람들이 시카고에서 거래하면서 뉴욕의 주가지수에 대한 믿음이 있다면 뉴욕의 증권거래상에게 수수료를 낼 필요 없이 시카고 상업거래소에서 증권을 거래할 수 있었다. 주가지수는 곧 상장기업의 실적으로 가중 계산을 통해 산출한 데이터다. 주식선물지수는 기업의 미래 주식의 가격 동향을 걸고 하는 배팅이기 때문에 매수자나 매도자는 모두 주식을 소유하지 않고 주권 자체를 소유하려 하지도 않았다.

증권시장에서 일어나는 거래에는 예측과 믿음이란 요소가 크게 개입된다. 그러다 보니 대규모로 벌어지는 선물거래는 필연적으로 증권시장의 붕괴를 가져온다. 이 점은 이미 1987년 10월 뉴욕 증시의 폭락으로 어느 정도 검증이 되었다.

1980년대 일본 경제가 호황을 누리면서 일본인들은 전에 없는 우월감을 느꼈다. 일본 증권 가격이 서양 분석가들이 놀랄 정도로 상종가를 치면서 일본 사람들은 자기들이 최고라는 믿음을 가질 충분한 이유가 있었다. 일본에 있던 한 미국 투자 전문가는 당시의 분위기를 이렇게 전했다. "이곳에는 일본 증시는 결코 하락하지 않는다는 일종의 믿음이 있다. 1987년과 1988년, 심지어 1989년에도 이런 믿음은 여전히 존재했다. 그들은 매우 특별한 어떤 것이 그들의 주식시장과 일본 민족에 존재한다고 믿었다. 이러한 특수한 무엇이 일본 증시가 세계 각지에서 통하는 규칙을 비켜갈 수 있도록 해준다는 것이다."

도쿄 증권시장에서 보험회사는 매우 중요한 기관투자자들이다. 국제 금융재벌들이 모건스탠리나 살로몬브라더스 등의 투자은행들을 일본에 깊이 침투시켰을 때 이들은 수중에 거액의 현금을 쥐고 그들의 공격 목표를 찾아 사방을 헤매고 있었다. 이들의 서류 가방에는 '주가지수 풋옵션(Stock Index Put Option)'이라는 당시 일본에서는 듣도 보도 못한 금융 신상품이 가득 들어 있었다. 일본 기관투자자들은 이 상품에 큰 관심을 보였다. 이들은 절대로 불가능한 일본 증시 폭락에 거액을 걸고 덤비는 미국의 투자은행이 머리가 돈 것이 아닌지 의심했다. 그리하여 일본 기관투자자들은 미국의 금융 신상품을 흔쾌히 사들이고 닛케이지수가 하락하면 자본 손실을 감수할 준비가 되어 있었다. 닛케이지수가 하락하면 미국인이 큰 돈을 벌고 일본 투자자들은 큰 손해를 볼 것이며, 지수가 상승하면 정반대의 결과가 나올 것이다.

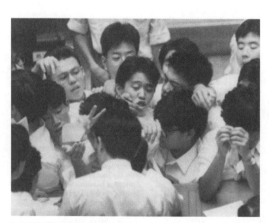

| 1990년 1월 12일의 도쿄 증시 폭락

일본 대장성마저 이런 파

생금융상품이 증시 폭락 직전에 얼마나 많이 팔렸는지 제대로 파악하지 못할 정도였다. 그 누구도 감지하지 못한 '금융 바이러스'들은 그렇게 지하시장에서 아무 제재도 받지 않고 부풀려진 환상 가운데 급속히 번져갔다.

1989년 12월 29일, 일본 증시가 정점에 올랐다. 닛케이지수가 38,915를 돌파하자 주가지수 풋옵션은 마침내 위력을 발휘하기 시작했다. 닛케이지수의 고공행진이 갑자기 멈춘 것이다. 1990년 1월 12일, 미국 쪽에서 손을 쓰기 시작했다. 미국 주식거래소에는 '닛케이지수 풋 워런트(Nikkei Put Warrants, NPWs)'라는 새로운 금융상품이 갑자기 출현했다. 골드만삭스 그룹이 일본 투자자들에게 산 스톡옵션을 덴마크 왕국에 전매하고, 덴마크 왕국은 이를 다시 NPWs의 구매자에게 팔았다. 그리고 닛케이지수가 하락하면 그 수익을 NPWs 소지자에게 양도하기로 약속했다. 사실 여기서 덴마크 왕국은 골드만삭스에 이름을 빌려주어 골드만삭스 수중에 있는 NPWs의 판매를 도와준 데 불과하다. 이 NPWs는 미국에서 날개 돋친 듯 팔렸다. 미국 투자은행들도 이런 상품을 속속 모방해 대는 통에 일본 증시는 더 이상 힘을 받지 못하고 NPWs는 시장에서 각광받기 시작한 지 한 달 만에 완전히 붕괴되고 말았다.

증권시장의 붕괴는 먼저 일본의 은행계와 보험계를 강타하고, 결국 제조업으로 파급되었다. 과거 일본 제조업계는 증권시장에서 미국 경쟁자에 비해 최소한 절반의 비용으로 자금을 모집할 수 있었다. 그러나 증권시장의 저조로 이제는 모두 옛날 일이 되어버렸다.

1990년부터 일본 경제는 10년이 넘는 긴 불경기의 터널에 갇혀 있었다. 일본 증시는 70%나 폭락하고 부동산은 14년 연속 하락세를 면치 못했다. 요시카와 모토타다(吉川元忠)는《머니 패전》이라는 책에서 재산 손실의 비율로 볼 때 1990년 일본에서 일어난 금융 참패의 결과는 제2차 세계대전 참패의 결과와 맞먹는다고 주장했다.

윌리엄 엥달은 일본이 금융에서 궤멸한 시점에 이렇게 쓰고 있다.

> 미국의 경쟁자 중 일본만큼 레이건 시대의 재정적자와 거액의 정부 지출을 충실하게 보완해 준 나라도 없을 것이다. 과거 독일도 워싱턴의 요구를 무조건 받아주지는 않았다. 도쿄는 미국 국채와 부동산, 기타 자산을 흔쾌히 구매했으나 돌아온 보상이라고는 역사상 최악의 금융 재난이었다.[14]

2006년 여름, 미국의 신임 재무장관 헨리 폴슨이 중국을 방문했다. 그가 열정에 넘치는 목소리로 "중국의 성공을 기원한다"라고 하는 말을 들으면서 나도 모르게 등 뒤에서 오싹하는 한기를 느꼈다. 혹시 베이커 전임 재무장관도 일본 나카소네 수상의 손을 잡고 같은 말을 했던 것은 아닐까?

소로스: 국제 금융재벌들의 금융 해커

오래전부터 세계 각지의 매스컴들은 조지 소로스를 독보적인 금융 천재로 묘사하고 있다. 그에 관한 이야기는 전설적인 색채까지 더해져서 대중에게 신비한 존재로 군림해 왔다. 윌리엄 엥달은 농담 삼아 앞부터 읽으나 뒤부터 읽으나 똑같은 소로스(SOROS)라는 성마저 특이하다고 이야기한다.

금융가의 거장인 소로스는 '금융 해커 천재'답게 과연 혼자 힘으로 잉글랜드은행에 도전하고, 독일 마르크화를 주무르며, 아시아 금융시장을 휩쓸 수 있었을까?

그런 황당한 신화는 단순한 사람이나 믿을 것이다.

소로스는 세계 금융시장을 휩쓴 퀀텀펀드(Quantum Fund)를 카리브해에 있는 네덜란드령 앤틸리스 제도(諸島)의 조세 도피처 퀴라소섬에 등록해 놓는 방법으로 주요 투자자들과 자금들의 출처를 은닉할 수 있었다. 이곳은 국제적으로 각광받는 마약 거래상들의 검은돈 세탁 장소로도 유명하다.

미국 증권법에 헤지펀드의 전문 투자자를 99명 이하의 미국인으로 제한해 놓았기 때문에 소로스는 99명의 슈퍼급 부호를 모두 미국인으로 채우려고 갖은 고심을 했다. 이런 역외 헤지펀드 중 소로스는 심지어 이사회 명단에도 들어 있지 않고 '투자 고문' 자격으로 펀드 운용에 참여하는 것이 고작이었다. 뿐만 아니라 그는 뉴욕에 설립한 소로스펀드매니지먼트 명의로 이 고문 직무를 담당하도록 했다. 미국 정부에서 이 펀드의 상세한 운용 상황을 제출하라고 요구하면 자기는 일개 투자 고문에 불과하다면서 그 책임을 미룰 수 있다.

소로스의 퀀텀펀드는 이사회 명단만 보고도 그 대단함을 짐작할 수 있다.

- 이사 리처드 카츠(Richard Katz)는 런던 로스차일드은행의 이사이자 로스차일드 가문의 이탈리아 밀라노은행 총재다.
- 이사 닐스 타우버(Nils Taube)는 런던은행 그룹 세인트제임스플레이스 캐피털(St. James's Place Capital)의 CEO다. 이 캐피털의 주요 운영자는 로스차일드 가문이다.
- 이사 윌리엄 로드 레스-모그(William Lord Ress-Mogg) 역시 로스차일드 가문이 막후에 있는 세인트제임스플레이스캐피털의 경영자다.
- 이사 에드가르 드 피치오토(Edgar de Picciotto)는 스위스 민간은행에서 가장 논란이 많은 인물이며, '제네바에서 가장 똑똑한 은행가'로 꼽히기도 한다. 피치오토 쪽 사람으로는 뉴욕 리퍼블릭 뱅크의 소유자 에드먼드 사프라(Edmund Safra)가 있다. 사프라는 미국 법 집행 부문으로부터 멕시코의 은행 범죄 집단과 결탁한 사실이 확인되었으며, 스위스 정부로부터 터키와 콜롬비아의 마약 돈세탁 혐의를 받고 있다.

소로스의 인맥 중에는 스위스의 유명한 투기업자 마크 리치(Marc Rich)와, 텔아비브 이스라엘 정보부의 국제 거간꾼 사울 아이젠버그(Shaul Eisenberg)도 포함되어 있다.

소로스와 로스차일드 그룹과의 유착 관계에 따라 소로스는 세계적으로 가장 강하고 가장 은밀한 로스차일드 그룹의 일을 도맡아 처리했다. 로스차일드 가문은 영국 시티오브런던의 맹주, 이스라엘의 창시자, 국제 정보 네트워크의 선조, 월가 5대 은행의 막후, 세계의 황금 가격을 정하는 런던 금 가격 벤치마켓을 거쳐 지금도 런던과 월가의 중추를 움직이는 핵심으로 군림하고 있다. 이들의 재산이 도대체 얼마나 되는지는 아무도 모른다. 세계인의 눈길이 빌 게이츠나 주식의 귀재 워런 버핏의 재산에 관심을 기울일 때 로스차일드를 비롯한 국제 금융재벌들은 어마어마한 재산을 스위스은행이나 카리브해의 역외펀드에 넣어두고 적당한 시기를 엿보고 있다.

소로스와 미국 엘리트 그룹의 관계도 예사롭지 않다. 그는 미국의 유명한 방위산업 투자업체인 칼라일 그룹에 1억 달러의 개인 자금을 투입했다. 이 그룹은 아버지 부시 대통령과 전 재무장관 제임스 베이커 등 중량급 인사를 포함하고 있다. 소로스는 1980년대에 브레진스키 전 재무장관, 매들린 올브라이트(Madeleine Albright) 등 미국 정계 요인들과 민주주의재단(National Endowment for Democracy)을 설립했다. 실질적으로 이 조직은 중앙정보국(CIA)과 개인 자본의 합자로 세워진 것이다.

소로스는 국제 금융재벌들의 코치를 받아 1990년대부터 세계 금융시장에서 돌풍을 일으켰다. 그의 굵직한 행동마다 국제 금융재벌들의 중대한 전략적 의도가 녹아 있었다. 그 핵심은 곧 세계 각국 경제의 '통제하면서 해체하기'를 촉진해 궁극적으로는 런던과 월가를 주축으로 하는 '세계정부'와 '세계화폐'의 준비 작업을 완성하는 것이다.

1980년대 초에 국제 금융재벌들은 라틴아메리카와 아프리카 개발도상국 경제에 대한 통제하면서 해체하기 작업을 대부분 끝냈다. 그리고 1980년대 중후반에는 일본 금융 세력의 확장을 성공적으로 억제했다. 아시아를 제패하고 나자 이제 유럽이 국제 금융재벌들의 관심으로 떠올랐다. 이들은 동유럽과 소련을 공격의 주요 대상으로 삼왔다. 이 중요한 사명을 완수할 책임을 맡은 소로스는 어느새 유명한 '자선가'로 변신해 동유럽과 구 소련 지역에 각종 펀드를 대량으로 설립했다. 이 펀드들은 모두 소로스가 뉴욕에 설치한 '열린사회재단(Open Society Institute)'을 모델로 하여 극단적으로 비이성적인 개인적 자유라는 이념을 제창했다. 가령 그가 자금을 지원한 센트럴유로피안 대학은 사회주의 체제에서 살아가는 젊은이들에게 주권국가의 개념을 심어주는 것은 사악하며 '개인주의'에 위배되는 행위라고 주장하면서, 경제자유주의만이 만병통치약이고 사회현상에 대한 이성적 분석은 모두 '전제주의'에 속한다고 주장했다. 이 학교의 주제 강연은 '개인과 정부'를 주제로 다룬 내용이 많았는데, 이러한 교육 이념은 자연히 미국 외교협회로부터 극찬을 받았다.

미국의 유명한 평론가 질즈 에머리(Gilles Aymery)는 소로스와 이들이 '흔쾌히' 자금을 지원하는 국제기구의 진정한 의도를 다음과 같이 정확하게 묘사했다.

> 합법성과 인도주의의 베일 뒤에는 늘 억만장자들이 '자선가'로서 존재하며, 그들이 자금을 지원하는 각종 조직들이 있다. 이런 조직에는 열린사회재단, 포드후원기금, 미국 평화협회, 전미 민주주의재단, 휴먼라이츠워치(Human Rights Watch, 인권 감시 기구), 국제사면위원회(Amnesty International), 세계위기관리기구 등이 있다. 이런 사람들 사이에서 소로스는 단연 눈에 띄었다. 그는 거대한 문어처럼 동유럽 전체와 유럽 남동부, 카프카스 지역과 구 소련의 각 공화국으로 발을 뻗었다. 소로스는 언론 플레이에도 강해서 뉴스를 만들어낼 뿐 아니라 사회적 어젠다

와 관점을 얼마든지 조작해 세계와 자원을 통제하고 미국이 주도하는 완벽한 세계 통일의 이상을 추진할 수 있었다.

동유럽 사회주의 국가가 해체되는 과정에서 소로스는 일반인의 상상을 초월할 정도로 큰 역할을 했다. 폴란드에서 소로스 펀드는 노조가 단결해서 정권을 탈취하는 데 일등공신 노릇을 했으며, 세 번째 대통령에 이르기까지 연달아 직접적인 영향력을 행사했다. 소로스는 연방준비은행의 폴 볼커 전 총재, 씨티은행 안노 루딩 부행장, 하버드 대학의 제프리 색스 교수와 함께 동유럽과 구 소련을 한 방에 보낼 수 있는 '충격 요법'을 제안했다. 소로스 자신은 이 요법을 다음과 같이 설명했다.

나는 경제 체제의 변화가 경제 개선을 가져온다는 점을 반드시 보여주고자 했다. 폴란드는 이를 시험해 볼 수 있는 곳이었다. 나는 광범위한 경제 개혁 조치를 준비했다. 그 내용은 통화 긴축, 구조조정, 채무 재조정이라는 세 부분으로 구성된다. 나는 세 개의 목표를 동시에 달성하려면 단독 실시를 해야 한다고 여겼다. 그리고 거시경제인 채무와 주식 전환을 주장했다.[15]

산업 구조조정은 거시경제의 질서에 본격적으로 수술을 진행하는 것에 해당한다. 그러나 통화 공급량을 긴축함으로써 큰 수술을 받는 환자에게 수혈을 거부하는 것과 마찬가지 결과를 가져온다. 결국 경제가 철저히 해체되고, 생산이 심각하게 쇠퇴하며, 국민 생활수준은 하락 일로를 걷는다. 기업은 줄줄이 도산하고, 많은 노동자가 일자리를 잃으며, 사회 불안은 가속화된다. 이 순간 국제 금융재벌들이 채무와 주식을 전환하는 수법으로 이들 국가의 핵심 자산을 쉽게 사들인다. 폴란드, 헝가리, 러시아, 우크라이나 등의 나라들이 하나같이 이런 수법에 말려들어 20년이 지나도록 경기를 회복하지 못하고 있다. 아프리카나 라틴아메리카처럼 반항할 힘도 없는 나라들과 달리 구소련이나 동유럽 국가들은 미국이 두 다리 뻗고 잘 수 없을 만큼 강력한 군사력을 확보하고 있었다. 군사력이 막강한 상황에서 조직적인 강도질에 당한 경우는 인류 역사상 유례가 없는 일이었다.

피 한 방울 흘리지 않고 다른 나라를 망하게 하는 소로스의 수법에서 그의 탁월함을 엿볼 수 있다. 한 나라를 망치기 전에 먼저 그 마음을 어지럽히는 방법은 확실히 효과가 대단하다.

유럽 화폐를 저격하는 '위기 궁선'

산 넘어 산이라더니, 동유럽과 구 소련에 대한 통제하면서 해체하기 전략이 성공하자 이번에는 그동안 유럽에서 권력의 핵심 밖으로 밀려나 있던 과거의 실세 독일과 프랑스가 들썩이기 시작했다. 소련이라는 큰 위협이 사라지자 유로화를 탄생시켜 영미 금융 세력과 경쟁하려고 한 것이다. 일단 유로화가 출범하면 달러 체계의 패권에 심각한 동요가 일어날 것이 뻔했다. 런던과 월가의 금융 주축과 독일 및 프랑스 간의 화폐 충돌은 점점 치열해질 것이다.

문제의 근원은 1971년 브레턴우즈협정의 해체로 세계화폐 체계의 질서에 심각한 혼란이 생긴 데서 찾아야 한다. 금 간접본위제의 브레턴우즈협정 아래서 세계 주요 국가들의 화폐 환율은 거의 안정되어 있었다. 각국의 무역과 재정 상태도 별다른 불균형 사태가 보이지 않았다. 재정적자에 처한 나라는 진정한 국가의 재산을 유실하고 은행의 신용대출 능력도 하락하게 되므로 자동적으로 긴축과 경제 쇠퇴의 길을 걷는다. 소비가 위축되고 수입이 줄면 무역적자는 자연히 해소된다. 국민들은 저축을 하기 시작하고, 은행 자본은 증가한다. 생산 규모는 확대되고, 무역은 흑자가 나타나며, 사회의 총 재산도 증가한다. 이렇듯 이상적인 자연 순환과 통제 시스템은 1971년 이전만 해도 전 인류 사회에서 반복되는 규칙이었다. 따라서 심각한 적자가 나타날 수 없고 통화의 위험회피 같은 수단이 전혀 필요하지 않아 금융파생도구들이 존재할 조건이 아니었다. 금의 제약 아래 모든 국가는 반드시 성실하고 열심히 일을 해서 재산을 축적해야 했으며, 이런 사실이 곧 국제 금융재벌들이 금본위를 회피하는 근본 원인이기도 했다.

　금이라는 든든한 방패막이를 잃은 뒤로 국제 화폐 체계에는 큰 혼란이 일어났다. 인위적으로 만들어낸 '석유위기'로 말미암은 강한 달러 수요에다 1979년 이래 최고의 금리까지 겹쳐 달러는 차츰 그 발판을 굳혀갔다. 달러는 세계의 기축통화로서 어딜 가나 강세를 보였으며, 그 권한은 런던과 월가의 금융재벌들이 쥐고 있었다. 그러므로 유럽 각국은 달러의 추세에 따라 춤을 출 수밖에 없는 처지였다. 이런 국면을 만회해 보고자 1970년대 말 독일의 헬무트 슈미트 재무장관이 프랑스의 지스카르 데스탱 대통령을 찾아가서 유럽통화제도를 세워 유럽 국가 간의 무역에서 골치 아픈 환율 불안정 문제를 해소하는 방안을 논의했다.

그 결과 1979년 유럽통화제도가 가동되기 시작했으며 그 효과도 양호했다. 아직 가입하지 않은 나라들도 하나 둘 흥미를 보이기 시작했다. 그러자 런던과 월가의 엘리트 그룹은 장차 유럽 통일화폐가 등장할 거라는 걱정을 하기 시작했다.

더 불안한 것은 1977년부터 독일과 프랑스가 OPEC의 일에 손을 대기 시작했다는 사실이다. 두 나라는 특정 석유 수출국에게 하이테크 기술 제품을 제공하고 이들 국가의 공업화를 돕기로 했다. 그 조건으로 아랍권 나라들은 서유럽에 안정적인 석유 공급을 보장하고 그 수입금을 유럽의 은행에 예치하기로 했다. 런던은 독일과 프랑스가 딴 주머니를 차는 이 계획을 처음부터 완강하게 반대했다. 그러나 이를 위한 모든 노력이 실패로 돌아가자 유럽통화제도에 가입하기를 거부했다.

당시 독일에는 더 큰 계획이 있었는데, 바로 통일 과업을 완수해 강력한 하나의 독일로 장차 유럽 대륙의 주도권을 잡자는 것이었다. 이 목적을 달성하고자 독일은 소련에 접근해 온건하고 호혜적으로 협력을 하기로 했다.

독일과 프랑스의 계획에 맞서 런던과 월가의 모사들은 '위기 궁선(Arc of Crisis)'이라는 이론을 제기하고 이슬람 급진 세력을 몰아내서 중동 산유 지역을 동요시켰는데, 그 여파가 소련 남부의 이슬람 지역까지 파급될 정도였다. 이 계획은 유럽과 중동 합작의 앞날에 찬물을 끼얹고, 유럽 통일화폐에 큰 타격을 입혔다. 뿐만 아니라 소련을 견제하면서 미국이 향후 걸프 지역에 군사적 개입을 할 수 있는 준비를 할 수 있었으므로, 그야말로 일석삼조의 효과였다.

미국의 브레진스키 국가안보 보좌관과 사이러스 밴스 국무장관은 과연 일을 계획대로 추진했다. 중동의 정세는 심각한 불안에 휩싸였으며, 1979년 이란이 혁명을 일으켜 전 세계는 제2차 석유위기에 직면했다. 사실 진정한 석유 공급 부족은 단 한 번도 일어나지 않았다. 이란이 중단한 매일 300만 배럴의 석유 수출분은 미국의 엄격한 통제를 받던 사우디아라비아와 쿠웨이트에서 얼마든지 메울 수 있었다. 런던과 월가의 금융재벌들이 석유 값 폭등을 조장한 이유는 말할 것도 없이 달러의 수요를 촉발하려는 의도였다. 이들은 한 손에 석유산업을, 다른 한 손에는 달러 발행권을 쥐고 있으면서 필요할 때마다 둘을 번갈아 사용했다. 왼손에 쥔 무기를 휘두르면 오른손이 큰 이익을 보고 반대의 경우도 마찬가지니, 이들의 손아귀에 든 세계가 어찌 온전하기를 바라겠는가!

브레진스키의 또 다른 카드는 중국이었다. 미국은 1978년 12월 중국과 정식으로 수교를 맺었으며, 얼마 후 중국은 UN에 다시 가입했다. 이 행동은 소련을 크게 자극했다. 소련은 당장 사면초가 신세가 되었다. 동쪽에는 NATO가 위협하고 있고 서쪽은 중국이, 남쪽은 위기 궁선인 유럽과 중동이 있었다. 냉전으로 나가야겠다고 생각한 소련은 독일과의 취약한 협력 관계를 당장 중단했다.

1989년 11월, 베를린 장벽이 마침내 무너지고 독일이 통일되었다. 독일 전체가 축제 분위기로 들떠 있는데 월가는 오히려 마음이 편치 않았다. 미국의 경제학자는 이렇게 평했다.

1990년대의 금융 역사를 쓰는 금융 전문가들은 베를린 장벽이 무너진 사건에 대해 사람들을 오랫동안 공포에 떨게 하는 일본의 지진에 버금가는 금융 사건으로 기록했다. 베를린 장벽이 무너졌다는 것은 60여 년이나 금융시장에서 외면되던 지역으로 수천억 달러의 자본이 유입되는 것을 의미하기 때문이다. 비록 독일이 그동안 미국의 해외 투자 국가가 아니고 1987년 이래 영국이 미국 최대의 투자국이 되었지만 미국으로서는 안심할 일이 아니었다. 독일에서 들어오는 거액의 저축이 없으면 영국이 미국에 그토록 큰 규모의 투자를 할 수 없기 때문이었다. [16]

런던 쪽의 반응은 더욱 강렬했다. 대처의 브레인들은 이 사건을 두고 '독일 제4제국'이 출현했다고 말할 정도였다. 런던 〈선데이 디스패치〉는 1990년 7월 22일 자에 이렇게 논평했다.

통일 후의 독일이 착한 거인이 된다고 가정해 보면 장차 어떤 일이 벌어질까? 통일독일의 영향을 받은 러시아도 착한 거인이 된다고 하면 어떻게 될까? 이렇게 되면 위협만 더 커질 뿐이다. 통일독일이 아무리 우리의 원칙에 따라 경쟁한다고 해도 이 세계에서 누가 과연 독일이 우리의 권력을 빼앗어가는 것을 효과적으로 저지할 수 있단 말인가? [17]

1990년 여름, 런던은 새로운 정보팀을 꾸리고 독일에 대한 정보 활동을 대폭 강화했다. 영국의 정보 전문가들은 미국의 정보팀에게 구동독 출신 정보 요원을 영입함으로써 정보 '자산'을 강화하라고 강력히 건의했다.

독일은 러시아가 독일 통일을 최종적으로 지지한 사실에 감동해서 러시아의 경제 부흥을 돕기로 했다. 독일의 재무장관은 새로운 유럽의 아름다운 청사진을 제시했다. 현대적인 철도는 파리, 하노버와 베를린을 거쳐 바르샤바와 모스크바까지 연결할 것이며 통일된 화폐와 잘 융합된 경제주체로 유럽에서 다시는 전쟁의 포성이 들리지 않고 환상적인 미래만 있을 것이라는 말이었다.

그러나 국제 금융재벌들이 이 같은 환상은 용납할 리 없었다. 그들은 어떻게 하면 마르크화를 꺾고 아직 출범하지 않은 유로화의 구상을 방해해 새로운 독일의 성공을 막을까 궁리했다.

이것이 1990년대 초 런던과 월가가 주도하고 소로스가 영국 파운드화와 이탈리아의 리라화를 저격한 사건의 배경이다.

1990년 영국 정부는 시티오브런던의 반대를 무릅쓰고 유럽환율제도(European Exchange Rate Mechanism, ERM)에 전격적으로 가입했다. 유로화가 출범하면 앞으로 시티오브런던과 월가의 큰 두통거리가 될 것이 뻔했다. 그래서 국제 금융재벌들은 각개격파 작전으로 유로화가 태어나기도 전에 싹을 자르기로 한 것이다.

1990년, 베를린 장벽이 무너지고 독일은 마침내 통일을 실현했지만 거액의 통일 비용이 필요하리라는 것까지는 미처 생각하지 못했다. 그래서 독일 중앙은행은 부득이 금리를 인상해서 인플레이션 압박에서 벗어나고자 했다. 그 해에 ERM에 가입한 영국의 상황도 그다지 좋지는 않았다. 인플레이션 비율은 독일의 세 배에 달했고 금리는 무려 15%였다. 1980년대의 거품경제가 막 걷히고 있는 중이었다.

1992년까지 영국과 이탈리아는 쌍둥이적자에 시달리고, 통화 환율은 뚜렷한 상승세를 나타냈다. 소로스를 위시한 투기상들은 이 기회를 틈타 1992년 9월 16일 총공세를 퍼부었다. 쏟아 부은 파운드화는 무려 100억 달러에 상당했다. 저녁 7시가 되자 영국은 마침내 항복을 선언했다. 소로스는 이번 투기로 11억 달러를 벌어들였으며 파운드화와 리라화를 ERM에서 일거에 축출해 버렸다. 소로스는 승리의 기세를 타고 이참에 프랑과 마르크화마저 무너뜨리기 위해 400억 달러를 투입했으나, 별 효과를 보지는 못했다. 소로스가 이토록 거액의 자금을 동원할 수 있었던 배후에서는 막강한 실력을 자랑하는 비밀 금융제국이 결정적 역할을 했다.

아시아 통화 교살전

1990년대 초에 런던과 월가의 금융 세력은 동부 전선에서 조금씩 자신들을 압박해 오는 일본 경제에 큰 타격을 입혔다. 서부 전선에서는 동유럽과 소련의 경제를 궤멸했고, 독일과 프랑스가 꿈꾸던 유럽 통일통화의 환상도 소로스의 방해로 잠시 주춤한 상태였다. 라틴아메리카와 아프리카는 일찌감치 평정한 터였다. 의기양양 사방을 둘러보니 유일하게 남은 적은 동남아 지역이었다. 정부가 경제 발전을 주도하는 '아시아 경제 모델'은 아무리 봐도 눈에 거슬렸다.

이 모델은 국가가 자원을 집중해서 핵심 분야에 투자함으로써 수출주도형 경제를 일으키고 국민들은 저축에 열심인 것이 특징이었다. 1970년대부터 동남아 지역에서 이 모델은 크게 유행하기 시작했다. 그 효과도 대단해서 동남아 각국 경제는 공전의 번영을 누렸다. 국민 생활수준도 크게 향상되고, 평균 교육 수준도 훌쩍 높아졌으며, 빈곤층의 수도 크게 줄었다. 월가에서 추진하는 '자유시장경제' 모델을 위배하는 이 새로운 경제 모델은 점점 다른 개발도상국의 관심을 끌었다. 이렇게 나가다가는 국제 금융재벌들의 통제하면서 해체하기라는 기본 전략 방침에 심각한 위협을 미칠 것이 뻔했다.

아시아 통화 교살전은 이런 배경에서 일어났다. 그 취지는 '아시아 발전 모델'을 공격해서 아시아 화폐의 대달러 환율을 형편없이 평가절하함으로써 미국의 수입 가격을 내려 인플레이션을 조장하는 것이다. 또한 아시아 국가들의 핵심 자산을 헐값에 구미의 기업으로 팔아넘기도록 함으로써 통제하면서 해체하기 작업에 박차를 가하는 것이다. 그 밖에 중요한 또 하나의 목적이 있었는데, 바로 아시아 국가들의 달러 수요를 자극하는 것이다. 금융위기를 겪은 아시아 지역은 달러를 비축해야 중요한 시기에 요긴하게 사용한다는 사실을 알고 나서 다시는 달러를 함부로 투매할 생각을 하지 못할 터였다.

1994년 12월, 폴 크루그먼(Paul Krugman)이 〈포린 어페어스〉라는 잡지에 '아시아 기적의 신화'라는 논문을 발표하고 아시아 경제가 벽에 부딪힐 것이라고 예언했다. 그는 아시아 각국이 생산 효율을 위한 투자를 소홀히 한 채 규모 확대에만 치중하다가는 한계에 직면할 것이라는 관점을 제기했다. 물론 그의 말은 일리가 있었다. 문제는 아시아 국가들의 출발점 자체가 낮은 데다 발전 수준이나 그 시기 및 상황이 나라마다 다르다는 데 있다. 이 문제 역시 이들 나라들이 고속 성장을 하는 데 따른 자연적 현상이며, 발전 과정에서 얼마든지 해결할 수 있는 부분이었다. 아무튼 크루그먼의 글은 큰 반향을 일으키며 아시아 통화 교살전의 신호탄이 되었다.

국제 금융재벌들은 첫 공격 목표로 태국을 지목했다.

〈타임〉은 직접적인 태국 바트화의 폭락을 일으킨 금융 해커를 인터뷰했다. 금융 해커의 묘사는 잔혹하면서도 사실적이었다. "우리는 마치 높은 산등성이에서 사슴 떼를 내려다보는 굶주린 이리 같았다. 태국 경제는 아시아의 작은 호랑이라기보다 상처 입은 작은 들짐승에 가까웠다. 온전한 사슴 떼를 더욱 건강하게 보호하고자 우리는 병들고 약한 사냥감을 선택했다."

1994년 이래로 위안화와 엔화의 평가절하 행진이 위아래로 압박을 가하면서 태국의 수출은 현저히 약화되었다. 달러와 연동제를 취하는 바트화도 달러의 강세에 밀려 위험 수위까지 내몰리면서 위기감이 형성되어 있었다. 수출 하락과 함께 대량의 해외 핫머니가 지속적으로 유입되어 부동산과 증권시장 가격을 천정부지로 올려놓았다. 이와 동시에 태국의 외화보유고는 380억 달러나 되었지만 외채 총액은 그보다 훨씬 많은 1,060억 달러에 육박했다. 1996년부터 태국에서 국외로 빠져나가는 순유출 자금은 GDP의 8% 수준까지 올라갔다. 심각한 인플레이션에 대응하기 위해 태국의 은행은 부득이 금리를 올리지 않을 수 없었다. 이 조치로 인해 안 그래도 채무의 늪에 빠져 있던 태국 경제는 설상가상의 지경으로 치닫게 되었다.

이런 국면에서 탈출할 수 있는 비상구는 단 하나, 적극적으로 나서서 바트화의 평가절하를 신속하게 유도하는 것이었다. 국제 금융재벌들이 추산하는 태국의 손해는 주로 달러 채무가 더 가중되고 외화 보유고가 100억 달러 정도 감소하는 데 지나지 않았다. 이 정도 손해는 국제 금융시장에서 과감한 대응으로 빠르게 회복할 수 있었다. 그러나 금융 해커들은 태국 정부가 바트화를 지키기 위해 필사의 일전을 벌일 것으로 단정했다.

그 후의 상황 전개는 과연 금융 해커들의 판단이 정확했음을 증명해 주었다. 이들은 일본에 대처했던 것과는 다른 방법을 썼다. 일본은 막강한 금융 실력과 충분한 외화보유고를 갖추고 있었기 때문에 일본 화폐를 직접 공격하는 것은 그야말로 계란으로 바위 치기였다. 따라서 국제 금융재벌들은 새로운 파생금융상품을 무기로 사용해 시간적으로 '원거리' 사격과 '초단거리' 사격을 함께 퍼부었다. 그 효과는 마치 제2차 세계대전 때 새로운 항공모함 전술로 일본의 주력함을 공격하는 것과 맞먹었다. 일본의 거대한 주력 함포는 제대로 위력을 발휘해 보지도 못하고 바다 밑으로 수장되고 말았다.

태국은 아군과 적군의 병력이 현격하게 차이 나는 상황에서 필사의 항전을 할 테니 그 전략적 의도가 완전히 드러나 보였다. 이미 유연성과 돌격의 힘을 잃은 태국의 전술로는 실패가 필연적이었다. 금융 해커들이 태국을 비롯한 동남아 국가에 동원한 전술은 주로 화폐 자체 공격하기였다. 현지 화폐와의 장기적 화폐 협약과 주식선물거래로 양쪽에서 협공을 가하는 총공세는 동남아 지역과 한국을 반년이나 강타했다.

태국은 금융 해커들과의 교전에서 완전히 패한 후 IMF의 함정에 스스로 걸려드는 우를 범하고 말았다. '국제기구'에 대한 맹목적인 신임으로 국가의 안위를 남의 손에 맡김으로써 돌이킬 수 없는 잘못을 저지른 것이다.

거액의 외채는 개발도상국을 위기로 빠뜨리는 중요한 함정이다. 국가나 가정을 막론하고 과중한 부채는 경제의 건강 상태를 취약하게 만드는 원흉이다. 외부의 금융 환경을 통제할 수 없는 상황에서는 요행에 의존해서 살아남을 수밖에 없다. 현실 세계에서는 국제 금융 재벌들이 지정학적 흐름을 조종하고 있으므로 겉보기에는 매우 튼튼한 금융 환경을 갑자기 역전시킬 수도 있다. 그러면 개발도상국의 채무 부담은 걷잡을 수 없이 늘어나고 금융 해커들은 이 틈을 타서 맹공을 퍼부어 득세할 것이다.

리스크에 대한 의식이 전혀 없었으며, 특히 거대하면서도 형태가 없는 런던과 월가 세력의 선전포고 없는 전쟁에 대한 준비가 전무했다는 점이 금융전쟁에서 태국의 참패를 불러온 중요한 원인이다.

적의 공격 방향에 대한 판단 착오로 금융 해커들에게 참패한 후 IMF에 또 한 번 철저히 당했으니 두 번 죽은 셈이다. 동남아 국가들은 대부분 태국의 금융 참패와 같은 길을 걸었다.

이리에게는 이리의 원칙이 있고 이리 떼에게는 그들만의 분업 방식이 있다. 소로스가 씨티은행이나 퀼컴 등 쟁쟁한 은행 그룹의 책략에 힘입어 사냥감을 잡아놓으니, 상처 입고 널브러진 사냥감은 이내 IMF로 넘겨져 도살되어 경매에 부쳐진다. 경매대 앞에는 구미의 기업들이 군침을 흘리면서 속속 몰려들고 있다.

한 기업을 수매해 분석 및 포장의 과정을 거쳐 다른 기업에 넘길 경우 투자은행들은 수억 달러를 벌 수 있다. 그렇다면 한 주권국가의 핵심 자산을 분석하고 경매해 얻는 이익은 아마 수십 배, 아니 수백 배도 넘을 것이다.

아시아 국가들이 스스로 '아시아기금'을 만들어 곤경에 빠진 역내 국가들을 긴급 구조하려는 생각이 서방 국가들의 반대에 부딪힌 것도 이런 맥락에서 보면 당연한 일이었다. 미 국무차관 스트로브 탤보트(Strobe Talbott)는 이렇게 말한다. "이 문제를 해결할 수 있는 적당한 기구는 새로 설립된 지역적 기구가 아닌 지역성을 탈피한 국제적 조직이어야 한다고 생각한다. 이 문제 자체의 영향이 심오하고 아시아 태평양 지역의 경계를 초월하기 때문이다." 미국 재무장관 로런스 서머스도 뉴욕에서 열린 일본협회에 대한 연설에서 같은 태도를 견지했다. "이러한 위기의 시기에 지역적 원조에 의존하는 금융 지역화의 관념은 위험하다. 이런 생각은 미래의 금융파동에 대응할 자원을 감소시키고 지역을 초월한 위기에 대응할 능력을 약화시킨다. 이는 IMF가 중심 역할을 해야 한다고 여기는 중요한 원인이다."

IMF의 수석 부총재 로널드 피셔(Ronald Fisher)는 지역기금이 IMF처럼 해당 국가에 엄격한 경제 개혁 요구를 하는 조건으로 원조를 할 수 없을 것이라고 경고했다. "다른 조건을 제시하는 방대한 기금이나 장기적 기구의 설립은 도움이 되지 않는다고 생각한다."

일본은 원래 아시아기금을 적극 제창하던 나라였으나, 런던과 월가의 압력에 밀려 태도를 바꾸고 말았다. 일본의 미쓰즈카 히로시(三塚博) 대장성 장관은 이렇게 밝혔다. "IMF는 줄곧 국제 금융기구 가운데 세계 금융의 안정을 지켜주는 핵심 역할을 할 것이다. 아시아 각국이 조직하려고 하는 이 기금은 IMF의 보조기구가 될 것이다." 도쿄에서 설계한 개념은 '자금이 없는 기금(a fund with out funds)'이었다. 이 새로운 개념에 따라 기금은 원조 활동에 주력하면서 신속하고 계획적으로 자금을 동원해 국제 투기꾼으로부터 저격을 당한 화폐를 구조할 것이다. 아시아기금을 설립하자는 제안이 홍콩에서 거행된 IBRD와 IMF 연례회의에서 제기되자 미국과 서방 국가들은 즉각 경계하는 태도를 보였다. 그들은 아시아기금이 IMF의 작업을 망칠까봐 걱정했다.

일본 수상 하시모토 류타로(橋本龍太郎)는 이렇게 밝혔다. "우리가 자만에 차서 스스로 아시아 태평양 지역 경제를 살릴 능력이 있다고 여기는 것은 아니다. 비록 일본이 타격을 받은 아시아 국가들의 원조에 기여하고 있고 앞으로도 그렇게 하겠지만, 아시아를 경제 불황의 늪에서 건지는 것이 우리의 역할은 아니다."

리센룽(李顯龍) 싱가포르 부총리는 IMF를 대신할 역할로 아시아기금을 설립한다면 '도덕적 위험'에 빠질 것이라고 주장했다.

아시아 각국이 자기의 기금을 설립해 스스로 돕자는 당연한 행동은 뜻밖에도 런던과 월가의 강력한 반대에 부딪혔다. 지역 최대의 경제주체인 일본마저 이들 손에 휘둘린 나머지 곤경에 빠진 아시아 경제를 이끌어 나갈 만한 최소한의 박력도, 담력도 없이 절망에 처한 동남아 국가들의 마음만 서러웠다. 가장 당혹스러운 것이 싱가포르의 관점이었다. 자신을 비롯한 이웃이 약탈을 당한 참담한 상황에서 서로 돕자는 최소한의 권리 주장이 어떻게 '도덕적 위험'을 일으킨다는 것인가?

당시 아시아 지도자들 중 말레이시아의 마하티르 총리가 비교적 위기의 본질을 꿰뚫어 보았다. "우리는 그들의 돈이 어디서 왔는지 알지 못한다. 과연 누가 거래를 하는지도 모르며, 그들의 배후에 무슨 존재가 있는지도 모른다. 우리는 그들이 돈을 번 후에 세금을 내는지 모르며, 세금을 내더라도 과연 누구에게 내는지도 모른다. 우리는 그들의 배후에 있는 사람들이 누구인지도 모른다." 마하티르 총리는 현재의 화폐 제도 아래서는 그 돈이 정당한 경로로 온 것인지, 아니면 누군가 검은돈을 세탁한 것인지 모른다며 "왜냐하면 아무도 묻지 않고 조사하지도 않았기 때문이다"라고 말했다. 이들이 어떤 국가에 공세를 가하기만 하면 부지기수로 많은 돈이 그 나라로 흘러가서 투매 활동에 쓰이며 이 공세는 누구도 막을 수 없다. 상품시장이든 선물시장 또는 증권시장 할 것 없이 정당한 체제하에 진행되어야 한다. "왜냐하면 우리는 화폐의 거래를 반드시 관리해서 투명화해야 하기 때문이다." 마하티르 총리의 이런 발언은 서양 언론계로부터 호된 공격을 받았다. 물론 그런 첨예한 문제는 외교적 장소에서 발표하기에는 적합하지 않았다. 그러나 마하티르의 발언이 아시아인들의 마음에 가득 찬 의문 덩어리를 풀어헤쳐준 것은 확실하다.

냉전 시기 미국의 맹방이던 또 하나의 나라 한국은 금융위기가 닥치자 미국에 구원의 손을 내밀었다. 한국 사람들은 미국이 그토록 단호하게 거절하리라고는 꿈에도 생각하지 못했다. 그러나 국제 금융 재벌들의 눈에 한국과의 친밀한 관계는 냉전 시대가 남긴 잔해에 불과했다. 미국 정부는 그들의 이런 관점에 격렬한 반론을 제기했다. 올브라이트 국무장관이나 국가안보 고문의 의견은 형제의 나라 한국을 마땅히 도와야 한다고 주장했지만, 월가를 대표하는 재무부는 끝까지 반대했다. 심지어 올브라이트가 경제학을 모른다고 비난하기까지 했다. 결국 클린턴 대통령은 재무부의 손을 들어주었다.

재무장관 로버트 루빈(Robert E. Rubin)이 보기에 이번 위기야말로 한국 경제의 빗장을 열어젖힐 절호의 기회였다. 그는 구원을 청하는 옛 맹방인 한국을 과거보다 훨씬 가혹한 조건으로 대하라고 지시했다. IMF는 미국 재무부의 압력 아래 한국의 '원조' 조건에 온갖 가혹한 조건을 덧붙였다. 한국이 즉시 미국에 유리한 조건으로 미국과의 모든 무역 마찰을 해결할 것까지 포함했다. 분노한 한국인들은 IMF가 언제나 미국 편에 서서 갖가지 불합리한 조건을 내건다고 비난했다.

IBRD의 수석 이코노미스트 스티글리츠는 한국이 금융위기에 대해, 미국 재무부가 온갖 궁리를 짜내 전면적이고 신속하게 금융자본 시장을 개방하도록 압력을 넣었기 때문이라고 주장했다. 클린턴 정부의 수석 경제 고문이던 스티글리츠는 이처럼 무모한 행위를 반대하면서, 이러한 개방은 미국의 안전과 이익에 도움이 되지 않으며 월가의 은행재벌들만 도울 뿐이라고 주장했다.

한국 정부는 하는 수 없이 미국의 조건들을 받아들이고 미국이 은행 지점들을 한국에 설립하도록 허락했다. 외국 기업들이 보유할 수 있는 상장회사의 지분은 26%에서 50%로 상향 조정했으며, 외국인 개인이 보유할 수 있는 기업의 주식 지분은 7%에서 50%로 늘어났다. 한국 기업은 반드시 국제회계의 원칙을 따라야 했으며, 금융기관은 국제회계사무소의 회계 감사를 받아야 했다. 한국 중앙은행은 독립 운영되어야 하며 완전한 자본 계정하의 화폐 자유 교환, 수입허가증 수속 투명화, 기업 구조조정 감독, 노동시장 개혁 등 각종 개혁 조치가 잇달았다. 미국의 금융재벌들은 한국 기업에 진작부터 군침을 흘리고 있었다. 한국이 협의를 체결하기만 하면 당장이라도 몰려들어 사냥감을 물어뜯을 판이었다.

그러나 국제 금융재벌들은 한국의 강한 민족정신을 너무 얕잡아보았다. 민족정신이 강한 나라는 외세의 압력에 쉽게 굴하지 않는 법이다. 고립무원의 처지에 빠진 한국인들은 나라를 구하겠다는 일념으로 너도나도 금 모으기 운동에 나서 정부를 도왔다. 외화보유고가 완전히 바닥난 상태에서 금과 은은 최종 지급 수단으로, 외국의 채권자들은 이를 흔쾌히 채무 상환 방식으로 받아주었다. 국제 금융재벌들이 더 놀란 것은 한국에서는 그들이 생각하는 것처럼 대규모 기업과 은행의 도산 파동이 일어나지 않았다는 사실이다. 서양의 기업들은 한국 대기업을 거의 하나도 사들이지 못했다. 한국 경제는 가장 어려웠던 1998년 여름의 악몽에서 완전히 빠져나오면서 수출을 빠르게 회복했다. 월가의 속셈을 미리 알아차린 한국 정부는 IMF가 내세우는 독약을 의연히 거절하고 파산 신청 준비를 마친 대기업의 안건을 일괄 동결했다. 그리고 은행의 700억~1,500억 달러나 되는 부실채권을 정부가 과감하게 떠안았다. 정부가 이 부실채권들을 접수할 때 은행의 통제권은 다시 정부의 손에 들어가게 되었다. 이로써 IMF는 은행의 구조조정 밖으로 배제되었다.

국제 금융재벌들과 미국 재무부는 공연히 헛물만 켜다 만 셈이 되었다. 뿐만 아니라 한국으로 하여금 정부가 경제를 주도할 절대적인 필요성을 확실히 깨닫게 해주었다. 마이크로소프트가 한국 최대의 소프트웨어 기업을 삼키려던 시도도 물 건너가고, 8개의 한국 지방

소프트웨어 기업들에게 그 몫이 돌아갔다. 포드가 기아자동차를 구입하려던 계획도 빗나가 버렸다. 현지 기업이 포드의 꿈을 보기 좋게 꺾어준 것이다. 외국 은행들이 대형 지방은행 두 개를 합병하려던 행동도 한국 정부가 두 은행을 관리하면서 중도에 포기해야 했다.

정부의 노력과 국민의 협조로 한국 경제는 빠르게 회생했다.

아이러니하게도 IMF는 한국을 자신들이 성공적으로 구조한 전형적 사례로 사방에 선전하고 있다.

태국은 2003년에 120억 달러의 채무를 사전 상환하면서 IMF의 채무에서 완전히 풀려났다. 얼마 후 태국의 탁신 총리는 거대한 국기 앞에서 "다시는 국제자본으로부터 상처받는 사냥감이 되지 않을 것이며 다시는 IMF의 원조를 구걸하지 않을 것이다"라고 맹세했다. 태국 정부는 심지어 비공식적으로 태국 기업에게 국제 금융재벌들의 채무 상환을 거절하라고 부추기면서까지 1997년 국제 금융재벌들이 벌인 광란의 약탈에 보복할 정도였다. 2006년 9월, 태국에 쿠데타가 일어나 탁신은 총리 자리에서 쫓겨나고 말았다.

미래의 중국 우화

시민 마하티르의 집에 도둑이 들었다. 그는 관할 경찰서의 그린스펀을 찾아가 신고하면서 도둑은 전과범인 소로스가 틀림없다고 말했다. 그린스펀 경관은 헤헤 웃으며 말했다.

"도둑만 탓할 것도 아니지요. 문단속을 제대로 하지 않은 선생 잘못도

있지 않을까요?"

시민 마하티르가 볼멘소리로 말했다.

"그 도둑은 어째서 중국이나 인도는 털지 않는 거요?"

그린스펀 경관이 한숨을 쉬더니 대답했다.

"중국과 인도는 담장이 너무 높아서 소로스가 넘어 다니기에는 불편합

니다. 담에서 떨어져 목숨이라도 잃어봐요. 내 일만 늘어나지 않겠소?"

도둑 소로스가 옆에서 이 말을 듣고 싸늘한 웃음을 흘렸다.

"흥! 담이 높으면 구멍을 몇 개 뚫으면 간단하지 않겠나?"

그린스펀 경관이 재빨리 사방을 둘러보더니 속삭였다.

"걱정 말게. 벌써 헨리 폴슨을 중국으로 보냈으니 2006년 말쯤에는 아

마 큰 동굴이라도 몇 개 파놓을 수 있을 걸세."

도둑 소로스는 크게 기뻐하며 휴대전화를 꺼내 일당들에게 문자 메시

지를 보냈다.

"사람들은 멍청하고 돈은 많은 중국으로 어서 가세나."

제9장
달러의 급소와
금의 일양지 무공

모든 은행 대출을 상환해야 하고, 은행 예금이 더 이상 존재하지 않으며, 유통되는 화폐가 고갈된다면? 이 얼마나 황당한 소리인가. 우리 연방준비은행은 완전히 상업은행에 의존하고 있다. 우리가 유통시키는 모든 달러는 현찰이든 신용이든 사람들이 대출을 해야만 비로소 발생한다. 상업은행이 신용대출을 통해 충분한 화폐를 발행하면 우리의 경제는 번영할 것이고, 그렇지 않으면 쇠퇴의 길로 들어서게 될 것이다. 우리는 절대로 영구적인 화폐 제도를 가질 수 없다. 사람들이 모든 문제의 핵심을 알아차린 순간, 우리의 황당한 화폐 제도와 연방준비은행의 믿기 힘들 정도의 무력함을 눈치챈 순간 태도가 돌변할 것은 명백하다. 화폐는 사람들이 주의를 기울여야 할 중요한 문제다. 화폐 제도를 폭넓게 이해하고 신속히 수정해야 한다. 그렇지 않으면 우리의 현대 문명은 무너지고 말 것이다. [1]

_로버트 헴필, 애틀랜타 연방준비은행

화폐는 본질적으로 채무화폐와 비채무화폐의 두 종류로 나눌 수 있다. 채무화폐는 현재 주요 선진국에서 통용되는 법정불환지폐fiat money 체계이며, 주로 정부나 회사 또는 개인의 '화폐화'된 채무로 구성된다.

미국 달러가 가장 전형적인 예다. 달러는 채무가 발생함과 동시에 발행되고 채무 상환과 동시에 폐기된다. 시중에 유통되는 모든 달러는 일종의 차용 증서이며 모든 차용증은 날마다 이자가 붙는다. 게다가 그 이자는 복리로 눈덩이처럼 불어난다. 그 천문학적 이자 수입은 과연 누구에게로 돌아갈까? 이자 수입은 다름 아닌 달러를 만들어내는 은행의 몫이다. 달러의 이자는 원래 화폐의 총량을 제외한 부분이며 현재의 화폐 유통량 외에 새로운 채무 달러의 발행이 뒤따른다. 바꿔 말해 사람들이 돈을 더 자주 빌릴수록 더 많은 돈을 빌리게 되는 것이다. 채무와 화폐는 연동되어 있으므로 채무는 늘어날 수밖에 없다. 이 같은 악순환은 무거운 이자 부담으로 말미암아 경제 발전을 가로막고, 결국에는 모든 체제가 붕괴할 때까지 계속된다. 채무의 화폐화야말로 현대 경제에 도사린 심각한 잠재적 불안이다. "인시寅時에 묘시卯時의 식량을 먹는다"라는 중국 속담처럼 사람들은 미래의 돈을 빌려 현재의 수요를 충족한다.

또 다른 화폐의 종류는 금은화폐로 대표되는 비채무화폐다. 이것은 채무가 따르지 않는 화폐로 인류가 이미 이룩한 노동의 성과를 반영한다. 비채무화폐는 인류가 수천 년 동안 사회를 형성해 오면서 자연적으로 진화한 화폐이며, 역대 어떤 정부의 강제성을 동원할 필요도 없이 시대와 국경을 넘어 유통되는 최종 지급 수단이다.

금은화폐는 '실질적인 소유'를 나타내고 법정불환지폐는 '차용증+약속'을 의미한다. 이들 두 화폐 간에는 본질적인 가치의 차이가 있다.

서양의 법정불환지폐 제도, 특히 미국 달러 제도에 내재된 본질을 파악하는 것은 향후 위안화 개혁을 하는 데 필요한 전제가 된다.

부분 지급준비금 제도:
통화 팽창의 발원지

현대의 은행은 원래 불공정하여 죄악을 불러온다. 금융재벌들은 이 지구를 차지하고 있다. 그들에게서 모든 것을 빼앗더라도 저축을 창출할 권리만 남겨놓으면 펜대를 몇 번 굴리는 것만으로도 충분한 저축을 해서 모든 것을 되찾아갈 수 있다. 그러나 그들의 저축할 권리를 뺏어버리면 부를 창출할 모든 기회가 사라질 것이다. 내 자신을 포함해서 말이다. 저축할 권리는 마땅히 사라져야 한다. 그래야만 더 행복하고 아름다운 세계를 만들 수 있기 때문이다. 그러나 여러분이 계속 금융재벌들의 노예로 남길 원하고 노역을 위한 비용을 지출하고자 한다면, 금융재벌들에게 계속 저축을 창출하도록 하면 된다.

_ 조시아 스탬프 훈작(Sir Josiah Stamp), 잉글랜드은행장, 영국 제2의 부호

최초의 골드스미스은행에서는 순수한 '금화폐 저축 업무'를 제공했다. 즉 예금주가 금화폐를 은행에 맡기면 은행가는 표준 양식의 영수증을 발행해 주었는데, 이 영수증이 '은행권'이다. 이러한 금화폐의 '파생물'은 점점 사회 교역의 매개가 되었으며 이를 화폐라고 불렀다.

당시의 은행은 언제든지 은행권을 금화폐로 교환할 수 있는 완전한 지급준비금 체계였다. 그들의 소득 원천은 예금주가 내는 '위탁관리비'였다.

시간이 지나면서 머리 좋은 골드스미스 은행가들은 은행권을 가져와 금으로 교환하는 예금주들이 극히 적다는 점에 착안했다. 이들은 금고 안의 황금을 묵히고 있는 것을 안타까워하며 어떻게 하면 오랜 시간 잠자고 있는 자산을 회전시킬 수 있을까를 궁리했다.

어느 사회나 급전이 필요한 사람들은 있기 마련이다. 은행가들은 사람들에게 돈을 빌려주겠다고 알리고, 정해진 기간 내에 원금과 이자만 상환하면 된다고 했다. 돈을 빌리고자 하는 사람이 오면 은행가들은 영수증을 많이 발행해서 은행권을 늘려 대출을 해주고 가만히 앉아서 이자 수익을 챙겼다. 영수증을 지나치게 많이 발행하지만 않으면 예금주의 의심을 받을 우려가 없었다. 이들은 장기간의 경험을 통해 원금보다 열 배 많은 은행권을 발행해도 안전하다는 점을 파악했다. 대출 이자 수입은 부수입이니 많을수록 좋다. 더 짭짤한 이자 수입을 챙기려면 곳곳에서 더 많은 예금주를 모아야 했다. 이를 위해 은행가들은 예금주로부터 위탁관리비를 받던 관행을 바꿔 오히려 이자를 지급하기 시작했다.

금화폐 저축 업무를 하던 골드스미스 은행가들은 대출 업무를 시작하면서 두 가지 서비스 상품을 제공했다. 하나는 순수한 '금화폐 저축'이고, 다른 하나는 '투자 저축'이다. 두 상품의 본질적인 차이는 '금화폐의 소유권'에 있었다. 금화폐 저축은 예금주가 언제든 갖고 있는 영수증을 금화폐로 교환할 수 있도록 은행이 보증해 주었다. 반면 투자 저축은 예금주가 일정 기간 동안 저축한 금화폐의 소유권을 상실하고, 은행가가 그것으로 리스크 투자를 한 후 투자금을 회수해야만 예금주가 새로이 소유권을 획득할 수 있었다.

금화폐 저축에 근거해 발행하는 은행권은 '사실적 존재'이며, 금액이 실제로 예치되어 있다. 하지만 투자 저축에 근거해 발행하는 은행권은 '차용증+약속'으로, 은행권 발행 수량은 은행의 실제 금화폐 보유량보다 많으며 부분 저축에 해당한다. 이러한 '차용증+약속'은 은행권을 발행하는 순간 리스크와 통화 팽창 유발이라는 태생적 결함을 안고 있다. 이 결함 때문에 상품과 서비스의 교역 매개로서 매우 부적합하다.

부분 지급준비금 제도의 본질은 모호한 두 은행 서비스 상품의 경계에 충돌을 일으켰다. 은행가들은 은행권을 '표준화'하면서 일반인들로 하여금 두 종류의 은행권의 본질적인 차이를 구별하기 힘들도록 설계했다. 수백 년 동안 앵글로색슨 국가에서는 이와 관련한 법률 소송이 넘쳐났다. 위탁 관리를 맡긴 금화폐를 허가 없이 다른 사람에게 빌려준 행위에 분노한 예금주들이 은행가를 고소하자, 은행가들은 자신들이 예금주의 금화폐를 처리할 권리를 가지고 있다고 주장했다. 그중 가장 유명한 예가 1848년의 '폴리 대 힐의 소송(Foley vs. Hill and Others)'이다. 판결 내용은 다음과 같다.

예금주가 은행에 화폐를 저축하면 그 돈은 예금주가 아닌 은행가에 속하게 된다. 은행가는 예금주가 요구하면 언제든지 상응하는 금액을 돌려줄 의무가 있다. 은행에 저축해 일단 관리를 맡긴 돈은 소유의 의미와 본질상 은행가의 돈이라고 봐야 한다. 은행은 이 돈을 마음대로 할 수 있는 권한이 있다. 예금주의 돈을 위험한 처지에 빠뜨렸든 해로운 투기를 했든 이에 답변할 의무가 없으며, 다른 사람의 재산처럼 보존하고 처리할 의무가 없다. 그러나 계약의 구속을 받기 때문에 예금주가 저축한 금액에 대해서만큼은 의무를 가진다.[2]

영미법 체계에서 영국 법관의 이러한 판결은 금융 역사상 중요한 전환점이 되었다. 예금주가 힘들여 번 돈을 은행에 저축했는데 갑자기 법률로 보호를 받지 못하게 된 상황은 시민의 재산권을 심각하게 침해했다. 그 후 앵글로색슨 국가의 은행은 '저축 위탁 관리'의 법적 구속력을 완전히 부인했고, 저축한 돈은 합법적인 지위를 잃어 모든 저축이 '벤처 투자'로 바뀌었다. 법률에서부터 부분 지급준비금 시스템의 독점적 위치를 다졌다.

1815년의 워털루 전투에서 로스차일드은행은 영국 정부보다 하루나 먼저 전쟁의 결과를 알았다. 그리하여 영국 국채시장을 한번에 장악했고 대영제국의 화폐 발행을 규제하게 되었다. 오래지 않아 프랑스, 오스트리아, 프러시아, 이탈리아 등의 국가 화폐 발행 또한 규제했으며 세계 황금시장 가격 결정권을 200년이나 독점했다. 로스차일드, 시프, 바르부르크와 다른 유대인 은행가들이 각국에 은행 네트워크를 설립해 사실상 최초의 국제금융시스템과 세계결산센터를 만들었다. 그들의 결산 네트워크에 가입해야만 다른 은행의 수표를 국가 간에 유통할 수 있었다. 그들은 점차 은행가에 카르텔을 형성했다. 이러한 은행 준칙은 오늘날 세계 금융업의 '국제적 관례'가 되었다.

은행 카르텔은 부분 지급준비금 제도의 가장 중요한 추진력이며 최대의 수혜자였다. 이러한 '금융 특수 이익집단'의 역량이 상당 규모에 이르면 자신들에게 이익이 되는 정치와 사법 게임의 규칙을 지지하거나, 심지어 직접 설립하는 수순을 밟는다.

1913년, 국제은행 카르텔은 드디어 미국에서 부분 지급준비금 제도의 전형인 연방준비은행을 세우는 데 성공했다. 그 후 전액 지급준비금 제도의 화폐라는 양화가 조금씩 악화에 의해 구축되었다. 당시 미국 정부가 발행한 '은 달러'와 '금 달러'는 다행히 살아남은 전액 지급준비금 제도의 생존자라고 할 수 있다. 두 지폐는 미국 정부가 100% 금은을 담보로 보증했기 때문에 1온스의 금 또는 은은 동등한 가치의 지폐에 해당했다. 은행 시스템의 모든 채무가 상환된다고 해도 시장에서는 여전히 전액 지급준비금의 '금은 달러'가 유통되고 있

▌ 1964년 이전에 미국 재무부가 발행한 은 달러, 1달러를 발행할 때마다 재무부가 1달러의 등가 은으로 보증했다.

어 경제는 전처럼 계속 발전을 구가할 수 있었다. 이런 상황은 1913년 연방준비은행이 탄생하기 전과 비슷했다.

1913년 이후 부분 지급준비금 제도에 기반을 둔 연방준비은행의 '악화' 달러가 금은화폐인 '양화'를 시장에서 몰아내기 시작했다. 국제 금융재벌은 부분 지급준비금 제도를 만들어 기존의 금융 세계를 독점하고 정부를 화폐 발행 영역에서 내쫓으려 했다. 그들은 온갖 수단을 동원해 금과 은을 몰아냈고, 결국 1960년대에 이르러 은 달러를 성공적으로 폐기했다. 1971년에는 황금과 미국 달러의 마지막 연결 고리를 끊어버림으로써 부분 지급준비금 제도가 화폐 영역을 독점하게 되었다.

채무 달러는 어떻게 형성될까

뉴욕 연방준비은행은 달러를 이렇게 묘사했다. "달러는 재무부의 황금이나 기타 모든 자산으로 교환할 수 없다. 연방준비은행권이 자산을 지탱하느냐 하는 문제는 실질적인 의미가 없으며 장부를 기록할 때나 필요한 것이다. 은행은 차용인이 대금 상환을 약속할 때(IOU) 화폐를 발행한다. 은행은 개인과 기업 채무의 '화폐화'를 통해 돈을 만들어낸다."

시카고 연방준비은행은 다음과 같이 해석했다. "미국에서는 지폐든 은행 저축이든 상품과 같은 내재적 가치를 지니지 않는다. 달러는 그냥 종이일 뿐이며 은행 예금은 단지 장부에 기록하는 숫자에 불과하다. 금속화폐는 일정한 내재적 가치가 있으나 통상 액면 가치보다 낮다. 그렇다면 과연 이러한 수표, 지폐, 금속화폐로 채무를 상환하거나 다른 용도로 쓰는 과정에서 액면 가치를 인정받는 요소는 무엇인가? 그것은 사람들의 믿음이다. 사람들은 원하기만 하면 이러한 화폐로 다른 금융 자산이나 실제 상품 및 서비스로 바꿀 수 있다. 특히 법정불환지폐는 정부가 반드시 받아주어야 한다는 규정도 중요한 힘을 발휘한다."[3]

즉 채무의 화폐화를 통해 달러를 만들어냈고 달러의 액면 가치는 반드시 외부의 힘으로 강제된다. 그렇다면 채무가 어떻게 달러로 변했을까? 채무가 돈으로 변신한 사연을 이해하려면 미국의 화폐 운용 메커니즘을 자세히 관찰해야 한다.

금융에 문외한이라면 아래 내용을 반복해서 읽어야 연방준비은행과 은행기관의 '돈 만드는 과정'을 완전히 이해할 수 있을 것이다. 이것이 서양 금융업의 가장 핵심적인 '상업 기밀'이다.

미국 정부에게는 화폐 발행권이 없고 단지 채무 발행권만 있다. 그러므로 국채로 민영 중앙은행인 연방준비은행에 담보를 제공하고 연방준비은행 및 상업은행 시스템을 통해야만 화폐를 발행할 수 있다. 그래서 달러의 근원이 국채라고 말하는 것이다.

첫 번째 단계, 의회가 국채 발행 규모를 승인하면 재무부가 국채를 다양한 종류의 채권으로 설계한다. 그중 1년 이내에 만기가 도래하는 채권을 T-Bills(Treasury Bills)라고 하며, 2~10년 만기 채권을 T-Notes, 30년 만기 채권을 T-Bonds라고 한다. 이러한 채권은 각각 다른 발행 빈도수와 시간대에 공개시장에서 경매로 팔린다. 경매에서 끝까지 팔리지 않은 국채를 재무부가 연방준비은행으로 보내면 연방준비은행이 액면가로 전량을 사들인다. 이러한 국채는 연방준비은행 장부의 증권자산 항목에 기재된다.

국채는 미국 정부가 미래에 받아들일 세금을 담보로 하기 때문에 세계에서 '가장 믿을 만한 자산'으로 취급된다. 연방준비은행은 이 '자산'을 획득한 후 이를 이용해 '부채'를 만드는데, 이것이 곧 연방준비은행이 발행한 '연방준비은행 수표'다. 이 부분이 '무에서 유를 창조하는' 핵심 절차다. 연방준비은행이 발행한 수표는 사실상 한 푼의 돈도 보장되지 않는 '공수표'인 셈이다. 이 부분은 용의주도하게 설계된 위장 절차로, 그 덕에 정부가 채권을 경매할 때 수요와 공급을 쉽게 조절할 수 있다. 연방준비은행은 정부에 돈을 빌려주고 '이자' 수입을 챙기는 한편 정부는 편리하게 화폐를 얻을 수 있지만, 지폐를 대량으로 찍어낸 흔적은 남지 않는다. 연방준비은행은 공수표를 발행했지만 회계 장부상으로는 아무 문제가 없다. 국채는 '자산' 항목에, 화폐는 '채무' 항목에 기재함으로써 차변과 대변 금액이 완벽하게 들어맞는다. 모든 은행 시스템은 이런 식으로 교묘히 포장되어 있다.

바로 이 간단하면서도 중요한 단계가 세상에서 가장 불공정한 거래를 만들어낸다. 정부는 앞으로 들어올 세금을 미리 저당 잡히고 민영 중앙은행에서 달러를 빌려온다. 민간은행에서 돈을 빌려오기 때문에 정부는 거액의 이자를 빚지게 된다. 이러한 불공정 거래에는 다음과 같은 문제가 도사리고 있다.

1. 국민이 미래에 낼 세금을 담보로 잡아서는 안 된다. 돈을 아직 벌기

도 전이기에 말이다. 미래를 담보로 잡는 행위는 화폐의 구매력을 떨어뜨려 국민의 저축에 피해를 주기 마련이다.

2. 국민이 미래에 낼 세금을 민영 중앙은행에 담보로 주다니 더욱 안 될 말이다. 은행가들은 거의 한 푼도 내지 않고 국민이 미래에 낼 세금을 차지하고 있으니, 그야말로 손도 안 대고 코 푸는 격이다.

3. 정부는 무슨 근거로 거액의 이자를 지출하는가? 이러한 이자 지출은 결국 국민의 부담으로 돌아온다. 사람들은 아무것도 모른 채 자신들의 미래를 저당 잡힐 뿐 아니라 자신이 낸 세금으로 정부가 민영기업에게 빌린 이자를 상환하도록 하는 부담을 안고 있다. 달러의 발행량이 많을수록 국민의 이자 부담은 무거워지며, 그 빚은 자손 대대로 영원히 갚을 수도 없다.

두 번째 단계, 연방정부가 연방준비은행이 개설한 연방준비은행 수표를 받아 배서하면 이 신기한 수표는 다시 연방준비은행에 입금된 다음 '정부 저축'으로 둔갑해 정부의 연방준비은행 계좌에 입금된다.

세 번째 단계, 연방정부가 돈을 쓰기 시작하면 크고 작은 금액의 연방 수표들은 '첫 번째' 화폐의 흐름이 되어 각 경제주체로 흘러들어간다. 이러한 수표를 받은 회사와 개인이 자신의 상업은행 계좌에 입금하면서 수표들은 '상업은행 저축'으로 변한다. 이때 이 돈은 '이중성'을 드러낸다. 일단 예금주가 입금한 이 돈은 은행의 부채에 속하며 언젠가는 주인에게 돌아가야 한다. 그러나 한편으로는 은행의 자산을 구성하므로 대출용으로 쓰이기도 한다. 회계 장부 항목에는 모든 것이 평형을 이루어 동일한 자산은 동일한 채무를 구성한다. 상업은행은 이때 '부분 준비금'이라는 수단을 사용해 화폐를 창출할 준비를 한다.

네 번째 단계, 상업은행이 은행 장부상의 저축을 '은행 지급준비금'으로 재분류함으로써 단숨에 저축은 은행의 일반 자산에서 새끼를 칠 수 있는 '지급준비금'으로 변한다. 부분 지급준비금 체제에서는 연방준비은행이 상업은행에 저축의 10%만을 남겨놓을 수 있도록 규정한 돈을 '지급준비금'이라 하며(일반적으로 미국 은행들은 총 저축액의 1~2%의 현금과 8~9%에 상당하는 어음만을 지급준비금으로 보유함), 저축액의 90%를 대출로 운용한다. 따라서 이 90%의 돈이 은행에서 신용대출로 이용되는 것이다.

여기서 의문이 생긴다. 저축액의 90%가 다른 사람에게 대출되고 나서 원래의 예금주가 그 돈을 써야 한다면 어떻게 될까?

사실 은행에서 발생한 대출금은 원래의 저축이 아니라 완전히 무에서 창조한 '새로운 돈'이다. 이 새로운 돈으로 인해 은행이 보유한 화폐 총량은 '기존의 돈'보다 90% 증가한다. 새로운 돈이 기존의 돈과 다른 점이 있다면 은행에 이자 수입을 가져다준다는 것이다. 이것이 곧 '두 번째' 순환 흐름을 타고 경제주체로 흘러들어 가는 화폐다. '두 번째'의 화폐가 상업은행으로 돌아오면 더 많은 횟수로 새로운 돈을 만드는데, 이 횟수가 거듭되면서 액수는 점차 줄어든다.

스무 차례 정도의 순환 사이클 동안 1달러의 국채는 연방준비은행과 상업은행의 긴밀한 협조 아래 10달러에 해당하는 화폐 유통량을 만들어낸다. 국채 발행량 및 화폐 발행의 여파로 말미암은 화폐 유통 증가량이 경제 성장의 수요를 넘을 경우 '기존의 돈'은 모두 구매력이 떨어지는데, 이는 곧 인플레이션의 근본 원인이다. 2001~2006년 미국이 3조 달러의 신규 국채를 발행하자 그중 상당 부분이 화폐시장으로 직접 흘러들어 갔다. 또한 몇 년간 국채 구매와 이자 지급이 겹쳐 달러 가치가 폭락하고 상품, 부동산, 석유, 교육, 의료, 보험 가격이 대폭 상승했다.

그러나 대부분의 신규 발행 국채는 은행 시스템으로 직접 진입하지 않고 외국 중앙은행, 미국의 비금융기관과 개인이 사들였다. 이런 경우 구매자들은 이미 존재하는 달러로 채권을 매입하기 때문에 새로운 달러를 발행할 필요가 없다. 연방준비은행과 미국의 은행기관이 미국 국채를 사들일 때만 새로운 달러를 발행한다. 미국이 당분간은 인플레이션을 통제할 수 있는 이유가 여기에 있다. 그러나 미국 은행의 수중에 있지 않은 국채는 조만간 만기일이 다가오게 되어 있으며, 게다가 반년에 한 번씩 이자도 지급해야 한다(30년 만기 국채). 연방준비은행은 이때 새로운 달러를 발행해야 한다.

본질적으로 보면 부분 지급준비금 제도에 채무화폐 체계를 더한 것이 장기적인 인플레이션의 원흉이다. 금본위제도에서 그렇게 한 결과 은행권 발행량이 금 저축량을 크게 넘어서서 결국 금본위제도의 해체를 가져왔다. 그 후 출범한 브레턴우즈협정에서도 황금 교환 체계의 붕괴가 필연적이다. 순수한 법정불환지폐 제도에서는 악성 인플레이션을 막지 못할 것이고 세계적으로 심각한 경제 위기를 초래할 것이다.

채무화폐 체제를 채택하는 한 미국은 국채나 회사채, 개인의 채무를 영원히 상환할 수 없을 것이다. 왜냐하면 채무를 상환하는 그 순간 달러가 소실되기 때문이다. 미국의 채무 총액은 결코 줄어들 수 없다. 게다가 이자는 눈덩이처럼 불어날 것이다. 경제 성장에 따라 화폐 수요가 증가하면 채무는 자동적으로 상승하고, 그 속도 역시 갈수록 빨라질 것이다.

미국을 덮친 '부채 급류'와
아시아의 손에 들린 '휴지' 국채증서

미국은 1980년대에 사상 유례가 없는 대규모의 국채를 발행했다. 이 국채는 금리가 상당히 높았기 때문에 개인이나 비은행계 투자자, 심지어 외국 은행에게도 많은 인기를 끌었다. 그래서 달러 순환으로 재사용하는 비율이 높아져 새로운 달러를 많이 발행할 필요가 없었다.

1990년대에 달러 국채는 세계 주요 경쟁 화폐를 물리치면서 호황을 누렸다. 제3세계 국가의 화폐 가치가 전반적으로 떨어지자 미국은 생필품도 싼 값으로 수입하면서 고성장과 저인플레이션의 호시절을 구가했다.

그러나 2001년 이후 테러와의 전쟁에 막대한 지출을 한 데다 대량으로 발행했던 각종 국채의 만기일이 연달아 돌아왔다. 게다가 점점 늘어가는 이자 지출 때문에 미국은 더 많은 국채를 발행해 기존의 국채로 말미암은 비용을 충당해야 했다. 1913~2001년의 87년 동안 미국이 발행한 국채는 6조 달러였다. 그런데 2001~2006년의 5년밖에 안 되는 짧은 기간 동안 3조 달러에 육박하는 국채를 발행했다. 미국 연방 국채의 총 발행량은 이미 8조 6,000억 달러에 달으며, 지금도

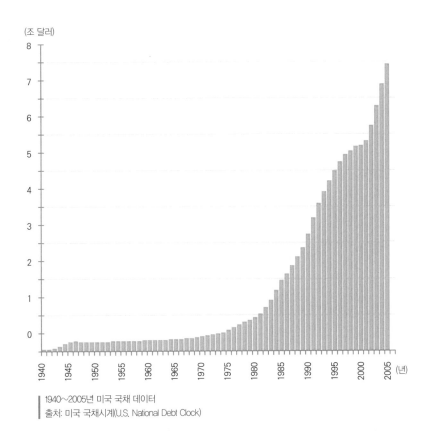

(조 달러)

| 1940~2005년 미국 국채 데이터
| 출처: 미국 국채시계(U.S. National Debt Clock)

매일 25억 5,000만 달러의 속도로 늘어나고 있다. 미국 연방정부의
이자 지출은 정부 지출 중 의료보험과 국방비에 이어 3위를 달리고
있다. 금액은 매년 4,000억 달러에 달해 재정수입의 17%나 차지한다.

미국 국채는 1982~1992년만 해도 화폐의 신규 발행이 연간 8%의
'안정적인 증가'를 보였다. 그러나 1992~2002년에 화폐 신규 발행이
12%에 달하면서 '고속 주행 차선'에 진입했다. 2002년부터는 테러와
의 전쟁과 쇠퇴해 가는 경제를 자극하기 위해 금리가 전후 최저 수준
을 유지하는 가운데 화폐 발행 증가율은 15%라는 놀랄 만한 수치를

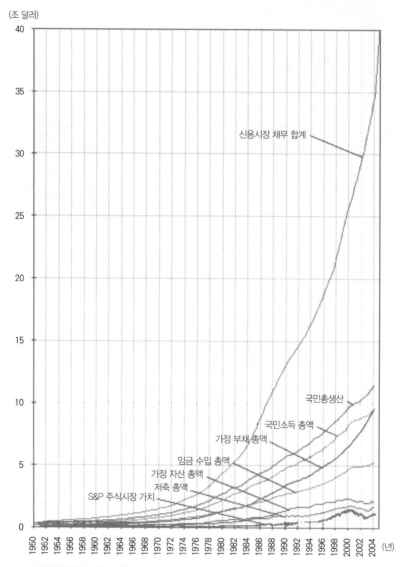

(조 달러)

신용시장 채무 합계

국민총생산

국민소득 총액

가정 부채 총액

임금 수입 총액

가정 자산 총액

저축 총액

S&P 주식시장 가치

(년)

| GDP의 330%에 달하는 채무 총액
출처: 〈이코노믹스〉

보였다. 미국 국채 발행의 가파른 경사로 보면 모든 것이 필연적이었다. 연방준비은행이 2006년 3월 총유동성(M3) 통계 보고를 중단한다고 선언한 것도 결코 우연이 아니다.

인류 역사상 이토록 심하게 미래를 가불해 살아가는 나라도 없었다. 미국은 자국민의 재산뿐 아니라 다른 나라의 재산도 가불해서 써버렸다. 주식투자에 밝은 사람이라면 이런 가파른 곡선이 가져올 결과를 정확하게 예견할 수 있을 것이다.

2001년에 9·11 테러 사건이 일어나자 앨런 그린스펀은 주식시장과 채권시장을 구제하고자 금리를 6%로 낮췄다. 결과를 고려하지 않은 이 조치는 달러 대출 폭풍을 가져왔다. 달러가 세계적으로 범람하면서 사람들은 달러가 실은 녹색 문양을 인쇄한 종잇조각에 지나지 않는다는 사실을 깨닫게 되었다. 전 세계의 달러 보유자들은 부동산, 석유, 금, 은, 내구재 상품 같은 연방준비은행이 교환해 줄 수 없는 대상을 향해 거의 동시에 뛰어들었다. 프랑스의 한 투자자는 "뉴요커들은 달러 지폐를 발행할 수 있지만 석유와 황금은 하느님만이 만들 수 있다"라는 말까지 했다. 그 결과 원유 가격은 배럴당 20달러에서 60달러로 치솟았고, 달러, 금, 은, 백금, 니켈, 동, 아연, 대두, 설탕, 커피, 콜라 등의 가격은 2002년의 120~300%까지 치솟았다. 이런 상황에서도 경제학자들은 인플레이션이 겨우 1~2%일 뿐이라고 태연스럽게 말했다. 여기서 마크 트웨인의 명언을 떠올리지 않을 수가 없다. "거짓말에는 세 종류가 있다. 그냥 거짓말과 지독한 거짓말, 그리고 통계가 그것이다."

더욱 불안한 것은 부채 총액이 이미 44조 달러에 달한다는 사실이다. 이러한 부채에는 연방 국채, 주정부의 국채, 외채, 개인 채무가 포함된다. 미국인 한 사람당 15만 달러의 빚을 지고 있고 4인 가족 한 가구당 60만 달러의 채무를 부담해야 하는 셈이다. 개인 채무에서 가장 주목할 만할 것은 어마어마한 숫자의 주택 대출금과 신용카드 채무다. 고정금리 5%로 계산하면 44조 달러에 대해 2조 2,000억 달러가 넘는 이자를 지급해야 한다. 이 숫자는 미국 연방정부의 한 해 재정 총수입과 맞먹는다. 부채 총액의 70%는 1990년 이후 발생했다. 미국은 이제 1980년대 초의 고금리 전쟁으로 제3세계 국가들의 자금을 묶어둘 수 없는 처지다. 미국 자체가 이미 심각한 빚을 지고 있는 마당에 고금리 정책은 자살 행위나 다름없다.

채무를 화폐로 만들고 부분 지급준비금이라는 거대한 장치까지 더해져 미국인들의 미래 재산은 엄청난 우선지급 상태에 처해 있다. 2006년에 미국인이 낸 개인 소득세 총액은 연방정부를 통해 은행으로 입금되어 채무 달러의 이자를 갚는 데 사용되었다. 개인이 낸 소득세가 정부의 재정 부문에 한 푼도 쓰이지 않은 것이다. 각 지역의 교육비 지출은 주로 해당 지역의 토지세 수입에 의존하며, 미국 전역의 고속도로를 건설하고 유지하는 비용은 휘발유세를 걷어 충당한다. 해외에 파견한 군대의 전쟁 비용은 미국 회사가 내는 기업세의 총액과 우연히도 맞아떨어진다. 바꿔 말해 3억 명의 미국인이 수십 년 동안 금융재벌의 손에 '간접세 징수'를 통해 착취를 당해온 셈이다. 그런가 하면 미국인의 저축은 장기적인 인플레이션으로 말미암아 '잠재적 세금'이 되어 금융재벌들에게 털리고 말았다.

눈덩이처럼 불어나는 부채를 갚을 수 있을지는 일단 제쳐두자. 문제는 미국 정부가 국채를 상환할 계획이 전혀 없다는 것이다. 미국 정부는 끊임없이 신규 채권을 발행해 기존 채권을 교체할 뿐이다. 또한 기존 채권의 누적된 이자는 영원히 순환된다. 필라델피아 연방준비은행 측의 이야기를 들으면 국채에 대한 미국의 태도를 확실히 알수 있다. "나날이 늘어가는 분석가들은 국채가 매우 유용하며, 심지어 경제의 복음이라고까지 주장한다. 그들은 국채를 줄일 필요가 전혀 없다고 여긴다."

점점 늘어가는 채무에 의지해 사치스러운 생활을 누리면서 영원히 돈을 갚을 필요가 없다면 세상에 이보다 더 좋은 일이 있겠는가! 그럴듯한 '영원히 꺼지지 않는 경제 모터' 식의 낙관론이 현재 미국에서 크게 성행하고 있다. 끊임없이 부채를 늘리면서 영원히 '행복한 생활'을 누려갈 수 있다고 주장하는 경제학자들과 지폐를 많이 발행해서 치부할 수 있다고 생각하는 정부의 태도는 별반 다를 게 없다.

이런 학자들은 한술 더 떠서 아시아와 다른 나라들의 과다한 저축이 세계경제 구조의 균형을 깨는 근본적인 원인이라고 지적한다. 이렇듯 시류에 편승하는 그럴듯한 논조는 학술적 도덕이 땅에 떨어져 버렸음을 나타낸다. 아시아 국가들이 너무 많은 저축을 한다고? 그들이 무슨 여력으로 과다한 저축을 할 수 있겠는가? 수십 년 동안 힘들게 모은 저축은 미국 국채 구매를 통해 인류 사상 유례가 없는 '영원히 꺼지지 않는 경제 모터'라는 '위대한 실험'에 끊임없이 들어가고 있지 않은가!

아시아 각국의 '수출 지향' 경제는 미국 국채에 대한 수요를 촉발한다. 마치 마약 중독자가 마약을 끊으면 몸이 못 견디는 것처럼, 아시아 국가들은 그렇게 미국의 국채에 열광했다. 미국 역시 기꺼이 이들의 수요에 응하면서 사실상 영원히 상환하지 않을 국채를 마구 찍어댔다. 그러나 금리 5%라는 명목 수익을 가지고 급격한 가치 하락으로 만회할 수 없는 실질적 리스크를 무릅쓰기에는 그 위험이 너무 컸다. 결국 아시아 각국은 이 투자가 수지가 맞지 않는 장사임을 알아차리고 말았다.

미국의 로런스 서머스 전 재무장관은 중국이 매주 평균 수십 억 달러에 달하는 미국 국채 구매를 멈춘다면 미국 경제는 큰 타격을 입을 것이라고 지적했다. 그는 그러나 중국 경제 역시 미국 수출의 위축에 따른 여파를 떠안아야 하므로 두 나라는 사실상 이미 '금융 공포의 균형' 상태에 빠져들었다고 주장했다.

금융파생상품 시장의 '매점매석'

매년 복리로 최소 2조 달러의 이자가 돈으로 발행되어 화폐 시스템으로 진입한다면 설사 일부를 더 높은 미래의 채무로 누적한다고 해도 다른 일부분은 달러의 추가 발행을 통해 통화 팽창을 초래하기 십상이다. 그러나 이상하게도 미국의 소비자 물가지수(consumer price index, CPI)에 반영되는 통화 팽창은 뚜렷이 드러나지 않는 것 같다. 국제 금융재벌들이 무슨 마술이라도 부리는 걸까?

그 비결은 대량의 화폐 증가 발행분을 흡수할 곳이 반드시 있다는 것이다. 이것이 수십 년 동안 기형적인 통화 팽창이 가져온 파생금융

상품 시장이다.

20년 전에는 전 세계 파생금융상품의 형식상 가격 총액이 거의 제로였다. 그러나 2006년에는 파생상품 시장의 규모가 370조 달러에 달했다. 이는 전 세계 GDP 합계의 여덟 배를 넘는 숫자다. 그 성장 속도와 규모는 일반인의 상상을 뛰어넘는다.

파생금융상품의 본질은 무엇인가? 이 역시 달러와 같다. 즉 채무인 것이다! 파생금융상품은 채무를 포장한 상품이며, '채무의 컨테이너', '채무의 창고', '채무의 히말라야 산'이다!

이 채무는 헤지펀드라는 자산으로 둔갑한 투자조합이며, 보험회사와 퇴직기금에 의해 자산으로 간주되어 계좌에 입금된다. 이 채무는 버젓이 거래되고 기한이 연기되며 담보로 제공되는가 하면 자산으로 굴리기도 한다. 그야말로 채무의 성대한 잔치이자 도박의 파티를 벌이는 것이다. 복잡한 수학 공식 뒤에는 오로지 두 개의 선택만 있었다. 즉 몽땅 털리지 않으면, 큰 횡재라는 도박의 공식이다. 모든 파생금융상품 계약은 결국 돈을 걸고 하는 도박이다. 도박판에는 이긴 사람과 진 사람만 존재한다.

수백조 달러가 오가는 큰 도박판에 거물급 기관투자자들이 빠질 리 없다. 미국의 5대 은행은 이 도박장의 중량급 게이머들이며, 언제나 큰 판을 벌이는 도박꾼들이다.

미국 재무부가 발표한 2006년 2분기 상업은행 금융파생 시장 보고서에 따르면, 미국 5대 은행과 JP모건체이스, 씨티그룹 등이 902개 은행의 파생금융상품 중 97%를 차지했으며 수입은 94%에 달했다. 은행의 파생상품 중 규모가 가장 큰 것은 금리 관련 상품 종류로 총

금융상품의 83%를 차지하며, 이 상품의 명목 가치는 98조 7,000억 달러다.[4]

금리 관련 상품에서는 금리 스와프(interest rate swap)가 절대적 우세를 보인다. 금리 스와프는 일정 기간 내에 '변동금리'를 '고정금리'로 교환하며 원금은 거래 대상이 아니다. 그 주요 용도는 더 낮은 비용으로 장기 고정금리 채권을 운영하는 것이다. 금리 스와프를 제일 많이 이용하는 기관은 미국 정부보증기관(government sponsored entity, GSE)인 프레디맥(Freddie Mac)과 패니메이(Fannie Mae)다. 이들 두 거대 금융회사는 단기 채권을 발행해 30년 고정금리의 모기지론을 지원하고 금리 스와핑으로 금리 변동의 위험을 상쇄시킨다.

98조 7,000억 달러의 금리파생상품 중 JP모건체이스가 시장 점유액 74조로 1위를 달리고 있다. 금융시장에서 10 대 1의 재무 레버리지로 투자하는 것은 볏짚을 지고 불속으로 뛰어드는 것만큼이나 위험한 행위다. 100 대 1은 아예 '미친' 투자 행위다. 1990년대 유명한 거대 헤지펀드인 LTCM(Long Term Capital Management)은 두 명의 노벨 경제학자의 지도 아래 당시 세계에서 가장 복잡한 리스크 헤지 수학 공식을 세우고, 세계에서 가장 선진화된 컴퓨터 하드웨어 시설을 갖추었다. 그러나 이 레버리지 공식으로 투자하다가 잘못해서 몽땅 날려버리는 바람에 하마터면 전 세계의 금융 체계를 무너뜨릴 뻔했다. JP모건체이스의 금리파생상품에 대한 레버리지 비율은 626 대 1로 세계 최고라 할 수 있다.[5]

JP모건체이스가 하는 장사는 금리파생상품 시장에서 물품을 쌓아

재무 레버리지
(financial leverage)
기업이 타인 자본, 즉 부채를 보유함으로써 금융 비용을 부담하는 행위.

두고 큰 이익을 얻을 때를 기다렸다 되파는 '매점매석' 행위다. 이 회사는 헤지 금리가 높은 벤처기업을 대상으로 한다. 바꿔 말하면 대부분 사람들은 투자할 때 앞으로 금리가 갑자기 폭등하는 것을 방지하고자 한다. JP모건체이스는 사람들에게 금리가 절대로 폭등하지 않을 것을 보장한다. 그들이 내놓은 상품은 일종의 보험인 셈이다.

JP모건체이스가 그토록 큰 위험을 무릅쓰면서 그린스펀과 연방준비은행만이 알 수 있는 금리 변화를 예측해 내는 비결은 어디에 있을까? 해답은 단 하나, JP모건체이스가 뉴욕 연방준비은행의 최대 주주라는 사실이다. 뉴욕 연방준비은행은 순전히 민간기업이다. J. P. 모건은 다른 사람들보다 금리 변화 소식을 더 빨리 접할 수 있을 뿐 아니라 금리 정책을 정하는 장본인이기도 하다. 워싱턴 연방준비은행 '위원회'는 단지 집행기구일 뿐, 금리 정책은 일반인들의 생각처럼 연방준비은행 정기회의에서 투표로 결정되는 것이 아니다. 투표 과정이야 그럴듯해 보이지만 실제로 이를 움직이는 것은 국제 금융재벌이 심어놓은 사람들이다.

그래서 JP모건체이스는 결코 손해 보지 않는 장사를 할 수 있는 것이다. JP모건체이스는 인공으로 강우량을 조정하는 회사에 비유할 수 있다. 그들이 파는 것은 홍수 범람을 대비한 보험이다. 물론 홍수가 언제 올지도 알고 있다. 심지어 어느 지역에 홍수가 집중될지도 알고 있다. 아인슈타인은 "하느님은 주사위를 던지지 않는다"고 했다. JP모건체이스는 금융파생 시장을 마음대로 주무를 수 있기 때문에 결코 주사위 따위를 던질 필요가 없다.

파생금융상품 시장이 폭발적으로 성장하면서 정부의 규제는 그 속도를 따라잡지 못하고 있다. 많은 파생상품의 계약은 정규 거래시장이 아닌 '장외시장'에서 진행된다. 회계 제도상으로도 파생상품과 전통적인 상업 거래를 구분하기 어려운 실정이므로, 세무 계산과 자산이며 부채의 정산은 더 말할 나위도 없다. 그 규모가 거대하기 때문에 레버리지 비율이 상당히 높아 리스크를 제어하기 힘들 뿐 아니라 정부 관리 감독이 소홀하므로 파생상품은 금융시장의 시한폭탄이라고 할 수 있다.

이러한 투기시장의 전에 없는 호황 때문에 미국 채무 이자로 '창조'되는 천문학적 숫자의 유동성이 생긴 것이다. 새로 찍어대는 거액의 달러와 해외에서 유입되는 달러가 다른 시장으로 빠져나가지 않고 빠르게 순환되는 이 파생상품 시장에 흡수되는 한 핵심 통화 팽창 지수는 기적적으로 제어할 수 있다. 마찬가지 이치로, 일단 파생금융상품 시장이 붕괴되면 우리는 세계 역사상 가장 심각한 금융 한파와 경제 혹한을 겪게 될 것이다.

정부보증기관: 제2의 연방준비은행

많은 금융기관이 이러한 정부보증기관(GSE)이 발행하는 단기 채권의 위험성을 잘 알지 못하는 것 같다. 투자자들은 그들의 투자가 GSE의 신용 위험을 완전히 피할 수 있으리라 믿는다. 미리 위기가 발생한다는 예고를 해서 몇 개월 후 만기가 되면 단기 채권을 여유롭게 현금화할 시간을 벌 수 있기 때문이다. 문제는 금융위기가 출현하면 GSE의

단기 채권 회수는 짧으면 몇 시간, 길어 봤자 며칠 안에 완전히 유동성
을 잃게 된다는 것이다. 물론 투자자가 해약을 할 수 있지만 모든 사람
이 동시에 현금화하려고 몰려든다면 문제가 커진다. 이러한 단기 채권
으로 투자한 부동산은 빠른 시간에 현물로 바꾸지 못하기 때문에 GSE
채권을 헐값에 투매하려는 시도는 마음대로 되지 않는다. [6]

_ 윌리엄 풀(William Poole), 세인트루이스 연방준비은행 총재, 2005년

여기서 말하는 정부보증기관이란 미국 정부가 권한을 위임한 최대
부동산 대출기업인 프레디맥과 패니메이를 말한다. 이들 두 회사는 미
국 부동산 대출의 알트A 2급 시장을 책임지고 있으
며, 부동산을 담보로 발행하는 모기지 담보부 채권
(mortgage backed securities, MBS) 총액이 4조 달러에 달한
다. 실제 미국 은행 시스템이 방출하는 7조 달러의
부동산 대출금 중 대부분은 이들 두 회사가 다시 사들인다. 이들은
장기 모기지 대출을 MBS로 포장해 월가에서 미국의 금융기관과 아
시아 중앙은행에 판매한다. 두 회사가 발행하는 MBS와 이들이 은행
에서 사들인 부동산 모기지 대출 간에는 금리 차이가 발생하는데, 이
것이 두 회사의 주요 수입원이다. 통계를 보면 미국 은행들의 60%가
자본의 50% 이상을 이들 두 회사의 채권 구입에 투자하고 있다. [7]

상장회사인 프레디맥과 패니메이가 이윤을 추구하는 것은 당연하
다. 이들이 부동산 모기지 대출을 직접 보유하는 것이 더 이익이다.
이런 상황에서 금리가 파동을 일으킬 경우 모기지 대출의 사전 상환
이나 신용 리스크는 모두 그들이 책임을 져야 한다. 연방준비은행이

> **알트A(Alternative A)**
> 미국의 신용등급 3등급 중 중
> 간 등급의 부동산 대출.

2002년부터 금리 인상을 단행하자 프레디맥과 패니메이는 모기지론을 대량 흡수해 직접 모기지론을 보유했다. 그 총액이 2003년 말에 이미 1조 5,000억 달러에 달했다.

이토록 거대한 채무를 책임지는 금융기관은 리스크에 신중하게 대처해야 한다. 가장 중요한 전략은 자산과 채무의 기한을 교묘히 맞추는 것이다. 그렇지 않으면 금리 변동으로 오는 리스크를 제어하기 어렵다. 그 다음으로 단기 융자로 장기 채무를 지탱하는 일은 피해야 한다. 보수적인 방식은 장기적으로 회수 가능한 임의상환채권을 발행해 자산과 채무 기한을 맞추고 금리 차이를 고정하는 것이다. 이 방식으로 금리 변동과 대출금의 사전 상환이라는 두 가지 큰 위험을 피할 수 있다. 그러나 이들 두 회사는 장기 고정 채권과 단기 채권으로 융자했다. 단기 융자 규모가 매주 300억 달러를 회전하는 단기 채권보다 커서 스스로 고도의 위험에 노출되고 있다.

임의상환채권
(callable bonds)
발행 회사에 따라 중도 상환이 가능한 사채.

금리 변동의 위험을 피하기 위해 이들은 복잡한 헤지 전략을 채택해야 했다. 채무와 금리 스와프를 이용해 '단기 채무+미래 고정금리 현금 유동'이라는 조합을 만들어 장기의 채권 효과를 낼 수 있다. 스와프 옵션(swap option)으로는 모기지론 사전 상환에 따른 리스크를 상쇄했다. 그 밖에도 '불완전 동태 헤징(imperfect dynamic hedging)' 전략을 사용해 단기에 일어날 수 있는 금리의 심한 변동에 대해 중점적으로 방어하는 한편, 장기적으로 가능성이 적은 금리의 파동에 대한 방어는 상대적으로 소홀히 했다. 이러한 조치로 모든 것은 단단한 성벽처럼 튼튼해 보였으며, 비용도 매우 저렴해서 완벽한 방법 같았다.

이윤 추구라는 강렬한 욕망으로 프레디맥과 패니메이의 투자조합은 자신들이 발행한 MBS를 대량으로 흡수했다. 이는 상식적으로 이해가 가지 않는 행위다. 자신들이 발행한 단기 채권으로 자신들의 장기 채권을 사는 경우가 어디 있는가?

황당한 일에도 나름 황당한 법칙이 있는 법, 프레디맥과 패니메이는 미국 정부가 권리를 수여한 부동산 모기지 대출 알트A 시장의 독점 사업자들이다. 미국 정부는 두 회사에 간접적인 담보를 제공한다. 여기서 '간접'이란 미국 정부가 두 회사에 일정 수량의 신용 한도를 제공하고 긴급한 상황에 이를 동원할 수 있다는 말이다. 그 밖에 연방준비은행은 프레디맥과 패니메이의 채권을 할인해 준다. 다시 말하면 중앙은행이 두 회사의 채권을 직접 현금화해 준다는 이야기다. 거의 반세기 동안 미국 국채를 제외한 어떠한 회사의 채권도 이토록 특수한 지위를 누리지 못했다.

시장에서는 프레디맥과 패니메이가 발행한 채권이 거의 달러와 같은 효력을 발휘하기 때문에 그 신인도는 미국 국채에 버금간다. 그래서 이들이 발행한 단기 채권의 금리는 국채보다 약간 높은 수준이다. 이렇게 저렴한 융자의 출처가 있다 보니 자신의 장기 채권을 구매하고도 여전히 매매 차익을 남길 수 있는 것이다.

두 회사의 채권은 일정 정도로 미국 재무부 채권의 기능을 한다고 해도 전혀 과장이 아니다. 두 회사는 사실상 '제2의 연방준비은행'이 되어 미국 은행 시스템에 큰 유동성을 제공한다. 특히 정부가 직접 나서기 곤란한 경우에 이들의 활약은 두드러진다. 이것이 바로 연방준비은행이 17차례나 금리 인상을 계속하면서도 금융시장에 여전히 유동성 과잉이 생기는 이유다. 연방준비은행이 흡수한 유동성은 정부보증기관이 부동산 모기지 대출을 대거 받아들이면서 다시 금융시장으로 흘러간다.

단기 채권을 구매해 장기 MBS를 사들이는 수법으로 금리 차이를 챙기는 정부보증기관의 행위나 국제 금융재벌이 엔화시장에서 낮은 비용으로 융자를 하고 고배율 레버리지로 미국 국채의 선물 옵션을 구매하는 행위는 결국 미국 장기 채권(국채와 30년 만기 MBS 채권)이 비정상적으로 잘 팔려 나가는 호황 국면을 인위적으로 형성했다. 장기 채권의 금리 증식을 억제하고 그럴듯하게 포장하고 나니 시장의 장기적 통화 팽창에 대한 걱정은 기우에 불과한 것처럼 보였다. 잠깐 주춤하던 외국 투자자들도 결국 미국의 장기 채권시장으로 되돌아왔다. 이렇게 해서 다른 나라의 저축은 미국의 '영원히 꺼지지 않는 경제 모터' 실험에 끊임없이 경제적 보조를 해주었고, 사람들은 욕망의 파티에서 미친 듯 즐기고 있다.

아무리 아름답게 포장해도 환각은 결국 환각일 뿐이다. 정부보증기관들이 광란의 축제에 쓸 술을 계속 대주고 있을 때 그들의 보유 자본은 이미 위험 수위인 3.5%까지 떨어졌다. 수조 달러의 무거운 채무 부담을 진 가운데 불안정한 국제 금리시장에서 그토록 낮은 자본율로 버티느라 그린스펀은 불면증에 시달릴 정도였다. 얼마 전 LTCM에서 세계 최고의 권위를 자랑하는 경제 전문가를 초빙해 마련한 완벽하고 복잡한 리스크 헤지 모델도 러시아 채무위기 한 방에 무너지고 말았다. 금융 파생 수단에 지나치게 의존하는 정부보증기관의 리스크 방어 전략은 과연 돌발 사건에 제대로 방어할 수 있을까?

단기 금리의 급작스러운 변동에 제대로 대처하지 못하는 것이 정부보증기관의 아킬레스건이다. 세인트루이스 연방준비은행 총재 윌리엄 풀은 정부보증기관의 금리 변동 억제 능력을 심각하게 걱정했다. 그는 25년 동안 미국 국채의 일일 금리 변동 폭을 분석한 후 다음과 같이 결론을 내렸다.

> 1%의 국채 가격 변동 중 대략 4분의 3의 상황은 절대치가 3.5의 표준편차를 초과했다. 이것은 일반적인 정태 분석 모델로 도출한 것보다 16배 높은 숫자다. 가령 1년 250일의 거래일 중 이런 강도의 금리 파동이 일어날 확률은 1년에 두 차례이며, 보통 사람들이 생각하는 것처럼 8년에 한 번이 아니다. 정태 분석 모델은 금리의 격렬한 파동 위험을 잘못 분석한 것이다. 4.5를 넘거나 더 큰 표준편차의 거대한 강도의 파동은 사람들이 예측한 100만 분의 7이 아니라 6,573개의 거래일 가운데 11차례 발생한다. 이러한 등급의 파동은 재무 레버리지에 지나치게 의지하는 회사에 큰 타격을 준다. 그리고 격렬한 파동은 집중적으로 폭발하는 경향이 있다. 이러한 특성은 중요하다. 이것은 회사가 매우 짧은 기간 내 몇 번이나 격렬한 진통을 겪었다는 것을 의미한다. 불완전 방어는 금리의 격렬한 파동 아래 기업을 철저히 무너뜨린다.[8]

금융 해커가 갑자기 달러를 공격하거나 테러리스트들이 미국에 핵 및 생화학 공격을 해올 경우, 또는 황금 가격이 지속적으로 폭등하는 등의 돌발 사건이 발생하면 미국 국채시장은 반드시 크게 요동할 것이다. 정부보증기관에 일단 문제가 생기면 수조 달러의 채권은 몇 시

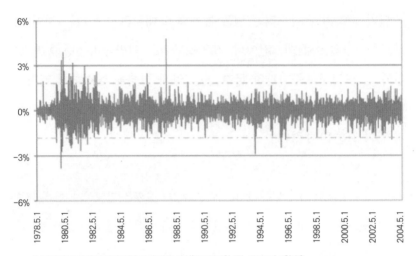

미국 10년 만기 국채의 일별 금리 파동 곡선(1978년 5월 1일~2004년 5월1일)
출처: William Poole Speech, GSE Risks, 2005.
주: 점선은 표준편차 3.5의 범위를 의미함.

간 내에 유동성을 상실해 연방준비은행이 미처 손을 쓸 수도 없을 것
이다. 이런 규모의 붕괴는 설사 연방준비은행이 마음은 굴뚝같아도
아무 힘도 못 쓰는 상황을 초래한다. 결국 미국 은행의 60%는 붕괴
되고, 가장 취약한 370조 달러의 파생상품 시장은 무너지며, 세계의
금융시장은 투매 현상으로 공황 상태에 빠져버릴 것이다.

　정부보증기관에 의한 금융파생상품 시장의 위험은 빙산의 일각에 불
과하다.《부자아빠 가난한 아빠》의 작가 로버트 기요사키는《채무의 사
치스러운 욕망》에서 현 세계의 '채무경제의 번영'을 이렇게 묘사했다.

　이렇게 천문학적 가격으로 사들인 회사가 현금과 자본이 아닌 채무로
　구매했다는 것이 문제다. 내 상식으로는 장차 누군가 이 채무를 상환
　해야 한다. 스페인제국이 무너진 이유는 전쟁과 정복에 대한 과도한

탐욕 때문이다. 지금 세계는 채무에 대한 과다한 욕망으로 결국 스페인의 전철을 밟지나 않을까 걱정된다. 내가 해줄 충고는 마음껏 욕망의 파티를 즐기되 너무 과음하지 말라는 것, 그리고 출구 근처에 서 있으라는 것이다.[9]

화려하고 거대한 도박장에서 사람들이 모두 정신을 집중해 기요사키가 퍼니머니라고 이름을 붙인 달러에 배팅하고 도박을 즐기고 있다. 이때 술이 덜

퍼니머니(funny money)
가짜 돈, 위험한 돈.

취해 정신이 맑은 사람들은 도박장 한구석에서 피어오르는 연기를 발견하고, 조용히 최대한 평온하게 도박장의 비좁은 출구를 향해 걸어간다.

이미 불꽃이 희미하게 보이기 시작하지만 아직까지도 사람들은 전혀 의식을 하지 못한다. 곧 더 많은 사람이 연기 냄새를 맡고 주위를 둘러보는데 그중 몇 사람이 조그만 소리로 웅성거리기 시작한다. 도박장 주인은 사람들이 불꽃을 발견할까 두려워 큰소리로 사람들의 주의를 끌어 더 흥미진진하고 자극적인 도박판을 벌인다. 결국 사람들은 다시 도박에 집중한다. 작은 불꽃은 어느새 화염으로 변해가고 많은 사람이 우왕좌왕하면서 뛰어다니지만, 대부분은 속수무책으로 어찌할 바를 모르고 있다. 도박장 주인은 큰 소리로 이 정도 불꽃과 연기는 정상적이라고 사람들을 설득하는 중이다. 그는 이런 불꽃이 도박장의 사업을 더 자극할 수 있으며 불꽃, 즉 통화 팽창은 얼마든지 통제할 수 있다고 떠벌린다. 1971년 이래 지금껏 계속 그렇게 해오지 않았느냐고 말이다. 도박장 주인의 큰 소리에 사람들은 마음을

놓고 다시 도박에 열중하는 가운데서도 점점 많은 사람이 출구로 몰리고 있다. 이때 가장 두려운 것은 날카로운 비명이다.

화재가 발생하면 사람들은 저마다 비상구를 찾아 헤맨다. 이 도박장에서 로버트 기요사키의 비상구는 바로 황금과 은이었다. 그는《퍼니머니가 아닌 황금에 배팅하라》에서 이렇게 말한다.

> 나는 황금이 아주 싸다고 생각한다. 석유 가격이 상승하고 러시아, 베네수엘라, 아랍 국가, 아프리카가 우리의 달러를 기피하면 금값은 올라갈 것이다. 아직까지는 '퍼니머니'로 다른 나라의 상품과 서비스를 살 수 있지만 세계인들은 이미 조금씩 달러를 기피하고 있다. 내가 오랫동안 고수하는 전략은 진짜 돈에 투자하기다. 진짜 돈이란 황금과 은이다. 마찬가지로 계속 퍼니머니를 빌려 부동산을 구매하며 금은 가격이 크게 떨어질 때 나는 더 많은 실물을 산다. 영리한 투자자라면 퍼니머니를 빌려 저렴한 진짜 돈에 투자하는 것이 정상 아닐까?[10]

황금: 연금당한 화폐의 제왕

황금에는 불안 요소가 많다. 큰 나라 정부들이 계속 황금 가격을 뒤흔들려고 하는 것도 그중 하나다. 과거 20년간 정부의 황금 정책을 눈여겨본 사람이라면 금 가격이 1온스에 800달러 이상이던 1980년대에 정부가 황금을 판매하지 않았다는 사실을 깨닫게 될 것이다. 그때 금을 팔았다면 수지가 맞는 장사였을 테고 금 가격도 안정시킬 수 있었다. 그러나 정부는 가격이 아주 낮을 때인 1999년에 황금을 팔았다. 영국 정부가 바로 그러했다. 정부의 이러한 최저 가격의 황금 투매가 금 가격을 불안하게 만드는 요소다.[11] _ 로버트 먼델(Robert A. Mundell), 1999년

로버트 먼델이 말한 황금의 불안 요소는 1980년 이래 국제 금융재벌들의 황금 축출 전략을 구성했다. 그러나 황금 가격의 조종은 치밀한 준비와 고도의 수법으로 사람들의 눈에 띄지 않는 천재적 프로젝트다. 20여 년이라는 긴 세월 황금 가격을 성공적으로 억제한 것은 인류 역사상 처음이다.

더 이해가 안 가는 일은 잉글랜드은행이 1999년 5월 7일 황금준비금의 절반에 해당하는 415톤을 팔겠다고 선언한 것이다. 이로써 영국은 나폴레옹전쟁 이래 최대 규모의 황금을 투매했다. 이 뜻밖의 소식으로 안 그래도 약세를 면치 못하던 국제 금 가격은 1온스당 280달러까지 폭락해 버렸다.

사람들은 잉글랜드은행이 도대체 어쩌자고 그런 일을 벌이는지 도무지 알 수가 없었다. 투자를 위해? 그건 아닌 것 같았다. 투자를 위해서라면 1온스에 850달러 하던 1980년에 팔았어야 했다. 그리고 당시 투자수익률이 13%에 달하는 미국의 30년 만기 채권을 사들였으면 큰돈을 벌 수 있었다. 그러나 잉글랜드은행은 1999년에 역사상 가장 낮은 가격인 280달러로 황금을 팔아 당시 수익률이 5%에도 미치지 못하는 미국 국채에 투자한 것이다. 먼델이 곤혹스러워하는 것도 무리가 아니다.

잉글랜드은행은 장사를 할 줄 모르는 것인가? 물론 아니다. 잉글랜

드은행은 1694년 설립 이래 국제 금융시장에서 300년을 군림해 온 금융가의 거물이다. 현대 금융업의 시조라고 해도 과언이 아닐 정도로 산전수전 다 겪으며 오늘날까지 성장해 왔다. 미연방준비은행도 잉글랜드은행 앞에서는 초등학생이라 할 수 있다. 낮은 가격에 사서 비싼 가격으로 되파는 장사의 기본도 모를 잉글랜드은행이 아니다.

잉글랜드은행이 장사의 기본적인 규칙까지 위반하면서 이런 조치를 취한 이유는 단 한 가지, 두려움 때문이었다. 금 가격의 지속적인 하락으로 황금준비금의 가치가 하락할까봐 두려운 것이 아니었다. 이들이 정작 두려워한 것은 황금의 지속적인 가격 상승이다! 잉글랜드은행의 장부상에 기록된 황금은 일찌감치 온데간데없이 사라졌다. 미수금 항목에 표시된 황금은 아마도 영원히 회수할 수 없을 것이다.

스위스 은행가 페르디난트 립스(Ferdinand Lips)는 일찍이 의미심장한 말을 했다. "영국의 중앙은행이 수백 년 동안 국민이 쌓아온 진정한 재산인 황금을 얼마나 경솔하게 처리해 버렸는지를 영국 국민이 알게 된다면, 분노한 군중의 손에 처형된 머리들이 단두대 아래 굴러다닐 것이다." 더 정확하게 말하면, 금융재벌들이 황금 가격을 어떻게 조작했는지 전 세계인들이 알게 되는 순간 인류 역사상 최악의 금융 범죄 행위가 백일하에 드러날 것이다.

잉글랜드은행에 있던 금은 도대체 어디로 갔단 말인가? 알고 보니 일찌감치 '금괴 은행가들'에게 빌려주었다.

사건의 경위는 이렇다. 1990년대 초에 일본 경제를 성공적으로 무너뜨리고 유럽 통일화폐를 제지한 런던과 월가의 금융재벌들은 한동안 의기양양했다. 그러나 황금이라는 진정한 적의 존재가 아무래도 마음이 놓이지 않았다. 유로화와 엔화가 금융재벌들의 몸에 난 부스럼이라면, 금은 마음속의 우환이었다. 황금이 일단 판을 뒤집으면 모든 법정불환지폐는 굴복할 수밖에 없다. 비록 세계의 화폐라는 지위는 사라졌지만 국제 은행재벌들이 통화 팽창을 통해 전 세계인들의 재산을 착취하는 데 금은 가장 큰 걸림돌이었다. 황금은 화폐 시스템의 뒤에 밀려 '연금' 상태로 있으면서도 역사적 지위와 진정한 재산의 상징으로 언제나 강한 힘을 발휘한다. 국제적으로 조그만 동향만 보여도 사람들은 어느새 황금이라는 든든한 보호막으로 몰려든다. 제아무리 날고뛰는 국제 금융재벌이라도 '화폐의 제왕'을 완전히 쫓아낼 방도가 없자 영원한 '연금' 상태로 두려고 시도했다.

그렇게 하려면 먼저 사람들에게 화폐의 제왕 황금이 얼마나 무능하고 취약한 존재인지 알려야 한다. 황금은 사람들의 저축을 보호할 수 없을 뿐 아니라 안정적인 지표를 제시해 주지 못하며, 심지어 투기꾼의 흥미도 끌지 못한다는 사실을 보여줘야 했다.

그래서 황금의 가격을 그토록 엄격히 통제하게 된 것이다.

국제 금융재벌은 1968년에 실시한 골드 풀의 참패를 교훈 삼아 다시는 실물 황금으로 거대한 시장 수요에 대항하겠다는 어리석은 생각을 하지 않으리라 다짐했다. 1980년에는 극단적인 20%의 금리로 잠시 황금 가격을 억제했으며, 달러의 자신감이 회복된 후에는 파생금융상품이라는 신무기를 사용하기 시작했다.

병법에서도 심리전으로 기를 꺾는 것이 상책이라 했다. 국제 금융가들은 이런 이치를 너무 잘 알고 있었다. 황금이든 달러든, 아니면 주식, 채권, 부동산을 막론하고 투자에서 가장 중요한 요소는 믿음이다. 파생금융상품은 최고의 믿음을 내세운 무기다. 1987년 주식이 불황에 빠진 가운데 파생금융상품이라는 '핵폭탄'의 시험 발사에 성공한 후, 이 고성능 무기는 1990년 도쿄 주식시장에서 다시 사용되었다. 그 살상력은 국제 금융재벌의 예상을 초월한 가공할 위력이었다. 그러나 핵폭발의 방식은 단기적이고 강렬한 효과를 갖지만, 황금이라는 만성의 장기적인 위협에 대해서는 반드시 다양한 믿음의 무기를 함께 써서 다각적으로 공격해야 한다.

민영은행에 의해 통제되는 중앙은행이 국가의 황금 지급준비금을 빌려준 것도 그중 하나다. 1990년대 초 국제 금융재벌은 황금을 중앙은행의 창고에 보관하면 아무런 이자 수입도 올리지 못하고 먼지만 쌓인다는 사실이 걸렸다. 보관하는 데 오히려 비용이 드는 황금을 중앙은행에 그대로 두느니 신용이 좋은 금괴 은행가들에게 빌려주는 것이 훨씬 수지맞는 장사였다. 이자는 1%로 낮게 잡지만 어찌되었든 안정된 수입이 보장되었다. 과연 이 아이디어는 유럽에서 크게 성행했다.

금괴 은행가들은 누구였을까? JP모건체이스를 위시한 국제 금융재벌들이다. 그들은 높은 신용을 이용해 중앙은행으로부터 1%의 최저 금리로 황금을 빌려와 시장에 내다 팔았다. 그 돈으로 수익률 5%의 미국 국채를 구입해 4%의 금리 차이를 챙겼다. 이것이 '황금 매매 차익 거래'다. 이렇게 해서 중앙은행은 황금 가격을 누르는 동시에 금리 차액을 챙겼다. 게다가 미국 국채의 수요를 자극하면서 장기 금리를 억제하니 그야말로 일석사조의 효과를 누리는 계책이었다.

그러나 여기에도 위험은 있었다. 금괴 은행가들이 중앙은행에서 빌려온 황금은 대부분 6개월 정도의 단기 계약인데 투자는 장기 채권일 가능성이 높다. 중앙은행이 만기가 되어 황금을 회수하겠다고 하거나 금 가격이 지속적으로 올라갈 경우 금괴 은행가들은 위험한 상황에 처하게 된다.

이러한 리스크를 방어하고자 월가의 금융 천재들은 금 생산업자들에게 눈을 돌렸다. 이들은 금 생산업자들에게 황금 가격이 장기적으로 하락할 수밖에 없는 '역사적 필연'이며 미래의 판매 가격을 지금 확정해야 손실을 피할 수 있다는 점을 반복해서 주입했다. 그리고 국제 금융재벌은 금 생산업자들이 지속적으로 금 채굴과 개발을 할 수 있도록 4% 내외의 낮은 금리로 대출할 것을 약속했다. 이렇게 낮은 금리를 마다할 업자는 없었다. 게다가 금 가격은 하루하루 떨어지고 있었다. 더 두었다가 헐값으로 파느니 차라리 아직 지하에 있는 금을 조금이라도 좋은 가격에 미리 팔려고 했다. 이것이 '황금 선도거래'다.

그리하여 금괴 은행가들은 금 생산업자들이 중앙은행에서 대출하면서 잡힌 미래 생산량이라는 담보를 손에 쥐게 되었다. 게다가 중앙은행가와 금괴 은행가는 어차피 같은 편이다. 그래서 '차용 계약'은 거의 무기한 연장되었다. 따라서 금괴 은행가들은 이중의 안전장치를 가진 셈이었다.

이러한 최초의 아이디어가 나온 지 얼마 되지 않아 천재적인 월가의 금융재벌들은 끊임없이 새로운 파생상품을 내놓았다. 스팟 연불거래(spot defered sales), 조건부 선도거래(contingent forward), 변량 선도거래(variable volume forward), 델타 헤징(delta hedging)과 각종 옵션상품 등이었다.

투자은행의 부추김을 받은 금 생산업자들은 하나 둘 전대미문의 금융 투기에 뛰어들었다. 각국의 금 생산업자들은 지하에 있는 매장량을 현재의 생산량으로 삼아 '사전 판매'를 했다. 오스트레일리아의 황금 생산업체는 심지어 미래 7년의 채굴량에 해당하는 황금을 미리 팔았다. 아프리카 가나의 주요 황금 생산업체인 아샨티(Ashanti)는 골드만삭스와 16개 은행의 조언을 받아들여 무려 2,500장이나 되는 파생 금융상품을 계약했다. 1999년 6월 이 회사 장부의 헤지펀드 항목에 기입된 금융 자산은 2억 9,000만 달러에 달했다. 평론가들은 황금 생산업체들이 황금을 채굴하기보다는 황금을 채굴한다는 미끼로 위험한 금융 투기에만 열을 올린다며 비난했다.

황금 생산업자들의 헤지펀드 투기 열풍에서 바릭골드(Barrick Gold)는 단연 선두를 달린 회사다. 바릭골드의 헤지펀드 규모는 리스크를 방어할 수 있는 합리적인 범주를 훨씬 초과해 거대한 금융 도박이라 해도 과언이 아니었다. 바릭골드는 과감하게 파생상품을 내놓았고, 동업자들과 가격전까지 불사했다. 이는 당연히 시장을 스스로 파괴하는 행위였다. 바릭골드의 연간보고서는 투자자들을 체계적으로 오도했다. 그들은 자기들의 복잡한 헤지 전략으로 시장가격보다 높은 가격으로 황금을 팔 수 있다고 과장했다. 사실 바릭골드가 시장에 파는 황금 중 상당 부분은 금괴 은행가들이 각국 중앙은행에서 저금리로 '빌려온' 것들이다. 빌려온 황금을 시장에서 팔아 얻은 수입은 미국 재무부의 채권을 구매하는 데 사용한다. 여기에서 나온 금리 차이 수익이 이른바 '복잡한 헤지 수단'이 창출해 낸 기묘한 효과의 진정한 출처였다. 이는 전형적인 금융사기 행위가 아닐 수 없다.

이렇게 해서 황금 가격이 계속 하락하면 여기 가담한 모두의 이익에 맞아떨어졌다. 황금 생산업자들은 미리 판매 가격을 정해놨기 때문에 금 가격이 떨어지면 그들 장부상의 각종 황금 관련 '금융 자산'이 오히려 올라갔다. 이로써 황금 생산업자들은 금 가격 하락의 공모자가 되었다. 이들은 눈앞의 이익에 눈이 멀어 잠시 달콤함을 맛보는 대신 장기적 이익을 해치게 되었다.

황금독점금지위원회의 빌 머피(Bill Murphy) 회장은 황금 가격에 타격을 주는 특수 이익집단을 '황금 카르텔'이라고 불렀다. 황금 카르텔의 핵심은 JP모건체이스, 잉글랜드은행, 도이치방크, 씨티은행, 골드만삭스, 국제결제은행(Bank for International Settlements, BIS), 미국 재무부와 연방준비은행이다.

금 가격이 강력한 시장의 수요로 강세를 주도하는 순간 중앙은행이 공개적인 투매에 나섰고, 이 행동은 투자자들이 겁먹고 물러날 때까지 계속되곤 했다.

1998년 7월 하원의 하우스뱅킹위원회 청문회에서 그린스펀은 다음과 같이 선언했다. "황금은 일종의 파생금융상품으로 장외 거래 품목이다. 투자자는 황금의 공급량을 제어할 수 없다. 만약 황금 가격이 오르면 중앙은행은 언제든지 황금 준비금을 방출해 공급량을 늘릴 준비가 되어 있다." 말하자면 중앙 금융재벌이 유사시 황금 가격을 완전히 제어할 수 있다는 사실을 공개적으로 시인한 것이다.

1999년 3월 코소보 전투가 발생하면서 상황은 미묘하게 전개되었다. NATO의 공습은 질질 끌기만 할 뿐 별 효과가 없었다. 황금 가격은 강력한 구매력에 힘입어 폭발적으로 상승하기 시작했다. 이대로 금 가격이 통제할 수 없는 수준으로 오르면 금괴 은행가들은 높은 가격으로 금을 수매해 중앙은행에 돌려주어야 한다. 그러나 시장에 충분한 현물이 없거나, 처음에 지하에 있는 미래의 황금 생산량을 담보로 파생상품을 내놓은 금 생산업자들이 파산하거나, 또는 애초부터 충분한 황금이 없을 경우, 국제 금융재벌들이 큰 손해를 당할 뿐 아니라 중앙은행의 황금 보유 계정에도 큰 손실이 발생하게 된다. 이러한 사실이 발각되면 정말 누군가 단두대에 올라가야 할지도 모르는 일이다. 초조해진 잉글랜드은행은 마침내 1999년 5월 7일 총대를 메기로 하고 황금 방출 작전에 나선 것이다. 이렇게 해서 투자자들이 물러나고 금 가격이 계속 떨어진다면 더 바랄 것이 없겠지만, 혹시 잘못되더라도 악성 채무인 황금을 모두 팔아버린다면 장부와 대조할 방법이 없다. 누구에게 팔았는지도 모르는 채 그냥 팔아 치워버리는 것으로 문제는 처리된다. 사람들이 중앙 금융재벌들의 황금 구매자가 누구인지 알 수 없는 이유가 여기에 있다.

코소보 전투는 1999년 6월 10일에 끝났지만 중앙은행들은 그 후유증으로 식은땀을 흘려야 했다. 국제 황금시장의 투자자들은 중앙은행과 금융재벌들이 황금 가격을 조작한다며 소송할 뜻을 밝혔으며, 각국 정치가들 역시 황금 가격에 관심을 갖기 시작하면서 일이 시끄러워졌다.

이런 상황에서 1999년 9월 유럽의 중앙은행들은 '워싱턴 조약'을 맺고 각국이 앞으로 5년 동안 판매 또는 대여하는 황금의 총량을 규제하기로 했다. 이 소식이 전해지자 황금의 '대출' 금리는 불과 몇 시간 만에 1%에서 9%로 상승했다. 파생금융상품이 캐내지도 않은 황금으로 장사를 하던 생산업체와 투기업자에 가져다준 손실은 심각했다.

이렇게 해서 황금은 20년이나 끌던 하락 장세에 드디어 마침표를 찍고, 시장은 활황이 예견되었다.

1999년은 황금의 중요한 전략적 전환점으로, 제2차 세계대전 당시 스탈린그라드 방어전만큼이나 큰 의미가 있었다. 이때부터 금 가격을 누르려는 시도는 전혀 먹히지 않았다. 달러 위주의 법정지폐 체계는 황금의 강력한 공세 앞에 맥을 못 추고 붕괴하고 말았다.

주요 전쟁터에서는 황금 가격을 규제하는 한편 국제 은행재벌은 장외 전쟁을 벌였다. 여론전과 학술전이 그것이다. 국제 금융재벌이 가장 잘한 일이 있다면, 바로 체계적으로 경제학계를 세뇌시킨 것이다. 학술계의 이슈를 실제 세계경제와는 한참 거리가 있는 수학 공식에 접목시킨다. 다수의 현대 경제학자들이 황금이 도대체 어디 쓰이는지 의문을 품을 때쯤 국제 금융재벌들은 모든 것이 아직은 자신들의 통제하에 있음을 알고 흡족해했다.

여기서 자연스럽게 하나의 의문이 생긴다. 법정불환지폐 제도가 뭐가 나쁘지? 그동안 법정화폐 체계에서 30년을 살아오지 않았는가? 어쨌든 경제는 여전히 발전하고 있지 않은가?

이에 대해 뉴욕 연방준비은행 부총재를 지낸 존 엑서터 씨티그룹 부총재의 대답은 다음과 같다.

> 이런 시스템에서 다른 나라에 진정한 가치를 지닌 화폐를 지급할 나라는 하나도 없다. 금화 교환이라는 구속력을 가진 규칙이 없기 때문이다. 우리는 지폐로 석유를 살 수 있다. 그 지폐를 얼마나 찍어대든 상관없다. 경제학자들은 재산을 저축할 수 있는 견실한 화폐를 가지고 싶다는 사람들의 갈망을 무시한다. 사실 그들은 황금이 화폐라는 사실

을 인정하지 않고, 마치 납이나 아연처럼 화폐 시스템에서 아무 지위도 누릴 수 없는 일반 상품에 불과하다고 주장한다. 심지어 재무부에 황금을 계속 저축할 필요가 없이 시장에 내다 팔아야 한다고 충고하기도 한다. 황금본위제를 폐지한 후 이들은 종이화폐의 가치를 마음대로 정했다. 그들은 이렇게 무서운 속도로 증가하는 'IOU(나는 당신에게 빚지고 있다)', 즉 차용증서가 어떻게 화폐 가치를 유지하는 기능을 하는지 가르쳐주지 않았다. 그들은 가공할 속도로 발행량을 늘리는 지폐가 언젠가는 채무 문제를 일으킬 수 있다는 사실을 전혀 의식하지 못한 듯하다.

케인스와 밀턴 프리드먼은 존 로의 20세기 복사판일 뿐이다. 이들은 지폐를 황금으로 교환한다는 철칙을 깡그리 무시하고 일부 경제학자와 정치가들이 원하는 속도로 지폐를 찍어대면서, 그렇게 하면 자연적 규칙과 상업적 순환 주기를 무시하고도 무에서 유를 창조하듯 '부'를 창조해 전 국민의 일자리와 영원한 번영을 보장한다고 여겼다. 몇몇 경제학자들은 특정 정치가의 경향에 따라 경제 정책을 제시했으며, 자신들의 자금으로 시장에서 모험할 필요가 없다는 전제 아래 존 로의 논리를 그대로 빌려와 화폐·재정·세금·무역·가격·수입 등의 정책을 결정했고, 사람들에게는 그것이 가장 이상적인 선택이라고 주장했다. 이런 사람들이 우리 경제를 움직인 것이다.

당시 경제학자의 대부분은 케인스의 제자나 그 학파에 속한 사람들이었다. 이들 중에는 유명한 경제학 교재《경제학》의 저자 폴 새뮤얼슨 같은 노벨상 수상자도 포함되어 있다. 그의 교재에는 수학 공식과 각종 컬러 도표들이 빼곡히 들어차 있다. 그러나 황금에 대한 그의 관점을 보면 역사에 대한 심층적인 관찰이 부족하고 매우 얕은 지식의 소유자임을 눈치챌 수 있다. 새뮤얼슨은 20세기 학술계의 전형적인 사례다. 경제학자들은 화폐 역사에 대한 연구를 소홀히 하거나 모종의 이유 때문에 고의적으로 무시한다. [12]

새뮤얼슨은 1968년 이후에 발생한 황금 이중 가격제에 관한 평론에서 이렇게 말했다.

> IMF 밖에서 황금은 결국 완전히 화폐화되었다. 그 가격은 구리나 보리, 은, 소금이 그렇듯 수요와 공급 관계에 따라 결정되었다.
>
> 중동의 한 수장이 1온스에 55달러의 가격으로 금을 사서 68달러로 팔면 꽤 많은 돈을 벌 수 있다. 그러나 55달러에 사들여서 38.5달러나 심지어 33달러에 투매한다면 그는 당장 수장 자리를 내놓고 옷을 벗어야 할 것이다.

새뮤얼슨은 일단 금이 화폐 시스템에서 축출되면 금에 대한 수요는 액세서리업계를 비롯한 몇몇 공업 분야에 국한될 것으로 여겼다. 따라서 1971년 8월 15일 닉슨이 황금 교환 창구를 폐쇄하고 브레턴우즈협정이 무너진 후 황금은 더 이상 화폐로서의 기능을 상실했다. 그러니 누가 황금을 원하겠는가? 1973년, 새뮤얼슨은 1972년 온스당 75달러의 금 가격이 더 버티지 못하고 35달러 이하로 내려갈 것이라고 단언했다. 그러나 7년 후 황금 가격은 새뮤얼슨의 말이 무색하게도 850달러까지 치솟았다. 새뮤얼슨이 월가의 헤지펀드 매니저가 아닌 것이 그나마 다행이었다. 그렇지 않았다면 옷을 벗는 것으로 끝나지 않았을 것이다.

일급 적색경보: 로스차일드가, 황금시장에서 철수하다

모든 패권의 원천과 최종 형식은 가격을 정하는 권한으로 나타난다. 가격을 통제하는 과정을 통해 자신에게 유리하고 타인에게 불리한 재산 분배 방식을 실현한다. 가격을 정하는 권한을 둘러싼 알력은 제위 쟁탈전만큼이나 치열했으며 권모술수로 가득 찼다. 자유롭고 합리적인 시장 운영 과정에서 자연적으로 가격이 정해지는 경우는 드물었다. 우위를 차지한 쪽은 갖은 수단을 동원해서 자신의 이익을 확보했으며 이는 전쟁과 전혀 다를 바 없었다. 가격 문제를 논할 때는 전쟁 사례를 연구해야 사정의 참모습에 접근할 수 있다. 가격을 정하고, 가격을 뒤집으며, 가격을 왜곡하고, 가격을 조종하는 등의 모든 것은 경쟁 당사자들의 극심한 힘겨루기에서 비롯된 결과였다. 인위적인 요소를 빼면 가격 형성의 궤적을 따라잡기가 어렵다.

　일반적으로 사장이 명령하면 아랫사람이 무조건 복종하는 것을 당연한 이치로 받아들인다. 그 명령은 직접적으로 피부에 와 닿는다. 그러나 그 사장의 뒤에 또 다른 사장이 있어서 간접적으로 통제한다면 명쾌하고 직관적으로 받아들일 수가 없다. 권력의 사슬에서는 위로 갈수록 인원수가 줄어든다. 가격 정하기 권한을 취득하는 것도 마찬가지다. 한 가지의 상품 가격을 정하는 것 역시 언제나 위에서부터 아래로 내려오는 상명하달 식이었다.

황금의 경우 세계 최대의 황금 거래업자들을 통제하는 자가 황금 가격을 통제한다. 이른바 통제라는 것은 거래상들이 이익을 얻고자, 아니면 위압적인 세력에 밀려 권력층의 계획을 적극적으로 또는 피동적으로 받아들이는 상황을 말한다.

로스차일드 가문이 1815년 나폴레옹전쟁에서 황금 가격을 정하는 권한을 일거에 손에 넣은 지도 벌써 200년 가까운 세월이 흘렀다. 현대의 황금 가격 정하기 체제는 1919년 9월 12일 세워졌다. 금융재벌의 대표들이 로스차일드은행에 모여 황금 가격을 4파운드 18실링 9페니로 정했다. 달러로 환산하면 7달러 50센트에 해당한다. 그 후 1968년 달러로 가격을 정하는 것으로 개정했지만, 그 운영 모델은 기본적으로 변하지 않았다. 제1차 금 가격 제정에 참가한 대표들은 로스차일드 가문 외에도 모카타와 골드 스미드, 픽슬리와 아벨, 사무엘 몬터규, 샤프 윌컨스 등이 더 있었다. 로스차일드 가문은 그때부터 회장과 소집인의 역할을 맡게 된다. 이날부터 대표 다섯 명은 매일 로스차일드은행에 모여 실물 황금의 거래 가격을 두 차례 토론했다. 의장이 개장 가격을 제시하면 즉시 전화로 거래실에 통보된다. 이어서 의장은 400온스짜리 표준 금괴를 매매할 의향이 있는 사람이 누구이며, 수량은 얼마나 되는지 알아본다. 쌍방이 내건 가격에 따라 최종적으로 거래 가격이 정해지면 의장은 금 가격이 정해졌다고 선언한다.

이러한 금값 책정 제도는 2004년까지 지속되었다.

2004년 4월 14일, 로스차일드가는 갑자기 런던 금 가격 정하기 체제에서 물러나겠다고 선언했다. 이 소식은 세계의 투자자들을 놀라게 했다. 데이비드 로스차일드는 자신들의 결정에 대해 이렇게 설명했다. "지난 5년 동안 황금시장을 포함한 런던 상품시장의 거래를 통해 얻은 수입은 우리 그룹 총 수입의 1%에도 미치지 못한다. 전략적 측면에서 볼 때 금 거래는 이미 우리의 핵심 업무가 아니다. 따라서 우리는 시장에서 철수하기로 했다."

〈파이낸셜 타임스〉는 4월 16일 자에서 즉각 그들을 옹호하는 발언을 했다. "케인스가 말한 바와 같이 '야만적인 유물' 황금은 이제 역사의 뒤안길로 사라지고 있다. 존경스러운 로스차일드 가문이 황금시장에서 철수하고 그토록 황금을 옹호하던 프랑스은행마저 자신들의 황금 저축을 다시 고려하고 있을 때 투자 대상으로서의 금의 가치는 이제 그 생명이 다한 것 같다."

여기에 호응이라도 하듯 은 거래시장의 큰손 AIG그룹이 6월 1일 은 가격 제정 체제에서 철수하고 일반 거래업자로 돌아가겠다고 선언했다.

이 두 사건은 아무리 생각해도 미심쩍다.

로스차일드 가문이 과연 정말로 황금을 가볍게 보는 것인가? 만약 그렇다면 왜 금 가격이 역사상 최저를 기록한 1999년에 철수하지 않고 금은 가격이 강세를 보이는 2004년에 손을 뗀단 말인가?

또 하나의 가능성은 금과 은 가격을 통제할 수 없는 국면에 대비한 행동이다. 금은 가격 통제를 둘러싼 음모가 밝혀질 경우 당사자들은 전 세계인들에게 질타를 받을 것이다. 일찌감치 손을 털고 나와 황금과의 관계를 끝내면 10년이 지나 금은 가격에 큰 문제가 발생해도 로스차일드 가문에 불똥이 튀지는 않을 것이다.

로스차일드 가문은 과거에는 물론 지금까지도 세상에서 가장 치밀한 조직을 자랑하는 전략 정보망을 가동하고 있음을 기억하기 바란다. 이들은 보통 사람이 접근하기 어려운 정보 자원을 장악하고 있다. 여기에 거대한 금융 자원과 효과적인 정보 수집 및 분석 능력이 더해져 과거 200년 동안 전 세계의 운명을 좌우해 온 것이다.

로스차일드 가문이 200년간 어렵게 일궈온 가문의 핵심 업무를 포기했다는 것은 상당히 의미심장한 사건이다.

달러 거품경제의 급소

최근 국제 석유 가격이 급등하자 런던과 월가의 금융재벌들은 중국 경제 발전에 따른 결과라며 일제히 공격의 포문을 열었다. 이는 중국에 대한 세계인의 불만 심리를 건드리고 석유 값 폭등의 책임이 달러 수요 급증에 있다는 사실을 덮으려는 수작에 불과하다. 결국 그들의 유언비어는 슬그머니 꼬리를 감추었다. 미국은 중간 선거에서 표를 얻으려고 하룻밤 새 '슈퍼 유전'을 발견하는 위성을 쏘아 올리기도 했다. 이는 1973년 석유 값을 400%나 올려 달러 수요를 촉발하고 유가 폭등의 책임을 중동 국가의 석유 수송 금지 조치에 돌린 것과 궤를 같이한다.

달러 범람이라는 피할 수 없는 본질적 문제 때문에 중동 핵문제는 다시 고개를 들고, 이란전쟁은 결국 피할 수 없을 것이다. 이스라엘이 나서든지 미국이 손을 쓰든지 결국은 이란으로 하여금 어뢰나 미사

일을 쏘아 호르무즈 해협을 봉쇄하게 함으로써 전 세계 석유 운송의 3분의 2에 해당하는 석유 통로를 막아버릴 것이다. 결국 석유 가격은 금방 100달러를 넘고 세계인의 달러 수요는 다시 크게 늘어난다. 이 일로 철퇴를 맞는 나라는 이란이다. 어쨌든 사람들이 달러에 대해 '불건전'한 연상을 하지 않게만 하면 된다.

1970년대에 금이 '연금'당한 사건을 계기로 세계의 증권시장과 현물 상품시장은 비례 관계에 놓였다. 현물 상품시장이 유례없는 호황을 누린 1970년대는 증권시장이 10년 동안 불황의 수렁에서 헤매던 시기였다. 1980년대 초 시작되어 18년이나 지속된 증권시장의 호황으로 현물 상품시장은 불경기의 그림자로 뒤덮였다. 그런데 2001년부터 현물시장은 호황을 누리면서 증시와 채권, 부동산, 파생금융 시장도 같은 속도의 성장을 구가하고 있다. 겉으로 보면 달러 자산가치가 증가한 것 같지만, 사실 채무 달러의 폭발적 확장에 따른 결과다. 모든 채무는 반드시 이자가 뒤따른다. 이 채무가 눈덩이처럼 불어난 결과 원래 현물 상품이나 증권시장 중 하나만 수용할 수 있었던 상자의 용량을 늘려 남아도는 달러를 소화시킬 수 있게 되었다. 그런데 모든 상자는 범람하는 달러를 모두 담고도 넘치려 하고 있다.

문제는 그만큼 큰 상자를 또 어디 가서 찾느냐 하는 것이다. 월가의 천재들은 파생금융 시장의 무한 용량이라는 개념을 들고 나왔다. 이들은 새로운 금융상품을 끊임없이 창조해 냈다. 화폐와 채권, 상품, 주식, 신용, 금리 등 할 수 있는 수단은 모두 동원하고, 심지어 기상예보를 걸고 도박하는 기상천외한 펀드까지 내놓았다. 이론상 그들은 앞으로 1년 동안 하루하루의 사건에 모두 달러 상표를 붙여 시장에 내다 팔 것이다. 마찬가지로 향후 100년 동안의 하루하루 시시각각 일어나는 지진, 화산, 수재, 가뭄, 곤충 재해, 유행성 독감, 교통사고, 결혼이나 장례 등의 모든 사건을 파생금융상품으로 만든 다음 가격 표를 붙여 금융시장에다 내다 팔 것이다. 이런 의미에서 볼 때 파생 금융 시장은 무궁무진하다. 이쯤에서 1999년 IT거품이 극에 달했을 때 월가의 분석가들이 지구상에 있는 모래 한 알에까지 IP주소를 만들겠다고 기염을 토하던 일이 떠오른다. 이들의 선배가 일으킨 '미시시피 버블' 시대도 있다. 또 세상의 돈이 너무 많이 풀렸는데 좋은 투자 대상을 찾지 못하자, 홍해의 바닷물을 퍼 올려 이집트의 파라오가 모세와 유대인을 추격할 때 얼마나 많은 금은보화가 바다에 수장되었는지 찾아보자고 한 사람도 있었다.

사람들이 이 정도로 열을 올릴 때 금융위기는 이미 지척에 와 있다.

황금은 오랫동안 조직적인 힘에 의해 야만적인 유물로 취급되었지만, 오랜 풍상을 견디면서도 진정한 화폐의 제왕답게 의연하다. '화폐의 가짜 제왕'이 아무리 헐뜯고 비웃으며 억눌러도 황금은 여전히 찬란히 빛나고 있다. 반면 '강세 달러'는 이미 막바지에 와 있다.

사람들도 마침내 그 내막을 눈치챌 것이다.

온 세상 사람들이 채무화폐의 본질이 차용증서에 약속을 더한 종이에 지나지 않으며 이른바 달러 재산이 '지나치게 과장된 영수증'과 '재산에 대한 무한 약속'에 지나지 않는다는 사실을 다시 인식하는 순간, 이 채무 영수증은 영원히 평가절하되고, 그 속도는 달러를 찍어내는 사람들의 욕심 크기에 비례할 것이다. 금융이 무엇인지 잘 모르는 대중은 직감과 상식에 기대어 자신들이 피땀 흘려 창조한 재산의

'노아의 방주' 금과 은을 선택하게 마련이다. 금융파생 도구로 무장한 국제 금융재벌들은 이런 대중을 대상으로 전쟁을 치러야 한다.

지속적인 강세를 보이는 황금 가격은 미국의 장기 채무 금리를 계속 상승시킬 것이다. 국제 금융재벌들이 금융시장에 수십조 달러의 '금리 보험' 상품을 풀어놓고 장기 금리가 상승하지 않는다고 보장했기 때문에, 일단 장기 채무 금리가 금 가격 강세에 따라 상승하기만 하면 국제 금융재벌들은 자신들의 욕심이 만들어낸 극도의 위험에 노출된다.

황금 가격의 지속적인 상승으로 제일 먼저 드러나는 것은 파생금융상품 시장의 총아 '금리 스와프'라는, 미국 상업은행에 신고한 규모만 해도 74조 달러나 되는 슈퍼급 거품이다. 수중의 자금이 3.5%밖에 안 되는 정부보증기관들은 그야말로 바람 앞에 촛불이 되어버린다. 황금 가격이 빠르게 상승하고 국채 금리 파동이 집중적으로 급격하게 이루어지면서 정부보증기관의 취약한 금리 헤지 마지노선은 제일 먼저 무너질 것이다. 그 결과 4조 달러에 달하는 정부보증기관의

▎각국의 금화와 은화, 은괴

단기 채권은 길어봐야 며칠, 짧으면 불과 몇 시간 안에 유동성을 잃어버린다. 이와 함께 곤경에 빠진 것은 JP모건체이스다. 금융파생 시장과 황금파생 시장의 큰손 JP모건체이스는 그동안 황금 가격과 장기 금리를 억제해 왔다.

금융파생 시장에는 전에 없던 유동성 위기가 출현할 것이다. 놀란 투자자들이 수중에 있는 각종 금리 보험 상품을 투매하기 시작하면 이들 파생상품의 생장 기지인 화폐, 채권, 상품, 석유, 주식은 동시에 타격을 입고 국제 금융시장에는 더욱 거대한 규모의 유동성 공황이 폭발할 것이다. 이미 구제 불능으로 폐허가 되어버린 금융시장을 살리려고 연방준비은행은 달러를 마구 찍어 시중에 풀어놓을 것이다. 수십조 달러가 해일처럼 세계경제에 밀려들면 일대 혼란이 일어날 것은 자명하다.

국제 금융재벌들이 황금을 화폐 체계에서 몰아낼 음모를 꾸민 지 30여 년 만에 미국은 전 세계 80%의 빚을 지고 있으며, 오늘날도 세계 각국의 몸에서 20억 달러의 저축을 '흡혈'해야 미국이라는 '영원히 꺼지지 않는 경제 모터'를 계속 가동할 수 있다. 미국의 채무와 이자가 늘어나는 속도는 세계경제의 성장 능력을 초과한 지 오래다. 모든 나라의 '과잉 저축'이 바닥나는 날은 세계 금융이 붕괴하는 날이다. 그날이 오느냐 안 오느냐는 이미 문제가 아니며, 언제 어떤 방식으로 발생하느냐가 문제다.

거대해 보이는 달러 거품 체계의 치명적 급소는 '신용'에 있었다. 황금은 무공의 절대 고수답게 달러의 급소를 명중하는 '일양지' 무공을 쓴 것이다.

> **일양지(一陽指)**
> 중국 무공 중 하나. 검지를 뻗어 혈도를 찌르는 지법(指法)으로, 무공의 최고 경지라 할 수 있다.

제10장

긴 안목을 가진 자

자유가 그러하듯, 황금은 그 가치를 낮게 평가하는 무리에 굴복한 적이 없다. [1]

_ 저스틴 모릴(Justin Morrill), 1878년

1850년에 런던은 의심할 여지없이 세계 금융 체제의 태양이었으며, 1950년에는 뉴욕이 세계 재산의 중심이 되었다. 2050년에는 과연 누가 국제 금융 맹주의 보좌를 차지할 것인가?

인류의 역사적 경험에서 볼 때 부상하는 나라는 언제나 더 왕성한 생산력으로 거대한 부를 창조한다. 이들 지역은 무역 거래에서 환율 차이로 손해를 보지 않으려고 순도가 높은 화폐의 내재적 동력을 유지한다. 이를테면 19세기에 견고했던 황금인 파운드와 20세기 전 세계를 주름잡던 황금인 달러도 그러했다. 그런데 세계의 부는 언제나 그 가치를 보호해주는 곳으로 흘러가게 되어 있다. 견고하고 안정적인 화폐는 사회의 분업과 시장 자원의 합리적 분포를 강력하게 촉진해서 더 효율적인 경제구조를 형성하고 더 많은 부를 창조했다.

이와 반대로 강성한 국가가 하락세를 걸을 때 사회 생산력은 계속 위축되며 방대한 정부 지출과 전쟁 비용으로 과거의 저축을 조금씩 갉아먹는다. 정부는 언제나 화폐를 평가절하하는 것을 시작으로 높은 채무에서 도피하고 국민의 재산을 갉아먹으려고 기도한다. 이때 부는 자기를 보호해 줄 곳을 찾아 흘러가 버린다.

화폐가 튼튼한지 아닌지로 그 나라 흥망성쇠의 흐름을 알 수 있다. 1914년 잉글랜드은행이 파운드화의 황금 교환 금지를 선포했을 때 대영제국의 위풍은 더 이상 존재하지 않았다. 닉슨이 1971년 일방적으로 황금 창구를 폐쇄했을 때 미합중국의 번영은 이미 정점을 지나 쇠퇴로 돌아서는 전환점에 도달했다. 영국의 국력은 제1차 세계대전의 포성 속에서 빠르게 쇠퇴했으며, 미국은 다행히도 큰 전쟁을 치르지 않았기에 한동안 번영을 구가할 수 있었다. 그러나 겉으로 화려하고 웅장한 대저택 안에는 이미 거액의 부채로 아무것도 남아 있지 않다.

역사적으로 화폐의 평가절하를 이용해서 재산을 사기하는 나라는 결국 그 재산에 의해 내침을 당했다.

화폐: 경제 세계의 도량형

화폐는 경제 분야의 가장 기본적이고 가장 핵심적인 도량형이다. 물리 분야에서는 킬로그램이나 미터가 가장 중요한 척도다. 만약 화폐 체계가 매일매일 불안하게 변한다면, 마치 킬로그램이나 미터 같은 도량형의 표준이 시시각각 변하는 것처럼 황당하고 위험한 일이다.

건축 엔지니어의 손에 있는 자의 눈금이 매일 다르다면 수십 층에 달하는 빌딩을 어떻게 지을 수 있겠는가? 설사 집을 지었다고 해도 과연 누가 그 속에 들어가 살려고 하겠는가? 스포츠 경기에서 시간을 재는 기준이 마음대로 바뀐다면 각각 다른 장소에서 경기하는 운동선수의 기록을 어떻게 비교할 수 있겠는가? 장사꾼이 물건을 팔 때 무게를 재는 저울의 눈금이 날마다 늘어났다 줄어들었다 하면 누가 그의 물건을 사려고 하겠는가?

오늘날 세계경제의 근본적인 문제는 안정되고 합리적인 화폐의 도량형 기준이 없다는 것이다. 그래서 정부는 경제 활동의 규모를 정확하게 예측할 수 없으며, 사업가는 장기 투자의 합리성을 정확하게 판단할 수가 없다. 국민이 장기적으로 재테크를 하려 해도 안전한 참고 기준이 없다. 화폐가 경제에서 발휘하는 역할을 은행가들이 함부로 무단 조작하는 가운데 이미 시장 자원의 합리적 분배 기능은 심하게 왜곡되었다.

주식과 채권, 부동산, 기업 생산 라인, 상품 무역에 투자하고 수익을 계산할 때는 진정한 투자 회수율을 예측해 낼 수 없다. 왜냐하면 화폐의 구매력이 장차 얼마나 줄어들지 그 수준을 짐작할 수 없기 때문이다.

미국의 달러는 1971년 금본위제를 폐지하면서 이미 94.4%나 구매력이 하락했으며, 오늘날 1달러는 1970년대의 5.6센트 가치밖에 되지 않는다. 중국은 1980년대만 해도 1년에 '1만 위안'을 버는 것이 부유함의 상징이었으나 1990년대의 1만 위안은 도시의 평균 소득 수준에 지나지 않는다. 요즘 세상에 한 가정의 연간소득이 1만 위안이라면 거의 '극빈자' 수준이다.

경제학자들은 소비물가의 통화 팽창에만 관심을 두고, 높은 수치의 자산 인플레이션 현상에는 주의를 기울이지 않았다. 이런 화폐 제도는 저축자들에게 가혹한 형벌이다. 이것이 주식과 부동산시장에 위험이 많은 것을 알면서도 투자하지 않으면 더욱 위험하다고 말하는 이유다.

집을 사면서 은행에 신청하는 대출은 한 장의 차용증서에 지나지 않으며, 은행의 계좌에는 애초부터 그렇게 많은 돈이 없다. 그러나 채무가 발생하는 순간 돈은 무에서 유를 '창조'한다. 이 차용증서는 즉시 은행 시스템에서 '화폐화'된다. 따라서 화폐 공급은 즉시 수십만 달러라는 유통량을 증가시킨다. 이렇게 신규로 찍어낸 화폐는 사회 전체의 평균 물가 수준을 실시간으로 지탱해 준다. 특히 자산 분야는 더욱 심하다. 따라서 집값은 부동산 대출 없이 그토록 높은 수준을 유지할 수 없다. 은행들은 국민의 주택 구입 부담을 줄여준다고 떠들지만 결과는 완전히 반대다. 은행 부동산 대출은 국민의 향후 30년 수입을 한 번에 저당 잡고 미리 가불해서 쓰는 것과 같다. 미래의 30년 동안 벌 돈을 오늘 하루에 화폐로 찍어내 시장에 풀어버리는 것이다. 이렇게 돈을 급속도로 풀어대니 주택 가격이나 증권 및 채권시장이 폭발적으로 상승하지 않을 도리가 있겠는가!

미래 30년의 재산을 미리 지출한 후 주택 가격은 이미 서민들이 감히 쳐다볼 엄두도 못 낼 정도로 올라버렸다. 국민이 높은 채무를 지고 더 비싼 집값을 감당할 수 있도록 돕고자 은행재벌들은 영국과 미국에서 '종신 부동산 채무'라는 '위대한 혁신'을 시도하고 있다. 영국은 무려 50년의 주택 모기지 대출 상품을 내놓을 예정이며, 미국 캘리포니아주는 만기 45년짜리 모기지 대출을 준비 중이다. 시범으로 하는 사업이 성공하면 더 많은 규모의 채무화폐를 발행할 것이며, 부동산은 더 '찬란한 봄'을 맞이할 것이다. 은행에서 대출받는 사람은 평생 채무의 속박에서 벗어날 수 없다. 대출받아 집이나마 사두지 않은 사람의 미래는 더 비참해서 은행의 채무 사슬에 묶이지 않으면 아무것도 얻을 수 없이 가난해진다. 국민이 받아가는 50년 만기 장기 채무는 은행재벌의 배만 불려주는 셈이다. 결국 언젠가는 종신 정도로 그치지 않고 아버지의 빚을 아들이 대물림하고 할아버지의 빚을 손자가 이어 갚는 '세대 초월 모기지 대출'까지 등장할 것이다.

중국이 1조 달러의 외화보유고로 기뻐하고 있을 때, 8조 위안을 추가 발행해서 이 '육중한 미국 영수증'을 사야 한다. 이렇게 신규로 발행한 화폐가 모두 은행으로 들어가면 여섯 배로 늘어나게 된다. 동시에 서양에서 얻어온 부분 지급준비금 제도라는 '복음'에 감사해야 한다. 정부는 국채 또는 중앙은행 어음의 발행을 늘려 급증하는 화폐 추가 발행의 흐름을 제한적으로 흡수할 수밖에 없다. 문제는 국채에는 이자를 지급해야 한다는 것이다. 과연 누가 상환하나? 당연히 '성은을 받은' 납세자의 몫이다.

교육과 의료 분야가 '산업화'되는 순간 사회 자원이 턱없이 부족한 상태에서 사회 전체가 함께 누려야 할 공공 자원은 순식간에 '독점 자원'으로 변해버린다. 화폐가 범람하는 상황에서 그 이윤도 어디론가 날아가 버리지 않겠는가?

기업과 기업 사이의 거래가 이러한 '차용증서'에 근거해 이루어지면 은행은 이를 현금화해 준다. 이때 차용증서들은 일정한 어음 할인율만큼 공제된 후 은행의 '자산'이 된다. 그와 함께 새로운 화폐를 '창조'해 내는 것이다.

신용카드로 소비를 할 때 서명을 한 종이는 차용증서가 된다. 이 차용증서가 은행의 자산이다. 그리고 이 은행의 자산은 모두 신규 발행 화폐로 변한다. 즉 카드를 한 번 긁을 때마다 새 화폐가 창조된다는 말이다.

여기를 봐도 채무, 저기를 봐도 채무, 사방이 채무다. 지금 위안화는 채무화폐의 깊은 나락으로 빠르게 미끄러지고 있다. 미국과 상황이 다른 점이 있다면 중국은 미국처럼 신규 화폐를 흡수할 '발달한' 금융파생 도구 시장이 없다는 것이다. 따라서 유동성의 범람은 부동산과 증권 및 채권시장에 집중되면서 이 분야의 '슈퍼 자산 인플레이션'을 억제할 어떤 효과적 수단도 없다. 결국 일본의 증권 신화나 부동산 투기 광풍이 중국에서도 재현될 것이다.

국제 금융재벌들은 동아시아에서 슈퍼급 거품이 나타나기만 기다리고 있다. 그들과 한편인 영국의 대처 총리가 중국 경제가 대성하지 못하리라고 단언한 것은 결코 겁을 주기 위해서나 질투심에서 나온 말이 아니다. 이들은 채무가 주도하는 거품경제에 대해 일가견이 있다. 채무화폐의 거품이 일정한 정도까지 부풀어 오르면 국제적으로 유명한 경제학자들이 중국 경제에 대한 각종 악재와 경고들을 융단폭격 식으로 쏟아내며 세계의 신문 1면을 장식한다. 그러면 한쪽에서 칼을 갈면서 때를 기다려온 금융 해커들이 이리 떼처럼 몰려들고 국내외 투자자들은 사방으로 흩어져 자취를 감춰버린다.

부분 준비금 제도와 채무화폐라는 쌍둥이 마귀가 마술의 호리병을 열고 나오는 순간 세상의 빈부 격차는 이미 벌어질 대로 벌어져 있을 것이다. 채무화폐는 부분 준비금 제도 아래서 크게 확대되는 가운데 은행에서 돈을 빌려 자산을 사는 사람은 자산 인플레이션에 따른 이익을 누리는 한편으로, 빚지고는 못 산다는 전통적인 신념을 고수하는 사람들은 자산 인플레이션이 가져온 아픈 대가를 치러야 한다. 이 쌍둥이 마귀들이 국제 금융의 '관례'를 독점하면서 저축을 열심히 한 사람은 재산을 보호할 다른 선택권을 빼앗겨 버렸다. 결국 은행만 최대의 수혜자가 되도록 운명이 정해져 버린 것이다.

채무화폐와 부분 준비금 제도로 '차용증서+약속'이라는 화폐의 가치 절하는 기정사실이 되었다. 이렇게 계속 가치가 절하되는 '도량형' 아래서 경제가 어떻게 조화롭고 안정적으로 발전할 수 있겠는가!

모든 일에 표준화를 요구하는 이 시대에 화폐의 도량형은 어떤 표준형도 없다는 것은 이상한 일이 아닌가?

사람들이 채무화폐와 부분 준비금 제도의 본질을 철저히 파헤치고 나면 그 황당함과 부도덕함, 지속 불가능한 본질이 남김없이 폭로될 것이다.

안정적인 화폐 도량형 없이는 경제의 균형적 발전을 이룰 수 없으며 시장 자원을 합리적으로 분배할 수도 없다. 사회의 빈부 격차는 피할 수 없으며, 사회의 부가 금융에만 집중되어 조화로운 사회의 실현이란 도저히 불가능한 공중누각에 불과하다.

금은: 가격 파동을 치료하는 신비한 효능침

1974년 7월 13일, 〈이코노미스트〉는 영국 산업혁명 시기의 물가 통계보고서를 발표해 세상을 놀라게 했다. 영국 물가는 1664~1914년의 250년이라는 긴 세월 동안 금본위제 아래서 안정적이면서 약간 하락하는 추세를 유지했다. 오늘날이라면 어림없는 이야기다. 파운드화의 구매력은 놀랄 정도의 안정성을 유지했다. 1664년의 물가지수를 100이라고 설정한다면, 나폴레옹전쟁 때인 1813년 일시적으로 180까지 상승한 것을 제외하고 대부분 1664년의 기준보다 낮았다. 1914년 제1차 세계대전 발발 당시 영국의 물가지수는 91이었다. 바꿔 말해 금본위제에서 1914년 1파운드는 250년 전인 1664년 같은 가치를 가진 화폐의 구매력보다 더 컸다는 소리다.

금본위제를 채택할 당시의 미국도 상황은 비슷했다. 1787년, 미국은 헌법 제1장 제8절에서 화폐 발행과 가치 설정을 의회에 위임한다고 정했다. 제10절에서 모든 주는 금은을 제외한 어떤 화폐로도 채무를 지급할 수 없다고 규정함으로써 미국 화폐는 반드시 금은을 기초로 해야 한다는 원칙을 밝혔다. '1792년 화폐주조법'이 제정되면서 1달러를 미국 화폐의 기본 도량형으로 확정했다. 1달러의 정확한 정의는 순은 함량 24.1그램이며, 10달러는 순금 함량 16그램이었다. 은은 달러 화폐 체계의 기초였으며, 금과 은의 가격 비율을 15 대 1이었다. 달러의 순도를 희석하여 달러 가치를 떨어뜨리는 범죄는 사형으로 처벌하겠다고 선포했다.

1800년 미국의 물가지수는 102.2였으며, 1913년에는 80.7로 하락했다. 미국에서 공업화가 진행되는 격변의 시대에도 물가 파동의 폭은 26%를 넘지 않았다. 1879~1913년 금본위 시대에는 물가 파동의 지수가 17% 이하였다. 미국에서 생산이 비약적으로 발전하고 본격적인 공업화를 실현한 113년 동안 평균 통화 팽창률은 거의 제로에 가까웠으며 연평균 가격 파동은 1.3%를 넘지 않았다.[1]

마찬가지로 유럽 주요 국가들은 금본위제를 유지하며 농업국에서 공업국으로 가는 경제 발전의 핵심적 변화를 겪으면서도 화폐는 고도의 안정성을 유지했다.

- 프랑스 프랑은 1814~1914년의 100년 동안 화폐의 안정을 유지했다.
- 네덜란드 길더는 1816~1914년의 98년 동안 화폐의 안정을 유지했다.
- 스위스 프랑은 1850~1936년의 86년 동안 화폐의 안정을 유지했다.
- 벨기에 프랑은 1832~1914년의 82년 동안 화폐의 안정을 유지했다.
- 스웨덴 크로나는 1873~1931년의 58년 동안 화폐의 안정을 유지했다.
- 독일 마르크는 1875~1914년의 39년 동안 화폐의 안정을 유지했다.
- 이탈리아 리라는 1883~1914년의 31년 동안 화폐의 안정을 유지했다.[2]

오스트리아 학파의 미제스(Mises)가 서방 문명이 자본주의 황금시대에 이룩한 최고의 성과라고 금본위제를 높이 평가한 것도 이런 이유 때문이다. 안정적이고 합리적인 화폐 도량형이 없었다면 서방 문명이 자본주의의 급속한 발전 단계에서 거대한 부를 창조할 수 없었을 것이다.

금과 은이 시장에서 자연 진화하는 과정에서 형성한 고도의 안정된 가격 체계는 20세기 모든 '천재' 경제 정책 제정자들이 흘린 땀의 결정이다. 금과 은은 화폐로서 자연 진화하는 진정한 시장경제의 산물이요, 인류가 신뢰하는 성실한 화폐다.

이른바 화폐 도량형이란 금융재벌들의 탐욕스러운 본성으로 전환되지 않고, 정부가 잘하느냐 못하느냐에 따라 변하지 않으며, 천재 경제학자들의 이익과 투기로 달라지는 것이 아니다. 역사상 시장의 자연 진화를 거친 금과 은 화폐만이 이 일을 해낼 수 있다. 미래에도 금과 은만이 이 역사적 사명을 맡아 시민의 재산을 성실하게 보호하고 사회 자원의 합리적 분배를 해낼 수 있다.

당대의 경제학자들 사이에 보편적으로 유행하는 관점이 있는데, 금과 은의 증가 속도가 재산 증가의 속도를 따라잡지 못한다는 것이다. 그래서 금은화폐 체제 아래서 통화 긴축을 초래하며, 통화 긴축은 모든 경제주체의 적이라고 생각한다. 그러나 이들의 관점은 선입견에 따른 착각에 불과하다. '통화 팽창'에 힘을 실어주는 왜곡된 논조는 순전히 국제 금융재벌들과 케인스가 만들어냈으며, 금본위를 폐지하고 인플레이션을 통해 시민에게 '보이지 않는 세금'을 걷고 흔적을 남기지 않고 시민의 재산을 약탈하기 위한 이론적 근거다. 영국과 미국을 비롯한 구미 국가들의 역사를 보아도 17세기 이래 사회경제의 거대한 발전이 결코 인플레이션을 유발하지 않는다는 사실이 증명된다. 사실 영국과 미국 두 나라는 오히려 가벼운 통화 긴축 상태에서 산업혁명을 완수했다.

진정한 문제는 이것이다. 과연 금과 은이 증가하는 속도가 재산 증가의 속도를 따라잡지 못하는 것일까, 아니면 채무화폐 증가의 속도를 따라잡지 못하는 것일까? 채무화폐의 남발이 진정으로 사회 발전에 이익이 되는 것일까?

채무화폐의 지방과 GDP의 다이어트

GDP 증가 위주의 경제 발전 모델은 마치 체중이 느는 것을 건강함의 상징이라고 여기는 것과 같다. 정부가 재정적자로 경제 성장을 이끄는 정책은 호르몬을 주사해서 체중 증가를 자극하는 행위나 다름없다. 그런가 하면 채무화폐는 점점 불어나는 지방이다.

갈수록 살이 찌는 사람을 어떻게 건강하다고 말할 수 있겠는가?

한 나라의 경제 성장 모델은 두 가지로 집약할 수 있다. 하나는 저축을 통해 진정한 재산을 축적하고, 이 자본을 투자에 이용해 더 많은 실질적 재산을 창출하는 모델이다. 사회경제는 이로써 진보하고, 이러한 성장의 결과 경제의 근육이 발달하고 골격이 강해지며 영양 분포가 균형을 이룬다. 비록 효과는 더디지만 성장의 질이 높고 부작용이 적다.

또 하나의 모델은 채무로 경제를 이끄는 성장이다. 국가, 기업, 개인의 대량 부채인 이 채무는 은행 시스템을 통해 화폐화한 후 거액의 채무화폐를 발행한다. 채무화폐는 재산의 거품을 형성하고, 화폐의 가치 절하를 피할 수 없게 하며, 시장 자원 배치를 인위적으로 왜곡한다. 또한 빈부 격차가 점점 심화됨에 따라 경제의 지방이 대량으로 불어난다. 채무가 경제를 구동하도록 하는 모델은 마치 호르몬을 주사해 지방을 신속하게 늘리는 것처럼, 비록 단기적으로 효과는 볼 수 있지만 잠재적인 부작용으로 결국 각종 질병을 유발하게 된다. 경제주체는 더 많은 양의 다양한 약물을 복용해야 하며, 내분비계통이 악화되어 체내 생태 체계의 혼란을 초래해 결국 구제 불능에 빠지게 된다.

채무화폐의 지방이 늘어나면 제일 먼저 인플레이션이라는 경제 고혈당이 나타난다. 특히 자산 인플레이션이다. 한편으로 경제 고혈당은 생산 과잉과 중복 투자로 시장 자원을 낭비하고 생산 분야의 치열한 가격전을 통해 소비 제품의 가격을 억제하기 때문에 자산 인플레이션과 소비 제품의 디플레이션이 동시에 존재한다. 가정은 경제주체의 기본 단위로서 자산 인플레이션의 영향을 받는 동시에, 고용주가 생산 분야의 불경기를 극복하려고 택한 감원의 철퇴를 고스란히 맞아야 한다. 이로써 일반 가정의 소비 능력과 소비 욕구가 하락해 경제주체 내부의 많은 세포가 활력을 잃게 된다.

채무화폐의 지방으로 말미암은 또 하나의 문제는 경제 혈액의 고지혈증이다.

채무를 화폐화하면 화폐의 부족은 해소할 수 있다. 그러나 화폐의 증가 발행에 따른 유동성의 범람은 사회의 구석구석에 쌓인다. 그래서 '돈'은 점점 많아지는데 투자할 기회는 점점 줄어든다. 금본위제하의 증권시장은 상장기업의 재무 구조가 견실하고 채무 상황이 양호했다. 자체 자본은 충분하고 회사 수익의 안정성이 높아져 주식 배당금이 해마다 늘어나는 것이 그 특징이었다. 당시의 증권시장은 비록 리스크가 존재하지만 진정으로 투자할 만한 시장이었다. 그러나 오늘날의 주요 증권시장은 이미 산처럼 쌓인 채무화폐에 치여 그 가치가 심각하게 고평가되는 상태다. 투자자들은 주식 배당금 수익을 바랄 수 없게 되었으며, 모든 희망을 주식 가격 상승에 걸고 있다. 이것이 이른바 '더 멍청한 바보 이론'이다. 증권시장은 투자성을 잃고 점점 비정상적인 투기장으로 변해간다. 부동산 쪽 상황도 거의 비슷하다.

채무는 그 자체로 경제 혈관을 더 취약하게 만든다. 늘어가는 화폐 발행으로 경제 혈액은 점점 탁해지고 혈액 속의 찌꺼기는 증권시장과 부동산시장의 대량 자금에 가라앉아 경제 혈관을 더 막히게 한다.

결국 경제주체의 고혈압을 피할 수 없다. 장기적인 경제 고혈압 상태에 있다 보면 경제 심장의 부담을 가중시킨다. 경제 심장은 곧 국민이 재산을 창조하는 자연 생태 환경과 사회 자원이다.

심각한 채무화폐 부담은 모든 생태 환경에서 점점 심각해진다. 환경오염, 자원 고갈, 생태계 파괴, 기후 이상, 빈번한 재해 발생은 곧 채무화폐가 눈덩이처럼 불어나는 이자 지출이다. 빈부 격차, 경제위기, 사회의 갈등, 부정부패는 곧 조화로운 사회에 대한 채무화폐의 벌금 고지서다.

채무화폐의 지방 증가가 가져오는 경제 고지혈증, 고혈압, 고혈당 증상이 동시에 존재할 때 경제주체 전체의 천연 내분비계통은 교란 상태에 빠져버린다. 따라서 영양 흡수가 안 되고 장기 기능이 손상되면 신진대사가 정상적으로 순환하지 않고 자연 면역 체계도 저항력을 상실한다. 몸이 아픈데 근본적인 치료를 하지 않고 부분만 치료하는 약물에 의존하면 경제주체의 내분비계통을 더 악화시킬 뿐이다.

채무화폐의 본질과 그 위험성을 제대로 인식했으면 경제 발전의 전략에 반드시 상응하는 조정을 해야 한다. GDP의 성장으로 이끌고 채무화폐를 기초로 삼으며 적자재정으로 성장하는 과거의 모델은, 사회의 조화로운 발전을 중심으로 하고 성실한 화폐를 도량형으로 하며 저축으로 성장하는 새로운 모델로 변해야 한다.

금은을 기축으로 하는 안정된 중국 화폐 도량형 체계를 세워 채무를 화폐 유통 영역에서 단계적으로 축출해야 한다. 그리고 은행 지급 준비율을 안정적으로 높이는 것을 금융 거시 조정의 중요한 수단으로 삼아 금융업의 이윤 수준을 사회 각 업계의 평균 이윤 수준과 비슷하게 맞춰야 한다. 채무화폐와 부분 준비금 제도라는 고질병을 근절해야 사회의 공정성과 조화로움을 보장할 수 있다.

채무를 화폐 유통 과정에서 몰아내는 것은 길고도 고통스러운 과정이 될 것이다. 마치 다이어트를 할 때 음식 섭취를 줄이고 식생활 구조를 조정하며 운동량을 늘려야 하는 것처럼, 채무화폐의 따뜻한 온실에서 지내는 것에 비하면 모든 과정에 큰 고통이 따른다. 이어지는 약간의 통화 긴축은 마치 겨울 아침에 하는 수영처럼 인간의 의지와 인내력을 시험하는 것과 같다. 최초의 고통을 조금씩 극복하노라면 경제주체의 유연성이 뚜렷하게 증가하고 각종 경제위기의 충격을 이겨내는 방어 시스템이 강해질 것이다. 그리고 생태 환경에 대한 압력이 줄고 시장 자원 분배는 합리적으로 변하며 경제주체의 고혈당, 고지혈증, 고혈압 증상을 효과적으로 잡아줄 수 있다. 경제주체의 천연 내분비계통도 점차 평온을 회복해 사회가 더욱 조화롭고 건강해질 것이다.

우리는 금융 분야를 전면 개방함과 동시에 서방 금융 제도의 장점과 폐단을 확실히 파악해 개방적인 태도로 받아들일 것은 받아들이고 버릴 것은 과감하게 버리는 혁신적인 용기와 담력을 발휘해야 한다.

역사적으로 떠오르는 대국은 인류 사회의 발전에 혁신적인 기여를 하게 되어 있다. 우리는 지금 이런 특수한 '전략적 전환점'에 서 있다.

금융업: 중국 경제 발전의 '전략 공군'

세계 기축통화의 위상을 확립하는 것은 모든 주권국가가 화폐를 발행하는 최고의 경지다. 기축통화는 절대적인 권위를 상징하며 세상의 신뢰를 받는다. 또한 기축통화 국가의 경제에도 많은 도움을 준다.

중국인들은 국제시장에서 가격 결정권을 제대로 행사하지 못하는 데 대해 곤혹스러워한다. 월마트는 중국 기업 제품의 이윤 비율을 너무 짜게 잡았다. 이에 대해 경제학자들은 월마트가 가장 큰 소비자이자 미국이라는 최대의 소비시장을 대표하기 때문이며, 소비자가 가격 결정권을 가진다고 해석한다. 월마트가 미국 시장의 판매 루트를 장악하고 있기 때문에 가격 결정권을 가진다고 설명하는 경우도 있다.

그렇다면 철광석은 어떤가? 석유는? 약품은? 여객기는? 윈도 소프트웨어는? 중국이야말로 이런 제품의 세계 최대 시장이며, 중국 시장의 판매 루트를 완전히 장악하고 있다. 최대 소비자인 중국이 남들이 가격을 올린다고 어떻게 순순히 지갑을 열어줄 수 있단 말인가?

사실 중국에 가격 결정권이 없는 결정적 이유는 금융의 전략적 통제권이 없기 때문이다.

중국의 경제 발전은 오랫동안 외국 자본에 의존했다. 대외 개방으로 외자를 들여오지 않았으면 오늘날의 발전은 이룩하지 못했을 것이다. 그러나 외자는 중국을 선택할 수 있지만 마찬가지로 인도를 선택할 수도 있었다. 외자는 중국에 진출할 수도 있고 철수할 수도 있다. 자금의 유동을 제어하는 측이 진정한 가격 결정권의 소유자다.

세계 100대 기업이나 500대 기업, 자동차공업의 맹주나 컴퓨터업계의 거두를 막론하고 모든 기업은 융자를 받아야 한다. 기업에게 돈은 마치 공기와 물처럼 없어서는 안 될 중요한 요소다. 금융업은 사회 각계각층에서 절대적인 주인의 위상을 차지하고 있다. 돈의 흐름을 잡는 자가 기업의 흥망성쇠를 결정한다.

달러 화폐 발행 권한을 독점하는 국제 금융재벌들은 오스트레일리아의 철광기업에게 값을 내리라고 할 때 전화 한 통이면 끝난다. 융자를 받고 싶다면 무조건 이를 받아들여야 한다. 그렇지 않으면 국제 금융시장에서 발붙일 곳을 잃게 된다. 더 간단하게 하려면 국제 증권시장에서 이 회사의 주식이나 채권 가격을 조작해 무릎 꿇릴 수도 있다. 금융업계는 언제라도 기업의 돈줄을 묶어버려 상대를 꼼짝 못하게 할 수 있다.

금융업계는 마치 한 나라의 전략 공군과 같다. 공중에서 사격 지원을 해주지 않으면 지상의 각종 산업은 다른 나라와 치열한 육박전을 벌이거나, 심지어 아군끼리 먹고 먹히는 살육전을 할 수밖에 없다. 소모적인 가격전을 벌이고 자원을 낭비하며 작업 환경은 악화된다.

한마디로 국제시장에서 금융의 제공권을 장악하지 않으면 상품의 가격 결정권도 갖지 못하며, 경제 발전 전략의 주도권도 빼앗긴다.

이것이 바로 중국 화폐가 세계의 기축통화가 되어야 하는 이유다.

과연 어떤 화폐가 세계 각국의 기축통화를 담당할 수 있을까? 파운드와 달러는 세계 화폐 중에서 특별한 존재였다. 두 화폐가 기축통화로 활약할 당시 영국과 미국의 국내 경제는 안정적인 화폐 도량형으로 구축된 경제 좌표를 기반으로 물질 생산이 발전했으며 세계 무역 결산 체제의 역사를 주도했다. 파운드와 달러의 뒤에서는 금과 은이 그 명성을 뒷받침해 주었다. 영국과 미국이 발전하면서 두 나라의 은행도 점차 세계 각지에 퍼지게 되었다. 파운드와 달러는 국제시장에서 자유롭고 편리하게 금으로 교환할 수 있었기 때문에 시장의 환영을 받았다. 그래서 이를 '경화(硬貨, hard currency)'라고 불렀다. 1945년

제2차 세계대전이 끝나고 미국의 황금 보유율은 한때 세계의 70%를 차지했다. 그래서 달러가 중화권에서 '미금(美金)'이라는 명칭을 획득했는지도 모른다. 금본위제도가 제공하는 안정적 재산 도량형은 영미 경제의 발전을 보장해 주었을 뿐 아니라 파운드와 달러가 세계의 기축화폐가 될 수 있는 역사적 전제였다.

1971년 세계화폐 체제가 금본위제를 버리면서 각국 화폐의 구매력은 급격히 떨어져 버렸다. 금 1온스의 가격은 1971년 35달러에서 2006년 11월 23일 630달러로 올라섰다. 35년 동안 황금 가격에 대한 각국 화폐의 가치 절하 상황을 보면 다음과 같다.

- 이탈리아 리라의 구매력은 98.2% 하락했다(1999년 이후 유로화로 환산).
- 스웨덴 크로나의 구매력은 96% 하락했다.
- 영국 파운드의 구매력은 95.7% 하락했다.
- 프랑스 프랑의 구매력은 95.2% 하락했다(1999년 이후 유로화로 환산).
- 캐나다 달러의 구매력은 95.1% 하락했다.
- 미국 달러의 구매력은 94.4% 하락했다.
- 독일 마르크의 구매력은 89.7% 하락했다(1999년 이후 유로화로 환산).
- 일본 엔화의 구매력은 83.3% 하락했다.
- 스위스 프랑의 구매력은 81.5% 하락했다.

달러 체계가 결국 붕괴로 가는 것은 어차피 정해진 수순이다. 채무화된 달러가 지탱하지 못하면 세계는 어떤 채무화폐를 믿어야 할까? 서방의 모든 '현대' 채무화폐 중 가장 견고한 화폐는 스위스 프랑이었다. 전 세계인이 스위스 프랑을 신뢰하는 이유는 지극히 간단하다. 스위스 프랑은 100%의 황금으로 지탱되며 황금과 동등한 신용을 가진다. 스위스는 인구가 720만에 불과한 협소한 나라면서도 1990년 한때 중앙은행의 황금 보유액이 2,590톤으로 전 세계 중앙은행 황금 보유고의 8%를 차지했다. 당시에는 미국, 독일, IMF의 뒤를 이었다. 1992년 스위스가 IMF에 가입할 당시 IMF는 회원국의 화폐와 황금 연동을 금지했기 때문에 스위스는 압력에 못 이겨 스위스 프랑과 황금과의 연동 관계를 폐지했다. 그 후 스위스 프랑의 황금 지지율은 매년 하락해서 1995년에는 43.2%에 불과했다. 2005년이 되자 스위스에는 1,332.1톤의 황금밖에 남지 않았다. 그러나 이 정도로도 중국 정부의 금 보유고 600톤의 두 배나 된다. 황금 지지도가 하락하면서 스위스 프랑의 구매력도 하루가 다르게 떨어졌다.

일본의 금 보유액은 2005년 765.2톤에 불과했다. 일본이 금 보유를 기피해서가 아니라 미국이 금 보유량을 늘리는 것을 금지했기 때문이다. 일본은 미국이 달러를 지키려는 의지를 따라야만 했다. 세계적인 황금 문제 전문가 페르디난트 립스는 스위스의 유명한 은행가로서 로스차일드 가문과 취리히 로스차일드은행을 개설해 몇 년 동안 운영했다. 1987년에는 자신의 은행인 립스은행을 세웠으니, 국제 금융제국과 '한 울타리 사람'이라고 할 수 있다. 그는 《황금전쟁》이라는 책에서, 1999년 파리에서 열린 세계황금협회 연례회의에서 이름을 밝히기를 거부하는 일본의 한 은행가가 립스에게 볼멘소리를 했다고 써놓았다. "미국 태평양 함대가 일본에서 '그들의 안전을 보호'하는 한 일본 정부의 황금 구입이 금지될 것이다."[3]

2006년 말 중국의 외화보유고는 1조 달러를 넘었고, 2008년 1조 7천 달러가 되었다. 이 거액을 어떻게 사용하느냐에 따라 중국의 향후 100년의 운명이 달라진다. 이는 금융 리스크를 분산하는 식의 단순한 문제가 아니다. 중국이 눈앞에 닥친 국제 금융전쟁에서 어떻게 전략적 주도권을 확보함으로써 '포스트 달러 체제' 속에서 국제적인 맹주의 위치를 차지하느냐가 중요하다.

중국은 2006년 말에 금융 영역을 완전히 개방했다. 국제 금융재벌들은 벌써부터 칼을 갈며 이 날만 기다리고 있었다. 총성 없는 화폐전쟁이 이미 코앞에 다가온 것이다. 전쟁의 화염도 보이지 않고 함성도 들리지 않지만, 이 전쟁의 마지막 결말이 미래 중국의 운명을 결정할 것이다. 중국이 의식하든 안 하든, 준비가 되어 있든 아니든, 중국은 이미 선전포고 없는 화폐전쟁을 맞고 있다. 이제 국제 금융재벌들의 주요 전략 목적과 주요 공격 방향을 정확하게 판단해야 효과적인 대응 전략을 마련할 수 있다.

국제 금융재벌들이 중국에 대거 진입한 전략적 목적은 두 가지다. 하나는 중국의 화폐 발행권을 통제하고 중국 경제를 통제하면서 해체함으로써 런던과 월가가 주도하는 세계정부와 세계화폐를 만드는 데 최후의 걸림돌을 제거하자는 것이다.

특정 상품의 공급을 독점하는 자가 높은 이윤을 창출한다는 것은 누구나 아는 상식이다. 화폐는 누구에게나 필요한 일종의 상품이다. 한 나라의 화폐 발행을 독점할 수 있다면 무한정으로 높은 이윤을 내는 수단을 갖게 된다. 이것이 곧 수백 년 동안 국제 금융재벌들이 한 나라의 화폐 발행권을 독점하고자 온갖 지혜와 수단을 동원했던 이

유다. 그들이 원하는 가장 높은 경지는 전 세계 화폐 발행권의 독점이다.

전체적인 형세로 볼 때 국제 금융재벌들은 확실한 전략적 공세를 보이고 있다. 중국의 은행업은 금융 이론이나 인적자원 경영 모델, 국제 경험 기술 인프라 부대 법률 체계 등 어느 것 하나 수백 년의 경험을 축적해 온 국제 금융재벌들에 턱없이 못 미친다. 그들과의 전쟁에서 완전한 참패를 면하기 위한 유일한 선택은 바로 자신만의 원칙으로 경쟁하는 것이다. 결코 상대가 정한 규칙대로 싸워서는 안 된다.

화폐전쟁도 엄연한 전쟁이다. 전쟁은 싸워서 이긴 자와 진 자라는 두 가지 선택이 있을 뿐이다. 중국은 이 전쟁에서 '신로마제국'에 의해 정복당하거나, 아니면 경쟁자를 물리치고 합리적인 세계화폐의 새 질서를 수립하거나, 둘 중 하나를 선택해야 한다.

미래의 전략: 담을 높이 쌓고, 양식을 축적하며 서서히 등극하라

담을 높이 쌓아라

내부적으로는 금융 방화벽을 견고히 쌓고 대외적으로는 금융 홍수 방지 댐을 구축하는 두 가지 방어 체제를 확립해야 한다.

국제 금융재벌들이 중국 금융 영역에 깊이 침투하면 이미 한발 늦는다. 외자은행의 중국 진출을 논할 때면 외자은행과 현지 은행이 저축을 서로 유치하려고 경쟁하는 데 초점을 맞춘다. 그러나 사실 더 위험한 것은 외자은행이 중국 기업과 개인에게 신용대출을 제공하면서 중국의 화폐 발행 영역에 직접 개입하는 것이다. 외자은행은 부분 준비금 제도를 이용해 중국의 관청과 기업, 개인의 채무 화폐화 과정에 대거 개입할 것이다. 이들 외자은행이 신규 발행한 '신용대출 위안화'는 은행의 수표와 어음, 신용카드, 부동산 모기지 대출, 기업 유동자금 대출, 파생금융상품 등 다양한 방식으로 중국 경제에 침투할 것이다.

수십 년 동안 국유은행으로부터 대출을 받기 어려웠던 중소기업과 개인들은 자금에 대한 갈증으로 목이 탈 지경이다. 여기에 완벽한 서비스를 자랑하는 통 큰 외국 은행들이 뛰어드는 순간 중국의 대출이 봇물처럼 터지리라는 것은 쉽게 예측할 수 있다. 그렇게 되면 거액의 자금이 더 큰 규모의 중복 투자로 몰리고, 소비 물가의 긴축과 자산 인플레이션이 동시에 나타나 상황을 더욱 악화시킬 것이다. 소비 물가의 긴축으로 중국은 뼈까지 시린 얼음물 속에 잠기게 되며, 자산 인플레이션은 중국을 불구덩이 속으로 몰아넣는 결과를 낳는다. 심각한 생산 과잉과 자산의 거품이 급격히 증가하면 국제 금융재벌들이 중국 국민의 양털을 깎기 시작할 것이다. 국제 금융재벌들이 가장 돈 벌기 쉬운 때는 언제나 경제가 붕괴하는 순간이었다.

이쯤에서 미국 독립에 지대한 공을 세운 토머스 제퍼슨이 남긴 명언을 다시 되새겨보자. "만약 미국인이 끝까지 민간은행으로 하여금 국가의 화폐 발행을 통제하도록 둔다면 이들 은행은 먼저 통화 팽창을 이용하고 이어서 통화 긴축 정책을 써서 국민의 재산을 박탈할 것이다. 이런 행위는 어느 날 아침 그들의 손자들이 자기의 터전과 선조가 개척한 땅을 잃어버렸다는 사실을 깨달을 때까지 계속될 것이다."

200여 년이 흐른 오늘날에도 제퍼슨의 경고는 여전히 정확해서 전율이 느껴질 정도다.

중국의 국유은행은 때때로 자산 인플레이션으로 이윤을 얻고자 하는 충동이 있었으나, 악의로 통화 긴축을 조장해 국민의 재산을 뺏으려는 의도도 능력도 없었다. 중국이 건국 이래 심각한 경제위기를 한 번도 겪지 않은 이유는 고의로 경제위기를 일으킬 주관적 의도나 객관적 능력이 없었기 때문이다. 그러나 외자은행이 중국에 본격적으로 진출하면 상황은 180도 달라질 것이다.

외자은행이 악의로 인플레이션을 조장해 중국의 자산에 거품이 끼게 한 다음 갑자기 돈줄을 잡아매서 통화 긴축을 조장하는 것을 막아야 한다. 그대로 두면 많은 기업이 도산하고 국민이 파산 지경에 몰린다. 그래서 정상 가격의 몇 분의 1, 심지어 수십 분의 1밖에 안 되는 헐값으로 중국의 핵심 자산을 사들일 것이다. 중국이 대내적으로 쌓는 금융 방화벽은 이를 방어하는 데 취지가 있다. 금융관리 부문은 외자은행의 신용대출 규모와 방향을 엄격히 감독하고 지급준비율과 저축으로 금융의 거시 조정을 진행해 외자은행이 국내 채무를 대량으로 화폐화하는 것을 막아야 한다.

외자은행과 국제 헤지펀드 같은 금융 해커들과의 작당 행위도 엄격히 금지해야 한다. 모든 중국 내 기업의 파생금융상품 계약은 반드시 금융관리 부문에 보고해야 한다. 특히 외자은행과 체결한 금융파생 계약은 각별히 주의해서 국제 금융 해커들이 중국 금융 체제에 원거리 비접촉 공격을 하지 못하게 막아야 한다. 1990년 국제 금융재벌들이 일본 증시와 금융시장에 퍼부었던 원거리 '핵공격'의 교훈을 잘

새겨야 한다.

대외적인 금융 홍수 방지 둑이란 주로 달러 체제의 붕괴 위기를 겨냥한 것이다. 미국 경제는 마치 천문학적 크기의 채무가 바닥에 쌓인 강과 같다. 이제 강바닥은 지면보다 높아져서 44조 달러라는 엄청난 채무를 긁어내지 않으면 유동성 범람으로 언제 강둑이 터질지 모르는 상황이다. 이는 강바닥보다 낮은 지대에 있는 중국과 동아시아 국가에 큰 위협이 되고 있다.

중국은 신속히 행동에 나서서 금융 홍수를 막고 국민의 재산 안전을 지켜야 한다. 달러 자산의 급격한 가치 절하는 이미 예측이 아닌 현재 진행형으로 벌어지는 현실이다. 지금의 상황은 물이 조금씩 새어나오는 정도다. 일단 둑이 무너지면 그 결과는 감당하기 어려울 것이다. 중국이 가지고 있는 막대한 외화는 고도의 위험에 노출되어 있다.

갑자기 닥쳐오는 금융위기에서 태풍의 눈은 이미 심한 거품이 발생하고 있는 파생금융상품과 달러 체계다. 황금과 은은 세계 재산 중 가장 안전한 '노아의 방주'다. 이 상황에서 중국의 금은 보유고를 크게 늘리는 것은 잠시라도 지체할 수 없는 문제다.

양식을 축적하라

중국 정부와 민간이 힘을 합해 금은 보유고를 늘려야 한다. 중국 내의 모든 금광과 은광 자원은 가장 중요한 전략 자산으로 철저히 보호하고 전면 국유화를 시행해야 한다. 또한 해외로 눈을 돌려 외국의 금은 생산업체를 적극적으로 사들여서 앞으로 금은 자원을 보충해

가야 한다. 중국 화폐개혁의 최종 방향은 중국의 국가 실정에 맞는 금과 은을 기축으로 하는 '이중 병행제 화폐 체계'를 수립해서 안정된 화폐 도량형을 실현하고 세계 주요 기축화폐로 향하는 전략적 준비를 해야 한다.

서서히 등극하라

중국은 자신의 어려움과 한계를 충분히 고려해야 한다. 세계 강국이 부흥한 이유는 타의 추종을 불허하는 혁신 능력이 있었기 때문이다. 이른바 강대국은 다른 나라가 따라올 수 없는 전혀 새로운 제품과 참신한 서비스를 대량으로 생산해 낼 수 있으며, 세계적으로 앞선 기술과 과학 혁신을 배양하며 세계 문명의 방향을 인도할 위대한 사상과 이념을 추구하는 나라다. 아직까지 중국은 서양의 생산기술을 대규모로 모방하는 쪽에만 큰 진전이 있을 뿐 사상이나 과학기술 혁신 면은 한참 모자란다. 특히 사상 문화 영역은 문명의 자신감이 많이 부족하다. 이에 서방 제도의 합리성과 불합리성을 구별해 내지 못하고 비판할 도덕적 용기도 부족하며, 서양에 없는 새로운 시도를 할 엄두를 못 낸다. 따라서 새로운 세계의 규칙을 만들어내고자 시도하는 담력이 부족하다. 이 모든 것은 하루아침에 해결될 문제가 아니므로 천천히 조금씩 하자는 것이다.

세계의 기축화폐로 가는 길

급속히 발전하는 세계 강국의 견실한 기초는 앞선 과학기술과 강대한 군사력에만 있지 않다. 세상 사람들에게 통하는 공신력 있는 화폐체계와 금융 시스템을 갖춰야만 국제사회에서 한 자리를 차지하고 예측 불허의 빠른 국제적 변화 가운데 그 위치를 굳게 지킬 수 있다.

상상해 보라. 달러가 세계화폐에서 물러난 후에도 F22와 마이크로소프트의 지위는 여전히 굳건하며, 미국이라는 나라가 국제사회에서 발언권을 가지고 큰 영향력을 행사할 수 있을까? 앞으로도 계속해서 '전 세계인이 바라보는 등대' 역할을 계속할 수 있을까?

중국은 떠오르는 별이다. 지금 당장 성숙하고 믿을 수 있는 화폐금융 체계를 구축하는 과정을 시작해야 한다.

화폐는 인류의 사회경제를 순환하는 혈액이다. 이 '혈액의 원천'을 공급하고 장악하는 자가 자연히 강세를 선점한다. 이 원천에는 건강하고 완벽한 내부 경제 발전 모델과 금융 체제가 갖춰져 있어야 한다. 부채로 말미암아 치유할 수 없는 에이즈 바이러스에 걸린 혈액을 남에게 수혈하면 어떤 결과가 초래되겠는가? 또한 혈액은 O형이어야 한다. 즉 독보적인 공신력과 누구에게나 수혈할 수 있는 성질을 갖춰야 한다.

어떤 화폐 금융 체계가 내일의 중국에 건강한 O형 혈액원이 될 것인가? 완벽하고 견실한 이 체계는 다원화된 배경으로 지탱해야 한다. 지금처럼 수출 지향형으로 대량의 외화를 창출해 미국의 국채를 사는 데만 집중하는 단일 전술로는 결국 치명상을 입을 뿐이다. 수출

드라이브형 경제는 그 자체의 부작용도 매우 크다. 그 본질은 미국의 채무 증가로 본국의 경제 발전을 주도하는 것이다. 미국은 벌써부터 채무가 눈덩이처럼 늘어나고 있어 중국의 수출 경제구조에 더 큰 불균형을 낳고 생산 과잉이 점점 심각해질 것이다. 앞으로 조정 과정에서 더 큰 고통을 겪게 될 것이다. 결과는 참패뿐이다.

한 나라가 다원화된 선순환 화폐 금융 체계를 세운다는 것은 거창하면서도 어려운 과제다. 여기서는 일단 다원화 배경에서 금은이라는 요소를 주입한다는 가설을 떠올려 보자. 금과 은은 오랜 채굴 역사를 거치면서 천연의 공신력과 누구도 따를 수 없는 교환 능력을 갖추었다. 금은으로 배서하는 화폐 체제는 세계 기축화폐의 지위로 통하는 '첩경'이라고 할 수밖에 없다.

이 생각을 따라 한 걸음 더 상상의 나래를 펴보자.

만약 중국 정부와 국민이 매년 2,000억 달러 규모로 금을 모은다면 온스당 650달러로 계산할 때 9,500톤의 황금을 구매할 수 있어 미국의 금 보유고 총액 8,136톤과 맞먹는다. 전쟁의 시작 단계에서 국제 금융재벌들은 금융파생 도구로 금 가격을 악착같이 억누를 것이다. 서방의 중앙은행들은 연합 행동으로 황금 투매에 나서 금 가격은 한때 폭락세를 기록할 것이다. 중국이 상대의 속셈을 알아차린다면 금 가격 인하는 서양 역사상 중국에 가장 대범한 금융 원조를 하는 셈이다.

전 세계에서 6,000년 동안 캐 모은 황금의 총량은 14만 톤에 불과하며, 유럽과 미국 중앙은행의 황금 보유고는 2만 1,000톤이다. 1990년대에 유럽 중앙은행이 행한 금 대출 광풍을 고려하면 합계가 2만 톤도 안 될 수 있다. 온스당 650달러라는 현재의 금 가격으로 계산하면 4,000억 달러밖에 안 된다. 중국이 거대한 무역 수지 흑자로 4,000억 달러의 금 보유고를 소화하는 데 걸리는 시간은 고작 2~3년이 될 것이다. 구미 중앙은행의 총알은 얼마 안 가 다 떨어져 버릴 것이다.

중국이 이렇게 왕성한 식욕으로 5년 동안 황금을 먹어치운다면 국제 금값의 상승으로 국제 금융재벌들이 설치한 달러 장기 금리의 상한선을 자극할 것이다. 결국 사람들은 세계에서 가장 강한 달러 화폐 체계가 맥없이 무너지는 모습을 생생히 지켜보게 될 것이다.

사실 문제는 중국이 황금 가격으로 달러 체계를 무너뜨릴 수 있는지의 여부가 아니다. 황금 가격 문제는 달러로서는 그야말로 생사가 달린 중대사다. 중국이 정말 2,000억 달러의 황금을 먹어치우지 않고 그와 비슷한 말만 꺼내도 미국의 재무장관과 연방준비은행 총재는 당장 고혈압이 발작할 것이다. 수십 년 동안 중국을 괴롭혀온 타이완 문제는 미국이 '타이완을 원할 것인가, 달러를 원할 것인가'의 문제로 바뀔 것이다. 중국은 물론 미국과 끝까지 해보자는 식으로 나가지 않고, 미국이 내세운 조건이 합리적이기만 하면 필요한 시기에 달러를 위한 지원 사격을 할 수도 있다.

중국은 정부와 민간의 황금 보유량을 점차 늘리는 한편으로 화폐 개혁을 실시해 점차 금과 은을 화폐 체계에 도입해야 한다. 중국의 화폐 체계를 금은본위하의 '중국 위안'으로 전환하면서 중국은 세계 경제에 크게 기여할 수 있다.

중국 위안 화폐 제도의 실시는 두 단계로 나누어 진행할 수 있다. 먼저 재무부가 '금 채권'과 '은 채권'을 발행해 실물 황금과 은으로 채권의 원금과 이자를 지급한다. 가령 5년 만기 금 채권의 이자는 1~2% 정도로 정할 수 있다. 황금의 실물 자체가 원리금의 최종 결산 수단이 되므로 진정한 '재산 보존 가치'를 지닌 금융상품을 사려고 너도 나도 몰려들 것이다. 금 채권과 은 채권은 채권 거래시장에서 이자 수익률이 같은 액수의 국채 금리보다 높아서 시장의 금은화폐에 대한 높은 신뢰를 반영할 것이다. 이 중요한 변수는 다음 단계의 시범 행동을 시작하는 데 중요한 참조 수치가 된다.

두 번째 단계는 은행 시스템의 지급준비금 구조를 재조정한다. 외자은행이나 국유은행을 막론하고 지급준비금에는 일정 비율의 금이나 은을 포함해야 하며, 채무어음의 비율은 줄이도록 한다. 지급준비금 중 금은의 비율이 높은 은행은 더 많은 대출을 해줄 수 있도록 한다. 반대로 채무어음 비율이 높으면 대출에 제한을 주도록 조정한다. 중앙은행은 금과 은을 제외한 모든 어음의 현금추심을 중지한다. 이 조치로 인해 금과 은이 중국 화폐 체계에서 차지하는 위상이 더 강화되며, 은행의 금은 자산에 대한 수요가 높아질 것이다. 금은을 준비금으로 하지 않으면 은행의 신용대출 한도가 제한되기 때문이다. 이렇게 해서 은행 시스템은 채무어음을 화폐 유통에서 몰아내게 된다. 은행은 금은 실물의 위탁 관리와 매매 서비스를 제공하는 데 흥미를 갖게 되므로 전국적으로 금은 실물의 유통시장이 형성될 것이다.

부동산, 은행, 담배, 통신, 석유 등 전국의 모든 고수익 업종은 영업세를 낼 때 일정 비율의 금은을 포함하도록 한다. 이런 조치는 금은의 시장 수요를 더 자극할 것이다.

세 번째 단계는 재무부의 금은을 전액 담보로 '중국 금화'와 '중국

은화' 지폐를 발행한다. 중국 금화 1위안은 중국 화폐 기준 도량형으로 한다. 중국의 금은 보유고 상황에 따라 중국 금화 1위안당 순금 몇 그램을 함유한다. 중국 금화는 주로 상품 무역 지급이나 은행 간 계좌이체, 금액이 큰 현금 지급에 사용한다. 일정 금액 이상의 중국 금화는 재정부에 가져가 실물 황금으로 교환할 수 있다. 중국 은화는 보조지폐로 사용하며 은화 1위안당 순은 몇 그램을 함유해 소액 지급에 사용한다. 일정액 이상의 중국 은화도 역시 재정부에서 등가의 은으로 교환해 준다. 중국 금화와 중국 은화 간의 가격 비율은 중앙은행이 발표하고 정기적으로 조정한다.

악화가 유통 과정에서 필연적으로 양화를 구축한다는 원리는 사실 중요한 전제 조건이 있어야 한다. 그것은 정부가 개입해 악화와 양화를 같은 가치로 강제 규정하는 것이다. 그러나 시장에서는 정반대의 원리가 작용한다. 양화는 악화를 반드시 구축하게 마련이다. 시장에서 악화를 받아주는 사람이 없기 때문이다.

중국에서 금은으로 보증하는 중국 금화와 중국 은화가 화폐로 통용되어도 시장에서는 채무를 함유한 일반 위안화가 여전히 유통될 것이다. 이때 정부는 모든 세금을 중국 금화와 중국 은화로 내도록 규정해서 시장에서 금은화와 일반 위안화의 가격이 자유롭게 결정되도록 두어야 한다. 금융시장은 수급 관계에 따라 금은화와 일반 위안화의 가격이 정해질 것이다. 이때 상업은행이 발행하는 채무를 포함한 일반 위안화의 신용대출 구매력이 금은화보다 점점 떨어진다. 금융시장에서 발생하는 두 화폐의 가격 대비가 이 점을 확실히 증명해줄 것이다.

중국 금화와 은화의 발행권을 최종적으로 통제하는 기관은 상업은행 시스템이 아니라 반드시 재정부여야 한다. 이유는 간단하다. 재산의 창조는 국민에서 비롯되고 국민에게 귀속되어야 한다. 어떤 개인도 화폐 발행을 독점하거나 함부로 관여해서는 안 된다.

비록 중국의 왕성한 수출 추세가 중국 위안화의 강세에 따라 차츰 수그러들겠지만 실질적인 GDP의 다이어트는 피할 수 없는 부분이다. 금과 은으로 배서하는 중국 위안의 발행량이 많아질수록 중국 위안화는 세계 금융업계에서 관심의 초점이 될 것이다. 금과 은으로 자유롭게 교환할 수 있는 중국 위안화가 세계에서 가장 튼튼하고 강한 화폐가 될 것이며, 자연스럽게 '포스트 달러' 시대에 세계 각국이 선호하는 기축화폐로 자리 잡을 것이다.

부는 그것을 보호하고 가치를 높여줄 수 있는 곳으로 흘러가게 마련이다. 강한 부의 창조력과 안정적인 화폐 시스템은 중국을 세계의 부가 집중하는 중심이 되게 해줄 것이다.

중국의 금융 개방에 관한 몇 가지 생각

중국 금융 개방의 최대 리스크는 '전쟁' 의식이 없다는 것

중국이 금융을 개방한다는 것은 확실한 대세다. 이런 환경에서 '전쟁' 의식을 키워야 할까? 이는 곰곰이 생각해 볼 문제다.

　중국 금융 개방의 리스크 문제를 논의할 때 대부분의 학자나 정책 결정자가 관심을 기울이는 것은 '전술' 측면의 리스크다. 가령 외자은 행의 주식 지분 참여나 경영권 지배, 금융기관의 업종 확장에 따른 관리감독의 위험, 금리 시장화의 위험, 증권시장의 파동, 외화 보유액의 평가절하, 부동산 대출시장의 위험, 자본계정 개방의 위험, 위안화 평가절상 위험, 국유은행 내부 통제 상실의 위험, 금융파생 도구 시장의 위험, 바젤협의의 충격 위험 등등이 있다.

　사실 금융 개방의 가장 큰 위험은 '전략' 측면으로부터 온다. 즉 금융 개방의 본질은 사실 '화폐전쟁'이다. 전쟁에 대한 인식과 준비가 부족하다는 점이 중국이 당면한 가장 큰 위험이다. 금융 영역의 개방을 보통 업종의 개방과 같은 맥락으로 이해하는 것은 극히 위험한 발상이다.

화폐는 일종의 상품이다. 다른 상품과의 차이점은 사회의 모든 업종과 모든 기관, 모든 사람에게 필요하다는 점이다. 화폐 발행권을 통제하는 것은 모든 종류의 독점 중 최고의 형식이다.

중국의 화폐 발행은 원래 국가가 통제하며, 국가가 화폐를 통제해야만 사회구조의 기본적 공정함을 유지할 수 있다. 외자은행이 중국에 진출한 후 중국의 화폐 발행권은 위험한 지경에 빠질 것이다.

중국의 화폐인 위안화 지폐는 정부만 인쇄하고 발행할 수 있는데, 외자은행이 어떻게 위안화를 발행할 수 있느냐고 반문할 것이다. 외국 은행들은 위안화를 발행하지 않고도 화폐를 '창조'하여 공급할 수 있다. 그들은 눈이 핑핑 돌 정도로 '혁신적'인 금융상품을 대량으로 도입하여 각종 방식으로 채무 도구를 창조하고 이를 화폐화할 수 있다. 이것이 곧 화폐의 유사 '유동성'이다. 이들 금융화폐는 완전히 실물경제 영역의 화폐가 갖는 구매력을 갖추었다. 이런 의미에서 볼 때 외자은행은 중국 위안화의 화폐 발행에 참여할 것이다.

외자은행이 '창조'한 위안화 신용대출 총량이 국유 상업은행을 초과할 경우 그들은 중국의 중앙은행을 허수아비로 만들어 중국 화폐의 발행권을 통제할 수 있다. 그들은 악의로 화폐 공급 파동을 조장할 수 있는 능력과 의도가 있다. 이를 통해 먼저 통화 팽창을 일으키고, 이어서 통화 긴축으로 중국인의 재산을 빼앗아갈 것이다. 역사적으로 반복되는 경제위기는 이런 식으로 진행되었다.

세력이 점점 커진 외국계 은행이 금전과 권력, 금전과 금전, 금전과 명예, 금전과 학술의 거래를 통해 중국에 전에 없던 '초특수 이익집단'의 '강자끼리의 연합'을 만들어내면, 이들은 거액의 신용대출을 통해 그들을 지지하는 지방정부를 도울 것이다. 이들은 잠재력 있는 차세대 정치 신인을 물색하고 중점 양성하여 정치 부분에서 장기적 이익을 얻고자 한다. 이들은 학술연구기금을 제공하는 방법으로 자신들에게 유리한 학술 연구 성과를 '격려하고 지지'하며, 각종 사회단체에 대한 거액의 자금 지원을 통해 공공 어젠다에 영향을 미침으로써 아래로부터 위로 향하는 강력한 '주류 여론'을 형성할 것이다. 그들은 매스컴의 시장화 운용을 적극 지원해서 외자은행에 대한 사회의 '긍정적 평가'를 유도하며, 고액의 투자로 출판사의 출판 동향을 좌우할 것이다. 그들은 의약업계에도 큰돈을 투자하여 중의학을 체계적으로 비하할 것이다. 그리고 교육 영역, 법률 시스템, 심지어 군대 시스템까지 조금씩 침투할 것이다. 상품 사회에서 금전에 '면역력'을 가진 사람은 아무도 없다.

외국계 은행 세력은 투자를 통해 중국의 통신, 석유, 교통, 항공, 군수산업 등의 국유 독점산업을 통제할 것이다. 어차피 국유 독점 업종이 외자은행으로부터 은행 대출이나 융자를 얻을 수 없다고 법으로 규정된 것도 아니다. 외자은행이 일단 중국 국유 독점 업종의 주요 자금 제공자가 되면 이러한 중국 '핵심 자산'의 운명을 좌우할 것이다. 외자은행은 이들 주요 기업의 자금줄을 언제라도 단절시켜 중국 핵심 산업을 마비시킬 수도 있다.

외자은행이 중국에 진입하는 목적은 당연히 돈을 벌기 위해서다. 그러나 보통 돈을 버는 것과는 다르다. 금융 개방으로 말미암은 전략적 위험은 금융업 그 자체에만 그치지 않는다. 여기에는 중국 사회 전체의 모든 측면을 포함하므로 자칫 잘못되면 그 피해가 너무 심각하다. 유감스럽게도 중국의 보호를 받는 국유 업종 중에는 마땅히 보호받아야 할 금융업이 들어 있지 않다. 현재 중국의 국내 은행은 구미에서 200여 년의 풍상을 거쳐온 국제 금융재벌들과 상대도 되지 않는다. 이는 마치 허약한 중학생이 권투 왕 타이슨을 상대로 싸우는 격으로 굳이 상상력을 동원하지 않아도 최후의 결과를 능히 예측할 수 있다.

금융 개방 전략의 위험이 전체적 국면에 미치기 때문에 현재의 은행감독위원회와 증권감독위원회가 나눠서 하는 관리감독 체제로는 이렇게 종합적으로 업종을 초월하는 전략적 위험을 관리 및 감독할 수 없다. 따라서 '국가 금융안전위원회'를 설립해 세 직능을 단일화하여 최고결정권자의 직속에 두어야 한다. 금융 정보 연구를 크게 강화하고 외자은행의 인재 배경과 자금 동원, 사례 수집 등의 연구 분석 업무에 박차를 가해야 한다. 국가금융안전 비밀보장 등급(Security Clearance) 제도를 세워 중요한 금융 결정권자들이 이 제도를 통해 심의해야 한다. 외자은행이 손을 댈 수 있는 업종에는 소프트 제한(soft limits)을 가해야 한다. 그 밖에도 중국의 갑작스러운 금융위기에 대한 대비안을 제정하고 정기적으로 이에 대한 예행 연습을 해야 한다.

중국에게 있어 금융 안전은 전략 핵무기보다 더 엄밀하게 감독해야 할 영역이다. 강력한 금융 안전관리감독 체제를 세우기 전에 무조건 전면 개방부터 한다면 혼란을 자초하는 길이다.

화폐 주권인가, 화폐 안정인가

화폐 주권은 어떤 주권국가도 박탈할 수 없는 가장 기본적인 권리로, 주권국가가 실정에 근거하여 화폐 발행 정책을 제정하는 직책을 부여했다. 화폐 주권은 국제 관행이나 국제 협약, 외부의 정치적 압력을 포함한 모든 외부적 요소에 우선해야 한다. 화폐 주권은 자국민의 근본적 이익을 보호해야 한다.

화폐 안정을 유지한다는 것은 국제 화폐 체계에서 자국 화폐의 화폐 가치가 안정되어 국내 업계에 양호하고 평온한 경제 발전을 위한 생태 환경을 제공할 수 있음을 뜻한다.

오늘날 중국의 어려움은 화폐 주권과 화폐 안정 중 하나만 택해야 하는 데 있다. 위안화의 주권을 보호하려면 가치 절상이라는 결과를 가져오고, 위안화와 달리 환율의 기본적 안정을 유지하려면 화폐 주권을 상실할 것이다. 중국의 현재 정책은 경제 발전을 위해 어쩔 수 없이 화폐 안정을 추구하고 화폐 주권을 포기하는 것이다. 문제는 미 연방준비은행이 실제로 중국의 화폐 공급량을 많은 면에서 좌우하고 있다는 사실이다. 중국은 강제 외화결산 제도를 채택하고 있기 때문에 미국은 대중국 무역적자를 증가시켜 중국 중앙은행에 기초화폐를 더 발행하도록 할 것이다. 이러한 기축화폐는 상업은행을 통해 방출되기 때문에 몇 배의 화폐 증가 발행 효과와 유동성 범람을 초래해 증시와 부동산 거품을 더 키우고 중국 금융 생태 환경을 극도로 악화시켰다. 이런 화폐 증가 발행을 상쇄하기 위해 정부와 중앙은행은 국채와 중앙은행 어음 발행을 늘려 과다한 유동성을 흡수할 수밖에 없다. 그러나 이는 정부의 채무 부담을 증가시킨다. 이러한 채무는 조만간 이자와 함께 상환해야 한다.

이렇게 완전히 피동적인 금융 전략은 중국을 극단적으로 불리하게 만든다. 달러가 세계 기축화폐로 있는 한 중국은 이런 국면에서 벗어날 수 없다. 근본적으로 황금의 재화폐화를 촉진해야만 세계 각국에 자유롭고 공평하며 조화로운 금융 생태 환경을 창조할 수 있다. 불안한 국제 환율시장에서 세계 각국이 지출하는 대가는 크고 고통스럽다. 특히 물질 재산을 생산하는 국가는 그 피해가 더욱 크다. 모든 것을 한번에 할 수 없다면 국가 기축화폐의 다원화된 책략을 단계적으로 적극 추진해야 한다.

화폐 가치 절상과 금융 시스템의 '내분비 교란'

화폐 가치의 급속한 절상의 반면교사가 누구냐고 묻는다면, 가장 강력한 후보는 단연 일본이다. 일본의 경제가 오랫동안 위축되었던 데는 내재된 객관적 요소도 있지만, 미국이 갑자기 발동한 '금융전쟁'에 대한 심리적 준비가 전혀 없던 것이 가장 중요한 요소로 작용했을 것이다. 1941년 일본이 '진주만 습격 사건'을 일으키자 미국은 반세기가 지난 1990년 일본에 '금융 습격전'으로 보복을 해주었으니, 양쪽이 무승부를 이룬 셈이다.

《머니 패전》의 작가 요시카와 모토타다는 재산 손실의 비율로 볼 때 1990년 일본에서 일어난 금융 참패의 결과는 제2차 세계대전 참패의 결과와 맞먹는다고 주장했다.

일본은 중국처럼 착실히 노력해서 물질 재산을 창조한 전형적 나라로, 비현실적 금융 재산의 개념에는 부정적 태도를 가지고 있다. 일본의 논리는 무척 단순하다. 자신들이 생산한 질 좋고 값싼 고급 제품들이 시장을 거의 휩쓸었으며, 은행은 한때 세계적인 큰손이었다. 따라서 세계 제일의 외화보유국이자 세계 최대의 채권국이라는 위상을 누리며 천하를 내려다보았다. 1985~1990년 일본 국내 경제와 수출무역은 공전의 활황을 누렸으며, 증시와 부동산은 해마다 폭등세를 보이고 해외 자산을 대량으로 사들였으니 일본인들의 자신감도 최고였다. 미국과의 차이는 이제 10년에 불과했다. 금융전쟁에 대해 전혀 개념이 없던 일본은 현재 중국의 낙관적 정서와 너무나 닮아 있다. 게다가 중국은 당시 일본에 비해 경제력이 훨씬 못 미친다.

전쟁에 대한 방비가 없으면 반드시 위험이 온다는 진리는 어제의 일본과 오늘의 중국에게 똑같이 심오한 의미를 지닌다.

1985년 플라자합의를 체결한 후 몇 개월 안에 엔화 대 달러의 비율은 250 대 1에서 149 대 1로 엔화가 절상하면서 달러의 절하 폭은 20%에 달했다. 1987년에는 이 비율이 120 대 1로 변해 엔화는 불과 3년 만에 두 배로 절상되었다. 이는 일본 금융업의 가장 중요한 외부 생태 환경의 급변이었다. 이러한 변화는 '공룡의 멸종'이라고 할 만큼 격렬했다.

미국의 금융 대가들은 엔화를 단시간 내에 급격히 절상하는 것은 일본에 대량의 호르몬을 강제로 먹이는 것과 같은 효과를 냄으로써 일본 경제에 '금융 시스템 내분비'의 심각한 교란을 가져올 것이라는 사실을 일찍부터 알고 있었다. 일본은 2.5%의 초저리가 2년이나 지속되면서 그 효과가 더욱 두드러졌다. 과연 일본의 경제는 금융 내분비의 실조와 대량의 호르몬 자극으로 증시와 부동산 등 지방 조직이 급속히 증식했으며 물질 생산 부문과 수출업계의 근육 조직은 심각하게 위축되었다. 곧이어 경제 고지혈, 고혈당, 고혈압 증상이 나타나고 결국 금융 시스템은 심장병과 관상동맥경화증에 걸리고 말았다. 이 증상들을 더 쉽게 유발하고자 1987년 국제 금융재벌들은 국제청산은행에서 일본을 겨냥한 신형 특효약을 제조했으니, 이것이 바젤 협의다. 이 협의는 국제 업무에 종사하는 은행의 자기자본율이 반드시 8%에 달해야 한다고 규정했다. 미국과 영국은 이 협의를 체결하고 일본과 다른 나라에게도 준수할 것을 강요했다. 그렇지 않으면 국제 금융의 고지를 선점한 영미 은행들과 거래를 할 수 없었다. 일본의 은행은 자본금이 낮은 편이기 때문에 은행 주식의 높은 가격으로 인한 계정 외 자산의 덕으로 겨우 기준을 맞출 수 있었다.

주식 가격과 부동산시장에 지나치게 의존해 온 일본 은행 시스템은 자신들의 약점을 미국과의 금융전쟁이라는 날카로운 칼날 아래 고스란히 노출하고 말았다. 1990년 1월 12일, 미국은 뉴욕 증권시장에서 '닛케이 주가지수 풋옵션'이라는 신흥 금융의 '핵무기'를 이용해서 일본 도쿄 증시에 대한 '원격 비접촉식' 전략 공격을 실시했다. 일본 금융 시스템의 심장병과 관상동맥경화증은 강한 충격을 이기지 못하고 마침내 중풍으로 쓰러졌다. 그리고 결국 일본 경제는 17년이라는 반신불수의 긴 터널에 갇혀 있어야 했다.

오늘날 그때와 거의 같은 약 처방이 '절실하고 열정적인' 미국 금융이라는 '의사'들의 손을 통해 중국에 소개되었다. 다른 점이 있다면, 중국 경제의 체격이 당시의 일본보다 훨씬 못하기 때문에 약을 투여해도 반신불수 치료만큼 간단하지가 않다는 것이다. 오랫동안 병석에 누워 있는 일본은 중국이 이 약을 먹고 난 후의 결과를 미국 의사들보다도 더 궁금해한다. 안타깝게도 중국에서 현재 나타나는 초기 증상은 1985~1990년의 일본과 매우 유사하다.

대등 개방하의 대외 작전

'국제관례'는 지금 가장 유행하는 단어다. 마치 국제관례를 따르면 그때부터 만사가 태평해지고 금융 개방도 전원의 목가처럼 여유롭고 순조롭게 될 것 같은 분위기다.

국제관례의 형성은 이미 독점적 지위가 형성된 국제 금융재벌의 손에 들어 있었다. 따라서 특정 조건에 따라 중국 금융업의 생존을 위협할 국제관례를 얼마든지 만들어낼 수 있다. 이 수법은 금융업의 독점 지위를 차지한 영미 은행들이 경쟁자를 물리칠 때 쓰는 가장 효과적인 무기가 된 지 오래다.

일본 금융업의 확장세를 눌렀던 바젤협의는 이미 2004년 신바젤

협약으로 업그레이드하여 중국의 은행 시스템에 사용될 준비를 마침으로써 중국 금융업의 해외 발전을 저지할 큰 걸림돌이 되었다.

일부 선진국이 자국 내의 외국 은행 지점에 바젤신자본협의의 요구에 부합할 것을 요구하는 동시에 이 은행들의 본국에서도 이를 따르라고 요구하면서, 그렇지 않으면 관리 감독에 구멍이 뚫린다고 주장한다. 이런 규정은 당연히 이들 외국 은행 지점의 운영 비용을 크게 증가시킨다. 세계 금융 무대에 들어선 지 얼마 안 된 중국에게는 큰 부담이 아닐 수 없다. 다시 말해 중국 본토의 은행이 바젤신자본협의를 실현하지 않으면 미국과 유럽에 있는 이 은행들의 지점은 문을 닫는 것도 감수해야 한다. 중국이 어렵게 세운 해외 금융 네트워크는 일망타진당할 위기에 놓였다.

거대한 우위를 점한 구미 금융업의 게임 규칙 제정자들은 가볍게 중국 금융업의 대외 발전의 길을 막아버릴 수 있다. 중국 내의 은행업은 스스로를 말살하는 황당한, 이른바 국제관례들을 지키느라 애써야 한다. 이보다 더 불공평한 게임 규칙이 어디 있는가! 거대한 힘을 가진 상대와 싸우면서 손발까지 묶인 채로 게임에 나선다면 그 승패는 이미 정해진 거나 다름없다.

이에 대한 중국의 대책은 '대등한 개방하의 대외 작전'밖에 없다. 소재국이 어떤 국제관례를 통해 중국의 해외 은행 지점을 압살하려하면, 중국도 상투적인 수법으로 '중국 특유의' 은행업 규정을 제정해 중국 소재 상대 은행의 영업에 제한을 가하거나 심지어 문을 닫게 할 수도 있다. 영국과 미국이 국제은행업의 주류가 된 과정을 돌아보면 반드시 국제은행 네트워크의 수립을 거쳐왔음을 알 수 있다. 중국의 은행업은 중국 본토에서만 국제화를 할 것이 아니라, 외부로 뻗어나가 직접 구미의 은행을 사들이거나 지점을 확장해 세계 각지에 중국의 금융 네트워크를 세우고 경쟁하면서 많은 것을 배워야 한다. 중국 은행업의 해외 확장이 방해를 받을 경우 중국도 대등한 원칙으로 이에 대응하면 된다.

달러의 장기적인 가치 절하 추세에 대해 많은 학자는 국민들에게 외화를 감추어 나라의 외화보유고 손실의 위험을 분산하자고 주장한다. 중국이 강제 외화결제 제도를 폐지해 기업이 직접 외화를 통제하면, 국가 외화보유고의 가치 절하 위험을 분산하고 화폐 증가 발행과 위안화 가치 절상의 압력을 줄일 수는 있다. 그러나 정부가 외화 유동을 통제할 능력을 약화시켜 금융 전반의 위험을 증가시키므로 완벽한 정책이라고 할 수 없다.

외화를 민간의 손에 맡기는 것보다는 금을 민간에 맡겨야 한다. 모든 외화는 장기적으로 볼 때 금에 대해 가치 절하를 하게 되어 있다. 그 속도가 다를 뿐이다. 중국이 만들어낸 거대한 부로 구매력을 보장하려면 외화 보유를 금은 보유로 전환하는 방법이 유일하다. 국제 황금 가격의 파동은 사실 가상에 불가하다. 그 베일을 벗기고 나면 설사 환율시장에 큰 파도를 몰고 오는 한이 있더라도 중국은 금을 보유해야 한다.

금을 민간에 저축하면 국민의 재산 안전을 근본적으로 보호해 줄 것이다. 상품이든 자산 형식의 통화 팽창이든 모두 국민의 진정한 구매력을 침범할 수 없다. 이는 조화롭고 평등한 사회를 세우는 데 없어서는 안 될 경제 자유의 기초다. 국민의 노동으로 재산을 창조한 이상 국민은 자신의 자산 저축 방식을 선택할 자유가 있다.

황금은 모든 화폐 중 최고 등급의 유동성을 가졌다. 황금은 인류 5,000년 역사상 다양한 문명과 인종, 다양한 지역과 시대, 다양한 정치 체제와 사회에 의해 재산의 최고 형식으로 공인받았다. 황금은 미래의 사회에서 경제 활동의 기본 도량형을 담당할 역사적 사명을 띠고 있다. 세계 역사를 통해 사람들은 황금을 화폐 체제의 기초로 삼는 실험을 네 차례나 실시하고 더욱 똑똑한 화폐 제도를 '발명'하려고 시도했다. 앞의 세 차례는 이미 실패했다. 오늘날의 세계는 네 번째의 실패를 경험하는 중이다. 인류의 천성적인 탐욕 본능은 사람의 주관적인 의식으로, 객관적인 경제 활동의 실험을 정하는 시도는 결코 성공할 수 없다.

금을 민간에 저축하는 것은 이제 당연히 받아들여야 할 변화다. 황금을 기반으로 하는 중국 위안화는 과도한 채무의 욕심으로 무너진 국제 금융의 폐허를 딛고 우뚝 설 것이며 중화문명은 찬란하게 빛날 것이다.

미국 채무의 내부 폭발과
세계 유동성의 긴축

2007년 8월 초, 갑작스러운 유동성 긴축의폭풍이 전 세계를 휩쓸었다. 각국의 증시는 크게 요동쳤고 채권시장은 거의 마비되었다. 중앙은행들은 속속 은행에 거액의 자금을 투입해 붕괴 직전의 시장을 살리려 했다. 8월 9일과 10일 이틀 동안 유럽, 미국, 캐나다, 오스트레일리아, 일본 등지의 중앙은행은 모두 3,023억 달러를 쏟아 부었다. 세계 중앙은행들이 9·11사건 이후 최대 규모의 연합 행동에 나선 것이다. 그러나 시장의 공황을 억제하기에는 역부족이었다. 8월 17일 미 연방준비은행이 어음 할인율을 5.75%로 0.5%포인트 하향 조정하면서 금융시장은 겨우 한숨을 돌릴 수 있었다. 이는 2007년 들어 두 번째로 출현한 세계 금융시장의 지진이다. 첫 번째는 2월 27일이었다.

두 차례의 금융 지진에 대해 학계나 매스컴을 막론하고 하나의 공감대가 형성되었다. 즉 미국발 서브프라임 모기지 문제가 지진의 '진앙지'라는 것이다. 그런데 그 후속 경과에 대한 생각들은 완전히 다르다.

대부분은 서브프라임 모기지가 미국 금융시장에서 차지하는 비율이 높지 않아 영향 범위가 제한적이라고 주장한다. 금융시장이 과잉 반응을 보였기 때문에, 이어지는 각국 중앙은행들의 대규모 투자 행동에 시장의 불안 정서는 곧 정상을 회복할 것이라는 의견이다. 미국의 실물경제는 대규모 충격을 받아 쇠퇴일로를 걸을 정도는 아니었다는 것이다. 그러나 현재까지 나타난 서브프라임 위기는 빙산의 일각에 불과하다는 사람들도 있다. 더 큰 진상이 드러나면 서브프라임 위기는 도미노 현상을 유발한다는 것이다. 첫 번째 도미노가 다른 시장에 미치는 영향은 더욱 강하고, 파괴력이 더 큰 금융 지진이 일어날 것이다. 최종 결과는 세계적인 유동성 과잉이 갑자기 유동성 긴축으로 바뀌는 경기 주기의 격변을 몰고 온다. 다시 말해 세계경제의 '빙하기'가 도래하면서 아무 준비도 못한 경제는 멸종 위기에 직면할 것이다.

위기 상황 재방송

느린 화면으로 2007년 8월 초 이래 금융 폭풍이 국제 금융시장을 강타한 과정과 연방준비은행의 자금 투입 수법을 살펴보자. 어쩌면 금융 지진에 관한 정보를 알 수 있을 것이다.

- 8월 1일, 스위스 신용대출은 세계의 유동성이 "마치 사막의 물처럼 빠르게 증발하고 있다"라고 경고했다.
- 8월 1일, 베어스턴스컴패니(Bear Stearns Companies Inc, BSC) 휘하의 두 헤지펀드가 파산보호 신청을 냈다.
- 8월 2일, 유명한 부동산 대출은행 인디맥(Indymac)의 CEO 마이클 페리가 "MBS 알트A 2급 시장에 공황이 나타나 유동성을 잃었다"라고 주장했다.
- 8월 3일, 자산 등급 평가기관 스탠더드&푸어스(S&P)가 BSC의 신용 등급을 하향조정하겠다고 경고하자 미국 증시는 즉시 폭락했다.
- 8월 4일, 프레디맥이 더 많은 서브프라임 모기지 문제가 출현할 것이라고 우려하며 "이 대출은 원래 해주면 안 되는 대출이었다"라고 토로했다.
- 8월 5일, 로이터통신은 서브프라임 대출 규모가 월가의 발목을 잡을 것이라고 논평했다.
- 8월 6일, 독일 프랑크푸르트 신탁펀드가 미국 서브프라임 모기지에 '오염'되어 회수 정지를 선포했다.
- 8월 7일, S&P가 207종의 미국 알트A 모기지 대출 신용 등급을 하향조정했다.
- 8월 8일, 서브프라임 모기지 문제가 알트A 시장까지 만연하여 알트A 모기지의 위약률이 대폭 상승했다.
- 8월 8일, 골드만삭스 휘하의 100억 달러 헤지펀드가 1주일 만에 8% 손해를 보았다.
- 8월 9일, 유럽 중앙은행은 9·11 이래 처음으로 자금을 긴급 투입

했으며, 규모는 950억 유로에 달했다.

• 8월 9일, 연방준비은행은 하루 동안 세 차례에 걸쳐 긴급 자금 380억 달러를 투입했다.

연방준비은행은 아침 8시 25분에 3일 만기 환매조건부채권매매 방식으로 190억 달러를 투입했으며, MBS 채권을 담보로 했다. 오전 10시 55분에 160억 달러를 3일 만기 REPO 방식으로 MBS 채권 담보로 투입했다. 오후 1시 50분에는 3일 만기 REPO 방식으로 MBS 채권 담보로 30억 달러를 투입했다.

환매조건부채권매매 (REPO)
일정 기간 후에 일정한 가격으로 다시 사들인다는 조건으로 이루어지는 채권 거래.

재미있는 사실은 연방준비은행의 세 차례에 걸친 긴급 자금 투입이 모두 정상적인 상황에서의 '혼합성 담보물' REPO가 아닌 MBS 채권으로 담보를 요구했다는 점이다.

연방준비은행이 은행 시스템에 자금을 투입한 행동은 간단하게 말해 채권시장에서 거래업자가 3일 만기의 차용증을 발행하고 연방준비은행에 달러를 빌려달라고 하면, 달러를 발행하는 연방준비은행이 차용증만으로는 안 되며 반드시 저당물이 있어야 한다고 요구하는 것이다. 저당물로는 재무부가 발행한 국채가 가장 좋다. 왜냐하면 정부의 세수를 담보로 하기 때문이다.

미국 정부가 존재하는 한 세금은 계속 걷을 테니 국채가 가장 안전하다. 그 밖에 정부보증기관이 발행한 채권도 좋다. 이들 기관은 미국 정부가 보증을 서기 때문이다. 프레디맥과 패니메이가 발행한 MBS 채권도 담보물로 제공할 수 있었다. 8월 9일은 시장에 일대 공황이 일어나 현금이 극도로 부족했다. 그러나 연방준비은행은 고집스럽게 MBS 채권만을 담보물로 요구했다. 채권 거래업자들은 자신의 금고에서 MBS 채권을 꺼내 연방준비은행에 제출했고, 연방준비은행은 회계 장부의 자산 항목으로 거래업자의 차용증을 기록했다. 가격 총액은 380억 달러이고 기한은 3일, 담보물은 등가의 MBS 채권이었다. 그런 다음 부채 항목에 기입하고 현금 380억 달러를 거래업자에게 지급했다. 동시에 3일 후에 거래업자가 반드시 이 MBS 채권을 환매하여 연방준비은행에 빚진 380억 달러의 현금과 3일 동안의 이자를 갚을 것을 명기했다. 3일 안에 MBS 채권에 발생한 이자 수입은 거래업자의 소유였다.

연방준비은행이 투입한 자금은 만기가 3일에 불과했다(대부분은 1일). 기한이 되면 이 돈은 다시 없어져 버린다. 이러한 임시 행동은 시장의 공황 상태가 '절정'일 때의 대응책으로 결국 급한 불만 끄자는 데 목적이 있었다.

일반 거래일에 연방준비은행은 세 가지 채권을 모두 흡수하며 MBS 채권만 받는 경우가 없었다. 그렇다면 8월 9일에는 무슨 이유로 연방준비은행이 이런 행동을 했을까? 그들의 설명에 따르면, 국채는 리스크를 피하는 데 최적이기 때문에 투자자들이 그날 모두 국채에 몰려들었다. 연방준비은행 자원을 점용하지 않으려고 MBS 채권을 받았다는 것이다.

매스컴들은 한술 더 떠 투자자, 특히 외국인 투자자에게 MBS 채권을 아무도 사지 않을 것이라며 오해하지 말 것을 당부했다.

이 마지막 한마디야말로 문제의 관건이다. 국제 금융시장에 출현한 유동성 긴축 위기의 근원이며 우리에게 서브프라임 위기의 핵심을 알 수 있도록 해준다. MBS 채권과 유동성의 관계가 이토록 밀접한 이유를 알려면 먼저 자산 증권화의 실질을 파악해야 한다.

자산 증권화와 유동성 과잉

주지하는 바와 같이 오늘날 세계의 각종 금융 혁신은 모두 1970년대 브레턴우즈협정이라는 '준 금본위제'가 폐지된 후부터 시작되었다. 이 협정에 따르면, 금융업의 핵심 자산은 황금이었으며 유통 중인 모든 화폐는 반드시 '지폐를 황금으로 교환'하는 경제 철칙을 거쳐야 했다. 당시 은행 체계는 '다른 사람의 채무'로 채무화폐를 만들 엄두도 내지 않았다. 이렇게 해서 예금주가 돈을 찾으려고 몰려드는 현상을 피했으며, 채무는 황금의 엄격한 감독 아래 작은 규모만을 유지했다.

금본위제의 제약 아래 세계 각국의 통화 팽창은 거의 무시해도 될 정도였으며, 장기적인 재정적자와 무역적자도 몸을 숨길 곳이 없어 외환 위험은 제로에 가까웠다. 그런데 달러와 금의 연결고리가 끊어진 후 겨우 30년 동안 달러의 구매력은 이미 90% 이상이나 하락했다. 화폐의 구매력이 떨어지거나 통화 팽창이 일어나면 과연 누가 이득을 보고 누가 큰 손해를 보게 될까?

이에 대해서는 케인스의 대답이 가장 확실하다. "연속되는 인플레이션 과정에서 정부는 비밀리에 국민의 재산 일부를 몰수할 수 있다. 이 방법을 쓰면 마음대로 국민의 재산을 뺏어올 수 있다. 다수가 가난해지는 과정에서 소수는 벼락부자가 된다."[1]

그린스펀도 1966년에 다음과 같이 주장했다. "금본위제가 없는 상황에서는 어떤 방법으로도 국민의 재산이 인플레이션에 먹히는 것을 막지 못한다."[2]

오스트리아 학파는 통화 팽창의 근원인 은행의 부분 준비금 제도를 '가짜 돈을 몰래 찍어내는 행위'로 묘사했다. 부분 준비금 제도에서는 영구적인 통화 팽창 문제가 나타나기 마련이다.[3]

오스트리아 학파
(Austrian School)

오스트리아에서 C. 맹거를 시조로 하여 발전한 근대경제학파. 한계효용가치설을 체계화했다.

통화 팽창은 두 가지의 문제를 유발한다. 하나는 화폐 구매력의 하락이며, 나머지 하나는 부의 재분배다.

돈을 많이 찍어내면 물건 값이 자연히 올라간다. 1949년 장제스가 중국 대륙을 빠져나가기 전 미친 듯 돈을 찍어대는 상황을 경험한 사람이라면, 이 간단한 이치를 알 것이다. 그러나 오늘날의 경제학 주류는 화폐 발행과 가격 상승 간에는 필연적 관계가 없다고 하는 주장이 대부분이다. 그들은 많은 데이터를 제시하면서 물가 상승에 대한 서민의 걱정은 근거가 없다고 주장한다.

통화 팽창이 부의 재분배를 가져온다는 말은 그다지 직관적이지 않다. 은행이 부분 준비금 제도에서 '무에서 유를 창조해 내는' 수표 화폐는 가짜 돈을 몰래 찍어내는 것과 같다. 이 '가짜 돈'을 처음 받은 사람은 먼저 고급 레스토랑에 가서 실컷 음식을 시켜 먹는다. 최초로 가짜 돈을 사용한 사람에게는 시장 물가가 원래의 수준이므로 그의 손에 있는 가짜 돈은 종전과 똑같은 구매력을 지닌다. 레스토랑 주인은 가짜 돈을 받아 옷을 한 벌 사 입음으로써 두 번째 수익자가 된다. 이때 가짜 돈의 유통량은 아직 시장에서 나타날 정도가 아니므로 물가는 아직 변동이 없다. 그러나 가짜 돈이 여러 명의 주인을 거치고 점점 많은 가짜 돈이 유통되면서 시장에서는 그 영향이 나타나고 물가는 점점 상승하게 된다.

가장 재수가 없는 사람은 가짜 돈을 손에 넣기 전에 물가가 전면적으로 상승해 버린 경우다. 그들의 손에 있던 돈은 물가가 상승하면서 점차 구매력을 잃어버린다. 즉 가짜 돈과 가까이 있는 사람이 덕을 보며, 그 돈을 늦게 손에 넣는 사람은 손해라는 이야기다. 현대의 은행 제도에서는 부동산이 은행과 가까이 있기 때문에 적지 않은 덕을 본다. 반면에 노인연금에 의지해 살아가거나 착실히 저축을 해온 사람들은 가장 큰 피해자들이다. 따라서 통화 팽창의 과정은 곧 사회의 부가 이전되는 과정이다. 이 사이에서 은행 시스템과 멀리 있는 가정은 재산의 손실을 본다.

황금을 자산의 핵심 개념으로 정하는 제도를 폐지한 후, 자산의 개념은 순수한 채무로 변해버렸다. 1971년 이후 달러도 '황금의 영수증'에서 '채무의 영수증'으로 변해버렸다. 금의 속박에서 벗어난 채무 달러의 발행량은 흡사 고삐 풀린 말과 같다. 오늘날의 달러는 더 이상 기억 속의 묵직한 '달러'가 아니라 30여 년을 계속 평가절하해 온 달러 영수증이다.

일찍이 1970년대에 미국의 금융업은 이미 부동산 모기지 대출의 채권을 서로 매매하기 시작했다. 전체의 대출을 직접 매매하기가 쉽지 않았을 뿐이다. 이렇게 크기가 다르고 조건과 기한, 신용이 각각인 채권을 어떻게 표준화해야 편하게 거래할 수 있을까? 은행가들은 채권이라는 전형적인 매개체를 자연히 생각해 냈다. 이것이 곧 1970년에 지니메이가 세계 최초로 개발한 모기지 담보부 채권(mortage backed securities), MBS이다. 이들은 조건이 서로 접근하는 수많은 모기지 채무를 한데 묶어 표준 증빙 서류로 삼은 다음, 이렇게 모기지 채무를 담보로 하는 증빙 서류를 투자자에게 판다. 채무 이자 수입과 채무 리스크도 동시에 투자자에게 넘긴다. 나중에 패니메이 역시 표준화된 MBS 채권을 발행하기 시작했다.

지니메이(Ginnie Mae)
미국 정부주택저당공사.

MBS는 중대한 발명이라고 해야 마땅하다. 금은화폐의 출현이 상품 교환을 크게 촉진했던 것처럼, MBS 역시 모기지 채권의 거래를 편리하게 하는 데 크게 기여했다. 투자자들은 표준화된 채권을 매매하기에 편리하고, 은행은 신속하게 유동이 어려운 거액의 장기 부동산 모기지 채권을 자신의 대차대조표에서 없애버리고 일정한 금리 차액을 챙긴 후 리스크와 수익을 함께 양도해 버린다. 그 후에는 대출을 끼고 집을 사려는 다음 사람을 찾아나선다.

금융의 시각에서 이는 매우 고무적이다. 은행은 담보대출의 유동성 문제를 해결하고 투자자들은 더 많은 선택을 할 수 있으며, 집을 사는 사람은 쉽게 대출을 낼 수 있고 집을 파는 사람은 쉽게 물건을 처분할 수 있게 된 것이다. 그러나 편리함이란 늘 대가가 따르는 법이다. 은행 시스템은 MBS 채권 방식으로 30년 동안이나 묶여 있던 모기지 대출을 풀면서 그와 함께 모든 리스크도 사회에 풀어놓아버렸다. 이러한 리스크에는 잘 알려지지 않은 통화 팽창 문제가 포함되어 있다.

집을 사는 사람이 은행에서 대출 계약서를 쓰면 은행은 '대출증서'를 자산으로 삼아 대차대조표의 자산 항에 기입한다. 그와 동시에 동등한 수량의 부채를 창조한다. 은행의 이러한 부채가 경제적 의미로는 화폐와 동등하다는 점에 주의하기 바란다. 다시 말해서 은행은 대출을 내줌과 동시에 화폐를 창조한다. 부분 준비금 제도에서는 은행이 원래 존재하지 않았던 돈을 창조하는 것을 허락하기 때문에 수십만에 달하는 은행에서 '무에서 유로 창조된' 새로운 돈은 즉시 부동산회사의 계정에 기입된다.

이런 과정에서 은행은 부분 준비금 체제에서 '합법적으로 가짜 돈을 찍어내기'가 가능하다. 부동산회사는 '가짜 돈'을 처음 사용하는 존재다. 이것이 바로 부동산회사가 그토록 빨리 돈을 벌 수 있었던 원인이다. 부동산회사가 가짜 돈을 쓰기 시작하면 사회 전체의 물가 상승 압력은 가짜 돈이 여러 사람 손을 거치는 과정에서 파도처럼 확산된다. 이런 전달 체계가 극히 복잡하기 때문에 사회 상품의 수급 변화는 다차원 변량 공간을 증가시킨다. 화폐에 대한 사회의 심리적 반응은 상당히 지체되고 이러한 요소가 겹쳐진다.

케인스가 통화 팽창의 진정한 근원지를 "100만 명 중 한 사람도 발견하기 어렵다"라고 한 것도 무리가 아니다. 본질적으로 은행 시스템은 부분 준비금의 확대 역할에 따라 채무화폐 발행량을 몇 배로 늘릴 수 있다. 이러한 화폐 증가 발행은 엄밀히 말해 실제 경제 성장의 속도를 크게 앞지른다. 이것이 바로 유동성 과잉의 진정한 근원이다.

이러한 은행화폐의 본질은 은행이 발급하는 '영수증'이다. 금본위제에서 이 영수증은 은행의 황금 자산에 대응하지만, 순수한 채무화

폐 체계에는 다른 특정인이 은행에 진 동등한 가격의 채무에 대응할
뿐이다.

MBS는 근본적으로 은행 시스템의 수표화폐 발행 효율을 크게 높
여준다. 또한 심각한 화폐 공급 과잉 문제를 초래하게 된다. 이러한
과잉 화폐가 그러지 않아도 유동성이 큰 증시로 유입되면 부동산 가
격 거품을 계속 부추기게 된다. 더 심각한 문제는 물질 생산과 상품
소비 영역으로 '새어 나가' 원성이 자자한 물가 상승을 일으킨다는
것이다.

MBS에 착안해 더 대담한 아이디어들이 속출했다. 바로 자산 담보
부 대출(asset backed securities, ABS)이다. 은행가들은 미래 고정 원금이자
수익으로 담보를 잡는 MBS가 인기를 끌자 이를 더 보급시켰다. 미래
의 캐시플로를 담보로 한 자산은 모두 같은 생각으로 증권화가 되었
다. 이러한 자산에는 신용카드 미수금, 자동차 캐피탈, 학생 대출, 상
업 대출, 자동차·비행기·공장·부동산·상가 임대 수입이 포함되었
으며, 심지어 특허나 도서 판권의 미래 수입도 있었다.

월가에는 미래의 캐시플로가 있다면 이를 증권으로 만들 것이라는
유명한 말이 있다. 사실 금융 혁신의 본질은 미래의 자산을 미리 쓸
수만 있다면 모두 현금화하는 것이다. ABS 시장의 규모는 최근 몇 년
간 급속하게 팽창했다. 2000년부터 지금까지 이미 배가 늘어 19조
8,000억 달러라는 놀라운 규모다.[4]

이러한 ABS와 MBS 채권을 담보로 은행에서 대출을 할 수 있다.
프레디맥과 패니메이가 발행한 MBS 채권은 심지어 은행의 지급준비
금과 연방준비은행에서 환매조건부채권매매(REPO)의 담보물이 될 수

도 있다. 이러한 규모의 화폐 증가 발행은 필연적으로 심각한 자산 통화 팽창을 초래하게 마련이다. 통화 팽창이 사회의 부를 은밀히 움직이게 한다고 할 때 은행은 그 원심으로, 대출 규모를 반경으로 국민의 '치즈'를 움직이는 모습을 어렵지 않게 발견할 수 있다.

서브프라임과 알트A 모기지 대출
: 자산 쓰레기

보통 사람 대부분의 부동산 모기지 대출 개발이 끝나자 은행가들은 '보통이 아닌' 사람들에게 눈을 돌렸다. 이들은 600만 명의 미국 빈곤층과 신용 상태가 불량한 가난한 이민자들이었다.

미국의 모기지 대출시장은 크게 세 가지 단계로 나눈다. 우량 대출시장(prime market)과 알트A 모기지 대출, 서브프라임 대출시장이다. 우량 대출시장은 신용점수 660점 이상으로 신용등급이 높고, 수입이 안정적이며, 채무 부담이 합리적인 우량 고객을 대상으로 한다. 이런 사람들은 주로 가장 전통적인 30년이나 15년 고정금리 모기지 대출을 선택한다. 서브프라임 대출시장은 신용점수가 620점 이하로 수입 증명이 안 되고 부채가 많은 사람을 대상으로 한다. 알트A 모기지 대출시장은 이 둘 사이에 끼어 있는 방대한 회색지대라고 할 수 있다. 알트A는 신용점수 620~660의 주류 계층과 660 이상인 신용도가 높은 고객 중 상당 부분도 포함한다.

서브프라임 시장의 총 규모는 약 2조 달러 정도로, 그중 절반에 가

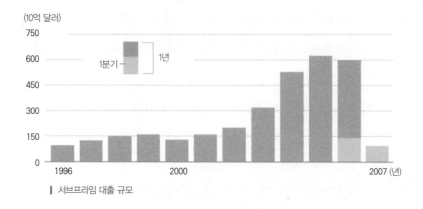

(10억 달러)

1분기 — 1년

▎ 서브프라임 대출 규모

까운 대출자는 고정 수입 증빙 서류가 없다. 따라서 이는 매우 위험한 시장이면서 수익률도 높은 편이다. 서브프라임의 대출 금리는 기준 금리보다 2~3% 정도 높다.

서브프라임 시장의 대출기업은 더 높은 '혁신 정신'으로 대담하게 각종 새로운 대출상품을 출시했다. 그중 가장 유명한 것이 무원금 대출(interest only loan), 3년 금리변동가능대출(adjustable rate mortgage, ARM), 5년 금리변동가능대출, 7년 금리변동가능대출, 옵션 금리변동가능대출(option ARMs) 등이 있다. 이러한 대출의 공통적인 특징은 대출 상환 처음 몇 년은 매월 가장 낮은 고정금리를 지급하고 일정 기간이 지나면 그 부담이 점점 커지는 것이다. 이러한 신상품들이 인기를 끈 이유는 첫째, 부동산 가격은 오르게 마련이라고 생각하기 때문이다. 최소한 '합리적'인 시간 안에는 그럴 것이기 때문에 적당한 시기에 집을 팔아버리면 리스크를 '통제'할 수 있을 것이라고 믿는다. 둘째, 부동산 가격 상승의 속도가 이자 부담 증가 속도보다 당연히 빠를 것이라고 믿기 때문이다.

알트A 대출은 신용 기록이 괜찮거나 매우 양호한 사람도 대상으로 한다. 그러나 고정 수입, 저축, 자산 등에 대한 합법적 증명 서류가 미비하거나 아예 없다. 이런 대출은 서브프라임 대출보다 더 '안전'하게 여겨질 뿐 아니라 이윤이 높다. 대출자는 신용 불량 '전과'가 없고, 금리가 우량 대출상품보다 1~2% 높다.

과연 알트A 대출은 서브프라임보다 안전할까? 사실은 전혀 그렇지 않다.

2003년 이래 알트A 대출기관은 급속한 부동산 거품을 배경으로 고액의 이윤을 추구하고자 최소한의 이성을 상실했다. 많은 대출자가 정상적인 수입 증명을 전혀 갖추지 못했으며 스스로 숫자를 기입하면 그만이었다. 이러한 숫자는 늘 과장되기 마련이라서 알트A 대출은 업계에서 '사기 대출'이라고 불렸다.

대출기관은 리스크가 더 높은 각종 대출상품을 대거 출시했다. 무원금 대출상품은 30년 양도 대출 일정(amortization schedule)으로 월별 금액을 분담한다. 그러나 첫해에는 1~3%의 초저금리를 부담하고 원금은 없이 이자만 내면 된다. 2년째부터는 금리시장 상황에 따라 금리가 변동한다. 일반적으로는 매년 월별 금액 증가액이 전해의 7.5%를 넘지 못하도록 규정되어 있다.

옵션 금리변동가능대출은 대출자가 매월 정상 금리보다도 더 낮은 이자를 지급하며 차액은 자동으로 대출 원금에 계산된다. 이것을 '네거티브 상환(negative amortization)'이라고 한다. 따라서 대출자는 매월 돈을 상환한 후 은행에 더 많은 빚을 지게 된다. 이런 대출의 금리는 일정 기간 후 시장 상황에 따라 정해진다.

부동산에 단기 투기하는 많은 '신용 우수자'는 부동산 가격이 단기에 상승한다는 점을 이용해 얼마든지 나서서 현금화할 여유가 있다. 그리고 '신용 1등급'들은 이러한 대출을 이용해 자신의 실제 지급 능력을 훨씬 뛰어넘는 집을 산다. 사람들은 모두 이런 생각을 가지고 있다. 부동산 가격이 계속 오르기만 하면 상환 능력에 문제가 생기더라도 즉시 부동산을 팔아 대출을 갚으면 돈을 벌 수 있다는 것이다. 그렇지 않으면 재대출(re-finance)을 받아 급한 곳에 돈을 쓸 수 있다. 설사 금리가 빠르게 상승한다고 해도 매년 상환 증가액이 7.5%의 상한선을 넘지 못한다. 이렇게 리스크가 적고 잠재적 수익이 높은 투자에 뛰어들지 않을 사람이 있겠는가?

통계에 따르면, 2006년 미국 부동산 모기지 대출 총액 중 40% 이상은 알트A 대출과 서브프라임 대출이다. 그 총액은 4,000억 달러이며 2005년의 비율은 더 높았다. 2003년부터 계산해 보면 알트A와 서브프라임 같은 고위험 모기지 대출의 총액이 2조 달러를 넘었다. 서브프라임은 60일 이상 연체율이 15% 이상이며, 20%라는 신기록을 향해 달려가고 있다. 220만에 달하는 연체자들이 은행으로부터 퇴출 조치를 당할 것이다. 알트A의 연체율은 3.7% 정도지만 과거 14개월 동안 두 배가 증가한 수치다.

주류 경제학자들이 알트A의 위험을 크게 다루지 않은 이유는 아직까지 연체율이 위험 수준에 이른 서브프라임 시장에 비해 크게 부각되지 않았기 때문이다. 그러나 그 잠재적인 위험은 서브프라임 시장보다 더 클 수 있다. 그 이유는 알트A의 대출 협의에는 두 개의 시한폭탄이 도사리고 있기 때문이다. 일단 모기지 대출 금리가 계속 상승하고 부동산이 지속적으로 하락할 경우 자동적으로 폭발할 것이다.

앞에서 무원금 대출 중 금리가 시장 상황에 따라 정해진 후 월 상환액이 7.5%를 넘지 못한다는 규정은 많은 사람에게 일종의 '허황된' 안전감을 준다. 그러나 여기에는 두 가지 예외가 있다. 그중 하나가 '정기 재설정'이다. 매 5년이나 10년마다 알트A 대출자의 상환 금액은 자동으로 재설정된다. 대출기관은 새로운 대출 총액에 따라 월 상환액을 다시 계산한다. 대출자는 자신의 월 상환액이 크게 늘었다는 사실을 발견하게 될 것이다. 이것이 바로 '페이먼트 쇼크(payment shock)'이다. 네거티브 상환의 작용 때문에 많은 사람의 총 부채는 계속 상승한다. 이들의 유일한 희망은 부동산 가격이 계속 올라가는 것뿐이다. 그래야 집을 팔아서 대출을 갚을 수 있다. 그렇지 않으면 부동산을 잃거나 출혈을 감수하고 팔아버리는 수밖에 없다.

무원금 대출
일정한 금리 기간 동안 원금 상환 없이 이자만 상환하는 모기지.

두 번째 시한폭탄은 '최고 대출 상한액'이다. 대출자들은 몇 년 후에 다가올 정기 재설정에 대한 생각을 잠시 잊어버린다. 그러나 네거티브 상환에는 제한이 있는데, 누적된 부채가 원래 대출 총액의 110~125%를 넘지 못한다는 것이다. 이 제한 액수를 일단 넘어가면 자동적으로 대출 재설정에 들어간다. 이는 목숨을 앗아갈 수 있는 시한폭탄이다. 저금리와 첫해 상환 압력이 크지 않다는 유혹에 넘어간 사람들은 최대한 낮은 월 상환액을 선택한다. 가령 정상적으로 매월 1,000달러의 이자를 지급한다고 가정할 때 그중 500달러만 상환하고 나머지 500달러는 대출 원금에 자동적으로 포함되는 방식을 택할 수 있다. 이렇게 해서 누적되는 속도로 대출자는 5년 후 재설정이라는 시한폭탄 앞에 노출되어 최고 대출 상한액이라는 폭탄에 온몸이 갈가리 찢기고 만다.

이런 대출이 그토록 위험한데 연방준비은행은 왜 나서서 관리하지 않는 것일까?

그린스펀이 나서기는 했다. 그것도 두 번이나 말이다. 첫 번째는 2004년이었다. 그린스펀은 대출을 제공하는 기관과 집을 사는 서민들의 담력이 너무 약하다고 생각했다. 왜냐하면 그들은 리스크가 큰 옵션 금리변동가능 상품을 특별히 선호하지 않았기 때문이다. 그린스펀은 이에 볼멘소리를 했다. "만약 대출기관이 전통 고정금리 대출 상품보다 더 신축적인 옵션을 제공할 수 있다면 미국 국민은 더 큰 수익을 얻을 것이다. 금리 변동 리스크를 감당할 용의가 있고 능력도 있는 소비자로서는 전통적인 30년과 15년 고정금리 대출이 너무 비쌀 수도 있다."[5]

그래서 패니메이나 뉴센트리파이낸셜의 일반 부동산 구입자들은 과연 담이 커지기 시작했다. 이에 따라 상황도 점점 확산되었으며 부동산 역시 점차 과열되었다. 16개월 후 그린스펀은 상원의 청문회에 출석했다. 이때 그는 이마를 찡그리며 말했다. "미국 소비자들이 옵션 금리변동가능대출을 사용해 어차피 감당할 수 없는 부동산 대출 부담을 지려는 것이 잘못된 생각이다."[6]

사람들은 어쩌면 그린스펀의 생각을 진정으로 이해하지 못할 것이다. 그의 말은 미국 국민이 금리 리스크를 능히 감당하고 주도할 수 있다면 고위험 대출을 사용해도 무방하다는 뜻이다. 행간에 숨은 뜻은 그럴 능력이 없다면 일찌감치 뛰어들 생각을 포기하라는 것이다.

어쩌면 그린스펀은 미국 서민을 잘 이해하지 못하는 금융가인지도 모른다.

서브프라임 대출 CDO
: 농축형 쓰레기 자산

서브프라임 대출과 알트A 대출이라는 두 자산 유해쓰레기의 총액은 2조 5,000억 달러에 달한다. 이들 쓰레기 자산은 반드시 서브프라임 대출 은행 시스템의 자산 항목에서 떨어져 나와야 한다. 그렇지 않으면 그 여파가 끝이 없다. 어떻게 해서 떨어져 나올까? 앞에서 말한 자산 증권화를 통해서다.

　서브프라임 대출로 담보를 잡는 MBS 채권은 쉽게 생성되지만 손을 떼기가 쉽지 않다. 미국의 대형 투자기관과 퇴직기금, 보험기금, 정부기금의 투자는 반드시 일정한 투자 조건을 충족해야 하기 때문이다. 즉 투자물이 신용평가기관 무디스나 S&P의 AAA등급을 획득해야 하는데, 서브프라임 대출 MBS는 최저 투자 등급 BBB에도 못 미치기 때문에 많은 대형 투자기관이 구매를 할 수 없다. 바로 이러한 고위험 때문에 수익률이 높은 것이다. 월가의 투자은행은 쓰레기 자산의 높은 잠재적 고수익률에 주목했고, 이 같은 고위험의 투자 영역에 개입하기 시작했다. 투자은행가들은 먼저 '유해쓰레기' 등급의 MBS 채권을 연체율에 따라 트랑세(tranche)라고 불리는 몇 가지 계층으로 나누었다. 이것이 이른바 부채담보부증권 CDO(collateralized debt obligations)다. 그중 위험도가 가장 낮은 것을 '고급 CDO(senior tranche, 약 80% 차지함)'라고 하며, 근사한 선물 상자에 포장하고 금 테이프를 둘러 판매한다. 위험도가 중간 정도면 '중급 CDO(mezzanine, 약 10%)'라고 하며, 역시 선물 상자에 포장하고 은 테이프를 둘렀다. 위험도가 가장 높은 상품은 '보통 CDO(equity, 약 10%)'라고 부르며, 구리 테이프를 두른 선물 상자에 포장된다. 월가의 투자은행들이 이렇게 근사한 포장을 하고 나면 형편없는 유해쓰레기가 순식간에 반짝반짝 빛나는 보배로 변신한다.

투자은행들이 선물 상자를 들고 자산평가기관의 문을 두드릴 때면 무디스나 S&P 같은 기관도 현혹되게 마련이다. 입담 좋은 투자은행들은 이 고급 CDO가 얼마나 믿음직한지 침을 튀겨가며 설명한다. 이들은 최근 몇 년간의 데이터를 제시하면서 고급 CDO가 위약 현상을 일으킬 확률이 어떻게 해서 낮은지를 설명한다. 그리고 세계 일류 수학자들이 설계한 수학 모델을 들어 미래에 위약이 출현할 확률이 극히 낮으며, 설사 출현한다고 해도 보통 CDO나 중급 CDO가 먼저 그 위험을 상쇄하기 때문에 두 개의 방어선으로 보호된다는 것이다. 따라서 고급 CDO는 그야말로 보물 덩어리로 둔갑한다. 게다가 부동산 대출이 얼마나 호황인지를 설명한다. 모기지 대출을 받는 사람들은 언제라도 재대출을 받아 많은 현금을 사용하거나 부동산을 팔아 큰 이윤을 남길 수 있다는 점을 주변에 살아 있는 예를 들어가면서 설명한다.

무디스나 S&P는 과거의 데이터를 자세히 조사하지만 아무 허점도 찾을 수 없다. 향후 추세를 대변하는 수학 모형을 반복해서 검토하지

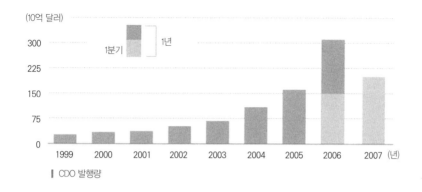

(10억 달러)

300

225

150

75

0

1999 2000 2001 2002 2003 2004 2005 2006 2007 (년)

1분기 1년

▮ CDO 발행량

만 아무 문제도 발견하지 못한다. 부동산이 호황인 거야 누구나 다 아는 사실이다. 물론 무디스는 수십 년 동안 이 분야에 종사해 오면서 얻은 직감과 몇 차례의 경제위기 경험을 통해 화려한 포장 뒤에 숨은 함정을 눈치챌 수 있다. 그러나 그 안에 도사린 이해관계를 잘 알기 때문에 겉으로 드러난 명백한 결함이 없는 한 대충 눈감아준다. 어차피 같은 분야에서 오랫동안 동업자로 지내온 데다 무디스나 S&P도 투자은행의 영업성과가 좋아야 먹고살 수 있다. 게다가 무디스와 S&P는 서로 경쟁 관계에 있다. 어차피 이쪽에서 해주지 않으면 상대 기관이 해줄 것이 뻔하므로 괜한 미움을 사느니 눈을 감아주는 것이다. 이렇게 해서 고급 CDO는 무디스와 S&P의 손에서 AAA라는 최고 등급을 얻는다.

투자은행들은 흡족해서 돌아간다. 이런 과정은 불법업자들이 맥도날드가 버린 폐유를 수집해서 간단한 여과와 분리 과정을 거쳐 '쓰레기를 보물로' 만들어 재포장한 다음 음식을 볶거나 튀기는 기름으로 식당에 파는 것과 유사하다. 유독쓰레기 판매업자인 투자은행들은 CDO의 신용등급을 얻은 다음 변호사 사무실을 찾아가 전문 법률 실체인 '특수목적회사(special purpose vehicle, SPV)'를 설립한다. SPV는 규정집에 따라 케이맨 제도(Cayman Island)에서 정부 감독의 손길을 피하고 탈세를 한다. 그런 다음 자산 유해쓰레기를 사서 CDO를 발행한다. 이로써 투자은행들은 법적으로 SPV의 리스크를 피해간다.

이렇게 영리한 투자은행들은 리먼브라더스(Lehman Brothers Holdings), 베어스턴스, 메릴린치(Merrill Lynch), 씨티은행, 와코비아(Wachovia)투자은행, 도이치방크, 아메리카은행(BOA) 등 하나같이 대형 기업들이다.

물론 투자은행들은 장기적으로 이 쓰레기 자산을 가지고 있을 생각이 없다. 이들의 생각은 신속하게 이를 현금화하는 것. 고급 CDO는 신용등급 AAA를 받은 데다 투자은행들의 천부적 마케팅 수단에 힘입어 날개 돋친 듯 팔려나간다. 이 상품의 구입자들은 모두 대형 투자기금과 외국 투자기관이다. 그중에는 많은 퇴직기금, 보험기금, 교육기금과 정부가 투자를 위탁한 각종 기금들이 포함되어 있다. 그러나 중급 CDO나 보통 CDO는 마음처럼 쉽지 않다. 투자은행들은 고심을 하지만 무디스와 S&P도 '농축형 유해쓰레기'를 위해 보증을 서줄 수 없는 형편이다. 이들에게도 최소한의 '직업 도덕'이라는 마지노선이 있기 때문이다.

어떻게 해야 농축형 유해쓰레기라는 뜨거운 감자들을 처리할 수 있을까? 투자은행들은 마침내 기발한 아이디어를 생각해 냈다. 그것은 헤지펀드를 설립하는 것이었다.

투자은행들은 돈을 투자해서 독립적인 헤지펀드를 설립하고 농축형 유해쓰레기들을 대차대조표에서 떼어내 헤지펀드에 집어넣었다. 헤지펀드는 어차피 같은 뿌리인 투자은행으로부터 농축형 유해쓰레기인 CDO 자산을 '고가'에 사들인다. 이렇게 고가로 헤지펀드의 자산에 기록되어 '구입 가격(enter price)'이 된다. 따라서 투자은행들은 법률적으로 농축형 유해쓰레기와 경계선을 긋는 작업을 마치게 된다.

다행히 2002년 이래 연방준비은행이 만들어낸 초저금리의 금융 생태 환경이 신용대출의 왕성한 성장을 가져왔다. 이렇게 유리한 환경에서 부동산 가격은 5년 동안 두 배가 올랐다. 서브프라임 대출자들은 쉽게 자금을 조달해서 월 상환액을 지급할 수 있었다. 그 결과 서브프라임 대출의 연체율은 당초 예상을 훨씬 밑돌았다.

고수익과 고위험은 정비례한다지만 고위험이 출현하지 않은 상황에서 높은 수익률은 사람들에게 큰 매력으로 다가왔다. CDO시장은 다른 증권시장 거래량에 비해 조용한 편이었다. '유해쓰레기'는 시장에서 현금화하기가 어려웠다. 따라서 어떠한 믿음직한 가격 정보도 구할 수 없었다. 이때 정부 감독부처에서 헤지펀드가 내부의 수학 모형으로 계산한 결과를 자산 평가 표준으로 삼는 것을 허가했다. 헤지펀드로서는 대단한 호재가 아닐 수 없었다. 이들은 '계산'을 통해 수익률을 발표했다. 그 결과 수익률 20%는 물론이고 30%, 50%, 심지어 100%의 펀드까지 난무했다.

일순간 농축형 유해쓰레기 CDO를 보유한 헤지펀드는 월가에서 호시절을 구가했다. 투자은행들도 뜻밖의 호황에 입이 귀에 걸릴 지경이었다. 대량의 농축형 유해쓰레기를 가진 헤지펀드가 생각지도 않은 효자상품이 된 것이다.

눈이 나올 정도의 고수익에 매료된 투자자들은 너도나도 헤지펀드에 몰려들었다. 대량의 자금이 유입되면서 헤지펀드는 투자은행에 부를 창조하는 기계가 되어버렸다.

헤지펀드의 기본적 특징은 고위험과 고배율 레버리지로 움직인다는 것이다. 어차피 수중에 든 농축형 유해쓰레기 CDO 자산이 팽창하는 상황에서 고배율 레버리지를 이용하지 않는 것도 헤지펀드의 이름에 걸맞지 않은 행동이다. 그래서 헤지펀드의 매니저는 상업은행에 담보대출을 요구했다. 담보물은 시장에서 인기를 끌고 있는 농축형 유해쓰레기 CDO였다. 은행들은 CDO의 명성을 귀에 못이 박히도록 듣던 터라 이를 흔쾌히 수락했다. 그리고 대출을 내주어 계속 은행화폐를 창조했다. 여기서 은행 시스템이 같은 모기지의 일부 채무를 이용해 이미 N번이나 '가짜 돈 찍어내기'를 했다는 사실을 기억하기 바란다.

헤지펀드가 은행에 담보대출을 하며 이용한 레버리지는 5~15배가 되었다. 헤지펀드는 은행에서 돈을 빌려와 친정인 투자은행에서 더 많은 CDO를 사들인다. 투자은행들은 더 신이 나서 더 많은 유독쓰레기 MBS 채권을 CDO의 '제련' 과정에 투입한다. 자산 증권화의 고속 통로에서 서브프라임 대출을 내주는 은행은 더 빨리 더 많은 현금을 얻어서 점점 많은 서브프라임 대출자들을 끌어들인다.

서브프라임 대출은행은 생산을 맡고, 투자은행과 프레디맥 및 패니메이는 심가공과 판매를 책임지며, 자산평가기관은 품질감독을 책임진다. 헤지펀드는 보관과 도매를 담당하고, 상업은행은 신용대출을 제공한다. 노인연금기금, 정부 투자관리기금, 교육기금, 보험기금, 외국기관 투자자들은 자산 유해쓰레기의 최종 소비자들이다. 이런 과정에서 생산되는 부산물은 세계적인 유동성 과잉과 빈부 격차다.

하나의 완벽한 자산 유해쓰레기의 생산 체인은 이렇게 형성되는 것이다. 미국 재무부의 통계를 살펴보자.

- 2007년 1분기에 CDO 2,000억 달러 발행
- 2006년 한 해 동안 CDO 3,100억 달러 발행
- 2005년 한 해 동안 CDO 1,510억 달러 발행
- 2004년 한 해 동안 CDO 1,000억 달러 발행

합성 CDO: 순도 높은 농축형 쓰레기

이런 상황에서 투자은행들은 직업 도덕과 투자자의 믿음을 강화한다는 홍보 목적에서 자신의 수중에도 일부 농축형 유해쓰레기를 가지고 있게 된다. 이러한 일부 독성 자산으로 하여금 경제 효과를 창출하게 하려고 약삭빠른 투자은행들은 한 가지 묘안을 생각해 냈다.

앞에서도 말했듯이 월가의 일관적인 생각은 곧 미래의 캐시플로만 있다면 어떤 방법으로라도 증권을 만들어낸다는 것이다. 현재 투자은행 수중의 농축형 유해쓰레기 자산은 아직까지 심각한 계약 위반 문제가 나타나지 않았으며, 매월 이자 수익은 안정적이다. 그러나 향후에는 위험이 발생할 확률이 크다. 그렇다면 어떻게 대비해야 하는가? 그들은 이에 대한 비상구를 마련해서 앞으로 발생할 계약 위반에 대한 보험을 들어두어야 했다. 이것이 곧 신용디폴트 스와프다.

이 상품을 출시하기 전에 투자은행들은 먼저 이론 체계를 확립해

신용디폴트 스와프
(credit default swap, CDS)
어떤 금융상품의 가치가 크게
떨어졌을 때 그 손실을 보전
해주는 계약.

그 합리성을 내세운다. 그들은 CDO의 이자 수입을 두 개의 독립 모듈로 분해했다. 하나는 자산 사용 비용, 또 하나는 위약 리스크 비용이다. 지금은 위약 리스크 모듈을 남에게 전가해야 하므로 일정한 비용을 지급해야 한다.

투자자들이 CDO 위약 리스크를 부담할 용의가 있으면 투자은행들이 분기별로 지급하는 위약 보험금을 받을 수 있다. 투자자의 입장에서 이러한 분기별 지급 보험금의 캐시플로와 일반 채권의 캐시플로는 특별히 다를 것이 없다. 이것이 바로 CDS 계약의 주요 내용이다. 이런 과정에서 리스크를 부담하는 투자자는 어떤 자금도 낼 필요가 없으며, 보험에 든 자산과도 관계없이 CDO에 잠재된 위약 리스크만 부담하면 분기별로 지급하는 보험금을 받을 수 있다. 정보를 제대로 입수할 수 없기 때문에 일반 투자자들은 위약의 리스크에 대한 판단이 투자은행보다 정확하지 않다. 따라서 많은 사람이 겉으로 드러난 수익에 눈이 어두워 잠재적 위험을 무시해 버린다.

이때 농축형 유해쓰레기 CDO가 이론적으로는 투자은행의 손에 있지만 위약의 리스크는 고스란히 다른 사람에게 전가해 버렸으니, 투자은행은 체면도 살리고 실속도 톡톡히 챙겼다.

이 정도만 해도 투자은행은 이미 단맛을 실컷 보았을 터다. 그러나 인간의 욕심이란 끝이 없는 법이다. 큰 탈만 없는 이상 게임은 더 아슬아슬한 형식으로 계속된다.

2005년 5월, 월가와 시티오브런던의 '슈퍼 금융 천재들'은 마침내 CDS에 기반한 새로운 상품을 고안해 냈다. 이른바 '합성 CDO(synthetic

CDO)'라는 고순도 농축형 유해쓰레기 자산이었다. 투자은행의 천재들은 CDS 상대에게 줄 위약 보험금의 흐름을 한데 모아 리스크 지수에 따라 각각 다른 상품으로 포장해서 다시 무디스와 S&P의 문을 두드린다. 무디스는 오랫동안 고심하지만 이번에는 느낌이 좋지 않았다. 평가 등급을 얻지 못한 투자은행들은 애가 탔다. 리먼브라더스는 합성 CDO 분야의 초절정 고수다. 이 투자은행 소속의 '금융 과학자'들은 2006년 6월에 고순도 농축형 유해쓰레기 중에서 가장 독성이 강한 '보통 합성 CDO(equity tranche)'의 자산 평가 등급이라는 세계적인 난제를 해결했다. 그들의 '혁신'은 일단 보통 합성 CDO 자산으로 생기는 캐시플로를 따로 준비한 '자금 창고'에 비축하고, 위약 상황이 출현하면 준비된 자금 창고는 '현금흐름' 공급의 긴급 기능을 발동한다. 이런 방법은 보통 합성 CDO에 대한 신용 강화 작용을 한다. 마침내 무디스는 고순도 농축형 유해쓰레기에 신용등급 AAA를 부여하기에 이른다.

합성 CDO의 투자 인기는 하늘을 찌를 듯했다. 이 상품이 이토록 인기를 끌자 모든 투자자는 마치 천사가 하늘에서 내려오기라도 한 듯한 착각이 들 정도였다. 상상해 보라. 그 전까지는 CDO 채권에 투자할 때 캐시플로를 얻기 위해 실제 자금을 투입해야 하고 투자 위험을 감수해야 했다. 그런데 이제 당신의 돈은 여전히 주식시장이나 다른 곳에서 계속 부를 창조하는 상황에서 돈 한 푼 들일 필요가 없이 리스크만 감수하면 안정된 캐시플로를 얻을 수 있다. CDO 채권에 비해 이 얼마나 매력적인 투자 조건인가? 이 투자 상품은 무디스와 S&P로부터 AAA 등급까지 받지 않았는가!

돈을 내지 않고도 안정된 캐시플로를 얻을 수 있고 리스크도 적은 합성 CDO 상품이 인기를 끄는 것이야 두말하면 잔소리다. 정부의 위탁관리기금과 노후연금, 교육기금, 보험기금의 매니저들, 그리고 대규모의 외국 기금들이 이 상품에 가입했다. 이들은 기금에서 한 푼도 손대지 않은 상황에서 기금의 수익을 늘릴 수 있었다. 물론 그들 스스로 지급하는 고액의 인센티브도 있었다.

대형 기금들을 합성 CDO의 주요 고객으로 끌어들인 것 외에 투자은행들은 고위험 고수익을 선호하는 헤지펀드로 눈을 돌렸다. 이들은 헤지펀드에 일종의 '제로 쿠폰채'형 합성 CDO를 맞춤 제작해 주었다. 다른 합성 CDO 자금을 투입할 필요 없이 캐시플로를 얻는 대신 모든 리스크를 무제한 부담해야 하기 때문에 자칫하면 투자금을 모두 날릴 수도 있다는 점이 치명적 결함이었다. 제로금리 채권형 합성 CDO가 일반 합성 CDO와 다른 점은 액면 가치의 일부 자금을 투입하고 캐시플로의 수익이 없는 대신, CDO의 기한이 되면 위약 손실과 비용을 제외한 모든 액면가를 보장받는다는 것이다.

제로 쿠폰채
(zero coupon bond)
쿠폰 금리 없이 발행가격을 이자율에 맞춰 할인해 발행하는 할인식 채권.

본질적으로 스톡옵션과 유사한 이 상품은 최대의 리스크를 먼저 제시하고 나중에 액면을 보장해 주는 방법을 채택했다. 헤지펀드는 기껏해야 처음에 투입한 일부 자금을 잃지만 만일 위약이 출현하지 않으면 큰돈을 벌 수 있었다. 이런 '만일'에 대한 매력을 헤지펀드로서는 무시하기 어려웠다. 투자은행은 당연히 헤지펀드 매니저들의 이런 심리까지 파악하고 이 상품을 설계한 것이다. 투자은행의 역할은 상대방의 욕심을 끊임없이 자극하고 이용해서 자신은 결코 손해 보지 않는 위치에 서는 것이다. 결국 헤지펀드가 손해를 보거나 수익을 내는 것은 모두 운에 맡겨야 했다.

월가 금융 혁신가들의 상상력은 거의 끝이 없었다. CDO, CDS, 합성 CDO 외에도 이들은 CDO 기반의 CDO^2, CDO^3, CDO^4, CDO^N 등의 신상품을 잇달아 출시했다.

세계적 신용평가기관인 피치(Fitch)의 통계를 보면, 2006년 신용 종류의 파생상품 시장은 50조 달러라는 놀라운 규모를 나타낸다. 2003~2006년 이 시장은 15배라는 폭발적인 성장을 기록했다. 헤지펀드는 이미 신용파생상품 시장의 주력상품으로 시장점유율 60%를 차지한다. 그 밖에 BIS 통계를 보면 2006년 4분기에 920억 달러의 합성 CDO를 새로 발행했다. 2007년 1분기의 합성 CDO 발행량은 1,210억 달러, 헤지펀드는 시장점유율 33%를 차지했다. 과연 누가 고순도 농축형 유해쓰레기 시장의 주역일까? 놀랍게도 연금보험기금과 외국 투자자를 포함한 보수적인 기금들이다. 뿐만 아니라 이 자금들은 합성 CDO 중 가장 독성이 강한 보통 합성 CDO에 집중되어 있다.[7]

자산 평가기관: 사기의 공범

모든 서브프라임 대출 MBS 채권 중 약 75%가 AAA 등급을 받았고 10%가 AA를, 그 밖에 8%가 A를 받았다. 겨우 7%만이 BBB나 그 이하 등급을 받았다. 그런데 실제 상황은 2006년 4분기 서브프라임 대출 위약률이 14.44%나 되었으며 2007년 1분기는 더 증가한 15.75%였다. 최근 2007~2008년의 수익률 2조 달러에 대한 이율을 재조정하면 틀림없이 페이먼트 쇼크가 공전의 규모를 기록할 것이다. 서브프라임과 알트A 대출시장의 위약률은 더 높을 것이다. 2006년부터 지금까지 이미 100여 개의 서브프라임 대출기관이 문을 닫았다. 이는 시작에 불과하다. 미국 담보은행가협회가 최근 발표한 조사 보고에 따르면, 최종적으로 20%에 달하는 서브프라임 대출이 경매에 부쳐질 것이라고 한다. 220만 명이 집을 잃게 된다는 이야기다.

무디스와 S&P 등 자산평가기관들은 대형 기금의 투자자들을 오도한 책임이 크다. 관리감독 부서는 평가기관을 줄줄이 법정에 세웠다. 2007년 7월 5일, 미국에서 세 번째로 큰 퇴직기금 오하이오 경찰과 소방수 퇴직기금이 큰 손실을 보았다는 소식이 전해졌다. 이 기금 중 7%를 MBS시장에 투자했다. 오하이오주의 검찰관 마크 단(Marc Dann)은 격노해서 이렇게 말했다. "이 평가기관들은 서브프라임 대출 MBS에 대한 등급 평가를 할 때마다 많은 돈을 챙겼다. 그들이 유해쓰레기 자산에 계속 AAA 등급을 준 것은 사실 사기의 공모 행위다."

이에 대해 무디스는 황당한 말이라며 반박했다. "우리의 의견은 객관적일 뿐 아니라 누구에게도 매매를 강요한 적이 없다."[8]

무디스의 논리는 마치 영화 평론가가 장이머우 감독의 〈황후화(皇后花)〉를 칭찬한다고 해서 당신에게 돈 주고 그 영화를 보라는 의미는 아니라고 말하는 것과 같다. 다시 말해 자기들은 말을 했을 뿐이니 심각하게 받아들이지 말라는 이야기다. 불투명한 상품에 대해서 시장은 신용평가기관의 평가를 믿고 이에 의지하는 것이 당연하다. 그런데 이제 와서 발뺌을 하다니 말이 되는가? AAA 등급이 아니었다면 어떻게 대형 퇴직기금과 보험기금, 교육기금, 정부 투자신탁기금, 외국 기관투자기금들이 그토록 많은 투자를 할 수 있었겠는가? 그들은 모두 AAA 등급이라는 평가를 믿고 투자한 것이다. 이 평가에 문제가 있다면 이들 기관이 투자한 수천억 달러의 투자금은 바람 앞의 등잔불처럼 위태로울 수밖에 없다.

사실 자산 등급은 모든 게임의 부분을 움직인다고 해도 과언이 아니다. 베어스턴스는 그 서막에 불과하다. 최근 월가의 5대 투자은행 중 하나인 베어스턴스에서 서브프라임 대출에 종사하는 두 헤지펀드가 거액의 손실을 당했다. HGSC펀드는 2007년 첫 4개월 동안 5%가 하락했으며, 같은 기간에 HGSCEL펀드는 무려 23%나 하락했다. 두 펀드의 손실이 보증금과 투자자의 회수를 부추긴 결과였다. 베어스턴스가 두 펀드에 투자한 금액은 4,000만 달러에 불과하며, 회사 외부에서 모집한 자금이 5억 달러를 초과한다. 재무 레버리지를 이용하면 두 펀드는 90억 달러를 빌리고 200억 달러 이상의 투자를 통제하며 대부분 서브프라임 모기지 대출 채권으로 구성된 유해쓰레기 자산

> HGSC펀드
> (High-Grade Structured Credit Fund)
> 높은 등급 3조 신용 펀드.
>
> HGSCEL펀드
> (High-Grade Structured Credit Enhamced Fund)
> 높은 등급 3조 레버리지 상향 신용 펀드.

CDO에 투자했다. 사실 베어스턴스에 일이 터지기 전 많은 투자자와 관리감독 부문은 투자은행과 헤지펀드가 보유한 자산의 가격 문제를 조사하기 시작했다. '금융회계표준협회(Financial Accounting Standard Board)'는 공정한 가격으로 자산의 '진입가격'이 아닌 '퇴출가격'을 조사하기를 촉구했다. 이른바 퇴출가격이란 자산을 팔 때의 시장가격이다. 현재 투자은행과 헤지펀드들이 보편적으로 사용하는 가격은 내부에서 설정한 수학 공식으로 '추산'한 것이다. CDO 거래가 극히 드물게 일어나는 관계로 믿을 만한 시장가격 정보가 부족하다. 투자자들은 5개의 중개업자로부터 CDO의 가격을 알아볼 수 있다. 월가는 의식적으로 이 시장을 불투명하게 만들어 고액의 수수료를 챙겼다.

돈을 벌 때는 신이 나다가도 일단 일이 터지면 서로 발뺌하느라 바빠 평상시 서방 사회에서 성행하는 신사도는 자취를 감춰버린다. 베어스턴스와 메릴린치의 관계도 그러하다.

보도에 따르면, 베어스턴스의 양대 헤지펀드가 서브프라임 MBS시장에서 담보를 잘못 설정해 거액의 손실을 보았다고 한다. 그러나 이 보도는 그들이 고순도 농축형 유해쓰레기 합성 CDO에서 불행하게도 위약 리스크를 감수하여 '역사적 착오를 한 쪽'으로 이해해야 한다. 리스크를 전가한 쪽은 어쩌면 그 친정을 포함한 투자은행일 수도 있다.

3월 31일까지 베어스턴스의 양대 헤지펀드가 관장하는 자산은 200억 달러 이상이다. 7월 초에 양대 기금의 자산은 20% 정도 축소되었다. 이때부터 이 펀드의 채권자들은 속속 투자금 회수에 돌입했다.

최대 채권자인 메릴린치는 몇 번에 걸친 투자금 회수 독촉에도 별

성과가 없자 다급한 마음에 베어스턴스 펀드가 보유한 8억 달러가 넘는 대출 모기지 채권을 경매에 부치겠다고 선언했다. 그 전에 메릴린치는 베어스턴스의 헤지펀드가 자본구조를 조정하기 전에 이 자산을 팔지 않겠다고 선언한 바 있다. 그리고 불과 며칠 후 메릴린치는 베어스턴스가 제시한 구조조정 방안을 거부했다. 베어스턴스는 다시 15억 달러를 증자하는 긴급 계획을 제시했으나 허락을 받지 못했다. 메릴린치는 먼저 증권을 팔고 관련 파생상품을 팔 계획이었다. 그 밖에 골드만삭스, 모건스탠리와 아메리카은행 등도 상응하는 펀드의 투자금을 회수하겠다고 선언했다. 황당하게도 공개적인 경매에서는 겨우 4분의 1에 해당하는 채권만 나왔다. 뿐만 아니라 그 가격도 액면가의 85~90%밖에 안 되었다. 이는 베어스턴스 펀드의 가장 우량 자산인 AAA 등급을 받은 부분이다. 이런 우량 자산마저 15% 이상 평가가 절하된다면 BBB나 그 이하 등급의 CDO 손실액이야 더 말할 필요도 없을 것이다.

잔혹한 현실은 베어스턴스와 월가 전체를 뒤흔들었다. 7,500억 달러에 상당하는 CDO가 담보물로 상업은행의 대차대조표에 기입되어 있다는 사실을 상기하기 바란다. 이제 그들의 수법은 이 CDO 자산을 대차대조표 밖의 자산 항목에 이전하는 것이다. 여기에 있는 CDO들은 시장가격이 아닌 내부 수학 공식에 따라 가격을 계산할 수 있기 때문이다.

월가의 은행가들은 이때 하나의 믿음만 있다면 시장에서 공개적으로 경매를 하지 않을 것이다. CDO의 진정한 가격을 백일하에 드러낼 경우 사람들은 거품이 잔뜩 낀 자산의 실제 가격이 재무제표에 발표된 120%나 150%가 아니라 50%, 어쩌면 심지어 30%라는 사실을 알게 되기 때문이다. 시장가격이 일단 드러나면 CDO시장에 투자한 각종 크고 작은 펀드들이 자산 항목을 재심사받는 사태가 벌어진다. 거액의 손실을 감출 수가 없게 되며 세계 금융시장을 강타할 태풍이 눈앞에 와 있었다. 7월 19일 베어스턴스의 두 헤지펀드는 이미 더는 가치가 남아 있지 않았다. 200억 달러나 되는 자산은 몇 주일 만에 잿더미로 변해버렸다. 8월 1일 베어스턴스의 양대 헤지펀드는 파산 보호를 선포했다.

과연 누가 쓰레기 자산을 보유했을까? 이 건은 월가의 매우 민감한 문제다. 2006년 말까지 헤지펀드가 10%, 퇴직기금이 18%, 보험회사가 19%, 자산관리회사가 22%를 보유했다. 물론 외국 투자자들도 있었다. 이들 역시 MBS, CDS, CDO의 주력 투자자들이다.

국제청산은행은 최근 이렇게 경고했다. "미국 발 서브프라임 문제가 점점 수면 위로 떠오르고 있다. 그러나 이 문제가 어떻게 전체 신용대출시장에 침투할 것인지 확실하지 않다." '확실하지 않다'라는 말은 CDO시장이 붕괴될지도 모른다는 의미가 아닐까? 서브프라임과 알트A 및 이를 기반으로 세운 CDS, CDO와 합성 CDO의 총 규모는 최소한 3조 달러 이상이다. 최근 국제청산은행이 세계적으로 1930년 대와 같은 경제공황이 닥칠지도 모른다고 경고한 것도 무리가 아니다. 국제청산은행은 앞으로 몇 달 동안 세계적인 신용대출 분야의 불경기 주기가 추세의 변화를 일으킬 것이라고 강조했다.

연방은행 관리의 말을 빌리면, 정책 제정자들은 금융시장의 서브프라임 위기를 공감하지 못했으며 그 여파가 경제에 만연되리라는 사실을 예측하지 못했다고 한다. 벤 버냉키(Ben Bernanke)는 2월에 서브프라임이 가장 핵심 문제라고 지적한 바 있다. 그러나 주요 대출시장에 확산되고 있다는 징조는 어디에도 없었으며, 시장은 전체적으로 여전히 건강해 보였다. 그 후 투자자와 관리 누구 하나 서브프라임 위기 확산 같은 잠재적 위험을 제기하는 것을 회피했다. 문제를 회피한다고 그 문제가 해소되는 것은 아니다.

사람들은 곧 다가올 위기를 피부로 느끼기 시작했다. 정부가 위탁관리하는 각종 기금이 자산담보시장에서 큰 손해를 본다면 그 결과는 고스란히 서민에게 돌아가서 3,000달러짜리 교통 범칙금 고지서를 받아야 할지도 모른다. 연금보험이 손실을 본다면 퇴직 연한을 연장해야 할지도 모른다. 보험회사가 손해를 보면 각종 보험료가 인상될 것이다.

결론적으로 월가의 금융 혁신 규칙은 잘되면 은행가들이 천문학적 숫자의 보너스를 챙기고, 잘못되면 납세자와 외국인들이 그 손실을 부담하는 식이다. 누가 이기든 지든 '금융 혁신 과정'에서 은행 시스템에 의해 고배율 담보의 채무로 창조하는 거액의 채무화폐와 통화 팽창이 반복되고 순환되는 필연적 결과를 가져와 세계인들이 창출하는 재화를 재분배하게 된다. 전 세계적으로 빈부 격차가 점점 심해지는 것도 이 때문이며, 이 세상이 점점 화합하지 못하는 것도 이 때문이다.

채무의 내부 폭발과 유동성 긴축

본질적으로 미국의 서브프라임 위기는 전형적인 채무의 내부 폭발형 위기다. 은행은 모기지 대출을 내주는 동시에 '무에서 유를 창조하여' 화폐를 만든다. 결코 일반인이 상상하듯 예금주의 저축을 타인에게 빌려주는 것이 아니다. 이는 아직 창조하지 않은 미래의 노동력을 화폐로 미리 찍어내 유통에 진입시키는 것이다. 한편으로는 대규모의 부동산 대출로 발생하는 '화폐의 대량 신규 발행'이며, 이 행위는 통화 팽창과 부동산 가격의 엄청난 상승을 초래한다. 다른 한편으로는 중앙은행이 통화 팽창을 잡기 위해 어쩔 수 없이 금리 인상을 단행한다. 이 두 가지 작용이 결합되면 대출자에 대한 상환 압력이 점차 높아짐으로써 거대한 채무 앞에 무너지거나 연체율이 크게 상승한다. 곧이어 부동산 가격이 급격히 떨어지고 투자자들은 부동산시장에서 퇴출되기 시작한다. MBS와 CDO는 인기가 시들해지고 채권시장과 어음시장에도 갑자기 유동성 긴축이 찾아온다. 이러한 긴축은 파생 금융상품의 신용 디볼트 스와프 시장을 흔들어 이 상품을 대거 사들인 펀드 매니저들은 리스크 상대가 갑자기 자금줄이 끊어졌다는 사실을 발견한다. 이때 은행과 투자자들은 자금 회수에 나서기 시작하고 경악과 한탄 속에서 하는 수 없이 자산을 투매해 빚을 갚는 수순이 기다리고 있다. 불행하게도 대부분 투자자의 투자 방향과 스타일은 남을 그대로 따라하는 모방 형태가 많다. 따라서 투매도 결국 패닉 현상을 유발할 것이다.

이것이 바로 채무화폐가 구동하는 경제 발전의 규칙이다. 즉 채무로 화폐를 창조하고, 화폐는 탐욕을 자극하며, 탐욕은 채무를 가중시킨다. 채무는 내부 폭발을 유발하고 그 결과로 긴축이 발생하며, 곧이어 경제 쇠퇴로 이어진다.

많은 경제 전문가는 서브프라임 대출이 그저 '고립적 문제'라고 주장한다. 또한 그 규모가 미국 전체 시장에 비해 그다지 크지 않다는 점을 강조한다. 이런 관점은 금융시장의 '형태와 구조' 문제를 간과하는 것이다. 금융시장은 결코 수평으로 발전하고 고립된 존재가 아니다. 수직 방향으로 볼 때, 서브프라임은 방대한 역피라미드형이다. 맨 아래는 약 4,000~5,000억 달러의 언젠가 부실채권이 될 서브프라임 모기지 대출이다. 그러나 이 대출이 그 위에 있는 7,500억 달러의 CDO를 지탱하고 있고, 그 위에는 더 큰 50조 달러의 CDS 시장이 있다. CDS의 위에는 합성 CDS와 MBS, CDO, 합성 CDO 등이 함께 상업은행에 담보로 들어가 5~15배의 고배율 레버리지로 새로운 '가짜 돈'이 지탱하는 유동성을 받쳐준다. 이 위험한 역피라미드가 기울거나 흔들리기라도 하면 파생금융상품 시장에서 가장 규모가 큰 100조 달러의 금리 스와프 시장이 심각한 내부 폭발을 일으킨다.

채무구조의 관련성으로 볼 때 위기에 몰린 220만 명의 서브프라임 연체자들은 자동차 캐피탈이나 학생 대출, 신용카드 대출에 의지할 수 있을까? 이 채무를 기반으로 하는 ABS 채권과 기타 파생상품이 어찌 그 영향을 받지 않을 수 있을까? 채무의 기본적 특징은 연관성에 있다. 채권과 파생상품이 전체 은행 시스템에서 뒤얽힌 담보와 고배율 확장, 파생을 반복하는 과정에서 채무자 한 명이 쓰러지면 나머지도 연쇄적으로 넘어져 수백만 명이 동시에 무너지는 사태가 발생한다. 이런 상황에서 누가 누구를 구할 수 있단 말인가? '금융 혁신'은 리스크를 '분산'하지 못할 뿐 아니라 실질적으로는 유례없는 규모의 연관성 리스크를 발생한다.

1998년 미국의 장기자본기업에 문제가 발생했을 때 연방준비은행이 몇 개의 최대 채권자에게 알려 연구 대책을 강구하라고 했다면 오늘날 이토록 큰 규모의 채무 폭발은 일어나지 않았을 것이다. 신용을 위반한 계약을 수많은 투자자가 서로 보유하고 있기 때문에 두려운 연쇄 반응이 일어나 시스템이 마비된다. 이렇게 위험이 집중된 '전통 금융시장'에서 리스크 접속 유닛의 규모는 크고 목표가 확실하다. 일단 '대출혈'이 나타나면 중앙은행은 즉각 행동에 나서 '지혈'을 했다. 그런데 현대 금융시장의 위험은 수많은 기관투자자의 손에 고도로 분산되어 있기 때문에 일단 '심각한 출혈'이 나타나면 거의 손을 쓸 수 없는 지경이 된다.

그런 의미에서 연방준비은행과 유럽 중앙은행이 2007년 8월 초 전개한 가장 규모가 큰 자금 투입 행동은 문제의 심각성을 반영해 준다. 중앙은행의 구제 행동이 없었다면, 조금도 과장하지 않고 오늘날 세계 금융시장이 일대 폐허로 변했을 것이다.

다음 그림은 스위스 신용대출이 발표한 모기지 재설정 대출시간표다. 가로축은 월별 상황이다. 그 시점은 2007년 1월이다. 세로축은 모기지 대출 재설정 규모다. 이 도표에서 우리는 2007년 2월 말에 제1차 세계 금융시장의 대지진이 발생한 이유와, 8월에 제2차 대지진이 발생한 이유를 알 수 있다. 제3차 대지진의 정점은 아마 2007년 말이 될 것이다. 그 후의 여진도 몇 년을 지속할 것이다.

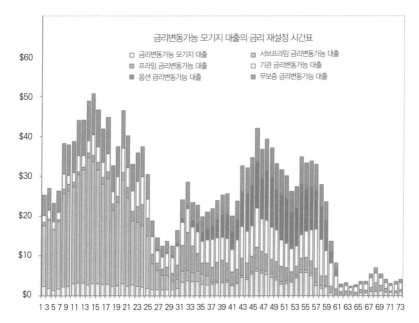

금리변동가능 모기지 대출의 금리 재설정 시간표

□ 금리변동가능 모기지 대출　　■ 서브프라임 금리변동가능 대출
■ 프라임 금리변동가능 대출　　□ 기관 금리변동가능 대출
■ 옵션 금리변동가능 대출　　■ 무보증 금리변동가능 대출

세계 금융시장 지진시간표
주: 2007년 1월 기준. 출처: 스위스 신용대출.

세계 금융시장의 미래는 어떻게 될까?

중앙은행이 비록 일시적으로 위기를 막았지만 근본적인 채무 내막 문제는 전혀 완화되지 않았다. 미국 은행 시스템에서 7,500억 달러의 CDO 자산 가치 평가 문제는 아직 드러나지 않았다.

　문제의 본질은 채무화폐로 움직이는 세계경제의 시대에 채무 상환 이나 독촉은 유동성 수축을 의미한다는 것이다. 금융시장의 고수익 요구를 실물경제 성장이 만족시켜 주지 못하기 때문에 금융시장은 유동성 성장의 감속조차 눈감아 주지 않는데, 성장이 정지하거나 후

퇴하는 것은 더 말할 나위도 없을 것이다. 그러나 서브프라임 채무의 내부 폭발은 이미 미래의 지급을 앞당겨 쓰는 미국인의 능력이 거의 바닥났다는 것을 의미한다. 2006년 미국의 주택대출은 1조 9,000억 달러가 증가했다. 이를 기반으로 하는 채무파생상품의 규모도 더욱 커졌다. 이렇게 방대한 채무 도구의 성능이 하락할 경우 어디에 가서 더 큰 규모의 채무 시스템을 구할 것인가?

새로운 채무의 대체 도구로서 월가의 천재들은 지금 '사망채권'이라는 신상품 개발에 박차를 가하고 있다. 사망채권은 사람이 죽은 후의 생명보험 보상금을 대상으로 하는 상품이다. 투자은행들은 생명보험에 가입한 사람들에게 이런 식으로 말한다. 사람이 죽은 후에만 지급되는 보험금을 본인이 살아 있는 동안에 사용하지 말라는 법이 어디 있는가? 이런 말에 유혹을 느끼지 않을 사람은 없다. 투자은행들은 200장 정도의 생명보험을 모아 자산 담보부 대출(ABS) 상품으로 만들어 월가에서 투자자들에게 판다. 생명보험을 판 개인은 자신의 보험금 전액의 20~40%에 해당하는 현금을 받을 수 있다. 사망채권을 산 투자자들은 이 돈을 지급하고 보험 가입자가 사망할 때까지 매월 보험금을 지급해야 한다. 가입자가 사망하면 모든 보험금은 투자자의 손에 들어간다. 보험 가입자가 빨리 죽을수록 투자자의 수익은 커진다. 따라서 투자자들은 보험 가입자가 죽기만을 학수고대한다. 투자은행은 중간에서 5~6%의 수수료를 챙긴다. 비록 그렇지만 이 시장도 모기지 대출을 대체할 만한 규모가 못 된다. 많아야 매년 모기지 대출 규모의 10분에 1에 불과한 약 1,900억 달러 정도의 채무 도구밖에 생산하지 못한다.

또 하나의 아이디어는 모기지 채무의 만기를 길게 연장하는 것이다. 보통 30년에서 40~50년으로 연장할 수 있다. 이렇게 하면 채무의 규모를 늘릴 수 있을 뿐 아니라 금융시장에도 충분한 유동성을 제공할 수 있다.

충분한 규모와 합리적인 채무 시스템으로 일시적인 마비 상태에 돌입한 모기지 시장을 살리지 않으면 무슨 힘으로 앞으로 일어날 심각한 경제위기를 막아낼 수 있을까!

《화폐전쟁》을 번역하면서 중국 친구들의 전화를 여러 번 받았다. 하나같이 너무 좋은 책이라는 반응들이었다. 오랫동안 왕좌를 지키는 베스트셀러답게 주변에서 이 책을 읽은 중국인을 쉽게 만날 수 있었다. 내가 번역하는 책을 읽은 사람이 그토록 많다는 사실이 한편 뿌듯하면서도 다른 한편으로는 그 명성에 걸맞은 번역을 해내야 한다는 압박감이 끊임없이 밀려왔다.

《화폐전쟁》은 경제 영역에서 벌어지는 각축전이다. 그런데 알고 보면 그 경제가 정치와 사회도 움직인다. 놀랍게도 그 뒤에는 국제 금융재벌이 버티고 있다. 이들은 그림자 정부라고 일컬어질 정도로 보이지 않는 곳에서 무소불위의 막강한 권력을 휘두른다. 이 책은 '대도무형(大道無形)'의 초슈퍼급 로스차일드 가문을 비롯한 국제 금융재벌에 대한 이야기다. 미국의 독립전쟁도 이들이 뒤에서 조종했으며, 미국의 중앙은행 연방준비은행도 국가 소유가 아닌 이들의 소유다.

세계를 통치하는 엘리트 그룹이 어떻게 각국의 정치에 관여할 수 있는 이유와, 미국 역대 대통령의 암살 비율이 그토록 높았던 이유도 이들과 관련이 있다. 아시아 금융위기도 결국은 이들이 일으킨 화폐전쟁이다. '살이 오른' 아시아 각국은 이들로부터 '양털 깎기'를 당하고 국가의 소중한 재산을 다 내주었다. 다른 나라들이 경제의 주권을 모두 빼앗기는 상황에서도 유독 한국만이 강한 민족정신을 발휘해 위기 상황을 지혜롭게 벗어났다. 한국인의 한 사람으로서 상당히 뿌듯함을 느끼는 순간이었다.

일각에서는 작가 쑹훙빙을 두고 지나치게 음모론으로 몰고 갔다는 비판도 있지만, 이 책은 객관적 증거를 제시한 역사적 서술이 전체 내용의 3분의 2를 차지할 정도로 냉정한 필치로 쓰여 있다. 특히 중국인의 입장에서 다가올, 아니 이미 벌어지고 있는 화폐전쟁에 중국이 어떻게 대비할지 제시한 부분은 눈여겨봐야 한다. 가령 중국의 위안화를 세계의 기축통화로 하고 금본위제도를 부활해야 한다는 작가의 주장에 독자의 다양한 의견들이 기대된다. 한편으로 총성 없는 전쟁을 통해 세계 통일 정부와 통일 화폐를 세우려는 국제 금융재벌의 음모를 파헤친《화폐전쟁》이 한국에서 어떤 반응을 불러일으킬지 자못 궁금하기도 하다.

역자로서 이 책이 재미있고 쉽게 읽혔으면 좋겠다. 그래서 경제에 문외한인 독자들도 책에 대한 열띤 토론을 벌였으면 한다.

원고를 넘기고 홀가분한 마음으로 여행에 나섰다. 실로 오랜만에 가져보는 여유다. 이번에는 공자의 고향도 돌아보고 태산(泰山)에도 올라보리라. 지난(濟南)행 비행기를 기다리면서 공항 서점에 들렀다. 많은 여행객으로 북적이는 이곳에서 책을 뒤적이던 몇몇 여행객이 《화폐전쟁》을 집어 든다. 다시 묵직한 책임감과 함께 뿌듯함이 몰려온다.

차혜정

주

제 1 장_____

1 G. Edward Griffin, The Creature from Jekyll Island (American Media, Westlake Village, CA 2002), p218.

2 Note: Morton (1962) noted that the Rothschild wealth was estimated at over $6 billion US in 1850. Not a significant amount in today? dollars; however, consider the potential future value compounded over 156 (2006) years!

Taking $6 billion (and assuming no erosion of the wealth base) and compounding that figure at various returns on investment (a conservative range of 4% to 8%) would suggest the following net worth of the Rothschild family enterprise:

$2.7 trillion US (@ 4%)

$12.1 trillion US (@ 5%)

$53.2 trillion US (@ 6%)

$230.2 trillion US (@ 7%)

$982.3 trillion US (@ 8%)

3 Des Griffin, Descent into Slavery (Emissary Publications 1980), Chapter 5.

4 Des Griffin, Descent into Slavery (Emissary Publications 1980), p94.

5 Eustace Mullins, The Secrets of the Federal Reserve-The London Connection (Bankers Research Institute, 1985), Chapter 5.

6 Des Griffin, Descent into Slavery (Emissary Publications 1980), Chapter 5.

7 Ignatius Balla, The Romance of the Rothschilds, (Everleigh Nash, London, 1913).

Note: the New York Times, April 1, 1915 reported that in 1914, Baron Nathan Mayer de Rothschild went to court to suppress Ignatius Balla? book on the grounds that the Waterloo story about his grandfather was untrue and libelous. The court ruled that the story was true, dismissed Rothschild? suit, and ordered him to pay all costs.

8 Eustace Mullins, The Secrets of the Federal Reserve-The London Connection (Bankers Research Institute, 1985), Chapter 5.

9 The Rothschild Brothers of London in a letter sent in 1863 to New York Bankers in support of the then proposed National Banking Act.

10 Glyn Davis, History of Money From Ancient Times to The Present Day (University of Wales Press, 2002), p257, p258.

11 Eustace Mullins, The Secrets of the Federal Reserve-The London Connection (Bankers Research Institute, 1985), Chapter 5.

12 Ibid.

13 Glyn Davis, History of Money From Ancient Times to The Present Day (University of Wales Press, 2002), p239.

14 UK National Statistics (http://www.statistics.gov.uk/ CCI/nugget. asp?ID=277).

15 Des Griffin, Descent into Slavery (Emissary Publications 1980), Chapter 5.

16 Ibid.

17 Frederic Morton, The Rothschilds (Fawcett Books, 1961), p40.

18 Ibid., p31.

19 Des Griffin, Descent into Slavery (Emissary Publications, 1980), Chapter 5.

20 Benjamin Disraeli, Coningsby (New York: Alfred A. Knopf, originally published in England in 1844), p225 .

21 G. Edward Griffin, The Creature from Jekyll Island (American Media, Westlake Village, CA 2002), p224.

22 Frederic Morton, The Rothschilds (Fawcett Books, 1961), p45.

23 R. McNair Wilson, Monarchy or Money Power (London: Eyre and Spottiswoode, Ltd., 1933), p68.

24 Des Griffin, Descent into Slavery (Emissary Publications, 1980), Chapter 5.

25 David Druck, Baron Edmond de Rothschild (Privately printed), N.Y. 1850.

26 Frederic Morton, The Rothschilds (Fawcett Books, 1961).

27 Des Griffin, Descent into Slavery (Emissary Publications, 1980), Chapter 5.

28 Lord Rothschild, The Shadow of a Great Man. London: 1982, p.6.

29 Des Griffin, Descent into Slavery (Emissary Publications,1980), Chapter 5.

30 Ted Flynn, Hope of the Wicked (MaxKol Communication, Inc, 2000), p38.

제 2 장_____

1 Abraham Lincoln, letter to William Elkins, Nov 21, 1864 (just after the passage of the debt causing National Bank Act [June 3, 1864], right before assassination).

2 G. Edward Griffin, The Creature from Jekyll Island (American Media, Westlake Village, CA 2002) p393.

3 Izola Forrester, This One Mad Act (Boston: Hale, Cushman & Flint, 1937), p359.

4 Glyn Davis, History of Money From Ancient Times to The Present Day

(University of Wales Press, 2002), p458.

5 Ibid., p459.

6 Adam Smith, Wealth of Nations, 1776, book IV Chapter one.

7 Congressman Charles G. Binderup, How Benjamin Franklin Made New England Prosperous, 1941.

Note: Radio address given by Congressman Charles G. Binderup of Nebraska, and was reprinted in Unrobing the Ghosts of Wall Street.

8 Ibid.

9 Ibid.

10 In 1787, when the Continental Congress met to adopt the replacement to the Articles of Confederation, which would become the Constitution, Jefferson's address regarding a central banking system.

11 US Constitution Article I Section 8.

12 Letter to the Secretary of the Treasury Albert Gallatin (1802).

13 Allan Hamilton, The Intimate Life of Alexander Hamilton (Charles Scribner's Sons 1910).

14 Quoted by Arthur Schlesinger, Jr., The Age of Jackson (New York: Mentor Books, 1945), p6-7.

15 Written on April 30, 1781, to his mentor, Robert Morris. Quoted by John H. Makin, The Global Debt Crisis: America's Growing Involvement (New York: Basic Books, 1984), p246.

16 The Writings of Thomas Jefferson (New York: G.P.Putnam & Sons, 1899), Vol. X, p31.

17 The Basic Writings of Thomas Jefferson (Willey Book Company, 1944), p749.

18 Glyn Davies, History of Money From Ancient Times to The Present Day (University of Wales Press, 2002), p474.

19 Ibid., p475.

20 Thomas Jefferson, Letter to John Taylor of Caroline, 26 November 1798; reproduced in The Writings of Thomas Jefferson v. 10, editted by Lipscomb and Bergh.

21 Glyn Davies, History of Money From Ancient Times to The Present Day (University of Wales Press, 2002), p475-476.

22 Thomas Jefferson, Letter to James Monroe, January 1, 1815.

23 Glyn Davies, History of Money From Ancient Times to The Present Day (University of Wales Press, 2002), p476.

24 Ibid., p479.

25 G. Edward Griffin, The Creature from Jekyll Island (American Media, Westlake Village, CA 2002).

26 Inaugural Address of President William Henry Harrison March 4, 1841.

27 Michael F. Holt; The Rise and Fall of the American Whig Party: Jacksonian Politics and the Onset of the Civil War (1999). p272.

28 Glyn Davies, History of Money From Ancient Times to The Present Day (University of Wales Press 2002), p484.

29 Ibid., p486.

30 Sydney E. Ahlstrom, A Religious History of the American People (Yale University Press, 1972), on p. 649.

31 Jewish History in Civil War, Jewish-American History Documentation Foundation, Inc. 2006.

32 Glyn Davies, History of Money From Ancient Times to The Present Day (University of Wales Press 2002), p489.

33 Des Griffin, Descent into Slavery (Emissary Publications, 1980).

34 Abraham Lincoln and John F. Kennedy by Melvin Sickler.

35 From a circular issued by authority of the Associated Bankers of New

York, Philadelphia, and Boston signed by one James Buel, secretary, sent out from 247 Broadway, New York in 1877, to the bankers in all of the States.

제 3 장_____

1 Quoted in "National Economy and the Banking System," Senate Documents Co. 3, No. 23, Seventy-sixth Congress, First session, 1939.

2 John Moody, The Seven Men, McClure's Magazine, August, 1911, p. 418.

3 William Guy Carr, Pawns In The Game (Legion for the Survival of Freedom, 1978).

4 Eustace Mullins, The Secrets of the Federal Reserve (John McLaughlin 1993) Chapter 3.

5 Paul M Warburg, Defects and needs of our banking system, 1907.

6 Ron Chernow, The House of Morgan (Groove Press, 1990), p128.

7 Antony C. Sutton, The Federal Reserve Conspiracy (Tab Books, 1995) p78.

8 Ibid., p83.

9 Eustace Mullins, Secrets of Federal Reserve (John McLaughlin, 1993) Chapter 3.

10 Congressman Charles Lindberg Sr. Speech on floor of the Congress, December 23, 1913.

11 Eustace Mullins, The Secrets of the Federal Reserve (John McLaughlin 1993) p178.

12 Ferdinand Lundberg, America? 60 families (Halcyon House, 1939).

13 Eustace Mullins, The Secrets of the Federal Reserve (John McLaughlin 1993) Chapter 3.

제 4 장_____

1 Former New York City Mayor John Haylan speaking in Chicago and quoted in the March 27, 1927, New York Times.

2 Henry Kissinger , Diplomacy (Simon & Schuster; Reprint edition April 4, 1995) Chapter 8.

3 Quarterly Journal of Economics, April 1887.

4 Henry Kissinger , Diplomacy (Simon & Schuster; Reprint edition April 4, 1995) Chapter 8.

5 Ron Chernow, The House of Morgan (New York: Grove Press 1990) p198.

6 Ibid., p200.

7 Glyn Davies, History of Money From Ancient Times to The Present Day (University of Wales Press 2002), Chapter 9.

8 Ibid., p506.

9 Henry Kissinger, Diplomacy (Simon & Schuster; Reprint edition April 4, 1995) Chapter 9.

10 Eustace Mullins, The Secrets of the Federal Reserve - The London Connection (Bankers Research Institute, 1985) Chapter 8.

11 Cordell Hull, Memoirs (Macmillan, New York, 1948) v1 p76.

12 http://www.freedomtofascism.com.

13 Ron Chernow, The House of Morgan (New York: Grove Press 1990) Chapter 10.

14 Eustace Mullins, The Secrets of the Federal Reserve - The London Connection (Bankers Research Institute, 1985) Chapter 8.

15 Max Warburg, Memoirs of Max Warburg, Berlin, 1936.

16 David Farrar, The Warburgs (Michael Joseph, Ltd., London, 1974.

17 Baruch's Testimony before the Nye Committee, Sep 13, 1937.

18 Eustace Mullins, The Secrets of the Federal Reserve-The London

Connection (Bankers Research Institute, 1985) Chapter 8.

19 Ibid..

20 Ibid., Chapter 9.

21 Hearst Magazine, Nov 1923.

22 Brian Johnson, The Politics of Money (New York: McGraw Hill 1970) p63.

23 The House Stabilization Hearings of 1928.

24 Congressional Record, 1932.

25 Eustace Mullins, The Secrets of the Federal Reserve-The London Connection (Bankers Research Institute, 1985) Chapter 12.

26 New York Times, April 20, 1929.

27 Col. Curtis Dall, F.D.R., My Exploited Father-in-Law, Liberty Lobby, 1970.

28 Glyn Davies, History of Money From Ancient Times to The Present Day (University of Wales Press 2002) p575.

29 Ibid., p377.

30 Newsweek, May 30, 1936.

제 5 장_____

1 John Maynard Keynes, The Economic Consequences of the Peace, 1919.

2 Alan Greenspan, Gold and Economic Freedom, 1966.

3 Murray N. Rothbard, Keynes, the Man.

4 Ibid.

5 Ibid.

6 Eustace Mullins, The World Order, A Study in the Hegemony of Parasitism, (Staunton, Virginia: Ezra Pound Institute, 1985) Chapter 3.

7 Ron Chernow, The House of Morgan (New York: Grove Press 1990) Chapter 17.

8 Ibid. p328.

9 Ibid. p352.

10 F.D.R: His Personal Letters (New York: Duell, Sloan and Pearce 1950)p373.

11 Antony C. Sutton, Wall Street and FDR (Arlington House Publishers 1975) Chapter 1.

12 Ibid., Chapter 2.

13 Ibid.

14 Ibid.

15 Marjori Palmer, 1918-1923 German Hyperinflation (New York: Traders Press, 1967).

16 Glyn Davies, History of Money From Ancient Times to The Present Day (University of Wales Press 2002) p512.

17 Ron Chernow, The House of Morgan (New York: Grove Press 1990) p357.

18 Ibid.

19 Ibid., p386-390.

20 The Commercial and Financial Chronicle, May 6, 1948.

21 The content of this section is from Antony C. Sutton, Wall Street and the Rise of Hitler (G S G & Associates Pub 1976) Chapter 10.

22 Testimony before Unites States Senate, Committee on Military Affair, 1946.

23 Carroll Quigley, Tragedy & Hope, (MacMillan, 1966), p.308.

24 Congressional Record, 1932 p1259-96.

25 Ibid.

26 Antony C. Sutton, Wall Street and FDR (Arlington House Publishers 1975) Chapter 1.

27 Walter Schellenberg, The Schellenberg Memoirs (Andre Deutsch, London, 1956).

28 Henry Kissinger, Diplomacy (Simon & Schuster; Reprint edition April 4,

1995) Chapter 16.

제 6 장 _____

1 Carroll Quigley, Tragedy & Hope (MacMillan, 1966), p.308.

2 Ted Flynn, Hope of the Wicked, (MaxKol Communication, Inc, 2000) , p88.

3 Charles Seymour, Intimate Papers of Colonel House 1926, p173.

4 George Sylvester Viereck, The Strangest Friendship in History (1932).

5 Charles Seymour, Intimate Papers of Colonel House 1926, p175.

6 Dan Smoot, The Invisible Government, Dan Smoot Report (1962).

7 Col. Curtis Dall, F.D.R., My Exploited Father-in-Law, Liberty Lobby, 1970.

8 David Allen Rivera, Final Warning: A History of the New World Order, 2004, Chapter 5.

9 Chicago Tribune, December 9, 1950.

10 David Allen Rivera, Final Warning: A History of the New World Order, 2004, Chapter 5.

11 Phyllis Ward, Chester Schlafly, Kissinger on the Couch (Arlington House 1975).

12 Ted Flynn, Hope of the Wicked, (MaxKol Communication, Inc, 2000), p89.

13 Charles Higham, Trading With the Enemy (Robert Hale, London 1983).

14 Ibid.

15 Joseph Stiglitz, The Insider: What I Learned at the World Economic Crisis, The New Republic, April 2000.

16 Greg Palast, IMF and World Bank Meet in Washington-Greg Palast reports for BBC Television? Newsnight, Friday, April 27, 2001.

17 John Perkins, Confessions of an Economic Hit Man (Berrett-Koehler Publishers, Inc, San Francisco 2004).

18 Richard Gardner, Foreign Affairs, April 1974.

19 Bill Clinton, Acceptance Speech to the Democratic National Convention by Governor Bill Clinton from Arkansas, New York, NY, July 16, 1992.

20 Marc Fisher, Washington Post, Tuesday, January 27, 1998.

21 Pepe Escobar, Bilderberg strikes again, Asia Times, May 10, 2005.

22 Ibid.

23 William Engdahl, A Century of War: Anglo-American Oil Politics And The New World Order (Pluto Press, London, 2004) Chapter 9.

제 7 장_____

1 Jean Hill, JFK: The Last Dissenting Witness (Pelican Publishing Company 1992) p113-116.

2 Craig Roberts, JFK: The Dead Witnesses (Consolidated Press International 1994) p3.

3 Executive Order 11110 actual text:

"AMENDMENT OF EXECUTIVE ORDER NO. 10289 AS AMENDED, RELATING TO THE PERFORMANCE OF CERTAIN FUNCTIONS AFFECTING THE DEPARTMENT OF THE TREASURY

By virtue of the authority vested in me by section 301 of title 3 of the United States Code, it is ordered as follows:

SECTION 1. Executive Order No. 10289 of September 19, 1951, as amended, is hereby further amended--

(a) By adding at the end of paragraph 1 thereof the following subparagraph (j):

"(j) The authority vested in the President by paragraph (b) of section 43 of the Act of May 12, 1933, as amended (31 U.S.C. 821 (b)) , to issue silver certificates against any silver bullion, silver, or standard silver dollars in the Treasury not then held for redemption of any outstanding silver certificates, to prescribe the denominations of such silver certificates, and to coin standard silver dollars and subsidiary silver currency for their redemption,"and

(b) By revoking subparagraphs (b) and (c) of paragraph 2 thereof.

SEC. 2. The amendment made by this Order shall not affect any act done, or any right accruing or accrued or any suit or proceeding had or commenced in any civil or criminal cause prior to the date of this Order but all such liabilities shall continue and may be enforced as if said amendments had not been made.

JOHN F. KENNEDY THE WHITE HOUSE, June 4, 1963"

4 Coinage Act of 1792.

5 Coinage Act of 1873.

6 Bland-Allison Act of 1878.

7 Sherman Silver Purchase Ac of 1890.

8 New York Times, October 16, 1961.

9 Ibid., March - November, 1961.

10 Federal Reserve Bulletin, April 1963, page 469.

11 President Lyndon B. Johnson Remarks at the Signing of the Coinage Act. July 23rd, 1965.

12 Wall Street Journal, June 7, 1966.

13 Ferdinand Lips, Gold War, The Battle Against Sound Money as Seen From a Swiss. Perspective (New York: The Foundation for the Advancement of Monetary Education 2001) p52.

14 Ibid., p53.

15 Freemarket Gold & Money Report, Thinking The Unthinkable, April 25,

1994.

16 Source: United States State Department. 1998. Foreign Relations of the United States 1964-1968, Vol VIII, (Washington: Government Printing Office), documents 187, 188, 189.

17 Henry Kissinger , Diplomacy (Simon & Schuster; Reprint edition April 4, 1995) Chapter 26.

18 Jacques Rueff, The Inflationary Impact the Gold Exchange Standard Superimposes on the Bretton Woods System (Greenwich, CT: Committee for Monetary Research and Education, 1975).

19 Donald Hoppe, How to Invest in Gold Stocks (New York: Arlington House, 1972) , p181.

20 Ibid.

21 Melchior Palyi, A Point of View, Commercial And Financial Chronicle (July 24, 1969).

22 Ferdinand Lips, Gold War, The Battle Against Sound Money as Seen From a Swiss. Perspective (New York: The Foundation for the Advancement of Monetary Education 2001) p77.

23 John Perkins, Confessions of an Economic Hit Man (Berrett-Koehler Publishers, Inc, San Francisco 2004).

제 8 장_____

1 Eugene Linden, How to Kill a Tiger (Time Magazine Asia November 3, 1997 Vol. 150 No 18).

2 William Engdahl, A Century of War: Anglo-American Oil Politics And The New World Order (Pluto Press, London, 2004) p130.

3 Ibid., p136.

4 Ibid., p140.

5 During a speech at a Fred Hirsch Memorial Lecture at Warwick University, Coventry, England, on November 9, 1978.

6 William Engdahl, A Century of War: Anglo-American Oil Politics And The New World Order (Pluto Press, London, 2004) p190.

7 Ibid., p192.

8 Larry Abraham, The Greening (Second Opinion Pub Inc 1993).

9 Herschel McLandress (pen name of Galbraith) , Book World, Washington Post, November 26, 1967.

10 Leonard C. Lewin, REPORT FROM IRON MOUNTAIN: On the Possibility and Desirability of Peace (Free Press; New Ed edition 1996).

11 Ibid.

12 The Fourth World Wildness Conference: Beware the bankers bearing gifts, an interview with Mr. George Hunt.

13 George Soros, The Alchemy of Finance (New York: John Wiley & Sons 1987) p350.

14 William Engdahl, A Century of War: Anglo-American Oil Politics And The New World Order (Pluto Press, London, 2004) Chapter 11.

15 George Soros, Underwriting Democracy (Free Press September 1991).

16 William Engdahl, A Century of War: Anglo-American Oil Politics And The New World Order (Pluto Press, London, 2004) Chapter 11.

17 Ibid.

제 9 장 _____

1 Irving Fisher, 100% Money (Pickering & Chatto Ltd; Set Only edition (November 1996) Forward.

2 Murray N. Rothbard, The Mystery of Banking (E P Dutton, 1983) p61.

3 Modern Money Mechanics, Federal Reserve Bank of Chicago.

4 OCC's Quarterly Report on Bank Derivatives Activities Second Quarter 2006, US Treasury Report.

5 Adam Hamilton, The JPM Derivatives Monster (2001 Zeal Research).

6 William Poole (President, Federal Reserve Bank of St. Louis) Speech, GSE Risks, 2005.

7 FANNIE MAE, FREDDIE MAC AND THE NEED FOR GSE REFORM, NOW, Office of Federal Housing Enterprise Oversight (OFHEO).

8 William Poole (President, Federal Reserve Bank of St. Louis) Speech, GSE Risks, 2005.

9 Robert Kiyosaki, A Taste for Debt (Yahoo Finace Experts Column Oct 31, 2006).

10 Robert Kiyosaki, Bet on Gold, Not on Funny Money (Yahoo Finace Experts Column July 25, 2006).

11 Ferdinand Lips, Gold War, The Battle Against Sound Money as Seen From a Swiss Perspective (New York: The Foundation for the Advancement of Monetary Education 2001) p125.

12 Ibid., p86, p87.

제 10 장_____

1 Ferdinand Lips, Gold War, The Battle Against Sound Money as Seen From a Swiss Perspective (New York: The Foundation for the Advancement of Monetary Education, 2001), p10.

2 Ibid. p15.

3 Ibid. p143.

부록 _____

1 John Maynard Keynes, The Economic Consequences of the Peace, Harcourt, Brace and Howe, 1919, pp.235

2 Ayn Rand, Alan Greenspan, Capitalism: The Unknown Ideal, Signet, 1986, pp. 35

3 Murray N. Rothbard, The Case Against the Fed, Ludwig von Miscs Institute, 1994, pp.39-40

4 Federal Reserve Board, Flow of Funds, 2007-06-07

5 Alan Greenspan, Understanding household debt obligations, At the Credit Union National Association 2004 Governmental Affairs Conference, Washington, D.C., February 23, 2004

6 Peter Coy, The Home Loans Vexing Greenspan, Business Week, June 10, 2005, pp.52

7 Gillian Tett, Pension Funds left Vulnerable after Unlikely Bet on CDOs, Financial Times, July 6, 2007

8 Katie Benner, Subprime Contagion? Fortune, July, pp.152

차혜정

서울외국어대학원대학교 한중통역번역학과를 졸업하였으며 국제회의 동시통역을 전공하였다. 카톨릭대
학교 및 서울외국어대학원대학교에서 중국어 통번역 강의와 동시통역사로 활동하며, 현재 번역 에이전시
엔터스코리아에서 출판기획 및 중국어 전문 번역가로 활동하고 있다. 옮긴 책으로 《관점》, 《미VS중 무역
대전쟁》, 《시진핑, 국정운영을 말하다》, 《알리바바, 세계를 훔치다》, 《소설 적벽대전》(1·2) 등이 있다.

화폐전쟁 1
| 달러의 종말 |

1판 1쇄 발행 2008년 7월 28일
2판 1쇄 발행 2019년 8월 19일
3판 1쇄 발행 2020년 9월 15일
3판 7쇄 발행 2024년 9월 2일

지은이 쑹훙빙
옮긴이 차혜정
감   수 박한진

발행인 양원석
편집장 김건희
영업마케팅 양정길, 윤송, 김지현, 한혜원, 정다은
펴낸 곳 ㈜알에이치코리아
주소 서울시 금천구 가산디지털2로 53, 20층 (가산동, 한라시그마밸리)
편집문의 02-6443-8902 **도서문의** 02-6443-8800
홈페이지 http://rhk.co.kr
등록 2004년 1월 15일 등록 제2-3726호

ISBN 978-89-255-8990-9 (03320)
ISBN 978-89-255-8984-8 (set)